國別文字編

燕文字編

一

張振謙　編著

文物出版社

圖書在版編目（CIP）數據

國別文字編 : 燕文字編 / 張振謙編著 . -- 北京 :
文物出版社 , 2023.1

ISBN 978-7-5010-7987-2

Ⅰ . ①國… Ⅱ . ①張… Ⅲ . ①漢字 – 古文字 –
研究 – 中國 – 燕國 (前 11 世紀 – 前 222) Ⅳ .
① H121

中國國家版本館 CIP 數據核字 (2023) 第 032371 號

國別文字編 : 燕文字編

編　　著　張振謙

責任編輯　賈東營
責任印製　張道奇

出版發行　文物出版社
地　　址　北京市東城區東直門内北小街 2 號樓
郵　　編　100007
網　　址　http: //www.wenwu.com
印　　刷　北京榮寶藝品印刷有限公司
經　　銷　新華書店
開　　本　787mm × 1092mm　1/16
印　　張　97.75
版　　次　2023 年 1 月第 1 版
印　　次　2023 年 1 月第 1 次印刷
書　　號　ISBN 978-7-5010-7987-2
定　　價　3200.00 元（全四册）

國家社科基金項目「燕系文字材料的整理與研究」（13BYY105）
河北省社科基金項目「燕系文字材料的整理與研究」（HB13YY024）研究成果
本成果受河北大學燕趙文化高等研究院學科建設經費、河北大學傳世字書和出土文字研究中心經費資助

古文字與中華文明
傳承發展工程

河北大學燕趙文化高等研究院

INSTITUTE FOR ADVANCED STUDY OF YANZHAO CULTURE,HEBEI UNIVERSITY

成果文庫

凡　例

一、字編收錄兩周時期（西周、春秋、戰國）燕系地域文字，包括銅器、兵器、貨幣、璽印、陶器、石器、骨器等各類出土文字。同一字頭下收錄的不同字形，大致也按上述器物的時代先後、類别不同進行排列。

二、字編分爲正編、合文、附録三個部份。正編部份所收文字見於《説文》者，按《説文》順序排列；不見《説文》之字，附於各部首之後。合文部份專收合文字體，附録部份收録未識字、殘字、族徽、刻符、形圖等形體。

三、字編字頭用《説文》正體或其他字書的通用字體，每一字頭下有一個或若干個字形，每一字形下皆附有字形出處、銘文辭例。鑒於字形書寫差異、銘文時代先後、材料類别不同、辭例内容有别、語法功能多樣等多種因素，字形條目收録不厭其多。

四、文字考釋、字形隸定參考學術界已有的研究成果，並標明一些重要文字的考釋者；考釋意見有爭議者，擇善而從。限於體例、性質、用途，字編對學界研究成果不作詳述、詳注，祇列參考文獻。

五、字編所收錄字形，儘量採用原拓掃描錄入，個別拓本字跡模糊者兼收摹本，或出描摹本，以供參考。爲求字體完整、便於識別，個別字形在採集剪切時擦除了相鄰文字的干擾筆畫及拓片泐痕，字體傾斜者作了旋轉修正。

六、每一字形下均附出處，出處採用著錄加數字或數字組合形式。著錄多使用簡稱，書後有「引書簡稱表」以便查閱索驥。著錄有編號者，數字或數字組合即指銘文編號；無編號者，一般是指銘文所在的書刊卷次、刊次、頁碼與圖序的組合。

七、字形下的對應釋文一般嚴格隸定，並在隸定字形後括注其本字、異體字、現今通用字或通假字，如果這幾種情況同時出現，則用「—」隔開。不見於《說文》者，以形歸部，形符不同的異體字或形符難以確定者，重見於兩部，以便檢索。

八、釋文中的不識字以電腦處理過的字形或摹本字形替代，殘缺字可據格式、文意補者，以「【】」補注；殘缺字數不明者，以「……」表示；殘缺字數明確者，以「□」分別對應所缺之字。重文、合文用「=」標識。

九、字編並未盡列所有的燕銘文字形、辭例，爲了給讀者一個清晰、完整的燕銘文出土文獻資料，字編後附燕銘文釋文彙編，以全面輯錄燕系銘文，並給讀者提供其他未收銘文、未收字形的查找線索。

前言

自春秋晚期以降，到戰國時期，隨著「禮崩樂壞」而導致的各國「言語異聲，文字異形」現象日益顯著。這個時期，燕國文字逐漸自成一統，稱爲「燕系文字」。燕系文字是戰國文字中重要的一系，其形體具有鮮明的地域特色。燕系文字的研究對於戰國文字分域研究、燕國歷史、地理以及文化制度的研究均有著重要的意義。

「燕國長期偏安于北方，不像中原諸國那樣戰事頻仍。國家政局相對穩定，使燕系文字呈現出富有地方色彩的北方風格。」（《戰國文字通論（訂補）》第101頁）。燕系文字在字體結構、部首使用、筆畫筆勢、飾筆羨符上，都有自己顯著的地域特點，與戰國時期的其他四系文字有著明顯的區別。

按照書寫材料的不同，燕國銘文分爲下述幾類。

一、銅器。目前見到的有銘文的燕系青銅禮器數量不多，其中以壺銘最爲重要，有銘文禮器還有豆、缶、敦、鼎、甗等。青銅雜器種類繁多，有鐵斧範、鐵鑿範、鐵鐮範、鐵鑊範、馬銜、睘小器、馬節、雁節、鷹節、銅梃等。

同戰國時期其他各國一樣，燕國禮器銘文的內容也與西周時期大不相同，已經變得非常注重實用性了。上述禮器銘文，除了匽侯載器、郾侯載豆、燕王職壺外，都是「物勒工名」「記載容量」一類的題銘，這是「禮崩樂壞」的最好寫照。

二、兵器。燕國兵器種類較爲豐富，數量也較多，戈、戟、矛、劍、鏃、弩机、距末，應有盡有。燕國兵器的鑄造技術比南方諸國稍嫌粗糙，銘文多有殘泐。銘文涉及到官職名、地名、燕侯燕王名，具有重要的文獻價值。

三、貨幣。燕國在傳統上是使用刀幣的國家，燕明刀銘文在戰國貨幣銘文中很具特色。燕國也流行布幣、圜錢，但是種類不多。

四、陶器。燕國陶文數量較多，僅次於齊陶文和秦陶文，較爲典型的燕國陶文是由三方長條形印章鈐印而成的監造格式銘文，也有單個的長條印、方形印、異形印。燕陶文的內容多爲「物勒工名」類。

五、璽印。燕國璽印不僅數量多，而且字量也多，是最爲重要的燕系文字材料，具有重要的文獻價值。燕璽文字字體規整，具有獨特的地域特色，是典型的燕系文字。燕璽分爲官璽和私璽兩大類，官璽內容多涉及地名、官職名，典型的燕官璽形狀或呈長條形、或呈方形，印面一般較大。私璽中姓氏種類繁多，印面相對較小。另外，燕國璽印還有少部份吉語格言璽。

六、石器。目前見到的燕國石器銘文主要有燕侯脮磬和夾迦刻石，前者現存32字，爲禮樂性質的韻文；後者現存11字，內容記載地名、官職、人名，也屬「物勒工名」類銘文。此外，還有3方「昌」字吉語玉印及出土於燕下都的1方石印。

七、骨器。《考古》1965年第11期第568頁載一燕國的骨質距末，是戰國文字中罕見的骨質兵器構件，現存6字。燕下都出土有1方骨印，在戰國文字資料中也是較爲罕見的。

爲了對燕系文字做一個縱向的字形演變研究，我們把西周、春秋早中期的燕國銘文也收錄在內，以作燕系文字研究的參照，同時也給學術界提供一個完整的燕國出土文獻資料。這對於燕國歷史、地理、文化制度等方面的研究，具有一定的參考意義。

燕國早期的傳世史料較爲缺乏，而北京房山琉璃河、順義牛欄山、遼寧喀左北洞、山灣子、小波汰溝、凌源馬廠溝、河北易縣等地出土了大量的西周早期燕國公族及境內其他部族的禮器銘文，這些出土資料對燕國早期的歷史研究尤爲重要。

召公奭是燕國始封之君，其太子克赴燕就封，記述見於克罍、克盉銘文；其次子襲太保之位，成爲西周時期周天子的重要肱骨之臣。西周早期器物太保玉戈、梁山七器、太保諸器等，也是研究召公及其家族歷史的重要出土文獻。

燕文化及燕國文字與臨近的齊、趙、中山等國的文化和文字書寫有著重要的相互影響，由於這三個諸侯國分屬齊、晉兩系，茲不涉及。但是，與燕國鄰近的中山及其他戎狄部族的刀幣文字，與燕國貨幣文字有著深刻的淵源，難以斷然分割，茲將其收錄在內。由此知，本字編既不是純粹的燕系文字，也不是單一的燕國文字，似乎難以命名，且稱之爲「燕文字編」。

《燕文字編》爲收錄兩周時期燕系地域出土文字的字編，每一字形下還附有銘文辭例，並在書末附有釋文彙編。爲了展示燕系文字的地域性特點及字形寫法的多樣性，爲了標識燕系銘文語料的豐富性，我們在字形、辭例的收錄上不厭其多。雖然字編還算不上是字詞全編，但也不遑多讓。因此，文字編不單具有文字學價值、語言學價值，就是在先秦歷史文化研究上，也具有一定的史料價值。

本字編在全面收集整理兩周時期燕域文字的基礎上，根據最新的文字考釋研究成果，按照《說文》部首順序，將文字字形彙集成編。字編分正編十四卷、合文一卷、附録一卷（收未釋字、符號、形圖），共十六卷。

燕文字資料收録截止日期到2021年，主要採自《集成》《貨系》《璽彙》《陶録》等著録；新出者採自如《銘圖》《銅兵》《燕陶》等近出著述；漏收者採自如《西清》等舊有著録。除此以外，其他學術界、收藏界的自印本，一些零星發表在《文物》《考古》《書法》等書刊、網站上的燕文字材料，也在字編的收録之列。

相比秦、齊、楚、晉四系文字，燕系文字材料數量稍嫌匱乏，同銘重出者多有，絶對字量偏少，而且還夾雜著大量的刻劃符號、象形圖案，給燕系文字的考釋帶來很大困難。燕系長篇銘文較少，青銅雜器、璽印、陶文中的地名、人名用字較多，很多字詞缺乏語境，給燕系文字的釋讀也帶來較大難度。燕國偏居北隅，除文字形體外，其名物詞彙也與中原殊異，多無文獻可參考佐證，這也是許多燕系文字衹能隸定，不能確識的不利因素。此三點，是燕系銘文文字考釋整理之難點所在。

但是，在文字、詞彙考釋上，燕系文字也有不同於其他四系文字的獨特優勢，就是燕系同聲符文字多有，即其文字聲符相對單一。我們曾構想參照何琳儀先生《戰國古文字典》，按照聲系排序作出《燕系文字字詞全編》，以期燕系文字聲符可以相互繫聯溝通、聲旁可以相互參照印證，這對燕系地域的字形、詞彙研究可能更具直觀的推動作用。但是，由於對早期燕國銘文的收錄，使得我們放棄了這一構想，而採用《説文》部首排序格式。

張振謙　二〇二二年三月於河北大學德翰園

燕文字編・總目録

燕文字編·正編目錄

卷一上

卷一下

卷二上

卷三上

卷三下

卷四上

鵽（三〇六）　鵑（三〇六）

卷四下

卷五下

冂部 市（四三一） 央（四三二）

𩫏部 𩫏（四三三） ⿰𩫏立（四三三）

亯部 亯（四三三）

畗部 良（四三四）

㐭部 㐭（四三五）

來部 來（四三六）

麥部 麥（四三七）

夊部 夏（四三七） 憂（四三七） 夏（四三七） ⿹戈夂（四三八）

舛部 舞（四三八）

韋部 韜（四三九）

桀部 桀（四四〇） 椉（四四〇）

卷六上

木部 木（四四五） 椅（四四五） 杙（四四六） 權（四四六）

卷七上

卷七下

朩部

宀部

宮部

呂部

卷八上

卷八下

卷九上

卷九下

卷十上

卷十下

恴（七二四） 𢘅（七二五） 𢟎（七二六） 忍（七二六）
稳（七二九） 幾（七三〇） 惎（七三〇） 窓（七三〇）
惑（七三一） 𢡃（七三一） 懕（七三一） 懹（七三一）

卷十一上

水部

水（七三三） 河（七三三） 漢（七三三） 漆（七三四）
洹（七三四） 海（七三四） 淖（七三四） 清（七三五）
淵（七三五） 滿（七三五） 澤（七三六） 涅（七三六）
浦（七三七） 洽（七三七） 湯（七三七） 涒（七三八）
沐（七三八） 汲（七三九） 湩（七三九） 洟（七三九）
渝（七三九） 滅（七四〇） 沬（七四〇） 洵（七四〇）
浗（七四一） 浧（七四一） 溪（七四一） 湶（七四二）
漊（七四二） 滇（七四三） 濤（七四三）

卷十一下

卷十二上

卷十二下

卷十三下

卷十四下

燕文字編·合文目錄

五劃

右二（九七〇） 右內（九七〇） 叩眀（九七〇） 四十（九七〇） 四朋（九七一）

司馬（九七一） 北坪（九七一） 北宮（九七一） ⿱厶山人（九七一）

六劃

两羊（九七二） 缶工（九七二） 缶士（九七三） 缶攻（九七四）

七劃

旦女（九七四）

八劃

始敔（九七四） 亞矦（九七四） 亞盉（九七五） 亞㠱（九七五） 亞㠱矦（九七五）

舛臼（九七六） 舛馬（九七六）

十一劃

郾日（九七六）

十二劃

⿸厂刖酉（九七七） 釗生（九七六）

十五劃

十八劃

燕文字編・卷一上

一

0001

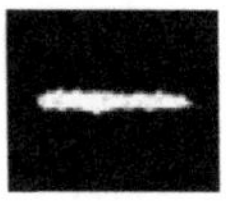
集成 09617　重金扁壺：受一壺（觳）六㪷（掬）

集成 09975.3A　陳璋罍：受一壺（觳）五㪷（掬）

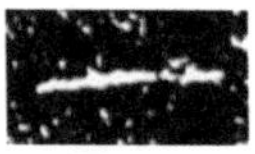
銘圖 02241　王大后鼎 a：一壺（觳）

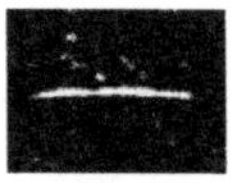
銘圖 02043　王太后鼎：一壺（觳）

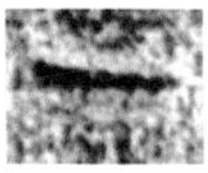
貨系 2875　燕明刀背文：一

聚珍 025.1　尖首刀：一

貨系 2979　燕明刀背文：一行

一部　一

聚珍175.6　燕明刀背文：一行

貨系4117　圓錢：一刀

貨系4119　圓錢：一刀

貨系4120　圓錢：一刀吉

聚珍039.1　尖首刀：一中

聚珍173.27　燕明刀背文：一中

聚珍065.3　燕明刀背文：一丏（万—萬）

貨系3272　燕明刀背文：左一

聚珍083.2　燕明刀背文：左一

聚珍084.6　燕明刀背文：左一八

聚珍094.3　燕明刀背文：左一十

貨系3344　燕明刀背文：左一乙

貨系3461　燕明刀背文：左一壬

聚珍086.4　燕明刀背文：左八一

貨系3452　燕明刀背文：左內一

貨系3453　燕明刀背文：左內一

貨系3466　燕明刀背文：左中一

貨系3483　燕明刀背文：右一

聚珍069.3　燕明刀背文：右一

聚珍078.2　燕明刀背文：右一中

聚珍103.5　燕明刀背文：右一厶（私）

貨系3565　燕明刀背文：右厶（私）一

貨系3746　燕明刀背文：右內一

聚珍114.2　燕明刀背文：右中一月

貨系3064　燕明刀背文：中一

聚珍137.3　燕明刀背文：中一

貨系3106　燕明刀背文：中一七

聚珍151.1　燕明刀背文：中七一乙

聚珍169.1 燕明刀背文：中一厶（私）一

貨系3116 燕明刀背文：中四一

貨系3243 燕明刀背文：中昌一

聚珍147.5 燕明刀背文：中昌一

聚珍159.1 燕明刀背文：中口一

聚珍149.6 燕明刀背文：中二千一

聚珍177.2 燕明刀背文：二一

貨系3699 燕明刀背文：明一

聚珍175.2 燕明刀背文：外盧（鑪）一

燕下都・圖二一二14 一

燕下都・圖二一二15 一

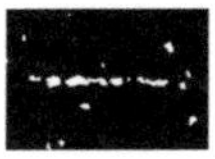
燕下都・圖二三二5 一

燕下都・圖二三八1 一

歷博3燕122 一

歷博3燕122 一

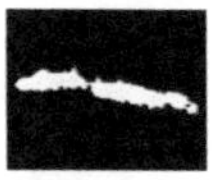
陶錄4.4.1　□二年十一月

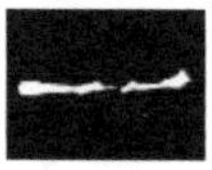
陶錄4.5.1　二十=（廿）一年八月

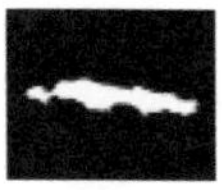
陶錄4.6.1　二十=（廿）一年八月

陶錄4.6.3　二十=（廿）一年……

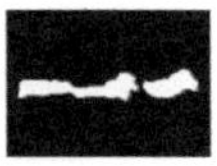
陶錄4.9.3　二十=（廿）一年十二月

陶錄9.11.2　二十=（廿）一年十月

歷博3燕2　十六年十一月

蘭城9　二十=（廿）一年

步黟168　二十=（廿）一年十二月

新陶·燕007　二十=（廿）一年八月

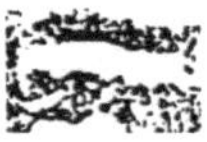
陶錄4.111.1　一吉（穀）反（半）

天

0002

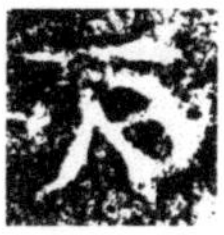

集成10583　匽侯載器：郾（燕）侯載思天炁（愛）人

上

0003

貨系2768　尖首刀：上

聚珍015.2　尖首刀：上

聚珍039.6　尖首刀：上

聚珍040.1　尖首刀：上

貨系3365　燕明刀背文：左上

貨系3366　燕明刀背文：左上

貨系3445　燕明刀背文：左上

聚珍087.2　燕明刀背文：左上

聚珍087.3　燕明刀背文：左上

貨系3627　燕明刀背文：右上

貨系3628　燕明刀背文：右上

聚珍074.1　燕明刀背文：右上

聚珍077.2　燕明刀背文：右上

貨系3187　燕明刀背文：中上

貨系3188　燕明刀背文：中上

貨系3190　燕明刀背文：中上

聚珍150.4　燕明刀背文：中上

聚珍176.2　燕明刀背文：上

璽彙1676　昜上

璽彙4130　肖（趙）上厶（私）句（竘）

圖典3935　丏（万—萬）上舟（舟—受）

璽彙4392 明上

璽彙4399 明上

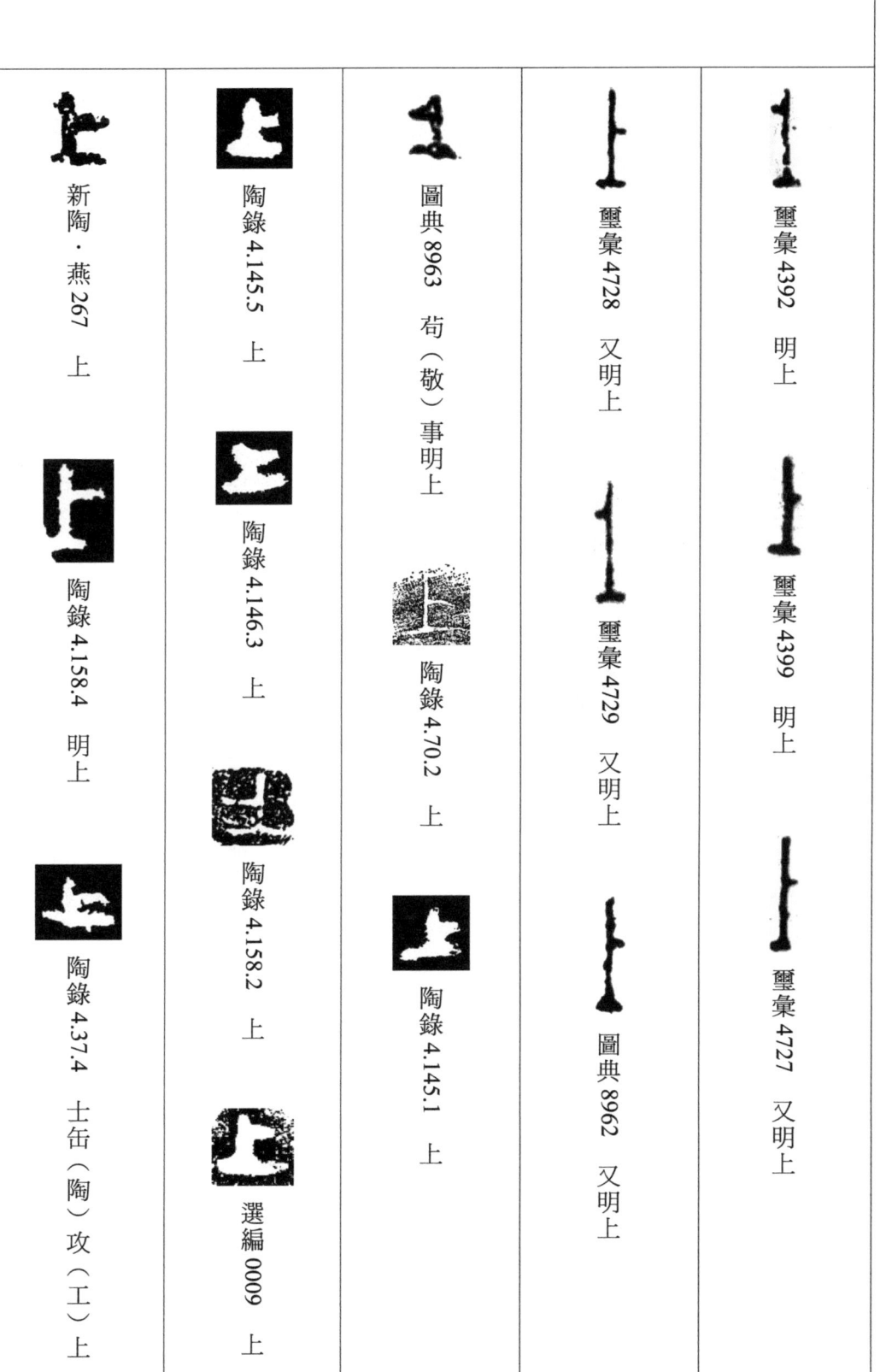

璽彙4727 又明上

璽彙4728 又明上

璽彙4729 又明上

圖典8962 又明上

圖典8963 苟（敬）事明上

陶錄4.70.2 上

陶錄4.145.1 上

陶錄4.145.5 上

陶錄4.146.3 上

陶錄4.158.2 上

選編0009 上

新陶·燕267 上

陶錄4.158.4 明上

陶錄4.37.4 士缶（陶）攻（工）上

陶錄4.38.1　缶（陶）攻（工）上

陶錄4.38.2　缶（陶）攻（工）上

陶錄4.38.3　缶（陶）攻（工）上

燕齊045　缶（陶）攻（工）上

書超網18　缶（陶）攻（工）上

書超網22　缶（陶）工上

燕陶161　上医

璽彙5573　剸（斷）辻（上）　按：「上」字繁構，又見卷二「辻」。

坣

0004

集成11916C　二十年距末：坣張兖（乘）丌（其）戕　按：「上」「尚」雙聲，又見卷二「坣」。

旁

0005

陶録4.44.4　缶（陶）攻（工）旁

新陶・燕127　缶（陶）攻（工）旁　按：徐在國釋。

下

0006

集成12015　下宮車軎：下宮

聚珍040.2　尖首刀：下

聚珍066.6　燕明刀背文：下

貨系3369　燕明刀背文：左下

貨系3446　燕明刀背文：左下

聚珍087.4　燕明刀背文：左下

貨系3469　燕明刀背文：左中下

貨系3630　燕明刀背文：右下

貨系3191　燕明刀背文：中下

貨系3192　燕明刀背文：中下

貨系3194　燕明刀背文：中下

貨系3200　燕明刀背文：中下

聚珍157.3　燕明刀背文：中下

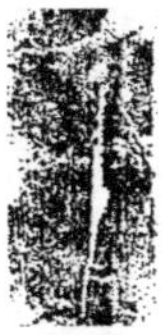
燕下都·圖一三五4　下

燕陶597　下宮

璽彙0619　王迒（下）　按：「下」字繁構，又見卷二「迒」。

祇

0007

集成10583　匽侯載器：祇敬禱（郊）祀

西清29.42　郾侯載豆：祇辛（新）立（位）

集成 11383.2　郾侯載作戎戈：祇逌（攸）配（熙）

銅兵 3.12　□壴睘矛：祇乍（作）戎

祀

0008

集成 10583　匽侯載器：祇敬禱（郊）祀

銘圖 12406　燕王職壺：唯郾（燕）王職踐（踐）奞（阼—祚）弄（丞—承）祀

銘圖 12406　燕王職壺（摹）：唯郾（燕）王職踐（踐）奞（阼—祚）弄（丞—承）祀

文物 2020.10.61　郾侯脮磬：脮剌（烈）客（文）武台（以）祀

祝

0009

璽彙 2726　祝佯

禱
0010

集成 10583　匽侯載器：祗敬禱（郊）祀

三

0011

古研 15.97　武平鐘（摹）：十三月

集成 12068　左宮馬銜：左宮之三

銅兵 5.3　左士攻尹弩機：三

銅兵 5.5　左大廄弩機：三

貨系 2685　尖首刀：三

貨系 2926　燕明刀背文：三

貨系 3283　燕明刀背文：左三

聚珍 124.3　燕明刀背文：左三

三部　三

貨系3284　燕明刀背文：左三

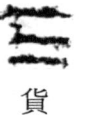

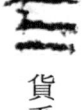

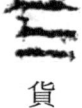

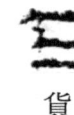

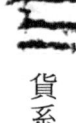

貨系3374　燕明刀背文：左內三

貨系3454　燕明刀背文：左內三

貨系3497　燕明刀背文：右三

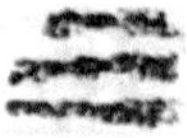

貨系3707　燕明刀背文：右三

貨系3566　燕明刀背文：右三厶（私）

貨系3752　燕明刀背文：右內三

聚珍112.6　燕明刀背文：右內三

貨系3771　燕明刀背文：右中三

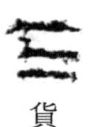

貨系3772　燕明刀背文：右中三

貨系3074　燕明刀背文：中三

貨系3075　燕明刀背文：中三

聚珍138.4　燕明刀背文：中三

聚珍169.4　燕明刀背文：中三厶（私）

貨系3249　燕明刀背文：中昌三

貨系3250　燕明刀背文：中昌三

聚珍148.1　燕明刀背文：中昌三

貨系2960　燕明刀背文：中其三

陶錄4.176.2　三

陶錄4.176.3　三

陶錄4.176.4　三

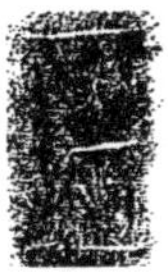
燕下都・圖八五4　三

三部

三

燕下都・圖一五八8　三

燕下都・圖二一二7　三

燕下都・圖二二七2　三

燕下都・圖二三八2　三

燕下都・圖三四六4　三

歷博3燕122　三

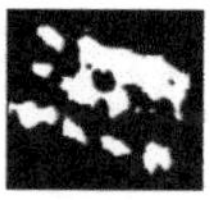
陶錄4.10.1　二十=（廿）三年十月

陶錄4.210.1　二十=（廿）二年三月

陶錄9.11.4　二十=（廿）三年十月

歷博3燕4　二十=（廿）三年十月

步黟171　二十=（廿）三年十二月

步黟175　十八年三月

步黟178　十九年三月

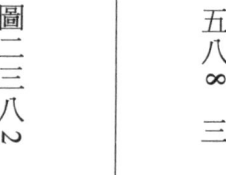

戰研4.102　十六年十三月

陶錄4.111.4　三𠮷（㲄）

陶錄4.112.4　三𠮷（㲄）

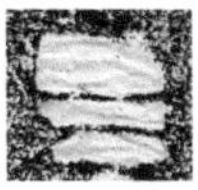
歷博3燕22　三𠮷（㲄）

歷博3燕43　三𠮷（㲄）

陶錄4.111.3　三𠮷（㲄）反（半）

陶錄4.112.3　三𠮷（㲄）八𠬛（掬）

歷博3燕18　三享（㲉—㲄）

書超網13　三𠮷（㲄）

選編0008　三𠮷（㲄）

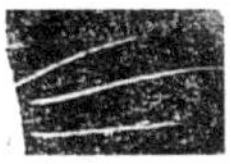
燕陶377　三𠮷（㲄）

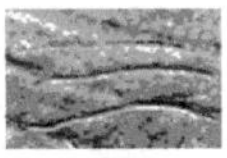
燕陶394　三壴（鼓）

王

王

0012

集成04140　大保簋：王伐彔子耶（聖）

集成04140　大保簋：王降征令于大（太）保

集成04140　大保簋：王永大（太）保

銘圖14789　克盉蓋：王曰

銘圖13831　克罍蓋：王曰

集成02628　匽侯旨鼎：王賓（賞）旨貝二十（廿）朋=

集成00935　圉甗：王易（賜）圉貝

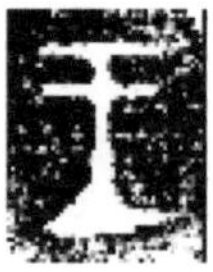

集成02456　伯矩鼎：用言（歆）王出內（入）事（使）人

出土14.61　太保玉戈：王才（在）豐

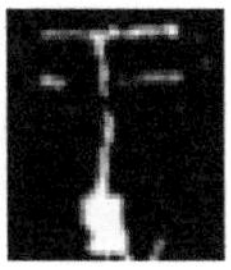

銘圖12406　燕王職壺：唯郾（燕）王職⿰足睪（踐）⿱穴甾（阼—祚）弃（⿱亠丞—承）祀

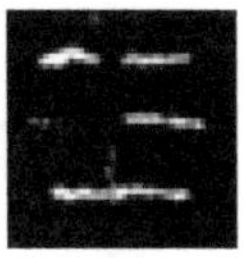

銘圖01488　王后鼎：王后之御器

集成02097　王后鼎：王后右梠（枝）室

集成02360.1　王后左相室鼎：王后左梠（枝）室

銘圖02014　陽鼎（摹）：王后左梠（枝）室

銘圖02241　王大后鼎a：王大（太）后右梠（枝）室

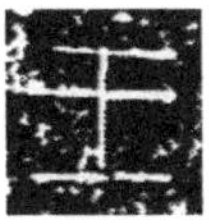

銘圖02043　王太后鼎：王大（太）句（后）

銘圖02241　王大后鼎耳（摹）：王大（太）后右梠（枝）室

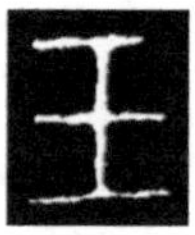
西清19.03 丙辰方壺：王后右亯（稟）

集成11093 雍王戈：隹（雖）王丌（其）所爲

集成11187 郾王職戈：郾（燕）王職乍（作）王萃

集成11188 郾王職戈：郾（燕）王職乍（作）攺（捶）鋸（瞿—戵）

集成11190 郾王職戈：郾（燕）王職乍（作）王萃

集成11191B 郾王職戈：郾（燕）王職乍（作）王萃

集成11224　郾王職戈：郾（燕）王職乍（作）雲萃鋸（瞿—戳）

集成11228　郾王職戈：郾（燕）王職乍（作）雲萃鋸（瞿—戳）

集成11232　郾王職戈：郾（燕）王職乍（作）巨攺（捶）鋸（瞿—戳）

集成11233　郾王職戈：郾（燕）王職乍（作）巨攺（捶）鋸（瞿—戳）

集成11235　郾王職戈：郾（燕）王職乍（作）巨攺（捶）鋸（瞿—戳）

集成11236B　郾王職戈（摹）：郾（燕）王職乍（作）御司馬

集成11304.1B　郾王職戈（摹）：郾（燕）王職乍（作）雲萃鋸（瞿—戵）

銘圖16995　燕王職戈：郾（燕）王職乍（作）黄（廣）卒（萃）鋸（瞿—戵）

集成11517　郾王職矛：郾（燕）王職乍（作）黄（廣）衣（卒—萃）釱

集成11521　郾王職矛：郾（燕）王職乍（作）攴（捶）釱

集成 11525B　郾王職矛（摹）：郾（燕）王職墬（踐）齏（齊）之穫（獲）

集成 11634　郾王職劍：郾（燕）王職恳（鑄）武無者鐱

集成 11237　郾王戎人戈：郾（燕）王戎人乍（作）𢼊（捶）鋸（瞿—戳）

集成 11238　郾王戎人戈：郾（燕）王戎人乍（作）𢼊（捶）鋸（瞿—戳）

集成 11275　郾王戎人戈：郾（燕）王戎人乍（作）雲萃鋸（瞿—戳）

集成 11479　郾王矛：郾（燕）王戎……鈦

集成 11538　郾王戎人矛：郾（燕）王戎人乍（作）王萃鈦

集成 11539　郾王戎人矛：郾（燕）王戎人乍（作）巨攼（捶）鈦

集成 11543　郾王戎人矛：郾（燕）王戎人乍（作）自卒逹（率）鈦

集成 11194　郾王詈戈：郾（燕）王詈（讙）㤎（鑄）攼（捶）鋸（瞿—戳）

集成11240　郾王詈戈：郾（燕）王詈（讙）⿸尸⿱又心（鑄）巨攼（捶）鋸（瞿—戳）

集成11241B　郾王詈戈：郾（燕）王詈（讙）⿸尸⿱又心（鑄）雲萃鋸（瞿—戳）

集成11305C　郾王詈戈（摹）：郾（燕）王詈（讙）⿸尸⿱又心（鑄）行義（儀）自卒司馬鉘

集成11350.1　郾王詈戈：郾（燕）王詈（讙）⿸尸⿱又心（鑄）行議（儀）鍨（戣）

集成11524　郾王詈矛：郾（燕）王詈（讙）乍（作）攼（捶）鈦

集成 11530B　郾王詈矛（摹）：郾（燕）王詈（讙）戜（鑄）雲萃鈇

集成 11540　郾王詈矛：郾（燕）王詈（讙）乍（作）巨攺（捶）鋻（鎦—劉）

銅兵 1.1　十年郾王詈戈：郾（燕）王詈（讙）戜（鑄）行議（儀）鍨（戣）

集成 11195A　郾王喜戈：郾（燕）王喜戜（鑄）攺（捶）鋸（瞿—戵）

集成 11248A　郾王喜戈：郾（燕）王喜戜（鑄）桀俫戈

銘圖 17036　郾王喜戈：郾（燕）王喜怘（鑄）御司馬鍨（戣）

銅兵 1.9　郾王喜戈：郾（燕）王喜怘（鑄）巨攸（捶）鋸（瞿—戵）

集成 11522　郾王喜矛：郾（燕）王喜怘（鑄）雲

集成 11523　郾王喜矛：郾（燕）王喜怘（鑄）權

集成 11528A　郾王喜矛：郾（燕）王喜怘（鑄）仝（全）長利

集成11529　郾王喜矛：郾（燕）王喜恳（鑄）仝（全）長利

集成11584　郾王喜劍：郾（燕）王喜恳（鑄）……

集成11612　郾王喜劍：郾（燕）王喜恳（鑄）無者鈦

集成11613　郾王喜劍：郾（燕）王喜恳（鑄）無者鈦

銅兵2.15　郾王喜劍：郾（燕）王喜恳（鑄）無者鈦

集成11109　郾王右庫戈：郾（燕）王右庫戈

貨系2666　尖首刀：王

貨系2667　尖首刀：王

聚珍037.1　尖首刀：王

聚珍037.4　尖首刀：王

聚珍037.5　尖首刀：王

聚珍038.1　尖首刀：王

璽彙0361　單佑都市王勹（符）鍴（瑞）

璽彙0362　東昜（陽）洀（海）澤王勹（符）鍴（瑞）

璽彙5562　中昜（陽）=都吳（虞）王勹（符）

璽彙0395　王喜

璽彙0396　王喜

璽彙0409　王旦

王部 王

璽彙0457 王𤔲（滿）

璽彙0480 王㾓

璽彙0481 王𢈏（鄰）

璽彙0493 王衦

璽彙0499 王纕

璽彙0511 王迹

璽彙0512 王㝵（得）

璽彙0519 王陘

璽彙0539 王䓣

璽彙0562 王罰

璽彙0565 王𠀃（相）女（如）=

璽彙0566 王𠀃（相）女（如）=

璽彙0596 王𦘒（建）

璽彙0601 王義

璽彙0602 王㔽

璽彙0605 王豈（豎）

璽彙0619 王辸（下）

璽彙0621 王䙷（得）

璽彙0622 王張

璽彙0626 王瀴

璽彙0645 王生（甥）聠（聲）

璽彙3929 王孫生（甥）罴（懷）

璽彙3943 王生（甥）絆

璽彙3946 王生（甥）旃（看）

璽彙3947 王生（甥）刹（殺）

璽彙3948 王生（甥）達

璽彙5686 王生（甥）罰

珍戰61 王罰

璽彙5684 王忎（慎）明此

圖典8915　王昌

陶錄4.192.1　王

陶錄4.192.2　王

陶錄4.192.4　王

燕下都・圖一三八1　王

燕下都・圖二二七1　王

陶錄4.21.2　昜（陽）安都王勹（符）鍴（瑞）

陶錄4.21.3　無𡧍（終）市王勹（符）

陶錄4.136.1　□都王勹（符）□

陶錄4.211.1　亩（稟）城都王勹（符）鍴（瑞）

朝陽174　亩（稟）城都王勹（符）鍴（瑞）

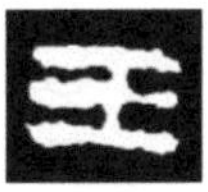
陶錄4.211.2　都吳（虞）王勹（符）鍴（瑞）

瓚

0013

陶錄4.211.3　庚（庚）都王勹（符）鍴（瑞）

朝陽211.2　亩（廩）城都王勹（符）鍴（瑞）

朝陽211.5　昜（陽）安都王勹（符）鍴（瑞）

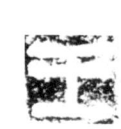

步黟199　矢医市王勹（符）

蘭城9　吳都王勹（符）鍴（瑞）

戰研2.104　坠（陰）市王勹（符）

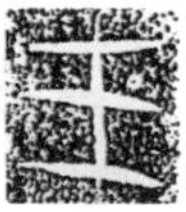

陶錄4.199.1　王豆

燕齊014　王高

霸金029　燕侯胍：匽（燕）矦旨乍（作）瓚

班

班

0014

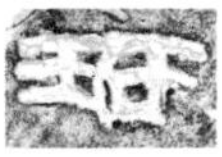
燕陶604　班

士

士

0015

集成11924　左攻君弩牙：左士攻（工）君（尹）

銅兵5.3　左士攻尹弩機：左士攻（工）君（尹）

銅兵5.10　右士攻尹弩機：右士攻（工）君（尹）

貨系2773　尖首刀：士

貨系3395　燕明刀背文：左士

貨系3172　燕明刀背文：中士

貨系3174　燕明刀背文：中士

璽彙5570　甘士市

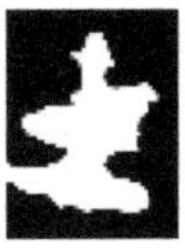
陶錄4.140.3　士

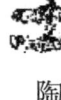

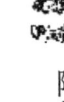

陶錄4.160.2　士

陶錄4.175.1　士

陶錄4.175.2　士

陶錄4.175.3　士

陶錄4.175.4　士

陶錄4.175.5　士

陶錄4.175.6　士

燕下都·圖七四1　士

選編0013　士

陶錄4.36.4　缶（陶）攻（工）士

陶錄4.63.3　缶（陶）攻（工）士

歷博3燕81　缶（陶）攻（工）士

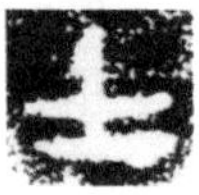
燕齊046　缶（陶）攻（工）士

步黟207　缶（陶）攻（工）士

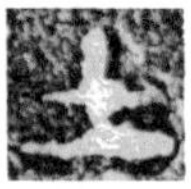
書超網17　缶（陶）攻（工）士

陶錄4.90.4 缶（陶）工士

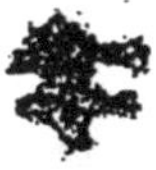
陶錄4.94.6 缶（陶）工士

陶錄4.98.1 士缶（陶）共

陶錄4.99.1 士缶（陶）

陶錄4.102.1 士工眾

陶錄4.135.6 士乙

陶錄4.182.1 右士

陶錄4.156.3 士

陶錄4.156.4 士

陶錄4.155.5 士

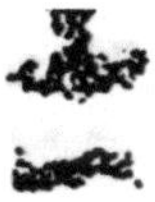
陶錄4.165.5 士

陶錄4.165.6 士

陶錄4.175.6 士

選編0014 士

陶錄4.84.2 缶（陶）攻（工）士

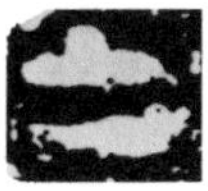
陶錄4.83.2 缶（陶）攻（工）士

陶彙4.77　缶（陶）攻（工）士

書超網12　缶（陶）攻（工）士

陶錄4.85.3　缶（陶）工士

陶錄4.85.4　缶（陶）工士

陶錄4.86.1　缶（陶）工士

陶錄4.86.2　缶（陶）工士

陶錄4.86.3　缶（陶）工士

陶錄4.120.1　缶（陶）工士

歷博3燕21　缶（陶）工士

燕齊071　缶（陶）工士

燕齊027　缶（陶）工士

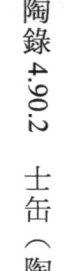

陶錄4.156.1　攻（工）士

陶錄4.90.2　士缶（陶）乙

歷博3燕16　士缶（陶）乙

陶錄4.98.3　士缶（陶）息

陶錄4.108.3　士缶（陶）⿱夅車（乘）

燕齊017　士缶（陶）⿱午止（御）

陶錄4.116.2　士缶（陶）

燕齊063　士攻（工）隹

步黟216　士缶（陶）午

燕齊018　士午

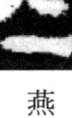

陶錄4.176.5　士

燕下都·圖八五10　士

燕下都·圖二三二14　士

陶錄4.83.3　缶（陶）攻（工）士

陶錄4.83.4　缶（陶）攻（工）士

陶錄4.117.4　缶（陶）攻（工）士

陶錄 4.85.1 缶（陶）工士

歷博 3 燕 82 缶（陶）攻（工）士

燕陶 194 士缶（陶）尘

聚珍 111.3 燕明刀背文：右宔（士）

貨系 3171 燕明刀背文：中宔（士） 按：「士」字繁構，又見卷七「宔」。

壯

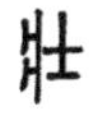

0016

璽彙 0308 左軒僑頁壯

中

0017

集成 06509.2 厝觶：厈（厝）易（賜）貝于公中（仲）

集成06510.1　庶觶：公中（仲）易（賜）庶貝十朋=

集成06510.2　庶觶：公中（仲）易（賜）庶貝十朋=

貨系2770　尖首刀：中（仲）

貨系3078　燕明刀背文：中中（仲）

貨系3268　燕明刀背文：中中（仲）

聚珍123.2　燕明刀背文：右三十=（卅）中（仲）

聚珍170.5　燕明刀背文：中中（仲）

聚珍171.1　燕明刀背文：中中（仲）

銘圖01950　右府戩鼎蓋1a：右中戩

銘圖01950　右府戥鼎蓋1b：右中戥

銅兵1.1　十年郾王詈戈：丌（其）攻（工）中

銅兵1.8　六年右御工尹戈：丌（其）𥨎（廄）中

貨系3036　燕明刀背文：中

貨系3037　燕明刀背文：中

貨系3042　燕明刀背文：中

貨系3043　燕明刀背文：中

貨系3045　燕明刀背文：中

貨系3047　燕明刀背文：中

貨系3049　燕明刀背文：中

貨系3050　燕明刀背文：中

貨系3056　燕明刀背文：中

貨系 3057 燕明刀背文：中

聚珍 021.1 尖首刀：中

聚珍 044.6 尖首刀：中

聚珍 096.2 燕明刀背文：中

聚珍 097.1 燕明刀背文：中

聚珍 097.2 燕明刀背文：中

聚珍 098.2 燕明刀背文：中

聚珍 136.5 燕明刀背文：中

聚珍 136.6 燕明刀背文：中

聚珍 137.1 燕明刀背文：中

聚珍 168.1 燕明刀背文：中

聚珍 168.2 燕明刀背文：中

貨系 3061 燕明刀背文：中一

貨系 3064 燕明刀背文：中一

貨系 3066　燕明刀背文：中一

貨系 3068　燕明刀背文：中一

聚珍 137.2　燕明刀背文：中一

聚珍 137.5　燕明刀背文：中一

貨系 3070　燕明刀背文：中二

貨系 3071　燕明刀背文：中二

聚珍 137.4　燕明刀背文：中二

聚珍 138.2　燕明刀背文：中二

聚珍 161.4　燕明刀背文：中二

貨系 3074　燕明刀背文：中三

貨系 3075 燕明刀背文：中三

聚珍 138.4 燕明刀背文：中三

聚珍 147.4 燕明刀背文：中四

貨系 3080 燕明刀背文：中五

貨系 3081 燕明刀背文：中五

聚珍 138.6 燕明刀背文：中五

聚珍 168.3 燕明刀背文：中五

聚珍 168.5 燕明刀背文：中中五

聚珍 168.5 燕明刀背文：中中五

貨系 3084 燕明刀背文：中六

聚珍 139.1　燕明刀背文：中六

貨系 3086　燕明刀背文：中六

貨系 3089　燕明刀背文：中七

貨系 3090　燕明刀背文：中七

貨系 3091　燕明刀背文：中七

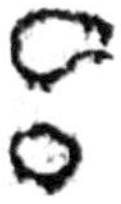
貨系 3092　燕明刀背文：中七

聚珍 139.2　燕明刀背文：中七

聚珍 168.4　燕明刀背文：中七

貨系 3096　燕明刀背文：中八

貨系 3097　燕明刀背文：中八

貨系 3098　燕明刀背文：中八

聚珍 139.3　燕明刀背文：中八

聚珍 167.2　燕明刀背文：中八

貨系 3101　燕明刀背文：中九

聚珍 139.4　燕明刀背文：中九

貨系 3103　燕明刀背文：中十

貨系 3104　燕明刀背文：中十

聚珍 139.5　燕明刀背文：中十

聚珍 151.2　燕明刀背文：中十

聚珍 155.1　燕明刀背文：中十

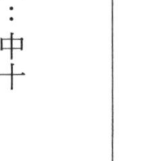

貨系 3106　燕明刀背文：中一七

聚珍 169.1　燕明刀背文：中一厶（私）

聚珍 169.2　燕明刀背文：中二厶（私）

聚珍 169.4　燕明刀背文：中三厶（私）

貨系 3108　燕明刀背文：中二十=（廿）

貨系 3109　燕明刀背文：中二十=（廿）

貨系 3110　燕明刀背文：中二十=（廿）

聚珍 140.1　燕明刀背文：中二十=（廿）

聚珍 140.2　燕明刀背文：中二十=（廿）

貨系 3115　燕明刀背文：中三十=（卅）

聚珍140.3　燕明刀背文：中三十=（卅）

聚珍140.4　燕明刀背文：中三十=（卅）

聚珍140.5　燕明刀背文：中六十

聚珍151.1　燕明刀背文：中七一乙

貨系3123　燕明刀背文：中千

貨系3125　燕明刀背文：中千

貨系3126　燕明刀背文：中千

聚珍141.4　燕明刀背文：中千

聚珍141.5　燕明刀背文：中千

聚珍141.6　燕明刀背文：中二千

貨系 3176 燕明刀背文：中二千

貨系 3177 燕明刀背文：中二千

聚珍 149.6 燕明刀背文：中二千一

貨系 3130 燕明刀背文：中丏（万—萬）

貨系 3131 燕明刀背文：中丏（万—萬）

貨系 3132 燕明刀背文：中丏（万—萬）

聚珍 142.1 燕明刀背文：中丏（万—萬）

聚珍 142.3 燕明刀背文：中丏（万—萬）

聚珍 142.4 燕明刀背文：中丏（万—萬）

聚珍 169.5 燕明刀背文：中丏（万—萬）

貨系3137　燕明刀背文：中斤

貨系3138　燕明刀背文：中斤

貨系3139　燕明刀背文：中斤

聚珍151.5　燕明刀背文：中斤

聚珍152.1　燕明刀背文：中斤

貨系3142　燕明刀背文：中乙

貨系3144　燕明刀背文：中乙

聚珍151.3　燕明刀背文：中乙

聚珍151.4　燕明刀背文：中乙

聚珍153.5　燕明刀背文：中乙

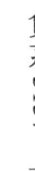

聚珍 158.6 燕明刀背文：中乙乙

貨系 3119 燕明刀背文：中厶（私）

貨系 3122 燕明刀背文：中厶（私）乙

聚珍 140.6 燕明刀背文：中厶（私）

聚珍 141.2 燕明刀背文：中二十=（廿）厶（私）

貨系 3145 燕明刀背文：中人

貨系 3147 燕明刀背文：中人

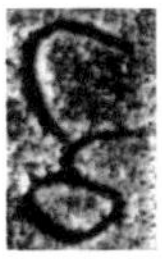
貨系 3150 燕明刀背文：中人

聚珍 152.3 燕明刀背文：中人

聚珍 152.6 燕明刀背文：中人

貨系 3151　燕明刀背文：中刀

聚珍 156.6　燕明刀背文：中刀

貨系 3156　燕明刀背文：中貝

貨系 3160　燕明刀背文：中𠂇

聚珍 158.2　燕明刀背文：中又

聚珍 158.4　燕明刀背文：中又

貨系 3168　燕明刀背文：中工

貨系 3169　燕明刀背文：中工

聚珍 169.6　燕明刀背文：中工

貨系 3175　燕明刀背文：中士

貨系 3171　燕明刀背文：中宔（土）

貨系 3178　燕明刀背文：中壬

貨系 3182　燕明刀背文：中壬

貨系 3184　燕明刀背文：中壬

貨系 3185　燕明刀背文：中壬

聚珍 143.4　燕明刀背文：中壬

貨系 3186　燕明刀背文：中上

貨系 3188　燕明刀背文：中上

貨系 3190　燕明刀背文：中上

聚珍 150.4　燕明刀背文：中上

貨系3191　燕明刀背文：中下

貨系3192　燕明刀背文：中下

貨系3200　燕明刀背文：中下

貨系3085　燕明刀背文：中丌

貨系3196　燕明刀背文：中丌

貨系3201　燕明刀背文：中丌

聚珍149.2　燕明刀背文：中丌

聚珍157.4　燕明刀背文：中丌

貨系3195　燕明刀背文：中

貨系3197　燕明刀背文：中它

貨系3198　燕明刀背文：中內

聚珍166.1　燕明刀背文：中內人

貨系3208　燕明刀背文：中文

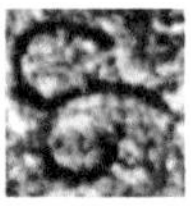
貨系3209　燕明刀背文：中文

聚珍143.5　燕明刀背文：中文

聚珍145.1　燕明刀背文：中文十

聚珍143.1　燕明刀背文：中口

聚珍173.1　燕明刀背文：中口

聚珍159.1　燕明刀背文：中口一

聚珍168.6　燕明刀背文：中口十

聚珍 141.1　燕明刀背文：中古

聚珍 143.2　燕明刀背文：中日

聚珍 149.4　燕明刀背文：中日

聚珍 155.4　燕明刀背文：中日

聚珍 170.2　燕明刀背文：中旦

聚珍 156.3　燕明刀背文：中丂

聚珍 157.1　燕明刀背文：中卜

聚珍 157.2　燕明刀背文：中卜

聚珍 150.5　燕明刀背文：中中

聚珍 152.2　燕明刀背文：中川

貨系 3263　燕明刀背文：中吉

貨系 3268　燕明刀背文：中中（仲）

聚珍 170.1　燕明刀背文：中中（仲）

聚珍 145.3　燕明刀背文：中行

聚珍 145.5　燕明刀背文：中行

聚珍 146.1　燕明刀背文：中

貨系 3164　燕明刀背文：中后

聚珍 146.2　燕明刀背文：中后

聚珍 146.3　燕明刀背文：中后

聚珍 149.3　燕明刀背文：中丰

聚珍 149.5　燕明刀背文：中 

聚珍 150.1　燕明刀背文：中 

聚珍 150.2　燕明刀背文：中 

聚珍 150.3　燕明刀背文：中 

聚珍 153.2　燕明刀背文：中 

聚珍 153.3　燕明刀背文：中子

聚珍 153.4　燕明刀背文：中 

聚珍 155.2　燕明刀背文：中 

聚珍 155.3　燕明刀背文：中 

聚珍 158.5　燕明刀背文：中 

聚珍 171.6　燕明刀背文：中邑

貨系 3226　燕明刀背文：中昌

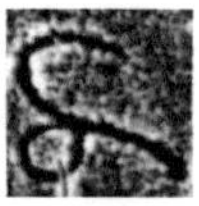
貨系 3230　燕明刀背文：中昌

聚珍 146.5　燕明刀背文：中昌

聚珍 146.6　燕明刀背文：中昌

聚珍 147.1　燕明刀背文：中昌

貨系 3238　燕明刀背文：中昌一

貨系 3241　燕明刀背文：中昌一

貨系 3244　燕明刀背文：中昌一

聚珍 147.5　燕明刀背文：中昌一

聚珍 147.6　燕明刀背文：中昌二

聚珍 148.1　燕明刀背文：中昌三

聚珍 148.2　燕明刀背文：中昌四

聚珍 148.6　燕明刀背文：中昌八

貨系 3253　燕明刀背文：中昌十

貨系 3254　燕明刀背文：中昌十

聚珍 148.3　燕明刀背文：中昌十

聚珍 148.5　燕明刀背文：中昌十

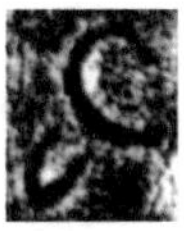

貨系 3257　燕明刀背文：中昌乙

聚珍 149.1　燕明刀背文：中昌刀十

貨系 3260　燕明刀背文：中昌生

聚珍 131.1　燕明刀背文：左中

貨系 3466　燕明刀背文：左中一

貨系 3467　燕明刀背文：左中一

貨系 3469　燕明刀背文：左中下

貨系 3768　燕明刀背文：右中

貨系 3769　燕明刀背文：右中

聚珍 082.5　燕明刀背文：右中

聚珍 110.4　燕明刀背文：右中

貨系 3771　燕明刀背文：右中三

貨系3774　燕明刀背文：右中七

貨系3776　燕明刀背文：右中千

貨系3778　燕明刀背文：右中中

貨系3779　燕明刀背文：右中四

聚珍114.2　燕明刀背文：右中一月

聚珍039.1　尖首刀：一中

聚珍173.3　燕明刀背文：ナ（左）中二十=（廿）

璽彙5351　中

璽彙5352　中

璽彙0368　中軍壴（鼓）車

璽彙5547　中軍厶（尉）

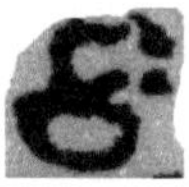
璽彙5562　中昜（陽）＝都吳（虞）王勹（符）

華夏99·處NO.56-2　中貞（鼎）丙勹（符）

璽考297　中行輚

圖典3980　中人

璽彙4638　明中

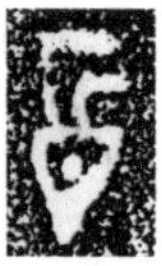
陶錄4.188.5　中

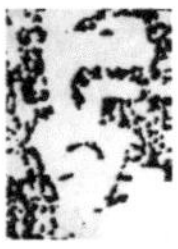
陶錄4.188.6　中

燕陶422　中

燕陶423　中

璽彙3496　宙（中）生（甥）狗　按：「中」字繁構，又見卷七「宙」。

屮

0018

燕文字編·卷一下

貨系2835　針首刀：屮

聚珍016.3　尖首刀：屮

聚珍016.4　尖首刀：屮

聚珍016.6　尖首刀：屮

貨系3386　燕明刀背文：左屮

貨系3389　燕明刀背文：左屮

聚珍078.2　燕明刀背文：右一屮

0019 芇

璽彙3502　芇（其）膏

珍戰44　芇（其）腹　按：「萁」字異體，又見本卷「萁」。

0020 关

璽彙3537　关（笑）旺（聖）

圖典8964　关（笑）顛（頸）

考古1989.4.378　銅印：关（笑）言

貨系3095　燕明刀背文：中中

聚珍150.5　燕明刀背文：中中

陶錄4.196.3　中

陶錄4.210.5　中

燕下都・圖一三五5　中

燕下都・圖一五八9　中

考古1989.4.378 銅印印面（摹）：宎（笑）言 按：「笑」字異體，又見本卷「芺」、卷五「笑」。

⿱屮田

0021

璽彙3504 ⿱屮田（申）生（甥）⿰貝妥（⿰貝每—嬰）

璽彙3196 ⿱屮里（申）糸（榣） 按：「⿱屮田」字繁構，又見卷十三「⿱屮里」。

⿱屮龰

0022

璽彙1677 昜（陽）生（甥）⿱屮龰（⿱艹龰）

璽彙3347 夭⿱屮龰（⿱艹龰—胥）秦更 按：「⿱艹龰」字異體，劉釗釋，又見本卷「⿱艹龰」。

0023 草

陶録4.89.3 畋草（草） 按：「草」字異體，又見本卷「草」。

0024 萆

陶録4.164.6 萆（萆） 按：「萆」字異體，又見本卷「萆」。

0025 臬

璽彙0824 長（張）詁千臬（秋）

璽彙3466 封逌（道）千臬（秋）

璽彙3887 公孫罰千臬（秋）

璽考312 公孫忌千臬（秋） 按：「秋」字繁構，又見卷七「秋」。

0026 萷

燕陶516 萷（萷） 按：「萷」字異體，又見本卷「萷」。

⿰虫屯

0027

璽彙 3497　智生（甥）⿰虫屯（春）

⿱屮會

0028

歷博 3 燕 29　左宮⿱屮會（薈）

歷博 3 燕 30　左宮⿱屮會（薈）　按：「薈」字異體，徐在國釋，又見本卷「薈」。

⿰貝妛

0029

璽彙 3504　⿱屮田（申）生（甥）⿰貝妛（⿰貝每—嬰）　按：「⿰貝殳」之訛體，又見卷十二「嬰」。

艸

艸

0030

陶錄 4.197.1　艸

萁  0031

璽彙3502　⿱屮丌（萁）胥

珍戰44　⿱屮丌（萁）腹　按：「萁」字異體，又見本卷「⿱屮丌」。

薛  0032

璽彙2282　薛弖（強）

葥  0033

燕陶516　⿱屮前（葥）　按：「⿱屮前」字異體，又見本卷「⿱屮前」。

薈  0034

歷博3燕29　左宮⿱屮會（薈）

歷博3燕30　左宮⿱屮會（薈）　按：「⿱屮會」字異體，徐在國釋，又見本卷「⿱屮會」。

萃

0035

集成11186 郾侯載戈：郾（燕）侯載乍（作）萃鋸（瞿—戵）

集成11219 郾侯載戈：郾（燕）侯載乍（作）虫萃鉘

銅兵1.5 郾侯載戈：郾（燕）侯載乍（作）虫萃鋸（瞿—戵）

集成11272 郾侯脮戈：郾（燕）侯脮乍（作）虫萃鍨（戣）鉘

集成11525B 郾王職矛（蓦）：台（以）爲雲萃鈦

集成 11221C　郾侯職戈（摹）：郾（燕）侯職烕（鑄）虫萃鋸（瞿—戵）

集成 11223　郾王職戈：郾（燕）侯職乍（作）虫萃鋸（瞿—戵）

集成 11190　郾王職戈：郾（燕）王職乍（作）王萃

集成 11227　郾王職戈：郾（燕）王職乍（作）雲萃鋸（瞿—戵）

集成 11228　郾王職戈：郾（燕）王職乍（作）雲萃鋸（瞿—戵）

集成 11273B 郾王戎人戈：郾（燕）王戎人乍（作）雲萃鋸（瞿—戵）

銘圖 17039 郾王戎人戈（摹）：郾（燕）王戎人乍（作）王萃

集成 11241B 郾王詈戈：郾（燕）王詈（讙）恖（鑄）雲萃鋸（瞿—戵）

集成 11242C 郾王詈戈（摹）：郾（燕）王詈（讙）恖（鑄）雲萃鋸（瞿—戵）

集成 11530B 郾王詈矛（摹）：郾（燕）王詈（讙）恖（鑄）雲萃鈦

萃

璽彙0293　⿱日庚（庚）都萃車馬

步黟227　萃

萆 0036

燕齊098　萆

步黟234　萆

步存・燕56　萆

陶錄4.164.6　⿱山卑（萆）　按：「萆」字異體，又見本卷「⿱山卑」。

芻 0037

燕陶162（摹）　⿹勹艸（芻）長

萄 0038

集成10428A　萄陰睘小器：⿱艹缶（萄）险（陰）睘（縣）

集成 10428B 蔔陰睘小器（䔯）：茖（蔔）险（陰）睘（縣）

草 0039

陶錄 4.89.3 畋皁（草）

按：「草」字異體，又見本卷「皁」。

安 0040

集成 10899 疋郾戈：安用

芙 0041

璽彙 3537 𡗜（笑）盽（聖）

按：「笑」字異體，又見本卷「𡗜」、卷五「笑」。

苙 0042

璽彙 0873 長（張）苙

0043 ⿱艹疋

璽彙1677 昜（陽）生（甥）疌（⿱艹疋）

璽彙3347 夭疌（胥）秦更 按：「⿱艹疋」字異體，劉釗釋，又見本卷「疌」。

0044 ⿱艹⿰車㔾

璽彙2283 ⿱艹⿰車㔾（範）⿸疒方（病）

璽彙2284 ⿱艹⿰車㔾（範）張

璽彙2285 ⿱艹⿰車㔾（範）丑

璽彙2286 ⿱艹⿰車㔾（範）尘

璽彙2287 ⿱艹⿰車㔾（範）⿰犭⿸𠂆巾

璽彙2288 ⿱艹⿰車㔾（範）齒 按：「範」字異體，又見卷十四「範」。

蒧

0045

璽彙3646　⿱艹⿰車阝（⿱艹⿰車㔾—範）二申　按：「範」字訛體，又見卷十四「範」。

戰研1.176　蒧（司）……

步存·燕49　左蒧（司）鍴（瑞）

燕陶070　右蒧（司）□

莫

0046

古研7.137圖4　莫戈（摹）：莫

璽彙1279　㓝（刑）莫

璽彙5498　莫

圖典4097　肖（趙）莫

步黟229　莫

燕文字編·卷二上

小

0047

集成02556B　小臣𧆞鼎（摹）：休于小臣𧆞（䖒）貝五朋=

少

0048

集成10429B　□□睘小器（摹）：少司睘（縣）

集成10431A　□□睘小器：少司睘（縣）

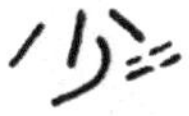

集成10431B　□□睘小器（摹）：少司睘（縣）

八

0049

集成10432A　少□睘小器：少睘（縣）

集成10432B　少□睘小器（摹）：少睘（縣）

集成11917　上距末：亓（其）少

集成11917　上距末（摹）：亓（其）少

燕陶126　左宮少啓

燕陶127（摹）　左宮少啓

集成09617　重金扁壺：百四十八

古研15.97　武平鐘（摹）：八年

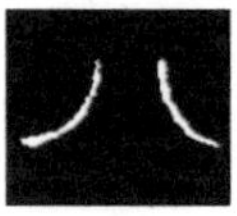
西清19.03　丙辰方壺：八月丙晨（辰）

集成11927　左周弩牙：左周八

集成 11931A　八年五大夫弩機：八年

銅兵 5.7　六八弩機：八

貨系 2693　尖首刀：八

貨系 2694　尖首刀：八

聚珍 012.1　尖首刀：八

聚珍 027.1　尖首刀：八

貨系 2890　燕明刀背文：八

聚珍 062.1　燕明刀背文：八

聚珍 063.1　燕明刀背文：八

貨系 3293　燕明刀背文：左八

貨系 3296　燕明刀背文：左八

聚珍 084.5　燕明刀背文：左八

聚珍 084.6　燕明刀背文：左一八

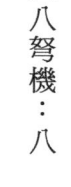

八部　八

聚珍085.1　燕明刀背文：左二八

聚珍086.4　燕明刀背文：左八一

貨系3321　燕明刀背文：左八十

貨系3521　燕明刀背文：右八

貨系3523　燕明刀背文：右八

聚珍070.3　燕明刀背文：右八

聚珍101.3　燕明刀背文：右八

聚珍102.6　燕明刀背文：右八

貨系3097　燕明刀背文：中八

貨系3098　燕明刀背文：中八

聚珍139.3　燕明刀背文：中八

聚珍156.2　燕明刀背文：中八

聚珍167.2　燕明刀背文：中八

陶錄4.195.4　八

陶錄4.195.4　八

燕下都·圖八五9　八

燕下都·圖一三五10　八

燕下都·圖三〇六4　八

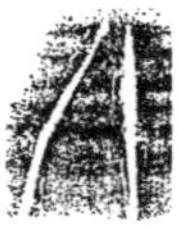
燕下都·圖三四六7　八

燕下都·圖三四六9　八

歷博3燕122　八

陶錄4.2.2　十七=年八月

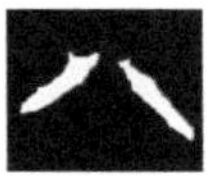
陶錄4.6.1　二十=（廿）一年八月

陶錄4.9.2　二十=（廿）二年八月

陶錄4.9.4　十八年十二月

陶錄4.210.3　十八年十二月

尙

0050

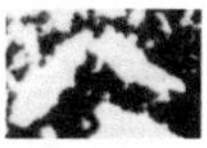

燕齊003　□年八月

步黟173　十六年八月

步黟175　十八年三月

新陶·燕007　二十=（廿）一年八月

陶錄4.103.2　二吉（觳）八𣪊（掬）

陶錄4.106.1　二吉（觳）八𣪊（掬）

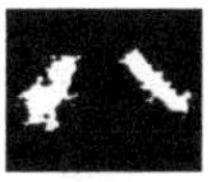

陶錄4.108.2　二吉（觳）八𣪊（掬）

陶錄4.109.3　八吉（觳）

集成10434A　北尙城睘小器：北尙城睘（縣）

集成10434B　北尙城睘小器（摹）：北尙城睘（縣）

⿱尙上

0051

集成10435A　東尙睘小器：東尙城睘（縣）

集成10435B　東尙睘小器（摹）：東尙城睘（縣）

歷博3燕74　缶（陶）攻（工）尙

璽彙0121　武尙都𠂤（尉）

璽彙3965　西方尙

璽彙4880　尙羌（敬）明昌

集成11916B　二十年距末（摹）：⿱尙上張兖（乘）丌（其）伐

集成11916C　二十年距末：⿱尙上張兖（乘）丌（其）伐　按：「上」「尚」雙聲，又見卷一「⿱尙上」。

詹  0052

璽彙5455　侌（詹）

璽彙5456　侌（詹）

璽彙5457　侌（詹）

公  0053

集成02556A　小臣𢉖鼎：召公建匽（燕）

集成02556B　小臣𢉖鼎（摹）：召公建匽（燕）

集成00915　大史友甗：大（太）史友乍（作）召公寶𨽍（尊）彝

集成06509.1　厝觶：𠩺（厝）易（賜）貝于公中（仲）

集成06510.1　庶觶：公中（仲）易（賜）庶貝十朋=

集成06510.2 庶觶：公中（仲）易（賜）庶貝十朋‖

集成02505.2 圉方鼎：休朕公君匽（燕）矦易（賜）圉貝

銘圖04257 伯簋（蓋）：白（伯）乍（作）乙公隮（尊）𣪕（簋）

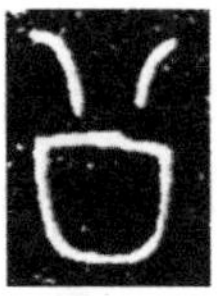

銘圖04257 伯簋：白（伯）乍（作）乙公隮（尊）𣪕（簋）

集成10229 匽公匜：匽（燕）公乍（作）爲姜乘般（盤）盄（匜）

集成11402.1A 柭里瘟戈：公孳里雎之

集成11402.1B 柭里瘟戈（摹）：公孳里雎之

璽彙3841 公孫寅

璽彙3842 公孫章

璽彙3843 公孫眷

璽彙3844 公孫𦘔（建）

璽彙3845 公孫蜚

璽彙3846 公孫佳

璽彙3847 公孫厷

璽彙3849 公孫山

璽彙3851 公孫午

璽彙3852 公孫文

璽彙3853 公孫秦

璽彙3854 公孫定

璽彙3856 公孫亘

璽彙3857 公孫鄙

璽彙3859 公孫諻（諻）

璽彙3860 公孫㕣

璽彙3861 公孫張

璽彙3862 公孫斂

璽彙3864 公孫䛇

璽彙3866 公孫駒

璽彙3867 公孫訢

璽彙3868 公孫訢

璽彙3869 公孫頵

璽彙3870 公孫繻

璽彙3871 公孫纕

璽彙3872 公孫剎（殺）

璽彙3873 公孫瘄

璽彙3874 公孫疠（病）

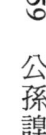

璽彙3878 公孫倚

璽彙3879　公孫生（甥）聨（聲）

璽彙3880　公孫生（甥）堹

璽彙3883　公孫買

璽彙3884　公孫壬（挺）辻（上）

璽彙3885　公孫生（甥）疠（病）

璽彙3886　公孫生（甥）鵑

璽彙3887　公孫買千臬（秋）

璽彙3891　公孫臣

璽彙3892　公孫訔（讙）

璽彙3893　公孫爲

璽彙3894　公孫腹

璽彙3895　公孫聖（聲）

璽彙3897　公孫生（甥）易（陽）

璽彙3898　公孫索

璽彙3899　公孫城

璽彙3900　公孫安

璽彙3901　公孫⿱夷土（夷）

璽彙3902　公孫赤

璽彙3903　公孫剸（斷）

璽彙3904　公孫弔

璽彙3905　公孫遻

璽彙3906　公孫⿸疒戚

璽彙3908　公孫纕

璽彙3909　公孫藋

璽彙3910　公孫朱

璽彙3913　公孫⿱穴乘（乘）

璽彙3926　公孫生（甥）良

璽彙5574　公孫帶

璽彙5591　喬公

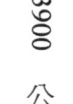

璽彙5688　公孫惪（愳）

璽考302　公孫書

璽考302　公孫生（甥）杙

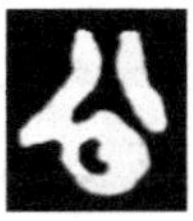
璽考310　公孫賀

璽考310　公孫纕

璽考310　公孫章

璽考310　公孫忓

璽考310　公孫耳

璽考310　公孫隹

璽考310　公孫𦘔（建）

璽考310　公孫生（甥）疨

璽考311　公孫壽

璽考311　公孫复

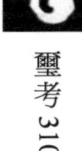

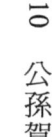

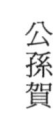

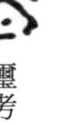

璽考311　公孫隼（進）

璽考311　公孫諕

璽考312　公孫譌（訥）

璽考312　公孫弁

璽考312　公孫忌千梟（秋）

璽考313　公孫堹

璽考313　公孫㝵（得）

珍戰30　公孫腹

徙信122　公孫兖（乘）之

陶錄4.193.4　公

燕下都・圖七三13　公

新陶・燕252　公

燕陶414　公

燕陶415　公

燕下都・圖四六三9　公

余

0054

銘圖14789　克盉蓋：余大對乃亯（享）

銘圖13831　克罍蓋：余大對乃亯（享）

銘圖13831　克罍：余大對乃亯（享）

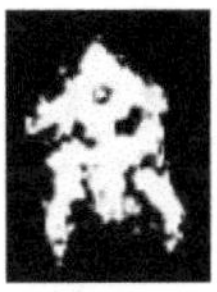

集成11541A　不降矛：不陞（隆—降）拜余（餘）子之賀金

集成11541B　不降矛（摹）：不陞（隆—降）拜余（餘）子之賀金

璽彙1287　余⿷匚玄（弦）

璽彙1288　余繯

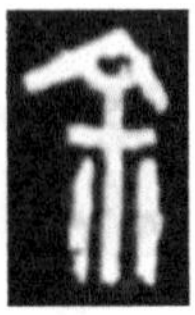

璽彙1289　余忿

璽彙1290　余⿺辶㝵（得）

番

0055

牛

0056

璽彙 1291　余瘡

陶錄 4.170.6　余

陶錄 4.21.1　余（徐）無都鍴（瑞）

陶錄 4.187.1　余氏

集拓 14　左宮余⿱⿷匚爻心

燕陶 142　余

璽彙 1655　番⿷匚遠

圖典 4253　番丑

璽彙 1217　牛義

璽彙 1203　牛坴（跪）

貨系 2673　尖首刀：牛

陶錄 4.169.1　牛

陶錄 4.173.5　牛

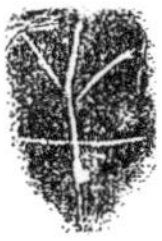
陶錄 4.199.3　牛

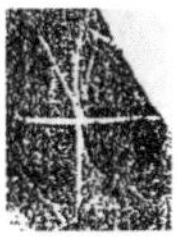
陶錄 4.200.2　牛

牛部

牛

陶錄4.201.2　牛

步黟222　牛

陶錄4.53.3　缶（陶）攻（工）牛

陶錄4.65.1　缶（陶）攻（工）牛

陶錄4.65.2　缶（陶）攻（工）牛

陶錄4.67.1　缶（陶）攻（工）牛

燕下都·圖四六三4　缶（陶）攻（工）牛

燕齊032　缶（陶）攻（工）牛

歷博3燕68　缶（陶）攻（工）牛

步黟205　缶（陶）攻（工）牛

書超網4　缶（陶）攻（工）牛

選編0025　缶（陶）攻（工）牛

陶錄4.92.6　士攻（工）牛

陶錄4.117.3　缶（陶）牛

犢

0057

集成11113　犢共叟戟（摹）：犨（犢）共旼氏戟

⿰牜矦

0058

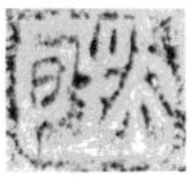
燕陶599　⿰牜矦

⿰牜區

0059

燕陶101　右宮⿰牜區

告

0060

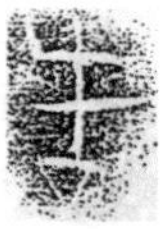

陶錄 4.204.3　告

口

0061

貨系 2787　尖首刀：口

貨系 2788　尖首刀：口

聚珍 041.1　尖首刀：口

貨系 3379　燕明刀背文：左口

貨系 3380　燕明刀背文：左口

聚珍 087.6　燕明刀背文：左口

聚珍 102.5　燕明刀背文：右口

聚珍 143.1　燕明刀背文：中口

聚珍 156.1　燕明刀背文：中口

嗌

0062

聚珍173.1 燕明刀背文：中口

聚珍159.1 燕明刀背文：中口一

聚珍168.6 燕明刀背文：中口十

璽彙0118 徒口都㠯（尉）

歷博4.62 口亡（無）

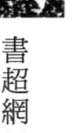

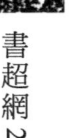

燕齊096 口

陶錄4.182.3 口

陶錄10.51.2 嗌

書超網26 嗌

燕陶435 嗌

燕陶436 嗌

新陶·燕271 嗌 按：《說文》籀文。

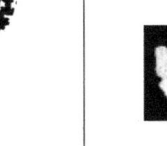

含

0063

燕下都 215.11　含

名

0064

學報 8.100.9　名

君

0065

集成 02505.1　圉方鼎：休朕公君匽（燕）侯易（賜）圉貝

集成 02505.2　圉方鼎：休朕公君匽（燕）侯易（賜）圉貝

西清 29.42　郾侯載豆：事封君

集成 09606.1　繳窓君扁壺：纕窓君丌（其）鈚（甁）

古研 15.97　武平鐘（摹）：武坪（平）君子鮮治哭（器）

銅兵 1.13.1　君戈：君戈

銅兵 1.13.2　君戈：君戈

璽彙 0003　鋹（長）圩君佀室鉨（璽）

璽考 91　霸昌君

歷博 3 燕 121　君（尹）君

命

0066

銅兵 3.12　□壴睘矛：不誨受命

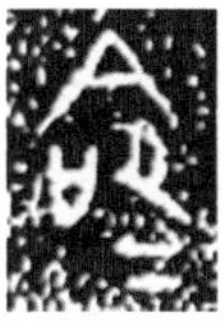
文物 2020.10.61　郾矦脮磬：皇考命=（靈命）□□

召

0067

集成 02556B　小臣㡰鼎（摹）：召公建匽（燕）

唯

0068

集成09430.1　伯害盉：白（伯）害乍（作）召白（伯）父辛寶隮（尊）彝

集成09430.2　伯害盉：白（伯）害乍（作）召白（伯）父辛寶隮（尊）彝

集成02749　害鼎：用乍（作）召白（伯）父辛寶隮（尊）彝

集成00915　大史友甗：大（太）史友乍（作）召公寶隮（尊）彝

銘圖12406　燕王職壺：唯郾（燕）王職⿰足睪（踐）⿱乍臼（阼—祚）弃（丞—承）祀

和  0069

台  0070

銘圖12406　燕王職壺（摹）：唯郾（燕）王職𨇨（踐）㝕（阼—祚）𢍜（丞—承）祀

文物2020.10.61　郾侯脮磬：唯郾（燕）侯脮乍（作）硜（磬）

步黟219　左攻（工）和

燕陶546　和

集成10583　匽侯載器：休台（以）爲齏（衆）城（盛）

集成10583　匽侯載器：永台（以）爲民

集成11525A　郾王職矛：台（以）爲雲萃鈦

吉

吉

0071

集成11525B　郾王職矛（蓦）：台（以）爲雲萃鈦

文物2020.10.61　郾侯脮磬：朕剌（烈）吝（文）武台（以）祀

集成11268　庚寅戈：寅用雲金乍（作）吉用

貨系2790　尖首刀：吉

貨系2959　燕明刀背文：吉

聚珍038.2　尖首刀：吉

聚珍038.3　尖首刀：吉

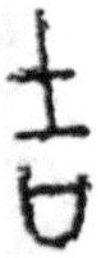

聚珍038.4　尖首刀：吉

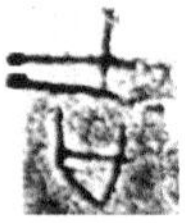

貨系3263　燕明刀背文：中吉

貨系3264　燕明刀背文：中吉

貨系3729　燕明刀背文：右吉

貨系3730　燕明刀背文：右吉

聚珍109.6　燕明刀背文：右吉

貨系4120　圓錢：一刀吉

璽彙4738　大吉昌

璽彙4866　大吉昌內

璽彙4867　大吉昌內

璽彙4870　大吉昌內

璽彙4872　大吉昌內

圖典4585　吉昌內

選編0056　吉

新陶·燕276　吉

燕陶 095　右宮吉

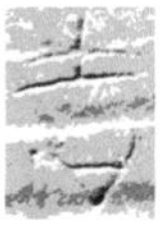
燕陶 466　吉

燕陶 467　吉

燕陶 468　吉

陶錄 4.210.4　大吉昌內

周

0072

銘圖 04482　大保簋：于洽周鑄

集成 03824　圉簋：王桒于成周

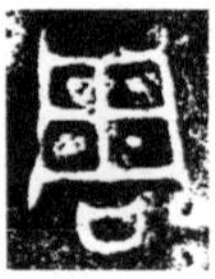
集成 03825.1　圉簋：王桒于成周

集成 02628　匽侯旨鼎：匽（燕）侯旨初見事于宗周

西清 29.42　郾侯載豆：都周相

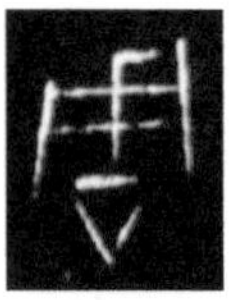
集成 11925　左周弩牙：左周宫

㕣

0073

集成11926 左周弩牙：左周宮

集成11927 左周弩牙：左周八

集成11928 左周弩牙：左周宮

銅兵5.6 □周弩機：周

璽彙3320 周起

集成11292 二年右貫府戈（𦵁）：右貝𢈔（府）御戠宿㕣

銘圖17115 㕣貫府戈（𦵁）：右貝𢈔（府）御□□㕣

璽彙1669 昜（陽）㕣

璽彙2713 良生（甥）㕣

璽彙3860 公孫㕣

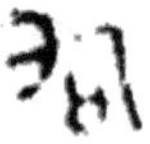

壐彙4109　彝（夷）吳（吾）㕤　按：吳振武釋。

客

0074

文物2020.10.61　郾侯脮磬：朕剌（烈）客（文）武台（以）祀　按：「文」字繁構，又見卷九「文」。

各

0075

壐彙5308　各

壐彙5309　各

㕣

0076

壐彙5437　㕣

㠯

0077

壐彙0766　長（張）㠯（己）　按：「己」字繁構，又見卷十四「己」。

壴

0078

銘圖02043　王太后鼎：一壴（𣪠）

集成09617　重金扁壺：受一壴（𣪠）六叡（掬）

集成09975.3A　陳璋罏：受一壴（𣪠）五叡（掬）

集成09975.3B　陳璋罏（摹）：受一壴（𣪠）五叡（掬）

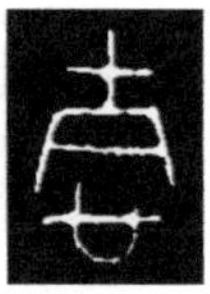

西清19.03　丙辰方壺：十壴（𣪠）七叡（掬）

銘圖02241　王大后鼎a：一壴（𣪠）

陶錄4.203.3　……壴（𣪠）

陶錄4.98.3　……壴（𣪠）

陶錄4.98.4　二吉（㲉）反（半）

陶錄4.103.1　反（半）四吉（㲉）

陶錄4.103.4　二吉（㲉）

陶錄4.104.1　六吉（㲉）

陶錄4.104.2　二吉（㲉）七叡（掬）

陶錄4.105.1　二壴（鼓）七吉（㲉）

陶錄4.106.1　二吉（㲉）八叡（掬）

陶錄4.106.3　八吉（㲉）

陶錄4.107.4　……吉（㲉）

陶錄4.108.1　二吉（㲉）

陶錄4.110.2　二壴（瞉）

陶錄4.110.3　二壴（瞉）七敂（掬）

陶錄4.110.4　二壴（瞉）反（半）

陶錄4.111.3　三壴（瞉）反（半）

陶錄4.111.4　三壴（瞉）

陶錄4.112.1　二壴（瞉）反（半）

陶錄4.112.4　三壴（瞉）

陶錄4.113.1　五壴（瞉）

陶錄4.115.3　二壴（瞉）反（半）

陶錄4.132.2　二壴（瞉）

集拓48　五吉（觳）

集拓49　十吉（觳）

歷博3燕17　二吉（觳）反（半）

歷博3燕20　二吉（觳）

歷博3燕23　四吉（觳）五反（半）

歷博3燕24　三吉（觳）七𣪘（掬）

歷博3燕25　二吉（觳）

歷博3燕74　二吉（觳）七𣪘（掬）

燕齊066　四吉（觳）

燕齊072　□吉（觳）

燕齊074　四吉（觳）

燕齊075　二吉（觳）反（半）

步黟189 二吉（觳）反（半）

步黟192 ……吉（觳）

步黟193 二吉（觳）

步黟194 二吉（觳）反（半）

步黟195 二吉（觳）反（半）

步黟196 二吉（觳）

步黟197 二吉（觳）反（半）

陶錄4.99.2 二吉（觳）反（半）

陶錄4.114.1 二吉（觳）反（半）

燕下都·圖七三4 六吉（觳）

書超网2 二吉（觳）七叡（掬）

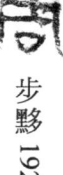

書超網13 三吉（轂）

書超網14 九吉（轂）

步黟233 二吉（轂）

新陶·燕083 四吉（轂）

燕陶352 二吉（轂）

燕陶377 三吉（轂） 按：「轂」字異體，又見卷四「轂」。

𠵧

0079

徒信010 𠵧（來）馬逅（趣） 按：「來」字繁構，又見卷五「來」。

書

0080

集成04140 大保簋：大（太）保克苟（敬）亡（無）書（譴） 按：「譴」字異體，又見卷三「譴」。

凵

0081

陶錄4.45.1　缶（陶）攻（工）凵

陶錄4.45.2　缶（陶）攻（工）凵

陶錄4.45.3　缶（陶）攻（工）凵

陶錄4.45.4　缶（陶）攻（工）凵

燕齊058　缶（陶）攻（工）凵

燕齊059　缶（陶）攻（工）凵

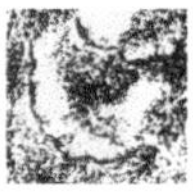

步黟193　缶（陶）攻（工）凵

燕下都・圖四六二14　缶（陶）攻（工）凵

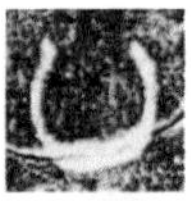

燕陶271　缶（陶）攻（工）凵

單

0082

集成10426A　林單睘小器：沐單睘（縣）

集成10426B　林單睘小器（摹）：沐單睘（縣）

集成10437A　林單睘小器：沐單睘（縣）

集成10437B　林單睘小器（摹）：沐單睘（縣）

璽彙0297　單佑都市鍴（瑞）

璽彙0361　單佑都市王勹（符）鍴（瑞）

璽彙3384　九單辻（上）

璽彙3632　單非

璽彙4099　郾（燕）白（伯）＝甘（邯）單（鄲）

哭

0083

銘圖 02014　陽鼎（摹）：昜（陽）大哭（器）

古研 15.97　武平鐘（摹）：武坪（平）君子鮮冶哭（器）

陶錄 4.8.1　左缶（陶）君（尹）鑴⿱夕止哭（器）鍴（瑞）

陶錄 4.13.1　左缶（陶）君（尹）鑴⿱夕止哭（器）鍴（瑞）

陶錄 4.14.1　左缶（陶）君（尹）鑴⿱夕止哭（器）鍴（瑞）

陶録4.16.3　……鑙（？）㚖哭（器）鍴（瑞）

陶録4.18.1　左缶（陶）君（尹）鑙㚖哭（器）鍴（瑞）

陶録4.19.1　……鑙㚖哭（器）鍴（瑞）

陶録4.20.3　左缶（陶）君（尹）鑙㚖哭（器）……

陶録4.181.2　……哭（器）……

步黟169　右缶（陶）君（尹）㚖哭（器）鍴（瑞）

步黟180　右缶（陶）君（尹）鑙㚖哭（器）鍴（瑞）

走  0084

步黟181 左缶（陶）君（尹）鑴⿱夂止哭（器）鍴（瑞）

按：「器」字省簡，又見卷三「器」。

出土14.61 太保玉戈：走百人

考古與文物1993.3.74 太保玉戈（摹）：走百人

趣  0085

璽彙4106 彝吳（夷吾）⿺辶取（趣）

陶錄4.44.3 宕（陶）攻（工）⿺辶取（趣）

按：「趣」字異體，又見本卷「⿺辶取」。

起  0086

璽彙3320 周起

璽彙3952 長（張）生（甥）起

璽彙4100 郾（燕）白（伯）‖起

陶錄4.181.4 起

燕陶561 起

燕陶562 起

陶錄4.26.4 左宮起

趄
0087

璽彙5361 趄（朝）

璽彙3313 趄（朝）朱

䞘
0088

璽考84 䞘（逸）都左司馬

按：「逸」字異體，又見卷十「逸」。

𧼛
0089

璽彙3530 峇（岦）𧼛（達）

按：「達」字異體，又見本卷「達」。

止

0090

貨系3388 燕明刀背文：左止

聚珍088.3 燕明刀背文：左止

⿱⺈止

0091

聚珍088.4　燕明刀背文：左止

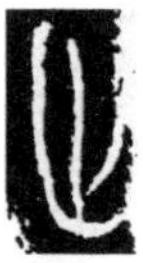
陶錄4.180.1　臾止

陶錄4.189.6　止

陶錄4.207.3　⿱之止（止）

選編0001　⿱之止（止）

燕齊106　⿱之止（止）

燕陶431　⿱之止（止）

陶錄4.70.1　缶（陶）攻（工）⿱之止（止）

燕陶363　缶（陶）攻（工）⿱之止（止）　按：「止」字異體，注加「之」聲。

陶錄4.13.1　左缶（陶）君（尹）鑄⿱⺈止哭（器）鍴（瑞）

陶錄4.14.1　左缶（陶）君（尹）鑇歨哭（器）鍴（瑞）

陶錄4.16.1　左缶（陶）君（尹）鑇歨哭（器）……

陶錄4.16.3　……鑇歨哭（器）鍴（瑞）

陶錄4.20.1　左缶（陶）君（尹）鑇歨……

陶錄4.20.3　左缶（陶）君（尹）鑇歨哭（器）

步黟169　右缶（陶）君（尹）歨哭（器）鍴（瑞）

步黟180　右缶（陶）君（尹）鑇歨哭（器）鍴（瑞）

𡰱

0092

步黟 181　左缶（陶）君（尹）鐠𣥄哭（器）鍴（瑞）

集成 09499　左冶壺蓋：左𡰱（遲—治）

集成 09563.1　右冶尹壺：右𡰱（遲—治）君（尹）

集成 09563.2　右冶尹壺：右𡰱（遲—治）君（尹）

集成 09989.1　楚高缶：右𡰱（遲—治）君（尹）

集成 09989.2　楚高缶：右𡰱（遲—治）君（尹）

集成 09990.1　楚高缶：【右】屖（遲—治）君（尹）

集成 09990.2　楚高缶：右屖（遲—治）君（尹）

集成 04633.1　右治君敦：右屖（遲—治）君（尹）

集成 04633.2　右治君敦：右屖（遲—治）君（尹）

集成 04633.3　右治君敦：右屖（遲—治）君（尹）

集成04633.4 右治君敦：右屖（遲—治）君（尹）

集成11826 屖尹鐮：屖（遲—治）君（尹）

燕下都・圖四八七11 帶孔龜形器：左屖（遲—治）

集拓21 右宮屖（遲）

集拓47 ⿱八台（廄）屖（遲） 按：「遲」字異體，又見本卷「遲」。

⿱聿止

0093

璽彙0596 王⿱聿止（建）

璽彙1671 昜（陽）⿱聿止（建）

璽彙3844 公孫⿱聿止（建）

璽考310 公孫⿱聿止（建）

璽考348 ⿱聿羊（絆—羊）閔（門）⿱聿止（建）

陶錄4.166.4 ⿱聿止（建）

學報8.97.1 左市攻（工）⿱聿止（建） 按：「建」字異體，又見本卷「建」。

0094 ⿱羽止

珍戰149 ⿱羽止

0095 ⿱镸止

集成11061 車大夫長畫戈A：車大夫=⿱镸止（長—張）畫

集成11061 車大夫長畫戈B（摹）：車大夫=⿱镸止（長—張）畫 按：「長」字繁構，又見卷九「長」。

0096 ⿱翏止

歷博3燕120　⿱羽止（⿱翏止）

燕陶504　⿱羽止（⿱翏止）

0097 登

璽彙5327　登

璽彙3848　公孫登

陶錄4.37.1　缶（陶）攻（工）登

陶錄4.37.2　缶（陶）攻（工）登

陶錄4.37.3　缶（陶）攻（工）登

0098 此

璽彙5684　王⿱丨心（慎）明此

正

0099

燕文字編·卷二下

集成02702　嬰鼎（內壁）：䢅商（賞）又（有）正嬰貝

集成11339A　十三年戈：十三=年正月

集成11339B　十三年戈（摹）：十三=年正月

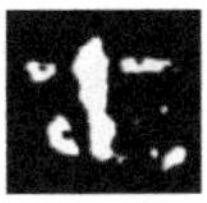

陶錄4.7.1　二十=（廿）二年正月

陶錄4.9.1　二十=（廿）二年正月

新陶・燕012　□年正月

步存・燕09　二十=（廿）二年正月

迹

0100

璽彙0511　王⿺辶垂（迹）

逹

0101

集成11543　郾王戎人矛：郾（燕）王戎人乍（作）自卒逹（率）鈦

集成11111A　左行議率戈：左行議（儀）逹（率）戈

集成11111B　左行議率戈（摹）：左行議（儀）逹（率）戈

巡

0102

璽彙 1430　宋巡

璽彙 4139　肖（趙）巡

辻

0103

璽彙 0010　鄒（易）都司徒

璽彙 0011　[illegible]（[illegible]）隂（陰）都司徒

璽彙 0012　文安都司徒

璽彙 0013　坪（平）隂（陰）都司徒

璽彙 0014　忌隂（陰）都司徒

璽彙 0015　頣（夏）屋都司徒

璽彙 0016　丏城都司徒

璽彙 0017　泃城都司徒

璽彙 0018　沶都司徒

璽彙 0020　左司徒

璽彙 0021　逼（逼）都右司徒

璽彙 0022　大司徒長勹（符）叕（瑞）

璽彙 0118　徒口都厽（尉）

璽彙 3838　司寇徒厶（私）

璽考 86　䟠都左司徒鉩（璽）

華夏 100・處 NO.54　大司徒丏坸（星—駬）

華夏 100・處 NO.55　大司徒鍴（瑞）

陶録 4.162.4　徒

陶録 4.162.5　徒

燕齊 101　徒

陶錄4.1.1 右缶（陶）攻（工）徒

陶錄4.15.1 右缶（陶）攻（工）徒

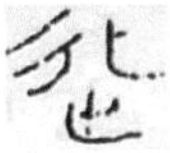
陶錄9.12.3 右缶（陶）攻（工）徒

文雅堂2.3 右缶（陶）攻（工）刔（刑）徒戒

新陶·燕038 右缶（陶）攻（工）徒

陶錄4.112.3 缶（陶）攻（工）徒

燕齊028 缶（陶）攻（工）徒

陶錄4.119.1 缶（陶）徒

步存·燕05 右缶（陶）攻（工）徒

迮 0104

集成04140　大保簋：王降征（迮）令于大（太）保　按：《說文》或體。

過 0105

燕下都·圖二一〇18　過

進 0106

璽考311　公孫隼（進）

璽彙3822　司馬隼（進）

陶錄4.119.3　缶（陶）進

造 0107

陶錄4.26.2　左宮散（造）　按：「造」字異體，又見卷三「散」。

适 0108

燕齊081　适

燕陶452　适

迎

0109

陶錄4.174.6　迎

遘

0110

集成02158　大保方鼎：遘乍（作）尊彝

集成02159　大保方鼎：遘乍（作）尊彝

⿺辶止

0111

璽彙5592　長（張）生（甥）遟（徙）

璽彙5652　帛遟（徙）

迻

0112

璽彙3905　公孫遷（迻—移）

圖典4314　⿱申土（申）遷（迻—移）

返

0113

璽彙2825　倝（韓）生（甥）返

還 0114

集成11503　右洀州還矛：右洀（泉）州還（縣）

集成10980　亞行還戈：淵行還（縣）

遲 0115

集成09563.2　右治尹壺：右屖（遲—治）君（尹）　按：「遲」字異體，又見本卷「屖」。

遴 0116

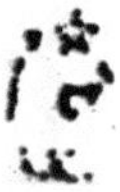

璽彙3960　東方遴（遴）

達 0117

璽彙1340　衛生（甥）達

璽彙2819　軓（韓）達

璽彙3948　王生（甥）達

燕陶586　達

燕陶096　右宮達

璽彙3530　峉（岦）逹（達）　按：「達」字異體，又見本卷「逹」。

逐

0118

璽彙0850　長（張）逐

道

0119

璽彙3466　封道（道）千梟（秋）

遽

0120

集成12103A　雁節：遵（傳）遽（遽）

集成12103B　雁節（摹）：遵（傳）遽（遽）

逼

0121

璽彙0021　逼（逼）都右司徒

璽彙0357　逼（逼）都者

0122 迈

燕陶 588　迈

0123 迂

璽彙 0619　王迂（下）　按：「下」字繁構，又見卷一「下」。

0124 辻

璽彙 2828　倝（韓）生（甥）辻（上）

璽彙 3177　疋（胥）辻（上）

璽彙 3384　九單辻（上）

璽彙 3884　公孫壬（挺）辻（上）

璽彙 5573　剸（斷）辻（上）

圖典 4356　倝（韓）辻（上）

歷博3燕88　缶（陶）⿺辶上（上）　按：「上」字繁構，又見卷一「上」。

⿺辶五

0125

璽彙2626　⿺辶五（伍）生（甥）彇

璽考253　長（張）⿺辶五（伍）　按：「伍」字異體，又見卷八「伍」。

迖

0126

璽彙1688　丁迖

⿺辶耳

0127

璽彙3207　訔（聲）⿺辶耳

璽彙5640　鍾⿺辶耳

陶錄4.160.1　⿺辶耳

⿺辶亘

0128

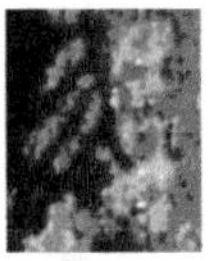

銅兵3.9　郾王⿺辶亘矛：郾（燕）王⿺辶亘（讙）　按：或釋「遇」。

⿺辶取

0129

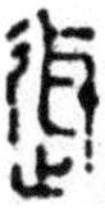
璽彙4106 彝（夷）吳（吾）⿺辶取（趣）

圖典3831 鍚⿺辶取（趣）

徒信010 ⿱來口（來）馬⿺辶取（趣）

陶錄4.204.1 比⿺辶取（趣）

陶錄4.44.3 ⿱宀缶（陶）攻（工）⿺辶取（趣）

集拓35 缶（陶）攻（工）⿺辶取（趣）

歷博3燕41 缶（陶）攻（工）⿺辶取（趣）

歷博3燕42 缶（陶）攻（工）⿺辶取（趣）

燕齊061 士缶（陶）⿺辶取（趣）

學報8.98.4 缶（陶）工⿺辶取（趣）

步存·燕38 缶（陶）工⿺辶取（趣）

燕陶365 缶（陶）趣

燕陶514 ⿺辶取（趣） 按：「趣」字異體，又見本卷「趣」。

0130 逨

集成11383.2 郾侯載作戎戈：自洹逨（來） 按：「來」字繁構，又見卷五「來」。

0131 ⿺辶㝵

璽彙0512 王⿺辶㝵（得）

璽彙0621 王⿺辶㝵（得）

璽彙1290 余⿺辶㝵（得）

璽彙1341 衛生（甥）=⿺辶㝵（得）

璽彙2242 如⿺辶㝵（得）

璽彙2834　倝（韓）逿（得）

璽彙3933　𡑗（長）孫逿（得）

璽考313　公孫逿（得）

陶錄4.48.1　缶（陶）攻（工）逿（得）

陶錄4.48.2　缶（陶）攻（工）逿（得）

陶錄4.48.3　缶（陶）攻（工）逿（得）

陶錄4.49.2　缶（陶）攻（工）逿（得）

陶錄4.64.2　缶（陶）攻（工）逿（得）

陶錄4.160.4　【缶（陶）攻（工）】逿（得）

歷博3燕54　缶（陶）攻（工）逿（得）

⿺辶𠬪

0132

新陶·燕159　缶（陶）攻（工）⿺辶㝵（得）

選編0044　右宮⿺辶㝵（得）

陶錄4.194.1　⿺辶㝵（得）

歷博3燕116　⿺辶㝵（得）

燕齊107　⿺辶㝵（得）

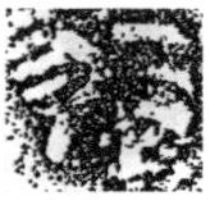
陶錄4.159.6　⿺辶㝵（得）

陶錄4.147.1　⿺辶且（得）

陶錄4.147.3　⿺辶且（得）

陶錄4.147.6　⿺辶且（得）

陶錄4.151.1　⿺辶且（得）　按：「得」字異體，又見本卷「得」。

璽彙2833　軑（韓）⿺辶𠬪

璽彙4094　喬生（甥）⿺辶𠬪

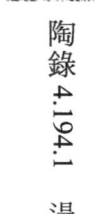

書畫 2018.10　夾逬刻石：天遥（⿺辶㸒）

書畫 2018.10　夾逬刻石：天遥（⿺辶㸒）

遙
0133

璽彙 2883　姦遙

陶錄 4.207.2　遙

馮
0134

集成 10424A　馮□睘小器：馮睘（縣）

集成 10424B　馮□睘小器（摹）：馮睘（縣）

⿺辶尃
0135

集成 1209l　騎傳馬節：騎⿺辶尃（傳）比矣（疑—郵）

集成 12103A　雁節：⿺辶尃（傳）遽（遽）

集成 12103B　雁節（摹）：⿺辶尃（傳）遽（遽）

集成 12105A　鷹節：⿺辶尃（傳）虘（虡—遽）

⿺辶會

0136

集成12105B　鷹節（摹）：⿺辶專（傳）⿸虍舛（虡—遽）

集成12106A　鷹節：⿺辶專（傳）⿸虍舛（虡—遽）

集成12106B　鷹節（摹）：⿺辶專（傳）⿸虍舛（虡—遽）

集成11917　上距末：都⿰弓舀（韜）君（尹）⿺辶專（傳）

集成11917　上距末（摹）：都⿰弓舀（韜）君（尹）⿺辶專（傳）　按：「傳」字異體，又見卷八「傳」。

銘圖17038　郾王噲戟：郾（燕）矦⿺辶會（噲）乍（作）虫萃鋸（瞿—戳）

復

0137

集成02507　復鼎：矦賚（賞）復貝四朋＝

集成02507　復鼎：復用乍（作）父乙寶隫（尊）彝

集成05978　復作父乙尊：匽（燕）矦賚（賞）復冂、衣、臣、妾、貝

後

0138

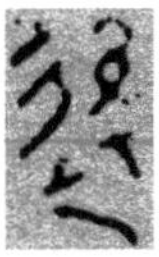

璽彙0296　左𦣞逡（後）　按：《說文》古文。

得

0139

璽彙0512　王㝵（得）

陶錄4.48.3　缶（陶）攻（工）㝵（得）

御

0140

陶錄4.147.1　⿺辶日（得）　按：「得」字異體，又見本卷「⿺辶㝵」。

陶錄4.50.1　缶（陶）工得

陶錄4.50.2　缶（陶）工得

陶錄4.51.2　缶（陶）工得

陶錄4.52.3　缶（陶）工得

歷博3燕55　缶（陶）工得

璽彙4337　导（得）志

璽彙4338　导（得）志　按：《說文》古文。

陶錄4.159.3　导（得）

銘圖14789　克盉蓋：旆（使）羌、豸、叡、雩、駇（馭）、髟

銘圖14789　克盉：旃（使）羌、豸、䖒、雩、駇（馭）、髟

銘圖13831　克罍蓋：旃（使）羌、豸、䖒、雩、駇（馭）、髟

銘圖13831　克罍：旃（使）羌、豸、䖒、雩、駇（馭）、髟　按：《說文》以為「御」字古文。

銘圖01488　王后鼎：王后之御器

集成11236A　郾王職戈：郾（燕）王職乍（作）御司馬

集成11236B　郾王職戈（摹）：郾（燕）王職乍（作）御司馬

銅兵1.1　十年郾王詈戈：右御攻（工）君（尹）臣

銘圖17036　郾王喜戈：郾（燕）王喜恳（鑄）御司馬鍨（戣）

銅兵1.7　郾王喜戈：郾（燕）王喜恳（鑄）御司馬鍨（戣）

集成11059　作御司馬戈：乍（作）御司馬

集成11339A　十三年戈：豫仝（全）弡（乘）爲大夫=子㛒（御）賀

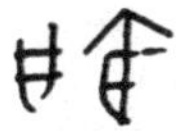
集成11339B　十三年戈（摹）：豫仝（全）宼（乘）爲大夫=子姼（御）賀

集成11292　二年右貫府戈（摹）：右具府（府）御戜宿台

銘圖17115　台貫府戈（摹）：右具府（府）御□□台

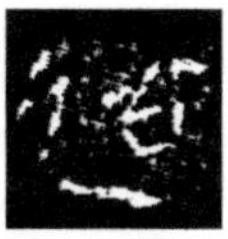
集成11931　八年五大夫弩機：右御攻（工）君（尹）五

銅兵1.8　六年右御工尹戈：右御攻（工）君（尹）□

陶錄4.59.1　缶（陶）攻（工）卸（御）

燕齊 040　缶（陶）攻（工）⿰金卩（御）

貨系 3761　燕明刀背文：右⿰钅卩（御）

燕齊 017　士缶（陶）⿱午止（御）

燕陶 193　士缶（陶）⿱午止（御）

燕陶 324　缶（陶）攻（工）⿱午止（御）　按：「御」字省簡，又見卷九「⿰金卩」。

⿰彳參

0141

璽彙 1678　⿰⿱㗊邑 ⿰彳參

建

0142

集成 02556A　小臣⿸厂⿱虍豆鼎：召公建匽（燕）

集成 02556B　小臣⿸厂⿱虍豆鼎（摹）：召公建匽（燕）

璽彙0596　王聿（建）

學報8.97.1　左市攻（工）聿（建）　按：「建」字異體，又見本卷「聿」。

㢟
0143

出土14.61　太保玉戈：㢟（延）𢉩（殷）南

考古與文物1993.3.74　太保玉戈（摹）：㢟（延）𢉩（殷）南

行
0144

集成10980　亞行還戈：淵行還（還）

集成11491　行議鍨矛：行議（儀）鍨（戣）

集成11305C　郾王詈戈（摹）：郾（燕）王詈（讙）𢚩（鑄）行義（儀）自卒司馬鍸

集成11350.1　郾王詈戈：郾（燕）王詈（讙）𢚩（鑄）行議（儀）鍨（戣）

銅兵1.1　十年郾王詈戈：郾（燕）王詈（讙）𢚩（鑄）行議（儀）鍨（戣）

集成11111A　左行議率戈：左行議（儀）逵（率）戈

貨系2726　尖首刀：行

貨系2729　尖首刀：行

貨系2967　燕明刀背文：行

貨系2972　燕明刀背文：行

聚珍162.3　燕明刀背文：行

聚珍162.4　燕明刀背文：行

貨系2978　燕明刀背文：一行

貨系2979　燕明刀背文：一行

貨系2980　燕明刀背文：一行

貨系2984　燕明刀背文：十一行

貨系2981　燕明刀背文：工行

貨系2982　燕明刀背文：巳行

貨系2983　燕明刀背文：人行

貨系2989　燕明刀背文：行□

貨系3265　燕明刀背文：中行

貨系 3661　燕明刀背文：右行

聚珍 145.3　燕明刀背文：中行

聚珍 145.6　燕明刀背文：中行

聚珍 111.1　燕明刀背文：右行

聚珍 111.2　燕明刀背文：右行

聚珍 015.1　尖首刀：行

聚珍 174.2　燕明刀背文：行

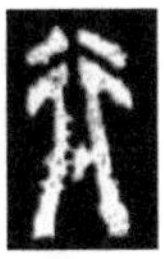
璽彙 2888　姦行

璽彙 3485　安行

璽考 297　中行輚

陶錄 4.171.2　行

選編 0043　行

蘭城 9　行

陶錄 4.171.1　行

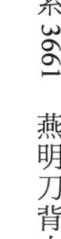

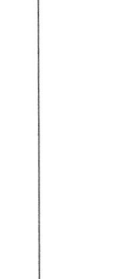

衛

0145

璽彙1334　衛陸

璽彙1335　衛青

璽彙1336　衛齎（臍）

璽彙1337　衛⿰亻生

璽彙1338　衛亡（無）厶（私）

璽彙1339　衛生（甥）肙

璽彙1340　衛生（甥）達

璽彙5649　衛旺（聲）

珍戰83　衛旦

圖典4333　衛臣

齒

0146

璽彙2288　軛（範）齒

璽彙3964　西方齒

0147 齮

陶錄4.181.3 齮

0148 牙

集成10422A 牙丘睘小器：牙丘睘（縣）

集成10422B 牙丘睘小器（摹）：牙丘睘（縣）

0149 跪

璽彙0724 長（張）坣（跪）

璽彙1203 牛坣（跪）

0150 疋

集成10899 疋鄱戈：疋（胥）鄱

璽彙3173 疋（胥）章

璽彙3174 疋（胥）腹

璽彙3175 疋（胥）痣

璽彙3176 疋（胥）爲

璽彙3177 疋（胥）辶上（上）

璽彙3178　疋（胥）生（甥）佸

龢

0151

集成02407　伯龢鼎：白（伯）龢乍（作）召白（伯）父辛寶隮（尊）鼎

燕文字編・卷三上

0152 囂

璽彙3484 喞（囂）

璽彙5435 喞（囂）

0153 器

銘圖01488 王后鼎：王后之御器

銘圖02014 陽鼎（摹）：昜（陽）大哭（器）

陶錄4.13.1 左缶（陶）君（尹）[金舊][夂止]哭（器）鍴（瑞）

舌

0154

陶錄4.14.1　左缶（陶）君（尹）鐳盃哭（器）鍴（瑞）

陶錄4.18.1　左缶（陶）君（尹）鐳盃哭（器）鍴（瑞）　按：「器」字省簡，又見卷二「哭」。

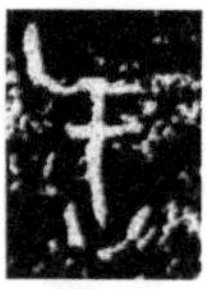

集成10436A　□舌睘小器：舌睘（縣）

集成10436B　□舌睘小器（摹）：舌睘（縣）

陶錄4.35.4　缶（陶）攻（工）舌

燕陶317　缶（陶）攻（工）舌

燕陶318　缶（陶）攻（工）舌

干

0155

集成05800 干子父戊尊：干子父戊

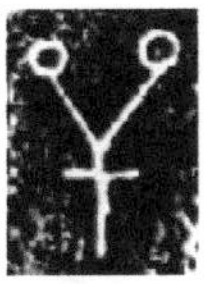

集成05195.1 單子卣：干子父戊

集成05195.2 單子卣：干子父戊

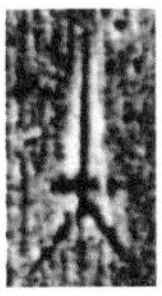

貨系2703 尖首刀：干

貨系3442 燕明刀背文：左干

貨系3549 燕明刀背文：右干

聚珍013.2 尖首刀：干

聚珍033.5 尖首刀：干

聚珍050.3 尖首刀：干

聚珍052.4 尖首刀：干

聚珍052.5 尖首刀：干

聚珍131.2 燕明刀背文：左干

商

0156

陶錄4.53.4 缶（陶）攻（工）干

陶錄4.63.1 缶（陶）攻（工）干

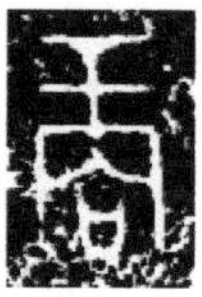

集成02702 嬰鼎（內壁）：𡚾商（賞）又（有）正嬰貝

集成02702 嬰鼎（內壁）：嬰屒（揚）𡚾商（賞）

句

0157

銘圖02043 王太后鼎：王大（太）句（后）

銘圖02043 王太后鼎（蓋）：王大（太）句（后）

集成12105A 鷹節：不句（拘）酓（留）

集成12105B 鷹節（蓋）：不句（拘）酓（留）

集成12106A　鷹節：不句（拘）𦉡（留）

集成12106B　鷹節（摹）：不句（拘）𦉡（留）

璽彙4130　肖（趙）上厶（私）句（竘）

丩

0158

貨系3385　燕明刀背文：左丩

聚珍094.1　燕明刀背文：左丩

聚珍132.5　燕明刀背文：左丩

聚珍132.6　燕明刀背文：左丩

糾

0159

璽彙3492　⿵网丩（糾）張　按：「⿵冂丩」字異體，又見卷七「⿵冂丩」。

古
古
0160

貨系 3262　燕明刀背文：中古

貨系 3726　燕明刀背文：右古

聚珍 141.1　燕明刀背文：中古

陶錄 4.141.1　古

陶錄 4.141.2　古

陶錄 4.141.4　古

陶錄 4.156.5　古

陶錄 4.167.1　古

由
0161

集成 01978　由作旅鼎：由乍（作）旅貞（鼎）

十
十
0162

古研 15.97　武平鐘（摹）：十三月

西清 19.03　丙辰方壺：十年

西清19.03　丙辰方壺：十壴（轂）七叡（掬）

銅兵1.1　十年郾王詈戈：十年

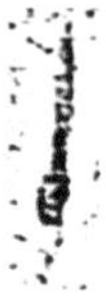
貨系2897　燕明刀背文：十

聚珍005.2　尖首刀：十

聚珍012.3　尖首刀：十

貨系2303　方足小布背文：右十

聚珍181.5　方足小布背文：右十

聚珍181.6　方足小布背文：右十

聚珍072.2　燕明刀背文：右十

聚珍165.1　燕明刀背文：右十

貨系3513　燕明刀背文：右十

十部 十

貨系3514 燕明刀背文：右十

貨系3516 燕明刀背文：右十

貨系3517 燕明刀背文：右十

貨系3539 燕明刀背文：右十二

貨系3574 燕明刀背文：右十厶

聚珍102.4 燕明刀背文：右十乙

貨系3775 燕明刀背文：右中十

貨系2315 方足小布背文：左十

聚珍183.4 方足小布背文：左十

貨系3299 燕明刀背文：左十

貨系3303　燕明刀背文：左十

聚珍094.3　燕明刀背文：左一十

貨系3321　燕明刀背文：左八十

貨系3103　燕明刀背文：中十

貨系3104　燕明刀背文：中十

聚珍139.5　燕明刀背文：中十

聚珍151.2　燕明刀背文：中十

聚珍155.1　燕明刀背文：中十

聚珍140.5　燕明刀背文：中六十

貨系3058　燕明刀背文：中匕十

十部　十

貨系 3206　燕明刀背文：中文十

聚珍 145.1　燕明刀背文：中文十

聚珍 148.3　燕明刀背文：中昌十

聚珍 148.4　燕明刀背文：中昌十

聚珍 168.6　燕明刀背文：中口十

聚珍 161.2　燕明刀背文：外盧（鑪）十

陶錄 4.2.1　十六年十月

陶錄 4.2.1　十六年十月

陶錄 4.3.1　十七=年十月

陶錄 4.3.3　十九年十月

陶錄 4.9.4　十八年十二月

陶錄 4.109.4　十壴（觳）

歷博3燕1　十六壴（瞉）

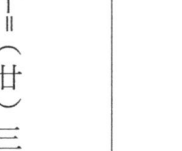

歷博3燕2　十六年十一月

歷博3燕4　二十=（廿）三年十月

歷博3燕122　十

燕齊002　十七年十二月

燕齊070　十壴（瞉）

步黟168　二十=（廿）一年十二月

步黟175　十八年三月

燕下都·圖六一7　十五

燕下都·圖八五2　十

燕下都·圖一三五2　十

燕下都·圖一三五3　十

燕下都·圖一六〇8　十

燕下都·圖二一二3　十

丈

0163

燕陶592　丈

千

0164

貨系2732　尖首刀：千

聚珍028.3　尖首刀：千

聚珍029.1　尖首刀：千

聚珍029.2　尖首刀：千

貨系3332　燕明刀背文：左千

貨系3331　燕明刀背文：左千

貨系3335　燕明刀背文：左千

聚珍073.2　燕明刀背文：右千

聚珍075.3　燕明刀背文：右千

聚珍104.6　燕明刀背文：右千厶

貨系3580　燕明刀背文：右千厶

貨系3776　燕明刀背文：右中千

貨系3123　燕明刀背文：中千

貨系3124　燕明刀背文：中千

聚珍141.5　燕明刀背文：中千

聚珍171.2　燕明刀背文：中千

貨系2929　燕明刀背文：千丏（万—萬）

貨系3002　燕明刀背文：㝅千

璽彙0824　長（張）詁千臬（秋）

璽彙3466　封逌（道）千臬（秋）

璽彙3887　公孫罰千臬（秋）

璽考312　公孫忌千臬（秋）

璽彙4467　千丏（万—萬）

璽彙4468　千丏（万—萬）

璽彙4469　千丏（万—萬）

璽彙4472　千丏（万—萬）

璽彙4473　千丏（万—萬）

璽彙4474　千丏（万—萬）

璽彙4475　千丏（万—萬）

璽彙4476　千丏（万—萬）

璽彙4477　千丏（万—萬）

璽彙4478　千丏（万—萬）

璽彙4735　百千丏（万—萬）

肸

0165

廿

0166

歷博4.64　千丏（万—萬）

圖典8958　千丏（万—萬）

圖典4540　千

陶錄4.157.3　千

集拓50　千丏（万—萬）

燕齊078　千丏（万—萬）

新陶·燕249　千丏（万—萬）

燕陶134　千丏（万—萬）

陶錄4.30.2　左宮肸

燕陶121（摹）　左宮肸

集成09975.3B　陳璋罍（摹）：二十=（廿）二

集成10453　廿四年錐形器：二十=（廿）四年

集成 11902B　廿四年銅梃（摹）：二十=（廿）四年

集成 11916C　二十年距末：二十=（廿）年

貨系 3316　燕明刀背文：左二十=（廿）

貨系 3317　燕明刀背文：左二十=（廿）

聚珍 130.3　燕明刀背文：左二十=（廿）

貨系 3546　燕明刀背文：右二十=（廿）

貨系 3545　燕明刀背文：右二十=（廿）

貨系 3547　燕明刀背文：右二十=（廿）

貨系 3723　燕明刀背文：右二十=（廿）

聚珍 173.3　燕明刀背文：𠂇（左）中二十=（廿）

貨系3551　燕明刀背文：右二十=（廿）

聚珍103.1　燕明刀背文：右二十=（廿）

聚珍103.2　燕明刀背文：右二十=（廿）

貨系3550　燕明刀背文：右二十=（廿）

貨系3552　燕明刀背文：右二十=（廿）二

貨系3577　燕明刀背文：右二十=（廿）厶（私）

貨系3578　燕明刀背文：右二十=（廿）厶（私）

貨系3109　燕明刀背文：中二十=（廿）

貨系3110　燕明刀背文：中二十=（廿）

聚珍140.1　燕明刀背文：中二十=（廿）

聚珍140.2　燕明刀背文：中二十=（廿）

聚珍141.2　燕明刀背文：中二十=（廿）ㄙ（私）

陶録4.6.3　二十=（廿）一年……

陶録4.7.1　二十=（廿）二年正月

陶録4.9.2　二十=（廿）二年八月

陶録4.10.2　二十=（廿）九年六月

燕下都・圖七三9　二十=（廿）

燕下都・圖一六〇9　二十=（廿）

燕下都・圖二三二15　二十=（廿）

燕下都・圖四六五1　二十=（廿）

卅

卅

0167

燕齊001　二十=（廿）三年四月

步黟168　二十=（廿）一年十二月

步黟169　二十=（廿）七年

蘭城7　二十=（廿）七年

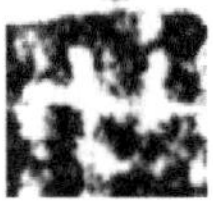

蘭城10　二十=（廿）五年吳侂

新陶·燕007　二十=（廿）一年八月

步存·燕12　二十=（廿）九年

步存·燕13　二十=（廿）九年

選編0011　二十=（廿）　按：「二十」合文，又見合文卷「二十」。

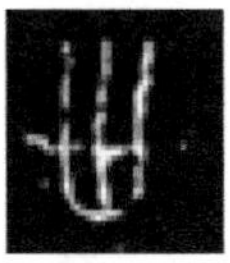

銘圖12406　燕王職壺：宅（庶）幾三十=（卅）

貨系2775　尖首刀：三十=（卅）

貨系3115　燕明刀背文：中三十=（卅）

聚珍040.5　尖首刀：三十=（卅）

聚珍040.6　尖首刀：三十=（卅）

聚珍085.2　燕明刀背文：左三十=（卅）

聚珍085.3　燕明刀背文：左三十=（卅）

聚珍103.3　燕明刀背文：右三十=（卅）

聚珍104.3　燕明刀背文：右三十=（卅）厶（私）

聚珍123.2　燕明刀背文：右三十=（卅）中

聚珍140.3　燕明刀背文：中三十=（卅）

聚珍140.4　燕明刀背文：中三十=（卅）

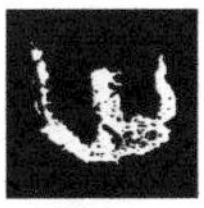
陶錄 4.140.4　三十=（卅）

陶錄 4.140.5　三十=（卅）

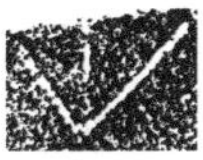
陶錄 4.195.6　三十=（卅）

陶錄 4.196.4　三十=（卅）

陶錄 4.196.5　三十=（卅）

陶錄 4.196.6　三十=（卅）

燕下都·圖五三 8　三十=（卅）

燕下都·圖七三 3　三十=（卅）

燕下都·圖一六〇 11　三十=（卅）

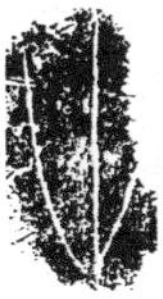
燕下都·圖二一〇 12　三十=（卅）

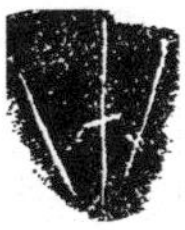
燕下都·圖二一一 20　三十=（卅）

燕下都·圖三〇二 11　三十=（卅）

言

0168

燕下都・圖三〇六5　三十=（卅）

選編0010　三十=（卅）

燕陶486　三十=（卅）　按：「三十」合文，又見合文卷「三十」。

集成02456　伯矩鼎：用言（歆）王出內（入）事（使）人

考古1989.4.378　銅印：芺（笑）言

考古1989.4.378　銅印印面（摹）：芺（笑）言

燕陶493　言

謦
0169

璽彙3895　公孫聖（謦）　按：吳良寶釋。

談
0170

陶錄4.30.4　左宮諮（談）

譍
0171

歷博3燕110　⿰言雁（譍）

誨
0172

銅兵3.12　□壴睘矛：不誨受命

璽彙3424　生（甥）誨

璽彙3515　誨（魏）眲

陶錄4.115.2　左宮不誨

謀

0173

陶錄4.43.1 缶（陶）攻（工）謀

步存・燕40 缶（陶）攻（工）謀

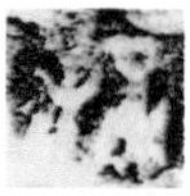

燕陶501 謀

議

0174

集成11111A 左行議率戈：左行議（儀）逵戈

集成11111B 左行議率戈（摹）：左行議（儀）逵戈

集成11350.1 郾王詈戈：郾（燕）王詈（讙）旣（鑄）行議（儀）鍨（戣）

集成11491 行議鍨矛：行議（儀）鍨（戣）

謹  0175

銅兵1.1 十年郾王詈戈：郾（燕）王詈（讙）悉（鑄）行議（儀）鍨（戣）

璽彙1280 荆（刑）謨（謹）

璽彙4112 彝（夷）吳（吾）謨（謹）

陶錄4.204.2 謨（謹）

書超網10 謨（謹）

燕齊085 謨（謹）

信  0176

璽彙0191 壐（堈）隂（陰）都⿰身言（信）隉左

璽彙0323 ⿰身言（信）城医

璽彙3248 者⿰身言（信）

璽彙4111 彝（夷）吳（吾）⿰身言（信）

璽彙5685 王生（甥）⿰身言（信）

璽彙5427 䚱（信）

圖典4086 䚱（信）鉨（璽）

陶錄4.160.5 ⿰身言（信）

燕陶492 ⿰身言（信）

誥

0177

陶錄4.40.1 缶（陶）攻（工）⿱日开（誥）

陶錄4.40.2 缶（陶）攻（工）⿱日开（誥）

詁

0178

璽彙0824 長（張）詁千𣓊（秋）

璽彙1243 喬詁

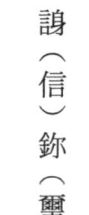

璽彙2809 䡅（韓）詁

圖典4346 雋（雝）詁

陶錄4.137.3 ……生（甥）詁

訢

0179

璽彙 3867 公孫訢

璽彙 3868 公孫訢

璽考 317 訢閔（門）湞

陶錄 4.36.1 缶（陶）攻（工）訢

陶錄 4.36.2 缶（陶）攻（工）訢

陶錄 4.36.3 缶（陶）攻（工）訢

新陶·燕 039 右缶（陶）攻（工）訢

燕齊 024 ……訢

燕陶 296 缶（陶）攻（工）訢

步黟 221 訢

誼

0180

璽彙 2801 軌（韓）亯（誼）

訖

0181

陶錄4.42.1 缶（陶）攻（工）訖

陶錄4.42.2 缶（陶）攻（工）訖

陶錄4.42.3 缶（陶）攻（工）訖

歷博3燕80 缶（陶）攻（工）訖

書超網25 缶（陶）攻（工）訖

燕齊025 【缶（陶）攻（工）】訖

步存・燕46 缶（陶）攻（工）訖

燕陶287 缶（陶）攻（工）訖

讙

0182

集成11193 郾王詈戈：郾（燕）王詈（讙）乍（作）敀（捶）鋸（瞿—戵）

集成11194　郾王詈戈：郾（燕）王詈（譴）𢛁（鑄）𢼌（捶）鋸（瞿—戳）

集成11240　郾王詈戈：郾（燕）王詈（譴）𢛁（鑄）巨𢼌（捶）鋸（瞿—戳）

集成11241B　郾王詈戈：郾（燕）王詈（譴）𢛁（鑄）雲萃鋸（瞿—戳）

集成11241C　郾王詈戈（摹）：郾（燕）王詈（譴）𢛁（鑄）雲萃鋸（瞿—戳）

集成11242C　郾王詈戈（摹）：郾（燕）王詈（譴）𢛁（鑄）雲萃鋸（瞿—戳）

集成11245　郾王詈戈：郾（燕）王詈（讙）乍（作）巨攼（捶）鋸（瞿—戳）

集成11305A　郾王詈戈：郾（燕）王詈（讙）恖（鑄）行義（儀）自卒司馬鍗

集成11305C　郾王詈戈（摹）：郾（燕）王詈（讙）恖（鑄）行義（儀）自卒司馬鍗

集成11350.1　郾王詈戈：郾（燕）王詈（讙）恖（鑄）行議（儀）鍨（戣）

集成11497A　郾王詈矛：郾（燕）王詈（讙）恖（鑄）……

諆

0183

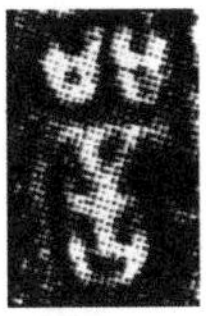

集成11530A 郾王詈矛：郾（燕）王詈（讙）悤（鑄）雲萃鈢

集成11540 郾王詈矛：郾（燕）王詈（讙）乍（作）巨攺（捶）銎（鎦—劉）

銅兵1.1 十年郾王詈戈：郾（燕）王詈（讙）悤（鑄）行議（儀）鍨（戣）

璽彙3892 公孫詈（讙）

古印150 詈（讙）

新收1360 諆子銅泡：諆子

0184 譴

集成04140 大保簋：大（太）保克苟（敬）亡（無）書（譴） 按：「譴」字異體，又見卷二「書」。

0185 詎

璽彙5282 詎 按：吳振武釋。

0186 訥

璽彙0823 長（張）謫（訥）

璽彙4098 匋生（甥）謫（訥）

璽考312 公孫謫（訥）

圖典9089 敀謫（訥）

0187 詃

歷博3燕118 詃子

0188 詛

璽彙 3416　詛生（甥）諫

0189 諻

璽彙 3859　公孫諻（諻）

0190 諫

璽彙 2808　䡅（韓）諫

璽彙 3416　詛生（甥）諫

璽彙 3546　諫

古印 161　諫

陶錄 4.34.2　左宮諫

陶錄 4.43.2　缶（陶）攻（工）諫

陶錄 4.43.3　缶（陶）攻（工）諫

步黟 214　缶（陶）攻（工）諫

燕陶256　缶（陶）攻（工）諫

0191　謓

燕陶·圖2.11　右宮謓

陶錄4.116.1　右宮謓

燕陶575　右宮謓　按：又見卷九「謓」。

0192　謉

璽彙3671　工賞謉

璽考311　公孫謉

0193　謳

歷博3燕111　讴（謳）

0194　⿰言魚

璽彙1668　易⿰言魚

譱

0195

陶錄4.39.1　缶（陶）攻（工）善

陶錄4.39.2　缶（陶）攻（工）善

陶錄4.39.3　缶（陶）攻（工）善

步黟200　缶（陶）攻（工）善

燕陶279　缶（陶）攻（工）善

燕陶280　缶（陶）攻（工）善

燕陶566　善

音

0196

陶錄4.39.4　缶（陶）攻（工）音

陶彙4.101　缶（陶）攻（工）音

歷博3燕75　缶（陶）攻（工）音

燕陶288　缶（陶）攻（工）音

0197 章 

璽彙0710　長（張）章

璽彙0878　長（張）章

璽彙1281　荆（刑）章

璽彙2517　⿰犭昜章

璽彙2521　⿰犭斤章

璽彙3173　疋（胥）章

璽彙3842　公孫章

璽考310　公孫章

璽考335　司寇章

璽考338　赤章秬

0198 ⿱章豕

燕齊102　⿱章豕

燕陶413　⿱章豕　按：「童」「豕」雙聲，徐在國釋，又見卷九「⿱章豕」。

妾

0199

集成05978 復作父乙尊：匽（燕）侯賨（賞）復冖、衣、臣、妾、貝

對

0200

銘圖14789 克盉蓋：余大對乃亯（享）

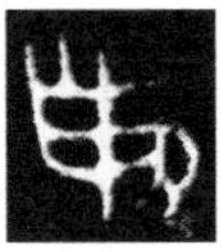

銘圖14789 克盉：余大對乃亯（享）

銘圖13831 克罍蓋：余大對乃亯（享）

銘圖13831 克罍：余大對乃亯（享）

集成04140 大保簋：用茲彝對令

僕

0201

新收1354 ◇僕戈：鳥僕戈

新收1354 ◇僕戈（摹）：鳥僕戈

新收1354　◇僕戈（照片）：鳥◎僕戈

集成11402.1A　枝里瘟戈：左軍之鈙（捶）僕

集成11402.1B　枝里瘟戈（摹）：左軍之鈙（捶）僕

璽彙3380　敂僕（僕）　按：「僕」字異體，又見卷八「僕」。

丞

0202

集成03614　匽侯簋：匽（燕）侯乍（作）姬丞隫（尊）彝

收藏家07.8　匽侯簋：匽（燕）侯乍（作）姬丞隫（尊）彝

銘圖12406　燕王職壺：唯郾（燕）王職踐（踐）䎩（阼—祚）⿱子廾（丞—承）祀

銘圖12406　燕王職壺（摹）：唯郾（燕）王職踐（踐）䎩（阼—祚）⿱子廾（丞—承）祀

珍戰82　魯生（甥）⿱子廾（丞）

⿱乑廾

0203

陶錄4.166.1　关（⿱乑廾）

陶錄4.166.2　关（⿱乑廾）

陶錄4.166.3　关（⿱乑廾）

戒

0204

集成11383.1　郾侯載作戎戈：郾（燕）侯載乍（作）戎戒（械）

璽彙1238　喬戒

文雅堂2.3 　右缶（陶）攻（工）剏（刑）徒戒

兵

0205

璽彙1225 　喬兵

璽彙4092 　喬石生（甥）兵

陶錄4.98.2 　缶（陶）兵

燕陶227 　缶（陶）攻（工）兵

具

0206

集成11292 　二年右貫府戈（䥬）：右具廥（府）御戩宿㕣

銘圖17115 　㕣貫府戈（䥬）：右具廥（府）御□□㕣

共

0207

集成11113 犢共叟戟（摹）：犢共畋氏戟

璽彙0749 長（張）共

璽考265 長（張）共

圖典4224 高共

陶錄4.98.1 士缶（陶）共

步存·燕28 士缶（陶）共

燕陶188 士缶（陶）共

異

0208

璽彙3688 浗生（甥）異

興

0209

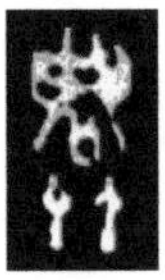
璽彙1507 畋興

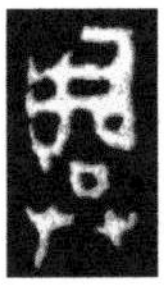
璽彙3962 東方興

書超網14 缶（陶）攻（工）興

鞭

0210

陶錄4.34.1　左缶（陶）夋（鞭）

陶錄4.35.1　缶（陶）攻（工）夋（鞭）

陶錄4.35.2　缶（陶）攻（工）夋（鞭）

陶錄4.35.3　缶（陶）攻（工）夋（鞭）　按：《說文》古文。

鬻

0211

集成 02702　嬰鼎（內壁）：鬻（餗）

鬻

0212

集成 02703　堇鼎：用乍（作）大（太）子癸寶隮（尊）鬻

爲

0213

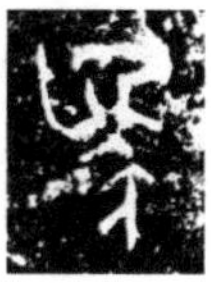

集成 10229　郾公匜：郾（燕）公乍（作）爲姜乘般（盤）宧（匜）

集成 10583　郾侯載器：休台（以）爲齍（粢）城（盛）

集成 10583　郾侯載器：永台（以）爲民

西清 29.42　郾侯載豆：爲亯（享）

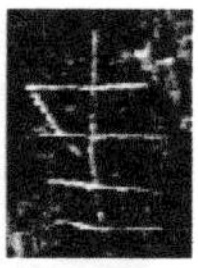

銘圖01950 右府戴鼎蓋2：入所爲賜

集成11525A 郾王職矛：台（以）爲雲萃鈦

集成11525B 郾王職矛（摹）：台（以）爲雲萃鈦

集成11093 雍王戈：雋（雖）王丌（其）所爲

集成11339A 十三年戈：豫仝（全）究（乘）爲大夫=子姕賀

集成11339B 十三年戈（摹）：豫仝（全）究（乘）爲大夫=子姕賀

璽彙3176 疋（胥）爲

璽彙3893 公孫爲

陶錄4.31.1 右宮爲義

陶錄4.31.2 右宮爲義

歷博3燕36　右宮爲人

陶錄4.165.4　爲

0214 冢

陶錄4.139.4　冢（家）乙　按：「家」字繁構，又見卷七「家」。

0215 𢊁

集成02556A　小臣𢊁鼎：休于小臣𢊁（戲）貝五朋＝

集成02556B　小臣𢊁鼎（摹）：休于小臣𢊁（戲）貝五朋＝

0216 㚸

集成02702　嬰鼎（內壁）：㚸商（賞）又（有）正嬰貝

又

0217

集成02702　嬰鼎（內壁）：嬰屒（揚）㺇商（賞）

銘圖14789　克盉蓋：罘（曁）又（有）嗣（司）

銘圖14789　克盉：罘（曁）又（有）嗣（司）

集成02702　嬰鼎（內壁）：㺇商（賞）又（有）正嬰貝

貨系2943　燕明刀背文：又

貨系3161　燕明刀背文：中又

聚珍046.2　尖首刀：又

聚珍122.6　燕明刀背文：右又

聚珍158.2　燕明刀背文：中又

聚珍158.3　燕明刀背文：中又

聚珍158.4　燕明刀背文：中又

璽彙4727　又明上

璽彙4728　又明上

璽彙4729　又明上

圖典8962　又明上

璽考289　長（張）又

右

0218

銘圖02241　王大后鼎b（摹）：王大（太）后右杞（枝）室

西清19.03　丙辰方壺：王后右亩（廩）

銘圖17115　㕣貫府戈（摹）：右具府（府）御□□㕣

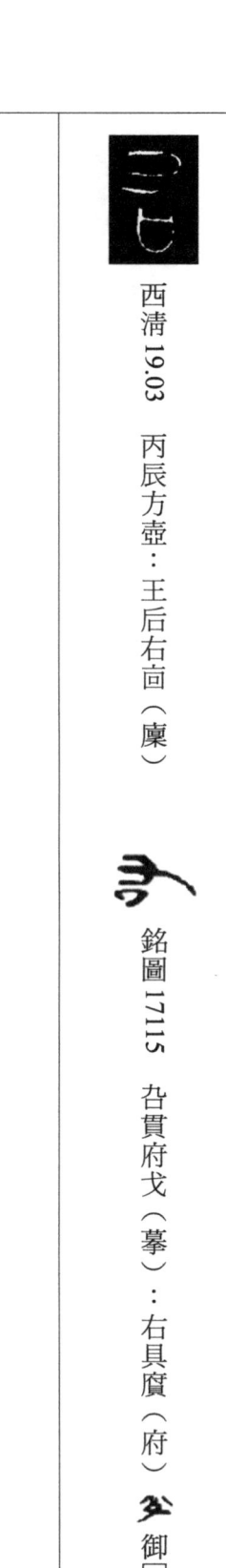

銘圖01950　右府戩鼎蓋1a：右中戩

銘圖01950　右府戩鼎蓋1b：右中戩

集成04633.1　右治君敦：右屖（遲—治）君（尹）

集成04633.2　右治君敦：右屖（遲—治）君（尹）

集成04633.3　右治君敦：右屖（遲—治）君（尹）

集成04633.4　右治君敦：右屖（遲—治）君（尹）

集成09563.1　右治尹壺：右屖（遲—治）君（尹）

集成09990.2　楚高缶：右屖（遲—治）君（尹）

集成11784　右廩鐵斧範：右亩（廩）

集成11802A　右廩鐵鑿範：右亩（廩）

集成11827A　右廩鐵鐮範：右亩（廩）

集成11827A　右廩鐵鐮範：右亩（廩）

集成11832　右廩鐵鑊範：右亩（廩）

集成11833　右廩鐵鑊範：右亩（廩）

集成10452　右佐箴錐形器：右佐箴

集成 11908　右內鐓：右內鄀

集成 11220A　郾侯載戈：郾（燕）侯載乍（作）右軍鉘

集成 11057　郾侯右宮戈：郾（燕）侯……右宮

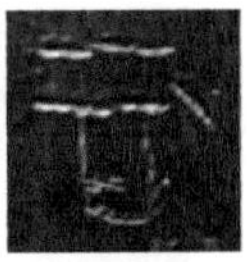
銅兵 1.8　六年右御工尹戈：右御攻（工）君（尹）□

集成 11455　右宮矛：右宮

集成 11286B　不降戈（摹）：右軍

銅兵 2.10　右攻尹鈹：右攻（工）君（尹）

集成 11919　右攻君弩牙：右攻（工）君（尹）

集成 11920A　右攻君弩牙：右攻（工）君（尹）

集成 11921　右攻君弩牙：右攻（工）君（尹）

集成 11929　右昜攻君弩牙：右昜（陽）攻（工）君（尹）

集成 11243.2　郾王詈戈：右攻（工）君（尹）

集成 11350.2　郾王詈戈：右攻（工）君（尹）青

集成 11643　郾王職劍：右攻（工）

集成 11109 鄽王右庫戈：鄽（燕）王右庫戈

集成 11484 鄽右軍矛：鄽（燕）右軍

集成 11931A 八年五大夫弩機：右御攻（工）君（尹）五

銅兵 5.1 右攻尹弩機：右攻（工）君（尹）

銅兵 5.2 右昜攻尹弩機：右昜（陽）攻（工）君（尹）

銅兵 5.4 右大廄弩機：右大廏（廄）

銅兵 5.10 右士攻尹弩機：右士攻（工）君（尹）

貨系2301 方足小布背文：右

貨系2302 方足小布背文：右

聚珍181.3 方足小布背文：右

貨系3691 燕明刀背文：右

聚珍069.1 燕明刀背文：右

聚珍099.1 燕明刀背文：右

聚珍099.2 燕明刀背文：右

聚珍102.1 燕明刀背文：右

聚珍164.1 燕明刀背文：右

貨系3485 燕明刀背文：右一

貨系3487　燕明刀背文：右一

聚珍069.2　燕明刀背文：右一

貨系3495　燕明刀背文：右二

貨系3706　燕明刀背文：右二

貨系3497　燕明刀背文：右三

貨系3707　燕明刀背文：右三

貨系3499　燕明刀背文：右四

聚珍069.5　燕明刀背文：右四

聚珍100.3　燕明刀背文：右四

貨系3500　燕明刀背文：右五

貨系 3504 燕明刀背文：右五

聚珍 069.6 燕明刀背文：右五

貨系 3509 燕明刀背文：右六

貨系 3510 燕明刀背文：右六

貨系 3518 燕明刀背文：右七

貨系 3520 燕明刀背文：右七

聚珍 070.2 燕明刀背文：右七

貨系 3543 燕明刀背文：右十四

貨系 3521 燕明刀背文：右八

貨系 3522 燕明刀背文：右八

貨系 3527 燕明刀背文：右九

貨系 3529 燕明刀背文：右九

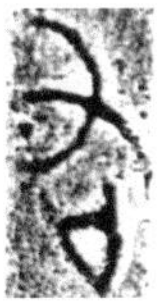
貨系 3531 燕明刀背文：右九

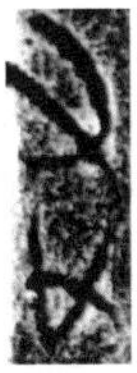
貨系 3717 燕明刀背文：右又

聚珍 072.1 燕明刀背文：右十

聚珍 072.2 燕明刀背文：右十

聚珍 181.5 方足小布背文：右十

聚珍 181.6 方足小布背文：右十

聚珍 165.2 燕明刀背文：右十

貨系 3535 燕明刀背文：右十一

貨系3536　燕明刀背文：右十一

貨系3540　燕明刀背文：右十二

聚珍072.4　燕明刀背文：右十二

貨系3545　燕明刀背文：右二十=（廿）

貨系3550　燕明刀背文：右二十=（廿）

貨系3558　燕明刀背文：右厶（私）

貨系3560　燕明刀背文：右厶（私）

貨系3563　燕明刀背文：右一厶（私）

聚珍103.5　燕明刀背文：右一厶（私）

貨系3565　燕明刀背文：右厶（私）一

貨系3667　燕明刀背文：右一文

聚珍078.2　燕明刀背文：右一中

貨系3562　燕明刀背文：右二厶（私）

聚珍103.6　燕明刀背文：右二厶（私）

貨系3566　燕明刀背文：右三厶（私）

貨系3567　燕明刀背文：右五厶（私）

貨系3570　燕明刀背文：右六厶（私）

聚珍104.1　燕明刀背文：右六厶（私）

貨系3573　燕明刀背文：右七厶（私）

聚珍104.2　燕明刀背文：右七厶（私）

貨系3725　燕明刀背文：右八厶（私）

貨系3575　燕明刀背文：右八厶（私）

貨系3574　燕明刀背文：右十厶（私）

貨系3576　燕明刀背文：右十七厶（私）

貨系3578　燕明刀背文：右二十=（廿）厶（私）

聚珍104.3　燕明刀背文：右三十=（卅）厶（私）

聚珍123.2　燕明刀背文：右三十=（卅）中

聚珍104.5　燕明刀背文：右千

聚珍073.1　燕明刀背文：右千

聚珍073.2　燕明刀背文：右千

聚珍075.3 燕明刀背文：右千

貨系3580 燕明刀背文：右千厶（私）

聚珍104.6 燕明刀背文：右千厶（私）

貨系3581 燕明刀背文：右丏（万—萬）

貨系3584 燕明刀背文：右丏（万—萬）

聚珍073.3 燕明刀背文：右丏（万—萬）

聚珍073.4 燕明刀背文：右丏（万—萬）

貨系3734 燕明刀背文：右丏（万—萬）厶（私）

貨系3760 燕明刀背文：右丏（万—萬）厶（私）一

貨系3762 燕明刀背文：右丏（万—萬）四

 貨系 3665　燕明刀背文：右兆

 聚珍 112.1　燕明刀背文：右甲

 貨系 3735　燕明刀背文：右乙

 聚珍 119.4　燕明刀背文：右乙

 貨系 3602　燕明刀背文：右壬

 貨系 3603　燕明刀背文：右壬厶（私）

 貨系 3608　燕明刀背文：右子

 貨系 3609　燕明刀背文：右丑

 貨系 3611　燕明刀背文：右丑

 貨系 3610　燕明刀背文：右

貨系 3614　燕明刀背文：右卯

貨系 3605　燕明刀背文：右巳

貨系 3743　燕明刀背文：右午

貨系 3616　燕明刀背文：右申

貨系 3617　燕明刀背文：右申

聚珍 076.2　燕明刀背文：右甲

聚珍 076.4　燕明刀背文：右卜

聚珍 077.3　燕明刀背文：右卜

聚珍 109.3　燕明刀背文：右占

貨系 3589　燕明刀背文：右日

貨系 3591　燕明刀背文：右日

聚珍 075.1　燕明刀背文：右日

聚珍 075.2　燕明刀背文：右日

貨系 3618　燕明刀背文：右工

貨系 3620　燕明刀背文：右工

聚珍 074.5　燕明刀背文：右工

聚珍 165.5　燕明刀背文：右工

聚珍 076.3　燕明刀背文：右工亏

貨系 3621　燕明刀背文：右土

貨系 3625　燕明刀背文：右于

聚珍 082.6　燕明刀背文：右𠂇

貨系 3628　燕明刀背文：右上

聚珍 077.2　燕明刀背文：右上

貨系 3630　燕明刀背文：右下

貨系 3639　燕明刀背文：右刀

聚珍 074.6　燕明刀背文：右刀

聚珍 120.4　燕明刀背文：右刀

聚珍 120.5　燕明刀背文：右刀

聚珍 078.3　燕明刀背文：右毛

貨系 3586　燕明刀背文：右方

貨系3678　燕明刀背文：右可

貨系3687　燕明刀背文：右糸

貨系3645　燕明刀背文：右北

聚珍109.4　燕明刀背文：右非

聚珍109.5　燕明刀背文：右非

貨系3647　燕明刀背文：右乇

貨系3648　燕明刀背文：右乇

貨系2307　方足小布背文：右人

貨系3654　燕明刀背文：右人

貨系3658　燕明刀背文：右人

聚珍 080.2　燕明刀背文：右人

聚珍 118.1　燕明刀背文：右人

聚珍 076.1　燕明刀背文：右丌

聚珍 082.4　燕明刀背文：右月

聚珍 110.5　燕明刀背文：右豆

聚珍 110.6　燕明刀背文：右缶

聚珍 111.3　燕明刀背文：右宔

聚珍 111.4　燕明刀背文：右馬

聚珍 121.1　燕明刀背文：右貝

聚珍 122.3　燕明刀背文：右一十

聚珍 122.4 燕明刀背文：右弓

聚珍 123.1 燕明刀背文：右

貨系 3661 燕明刀背文：右行

聚珍 111.1 燕明刀背文：右行

聚珍 111.2 燕明刀背文：右行

貨系 3666 燕明刀背文：右文

聚珍 074.4 燕明刀背文：右文

貨系 3671 燕明刀背文：右豆

貨系 3672 燕明刀背文：右豆

貨系 3673 燕明刀背文：右白

貨系3684　燕明刀背文：右同

貨系3685　燕明刀背文：右同

聚珍075.6　燕明刀背文：右同

貨系3689　燕明刀背文：右立

貨系3727　燕明刀背文：右吉

貨系3729　燕明刀背文：右吉

聚珍109.6　燕明刀背文：右吉

聚珍072.6　燕明刀背文：右厶（私）

聚珍304　燕明刀陶範背文：右厶（私）

貨系3634　燕明刀背文：右內

聚珍 077.4　燕明刀背文：右內

貨系 3750　燕明刀背文：右內二

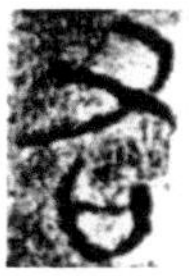
貨系 3756　燕明刀背文：右內工

貨系 3759　燕明刀背文：右內厶（私）

貨系 3761　燕明刀背文：右钔（御）

貨系 3765　燕明刀背文：右邑

聚珍 113.3　燕明刀背文：右邑

貨系 3767　燕明刀背文：右中

貨系 3768　燕明刀背文：右中

聚珍 110.4　燕明刀背文：右中

貨系 3773 燕明刀背文：右中六

貨系 3774 燕明刀背文：右中七

貨系 3776 燕明刀背文：右中千

貨系 3777 燕明刀背文：右中丏（万—萬）

貨系 3782 燕明刀背文：內右

貨系 2343 方足小布：右明辝（司）弜（強—鏹）

聚珍 159.3 燕明刀背文：內右

貨系 2344 方足小布：右明辝（司）弜（強—鏹）

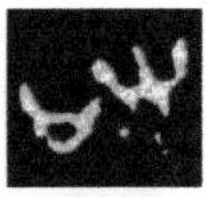
璽彙 0021 ⿺辶富（逼）都右司徒

璽彙 0058 ⿰立虎都右司馬

璽彙 0059 庚都右司馬

又部 右

璽彙0060 帚昜（陽）都右司馬

璽彙0061 鄗邔都右司馬

璽彙0258 右宮

璽彙0367 右朱（廚）貞（鼎）鍴（瑞）

璽彙5543 洵城都右司馬

璽考86 ⿰立虎都右司馬

燕陶・圖2.11銅印 右宮頙

藝術59 ⿰車乀（韓）右車

陶錄4.5.1 右缶（陶）君（尹）

陶錄4.9.4 右缶（陶）君（尹）

陶錄4.210.3 右缶（陶）君（尹）

文雅堂2.3 右缶（陶）君（尹）

步黟168　右缶（陶）君（尹）

步黟173　右缶（陶）君（尹）

步黟175　右缶（陶）君（尹）

陶錄4.11.1　右缶（陶）君（尹）鑄……

歷博3燕15　右缶（陶）君（尹）鑄坌哭（器）鍴（瑞）

陶錄4.1.1　右缶（陶）攻（工）徒

陶錄4.15.1　右缶（陶）攻（工）徒

陶錄4.11.1　右缶（陶）攻（工）湯

步黟168　右缶（陶）攻（工）湯

步黟169　右缶（陶）攻（工）賀

又部　右

步黟173　右缶（陶）攻（工）□

陶錄4.15.3　右缶（陶）攻（工）丑

陶錄4.17.2　右缶（陶）攻（工）……

文雅堂2.3　右缶（陶）攻（工）刑（刑）徒戒

陶錄4.22.4　右宮居顈（願）

歷博3燕35　右宮居顈（願）

陶錄4.29.1　右宮郫

陶錄4.29.2　右宮偏

陶錄4.29.3　右宮竞（兢）

陶錄4.31.2　右宮爲義

陶錄4.31.3　右宮旻（曼）

陶錄4.31.4　右宮旻（曼）

歷博3燕31　右宮旻（曼）

又部 右

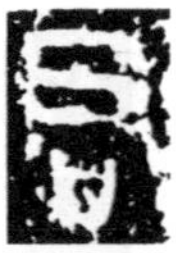
陶錄4.32.1　右宮豊（豎）

陶錄4.32.2　右宮駒

陶錄4.32.3　右宮肩

陶錄4.206.1　右宮母帀（師）

歷博3燕40　右宮者坐（州）

燕齊008　右宮者坐（州）

歷博3燕39　右宮乙

選編0044　右宮㝵（得）

選編0046　右宮衦

燕齊010　左……右……

陶錄4.182.1　右士

燕齊084　右……

燕陶054　右缶（陶）攻（工）珥（聖）

燕陶143　右女（安）

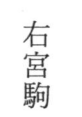

燕陶182　右工貴

陶錄4.171.4　右

燕陶474　右

父

0219

集成00689.2　伯矩鬲：用乍（作）父戊隮（尊）彝

集成02269　匽侯旨作父辛鼎：匽（燕）矦旨乍（作）父辛隮（尊）

集成01836　宁羊父丙鼎：西（賈）羊=父丙

集成09371.1　亞盉父乙盉：亞盉=父乙

集成02248　亞盉鼎：亞盉=乍（作）父乙隮（尊）彝

又部 父

銘圖 14763 亞盉（蓋）：乍（作）父乙寶障（尊）彝

銘圖 14763 亞盉：乍（作）父乙寶障（尊）彝

集成 05195.2 單子卣：干子父戊

集成 02507 復鼎：復用乍（作）父乙寶障（尊）彝

集成 03906.1 攸簋：攸用乍（作）父戊寶障（尊）彝

集成 05978 復作父乙尊：用乍（作）父乙寶障（尊）彝

集成2407 伯龢鼎：白（伯）龢乍（作）召白（伯）父辛寶隮（尊）鼎

集成09430.1 伯害盉：白（伯）害乍（作）召白（伯）父辛寶隮（尊）彝

集成09430.2 伯害盉：白（伯）害乍（作）召白（伯）父辛寶隮（尊）彝

新收1359 叀父辛盉：叀父辛

曼

0220

陶錄4.31.3 右宮旻（曼）

陶錄4.31.4 右宮旻（曼）

歷博3燕31 右宮旻（曼）

歷博3燕32　右宮㝵（曼）

燕陶088　右宮㝵（曼）

夬

0221

貨系3113　燕明刀背文：夬

尹

0222

西清19.03　丙辰方壺：尹垚矦悅丌（其）𥨍（甈）也

集成10466　左鍾君銅器：左鍾（鐘）君（尹）

集成11350.2　郾王詈戈：右攻（工）君（尹）青

璽彙2787　君（尹）張

叡

0223

文雅堂2.3　右缶（陶）君（尹）　按：「尹」字繁構，又見卷四「肴」。

銘圖14789　克盉蓋：旆（使）羌、豸、叡、雩、駇（馭）、髟

銘圖14789　克盉：旆（使）羌、豸、叡、雩、駇（馭）、髟

銘圖13831　克罍蓋：旆（使）羌、豸、叡、雩、駇（馭）、髟

銘圖13831　克罍：旆（使）羌、豸、叡、雩、駇（馭）、髟

集成04140　大保簋：叡氒反

反

0224

集成04140　大保簋：𠭯阜反

集成02360.2　王后左相室鼎：九𣪘（掬）反（半）

集成11914B　耴七府距末（摹）：耴（聖）七反（半）

陶録4.99.2　二壴（豰）反（半）

陶録4.103.1　反（半）四壴（豰）

陶録4.110.4　二壴（豰）反（半）

陶録4.111.3　三壴（豰）反（半）

陶録4.114.1　二壴（豰）反（半）

陶録4.114.4　三壴（豰）反（半）

陶録4.115.3　二壴（豰）反（半）

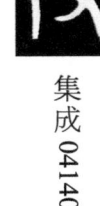

歷博3燕17　二言（觳）反（半）

燕齊068　□言（觳）反（半）

燕齊075　二言（觳）反（半）

書超網6　二言（觳）反（半）

步黟189　二言（觳）反（半）

步黟194　二言（觳）反（半）

步黟195　二言（觳）反（半）

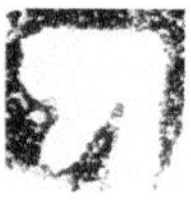
步黟197　二言（觳）反（半）

陶錄4.157.1　反水

燕陶375　二言（觳）反（半）

又部 叏 取 友 𠂇部 𠂇

叏

0225

璽彙3530 峉（叏）逹（達）

取

0226

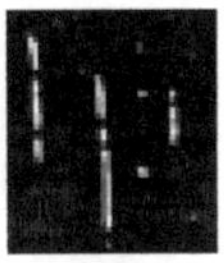
銘圖02040 大子鼎：工帀（師）=取

銘圖02040 大子鼎蓋（摹）：工帀（師）=取

歷博3燕106 取

友

0227

集成00915 大史友甗：大（太）史吝（友）乍（作）召公寶𨽍（尊）彝

𠂇

0228

貨系3160 燕明刀背文：中𠂇

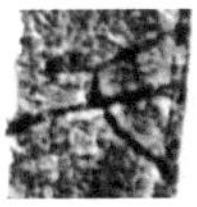
貨系3163 燕明刀背文：中𠂇

史

0229

聚珍 082.6　燕明刀背文：右ナ

聚珍 173.3　燕明刀背文：ナ（左）中二十〻（廿）

貨系 3766　燕明刀背文：ナ（左）邑二

集成 00915　大史友甗：大（太）史吝（友）乍（作）召公寶隮（尊）彝

集成 02166A　戳史鼎：戳史乍（作）考隮（尊）鼎

集成 02166B　戳史鼎（摹）：戳史乍（作）考隮（尊）鼎

事

0230

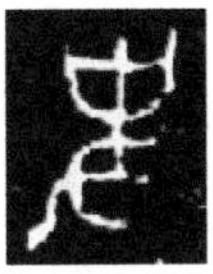

集成06489　其史觶：其史乍（作）且（祖）己寶䵼（尊）彝

集成02456　伯矩鼎：用言（歆）王出內（入）事（使）人

集成02628　匽侯旨鼎：匽（燕）侯旨初見事于宗周

西清29.42　郾侯載豆：事封君

西清29.42　郾侯載豆：事封君

圖典8963　苟（敬）事明上

書

0231

集成11916B　二十年距末（摹）：䧟（韜）攻（工）書

畫

0232

集成11916C　二十年距末：謟（韜）攻（工）書

璽彙3951　長（張）生（甥）書

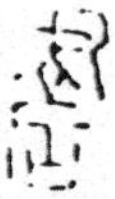

璽考291　長（張）生（甥）書

璽考244　宋生（甥）書

璽考302　公孫書

陶錄4.180.3　絕書

燕齊015　缶（陶）書

集成11061　車大夫長畫戈A：車大夫＝镸（張）畫

集成11061　車大夫長畫戈B（摹）：車大夫＝镸（張）畫

豎

0233

集成11350.2　郾王詈戈：丌（其）攻（工）⿱臣豆（豎）

璽彙0605　王⿱臣豆（豎）

璽彙2728　魴⿱臣豆（豎）

璽彙5334　⿱臣豆（豎）

陶錄4.32.1　右宮⿱臣豆（豎）

陶錄4.99.4　⿱臣豆（豎）

新陶・燕034　倈⿱臣豆（豎）敀（拍）賀

燕陶023　倈⿱臣豆（豎）敀（拍）□

燕陶170　⿱臣豆（豎）

臣

0234

集成02556A　小臣⿸虍⿱臣豆鼎：休于小臣⿸虍⿱臣豆（戲）貝五朋=

集成02556B　小臣虘鼎（摹）：休于小臣虘（戲）貝五朋=

集成05978　復作父乙尊：匽（燕）侯賫（賞）復冂、衣、臣、妾、貝

璽彙1222　喬臣

璽彙2601　緺臣

璽彙3326　垔（鄭）臣

璽彙4119　彝（夷）吳（吾）市臣

圖典4333　衛臣

陶錄4.63.2　缶（陶）攻（工）臣

陶錄4.205.3　缶（陶）攻（工）臣

陶錄4.205.4　缶（陶）攻（工）臣

臧

0235

璽彙 3936　臧（臧）孫邦

殳

0236

熠熠 185　郾王喜矛：郾（燕）王喜恳（鑄）翏（戮）車鈠（殳—柲）　按：「殳」字繁構，又見卷十四「鈠」。

𣪘

0237

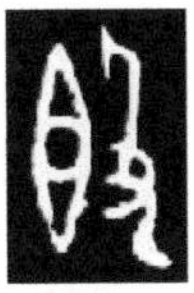
銘圖 04257　伯簋（蓋）：白（伯）乍（作）乙公障（尊）𣪘（簋）

銘圖 04257　伯簋：白（伯）乍（作）乙公障（尊）𣪘（簋）

集成 03370　央作寶簋：央乍（作）寶𣪘（簋）

殺

0238

璽彙3872　公孫刹（殺）

璽彙3947　王生（甥）刹（殺）　按：「殺」字異體，何琳儀釋，又見卷四「刹」。

皮

0239

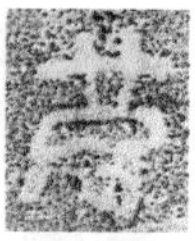
燕陶602　皮

啟

0240

燕陶126　左宮少啓

燕陶127（摹）　左宮少啓

肇

0241

集成03906.1　攸簋：啓（肇）乍（作）綨（緋）

敀

0242

集成03906.2　攸簋：啓（肇）乍（作）綨（綼）

璽彙2581　攺（肇）胤

集成11495　敀陸睘矛（摹）：敀（拍）陸睘（縣）

陶錄4.3.1　左缶（陶）倈留敀（拍）塋

陶錄4.4.2　倈留敀（拍）塋

步黟177　倈留敀（拍）戜（或）

陶錄4.2.1　倈臉（臁）敀（拍）塋

陶錄4.4.1　……缶（陶）倈湯敀（拍）戜（或）

陶錄4.18.1　左缶（陶）倈湯敀（拍）戜（或）

燕齊001　左缶（陶）倈湯敀（拍）戜（或）

陶錄4.16.3 倲湯敀（拍）戜（或）

陶錄4.2.2 倲旃（看）敀（拍）賀

文雅堂2.3 倲旃（看）敀（拍）賀

陶錄4.3.3 倲敢敀（拍）賀

陶錄4.210.3 倲敢敀（拍）賀

燕齊002 倲敢敀（拍）賀

陶錄4.5.1 倲疾敀（拍）賀

陶錄4.6.3 倲疾敀（拍）賀

步黟168 倲疾敀（拍）賀

陶錄4.11.1 倲剸（斷）敀（拍）賀

陶錄9.12.1 倲剸（斷）敀（拍）賀

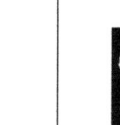

歷博3燕15　倈剸（斷）敀（拍）賀

步存·燕01　倈旃（看）敀（拍）賀

步存·燕02　倈旃（看）敀（拍）賀

燕陶005　【倈】旃（看）敀（拍）賀　按：「拍」字異體，又見卷十二「拍」。

敝

0243

璽彙3380　敝傻（僕）

更

0244

璽彙3347　夭走（胥）秦更

攴部 斂 攸

斂

0245

璽彙3862 公孫斂

陶錄4.43.4 缶（陶）攻（工）斂

步黟213 缶（陶）攻（工）斂

步存·燕24 缶（陶）攻（工）斂

燕陶585 斂

攸

0246

集成03906.1 攸簋：侯賚（賞）攸貝三朋‖

集成03906.1 攸簋：攸用乍（作）父戊寶障（尊）彝

集成03906.2 攸簋：侯賚（賞）攸貝三朋‖

集成 03906.2　攸簋：攸用乍（作）父戊寶障（尊）彝

寇

0247

璽彙 3838　司寇徒厶（私）

璽彙 5691　司寇脰

璽考 335　司寇章

陶錄 4.28.1　左宮寇

攻

0248

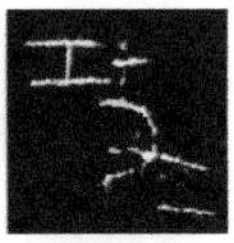

集成 11919　右攻君弩牙：右攻（工）君（尹）

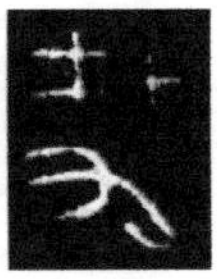

集成 11920A　右攻君弩牙：右攻（工）君（尹）

集成 11921　右攻君弩牙：右攻（工）君（尹）

集成 11922　右攻君弩牙：右攻（工）君（尹）

集成 11923　左攻君弩牙：左攻（工）君（尹）

集成 11924　左攻君弩牙：左士攻（工）君（尹）

集成 11929　右昜攻君弩牙：右昜（陽）攻（工）君（尹）

集成11243.2 郾王詈戈：右攻（工）君（尹）

集成11243.2 郾王詈戈：丌（其）攻（工）眔

集成11350.2 郾王詈戈：右攻（工）君（尹）青

銅兵1.1 十年郾王詈戈：丌（其）攻（工）中

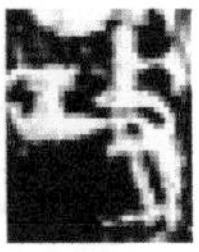
銅兵1.1 十年郾王詈戈：右御攻（工）君（尹）[匚古]

銅兵1.8　六年右御工尹戈：右御攻（工）君（尹）□

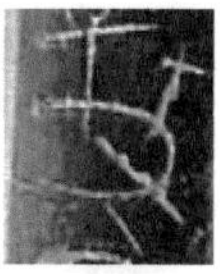
銅兵2.10　右攻尹鈹：右攻（工）君（尹）

集成11916C　二十年距末：弨（韜）攻（工）書

集成11931A　八年五大夫弩機：右御攻（工）君（尹）五

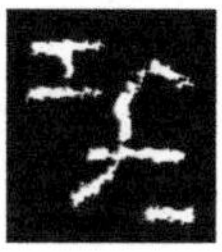
集成11931A　八年五大夫弩機：丌（其）攻（工）涅

集成11917　上距末（摹）：攻（工）君（尹）

銅兵5.1　右攻尹弩機：右攻（工）君（尹）

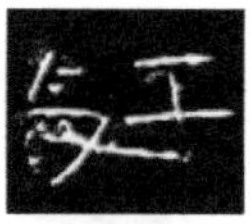
銅兵5.2　右昜攻尹弩機：右昜（陽）攻（工）君（尹）

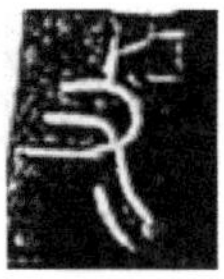
銅兵5.3　左士攻尹弩機：左士攻（工）君（尹）

陶錄4.1.1　右缶（陶）攻（工）徒

陶錄4.112.3　缶（陶）攻（工）徒

燕齊028　缶（陶）攻（工）徒

陶錄4.5.1　右缶（陶）攻（工）湯

步黟168　右缶（陶）攻（工）湯

陶錄4.7.1　左缶（陶）攻（工）敢

歷博3燕5　左缶（陶）攻（工）敢

陶錄4.12.2 缶（陶）攻（工）脸（臁）

陶錄4.35.2 缶（陶）攻（工）妄（鞭）

步黟183 缶（陶）攻（工）妄（鞭）

陶錄4.15.3 右缶（陶）攻（工）丑

陶錄4.15.4 左缶（陶）攻（工）秦

考古1962.1.18 左缶（陶）攻（工）秦

歷博3燕13 左缶（陶）攻（工）秦

書法2019.6 左缶（陶）攻（工）秦

陶錄4.16.1 ……缶（陶）攻（工）黑

陶錄4.20.1 缶（陶）攻（工）黑

陶錄4.17.1　右缶（陶）攻（工）青

陶彙4.24　右缶（陶）攻（工）青

陶錄4.17.3　右缶（陶）攻（工）賀

燕齊002　右缶（陶）攻（工）賀

陶錄4.18.1　左缶（陶）攻（工）佳

燕齊050　缶（陶）攻（工）生

陶錄4.36.2　缶（陶）攻（工）訢

陶錄4.36.3　缶（陶）攻（工）訢

陶錄4.37.1　缶（陶）攻（工）登

陶錄4.37.3　缶（陶）攻（工）登

攴部 攻

陶錄4.39.1 缶（陶）攻（工）善

陶錄4.40.1 缶（陶）攻（工）諳

陶錄4.41.2 缶（陶）攻（工）亘

陶錄4.37.4 士缶（陶）攻（工）士

陶錄4.83.2 缶（陶）攻（工）士

陶錄4.83.4 缶（陶）攻（工）士

書超網12 缶（陶）攻（工）士

燕齊046 缶（陶）攻（工）士

步黟201 缶（陶）攻（工）士

步黟207 缶（陶）攻（工）士

新陶·燕209　缶（陶）攻（工）士

選編0026　缶（陶）攻（工）士

陶錄4.38.1　缶（陶）攻（工）上

陶錄4.38.3　缶（陶）攻（工）上

書超網18　缶（陶）攻（工）上

陶錄4.39.4　缶（陶）攻（工）音

陶彙4.101　缶（陶）攻（工）音

燕陶288　缶（陶）攻（工）音

陶錄4.41.1　缶（陶）攻（工）灾（裁）

陶錄4.41.3　缶（陶）攻（工）勹

陶錄4.41.3　缶（陶）攻（工）勹

陶錄4.42.2　缶（陶）攻（工）訌

陶錄4.42.1　缶（陶）攻（工）訌

陶錄4.42.3　缶（陶）攻（工）訌

書超網25　缶（陶）攻（工）訌

陶錄4.42.4　缶（陶）攻（工）申

陶錄4.89.2　缶（陶）攻（工）乙

陶錄4.88.3　缶（陶）攻（工）乙

歷博3燕71　缶（陶）攻（工）乙

陶錄4.43.2　缶（陶）攻（工）諫

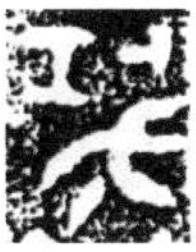
陶錄4.43.4 缶（陶）攻（工）斂

步黟213 缶（陶）攻（工）斂

陶錄4.44.1 缶（陶）攻（工）[illegible]（乘）

陶錄4.47.1 缶（陶）攻（工）

燕齊055 缶（陶）攻（工）

歷博3燕51 缶（陶）攻（工）

燕下都・圖四六二13 缶（陶）攻（工）

陶錄4.47.3 缶（陶）攻（工）匩（簠）

陶錄4.48.2 缶（陶）攻（工）㝵（得）

陶錄4.56.1 缶（陶）攻（工）丁

陶錄4.59.1　缶（陶）攻（工）卸（御）

燕齊040　缶（陶）攻（工）卸（御）

陶錄4.80.2　缶（陶）攻（工）午

陶錄4.80.4　缶（陶）攻（工）午

陶錄4.107.4　缶（陶）攻（工）午

書法2019.7　缶（陶）攻（工）午

陶錄4.63.4　缶（陶）攻（工）秦

陶錄4.68.4　缶（陶）攻（工）牛

燕下都・圖四六三4　缶（陶）攻（工）牛

燕齊031　缶（陶）攻（工）牛

燕齊032　缶（陶）攻（工）牛

陶錄4.35.4　缶（陶）攻（工）舌

陶錄4.71.3　缶（陶）攻（工）昌

陶錄4.78.2　缶（陶）攻（工）昌

陶錄4.71.4　窑（陶）攻（工）昌

陶錄4.78.4　缶（陶）攻（工）昌

陶錄4.76.3　缶（陶）攻（工）昌

新陶·燕136　缶（陶）攻（工）昌

新陶·燕137　缶（陶）攻（工）昌

燕齊035　缶（陶）攻（工）昌

歷博3燕58　缶（陶）攻（工）昌

選編0021　缶（陶）攻（工）昌

書超網16　缶（陶）攻（工）昌

燕齊043　缶（陶）攻（工）昌

陶錄4.73.2　缶（陶）攻（工）昌

陶錄4.72.1　缶（陶）攻（工）曰

陶錄4.73.3　缶（陶）攻（工）曰

陶錄4.73.4　缶（陶）攻（工）曰

歷博3燕12　左缶（陶）攻（工）恭

歷博3燕15　缶（陶）攻（工）忌（悅）

燕齊004　缶（陶）攻（工）忌（悅）

歷博3燕9　缶（陶）攻（工）依

步黟171　缶（陶）攻（工）依

歷博3燕41　缶（陶）攻（工）逦（趣）

歷博3燕42　缶（陶）攻（工）逦（趣）

歷博3燕48　缶（陶）攻（工）坒

歷博3燕79　缶（陶）攻（工）山

文雅堂2.3　右缶（陶）攻（工）荆（刑）徒戒

燕齊005　缶（陶）攻（工）賬

燕齊048　缶（陶）攻（工）文

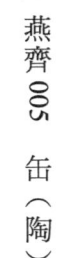

燕齊058　缶（陶）攻（工）口

燕齊059　缶（陶）攻（工）口

燕齊021　缶（陶）攻（工）士

步黟215　缶（陶）攻（工）眗

陶錄4.100.1　缶（陶）攻（工）

陶錄4.100.3　缶（陶）攻（工）

陶錄4.101.1　缶（陶）攻（工）士=

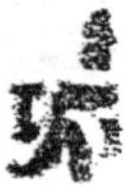
陶錄4.105.1　缶（陶）攻（工）

燕齊019　缶（陶）攻（工）

歷博3燕104　缶（陶）攻（工）

步黟219　左攻（工）和

蘭城3　攻（工）人受

陶錄4.102.4　缶（陶）攻（工）㚤（御）

燕下都·圖二三九4　缶（陶）攻（工）乙

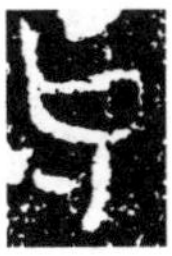
燕下都·圖二三九5　缶（陶）攻（工）乙

集拓42　缶（陶）攻（工）乙

歷博3燕70　缶（陶）攻（工）乙

陶錄4.161.4　【缶（陶）】攻（工）【乙】

陶錄4.54.3　缶（陶）攻（工）北

集拓44　缶（陶）攻（工）北

燕陶054 右缶（陶）攻（工）珥（聖）

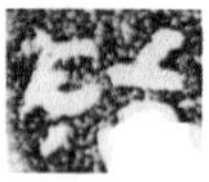
燕陶217 缶（陶）攻（工）昌

燕陶239 缶（陶）攻（工）士

燕陶243 缶（陶）攻（工）罰

燕陶277 缶（陶）攻（工）山

燕陶324 缶（陶）攻（工）⿱午止（御）

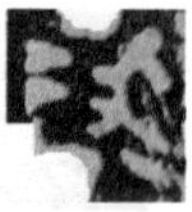
燕陶352 缶（陶）攻（工）乙

考古1965.11.568 骨距末（䓦）：左攻（工）冶

⿰壽攴

0249

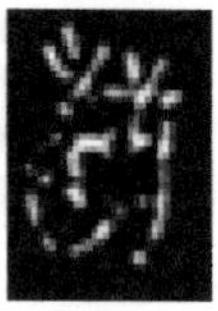
銘圖12406 燕王職壺：東⿰壽攴（⿰壽攴—討）⿱罒叏（恵）⿱或又（或—國）

畋

0250

銘圖12406 燕王職壺（辜）：東戠（敼—討）叏（患）戜（或—國） 按：「敼」字異體，董珊、陳劍釋，又見卷十二「戠」。

集成11113 犢共叏戟（辜）：犢共畋氏戟

璽彙1485 畋弃（棄）

璽彙1486 畋尊

璽彙1500 畋珥（聖）

璽彙1501 畋晋

璽彙1502 畋賢

璽彙1504 畋生（甥）駟

璽彙1505 畋腹

璽彙1506 畋瑩

璽彙1507 畋興

璽彙1508 畋雟（雖）萃鉨（璽）

敀

0251

璽彙1509 畋生（甥）聠（聲）

璽彙4093 喬生（甥）畋

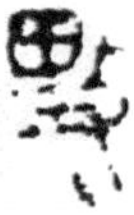

出土文獻2021.4.94 喬生（甥）畋 按：王愛民、李春桃釋。

璽彙5644 畋

圖典9089 畋譌（訥）

陶錄4.89.3 畋阜（草）

陶錄4.23.3 左宮畋

燕陶113（摹） 左宮畋

燕陶140 畋佸

集成11232 郾王職戈：郾（燕）王職乍（作）巨敀（捶）鋸（瞿—戳）

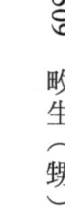

集成11233　郾王職戈：郾（燕）王職乍（作）巨攼（捶）鋸（瞿—戳）

集成11188　郾王職戈：郾（燕）王職乍（作）攼（捶）鋸（瞿—戳）

集成11516　郾王職矛：郾（燕）王職乍（作）攼（捶）鈦

集成11526　郾王職矛：郾（燕）王職乍（作）巨攼（捶）鈦

集成11237　郾王戎人戈：郾（燕）王戎人乍（作）攼（捶）鋸（瞿—戳）

集成 11238　郾王戎人戈：郾（燕）王戎人乍（作）攸（捶）鋸（瞿—戵）

集成 11536　郾王戎人矛：郾（燕）王戎人乍（作）巨攸（捶）鈦

集成 11402.1A　枎里瘟戈：左軍之攸（捶）僕

集成 11402.2A　枎里瘟戈：內巨枎里瘟之攸（捶）戈

集成 11540　郾王詈矛：郾（燕）王詈（讙）乍（作）巨攸（捶）鋈（鎦—劉）

叜

0252

集成 11240 郾王詈戈：郾（燕）王詈（讙）恳（鑄）巨敀（捶）鋸（瞿—戳）

集成 11247 郾王喜戈：郾（燕）王喜恳（鑄）巨敀（捶）鋸（瞿—戳）

集成 11246 郾王喜戈：郾（燕）王喜恳（鑄）巨敀（捶）鋸（瞿—戳）

銘圖 12406 燕王職壺：東戠（敼—討）叜（患）戜（或—國）

銘圖 12406 燕王職壺（摹）：東戠（敼—討）叜（患）戜（或—國） 按：孫剛讀「患」。

敊

0253

集成 10420　敊氏睘小器：敊氏睘（縣）

集成 10421　敊氏睘小器：敊氏睘（縣）

集成 11402.1A　枎里瘟戈：大夫=鼔之卒

集成 11402.1B　枎里瘟戈（摹）：大夫=敊之卒

⿰巨攴

0254

璽彙 2831　軌（韓）⿰巨攴

璽彙 3864　公孫⿰巨攴

璽彙 3955　長（張）生（甥）⿰巨攴

⿰缶攴

0255

陶錄 4.99.3　宙缶（陶）之⿰缶攴昌

⿰旬攴

0256

璽彙 3863　公孫⿰旬攴

璽彙 5576　司馬⿰旬攴

⿰告攴

0257

陶錄4.26.1 左宮⿰告攴（造）

陶錄4.26.2 左宮⿰告攴（造）

陶錄4.26.3 左宮⿰告攴（造）

燕陶117 左宮⿰告攴（造）

燕陶573 左宮⿰告攴（造） 按：「造」字異體，又見卷二「造」。

⿲兀兀攴

0258

集成03626 ⿲兀兀攴簋：⿲兀兀攴乍（作）文且（祖）寶隮（尊）彝

集成03627 ⿲兀兀攴簋：⿲兀兀攴乍（作）文且（祖）寶隮（尊）彝

集成02166A ⿰㼌攴史鼎：⿰㼌攴史乍（作）考障（尊）鼎

集成02166B ⿰㼌攴史鼎（摹）：⿰㼌攴史乍（作）考障（尊）鼎

⿰鼎攴

0259

陶錄4.189.1 ⿰鼎攴

陶錄4.189.2 ⿰鼎攴

陶錄4.189.3 ⿰鼎攴

⿸虍攴

0260

珍戰92 ⿸虍攴生（甥）佸

⿰鳥攴

0261

集成11304.2A 郾王職戈：⿰氵冃（泉）坓（州）都⿰鳥攴

斆

0262

教

0263

集成 11304.2B 郾王職戈（摹）：洀（泉）坐（州）都敱

璽彙 1925 幷敱

徙信 136 喬生（甥）敱 按：又見卷四「敱」。

璽彙 2814 𨋎（韓）斆

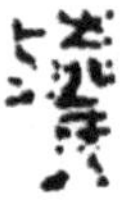

璽彙 4107 彝（夷）吳（吾）斆

璽彙 4108 彝（夷）吳（吾）斆

集成 10583 匽侯載器：𢦏（箴）教印𣪘（嬰）

卜 卜

0264

貨系 2761　尖首刀：卜

貨系 2898　燕明刀背文：卜

貨系 2900　燕明刀背文：卜

聚珍 009.1　尖首刀：卜

聚珍 009.2　尖首刀：卜

聚珍 010.1　尖首刀：卜

聚珍 040.4　尖首刀：卜

貨系 3306　燕明刀背文：左卜

貨系 3309　燕明刀背文：左卜

聚珍 094.2　燕明刀背文：左卜

貨系 3537　燕明刀背文：右卜

貨系 3538　燕明刀背文：右卜

貨系 3555　燕明刀背文：右卜二

貞

0265

聚珍 076.4 燕明刀背文：右卜

聚珍 077.3 燕明刀背文：右卜

聚珍 157.1 燕明刀背文：中卜

聚珍 157.2 燕明刀背文：中卜

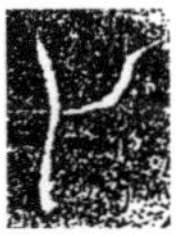

陶錄 4.195.5 卜

集成 01978 由作旅鼎：由乍（作）旅貞（鼎）

璽彙 0363 洀（泉）峹（水）山金貞（鼎）鍴（瑞）

璽彙 0367 右朱（廚）貞（鼎）鍴（瑞）

華夏 99.處 NO.56-2 中貞（鼎）丙勹（符）

𠧞 0266

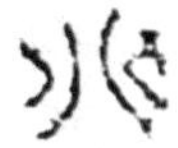

貨系 3665　燕明刀背文：右兆　按：《說文》古文。

用 0267

銘圖 14789　克盉蓋：用乍（作）寶隮（尊）彝

銘圖 13831　克罍蓋：用乍（作）寶隮（尊）彝

集成 00689.1　伯矩鬲：用乍（作）父戊隮（尊）彝

集成 00689.2　伯矩鬲：用乍（作）父戊隮（尊）彝

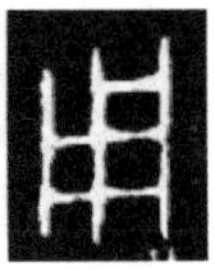

集成02505.1　圉方鼎：用乍（作）寶隮（尊）彝

集成09413　伯𨭚盉：白（伯）𨭚（盡）自乍（作）用鐳（盉）

集成02456　伯矩鼎：用言（歆）王出內（入）事（使）人

集成02628　匽侯旨鼎：用乍（作）始（姒）玫（好）=隮（尊）彝

集成02749　害鼎：用乍（作）召白（伯）父辛寶隮（尊）彝

用部 用

集成02749　害鼎：光用大（太）僳（保）

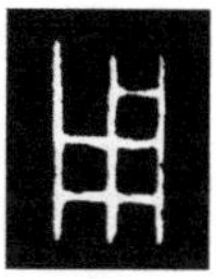
集成03906.1　攸簋：攸用乍（作）父戊寶障（尊）彝

集成06509.2　厝觶：用乍（作）寶障（尊）彝

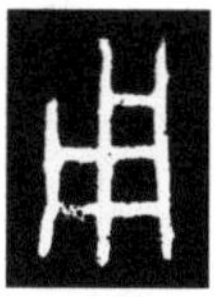
集成04140　大保簋：用茲彝對令

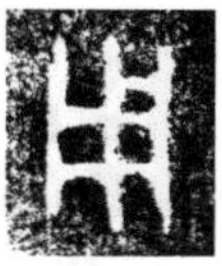
集成10201　匽伯聖匜：永用

集成10229　匽公匜：萬年永寶用

集成10899　疋鄙戈：安用

集成11268　庚寅戈：寅用雲金乍（作）吉用

集成11268 庚寅戈：寅用雲金乍（作）吉用

貨系2725 尖首刀：用

考古1965.11.568 骨距末（摹）：銖賡用左攻（工）冶

甫

0268

燕陶167 禾甫

畾

0269

璽彙2792 畾（雷）賀

璽彙2793 畾（雷）佳

璽彙5571 畾（雷）臉（臉）

爻

0270

貨系2992 燕明刀背文：文爻

陶錄4.191.4 爻

爾

0271

璽彙5403　尒（爾—璽）

燕文字編·卷四上

目

0272

陶錄4.62.3 缶（陶）攻（工）目

陶錄4.69.4 缶（陶）攻（工）目

陶錄4.167.3 目

陶錄4.171.3 目

陶錄4.172.6 目

瞀

0273

燕陶559 瞀（瞀）

眂

0274

璽彙3015　賈眂

瞏

0275

集成11495　攼陸瞏矛（摹）：攼陸瞏（縣）

集成11477　瞏矛：䰡瞏（縣）

集成10414　從瞏小器：從瞏（縣）

集成10415　□瞏小器：□瞏（縣）

集成10416　辛⿰木后瞏小器：辛⿰木后瞏（縣）

集成10417　辛⿰木后瞏小器：辛⿰木后瞏（縣）

集成10420　敓氏瞏小器：敓氏瞏（縣）

集成10421　敓氏瞏小器：敓氏瞏（縣）

集成10422A　牙丘睘小器：牙丘睘（縣）

集成10423A　方城睘小器：方城睘（縣）

集成10424B　馮□睘小器（摹）：馮睘（縣）

集成10425B　坪陰睘小器（摹）：坪（平）险（陰）睘（縣）

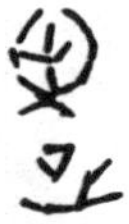

集成10426B　林□睘小器（摹）：沐單睘（縣）

集成10427A　武□睘小器：武䡇（垣）睘（縣）

集成10428A　萄陰睘小器：茖（萄）险（陰）睘（縣）

集成10430A　□□瞏小器：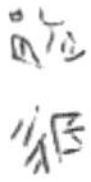瞏（縣）

集成10431A　□□瞏小器：少瞏（縣）

集成10432A　少□瞏小器：少瞏（縣）

集成10433A　豐□瞏小器：豐瞏（縣）

集成10434A　北尙城瞏小器：北尙城瞏（縣）

集成10435A　東尙城瞏小器：東尙城瞏（縣）

集成10436A　□舌瞏小器：舌瞏（縣）

集成10437A　林單瞏小器：沐單瞏（縣）

銅兵3.12　□壴瞏矛：鄰壴瞏（縣）

書畫2018.10　夾逰刻石：郛（邦）首睘（縣）輡（轉）

罘
罘
0276

銘圖14789　克盉蓋：罘（暨）又（有）嗣（司）

銘圖13831　克罍蓋：罘（暨）又（有）嗣（司）

銘圖13831　克罍：罘（暨）又（有）嗣（司）

相
相
0277

西清29.42　郾侯載豆：都周相

眘

0278

璽彙3843　公孫眘

看

0279

璽彙3946　王生（甥）旛（看）

陶錄4.2.2　倈旛（看）敀（拍）賀

文雅堂2.3　倈旛（看）敀（拍）賀

步存·燕1　倈旛（看）敀（拍）賀

步存·燕02　倈旛（看）敀（拍）賀

步存·燕03　倈旛（看）敀（拍）賀

燕陶007　倈旛（看）敀（拍）賀

燕陶011　倈旛（看）敀（拍）賀　按：《說文》或體。

眭
0280

古幣50.11 方足小布：眭（重）坪（平）

睛
0281

陶錄4.107.3 二青（㱿）

陶錄4.108.2 二青（㱿）八㪔（掬）

燕齊073 二青（㱿）七㪔（掬） 按：「㱿」字異體，又見本卷「㱿」。

[illegible]
0282

燕齊094 學

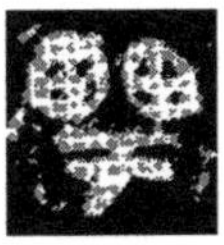

學報8.98.3 學

省

0283

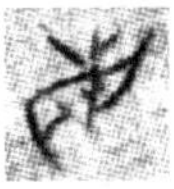

出土14.61 太保玉戈：令大（太）傢（寶—保）省南或（國）

自

0284

集成 09413　伯𨥭盉：白（伯）𨥭（盡）自乍（作）用鐈（盉）

集成 11383.2　郾侯載作戎戈：蝨（蠆）生（甥）不自洹逨（來）

集成 11305B　郾王詈戈：郾（燕）王詈（讙）恖（鑄）行義（儀）自卒司馬鉘

集成 11305C　郾王詈戈（摹）：郾（燕）王詈（讙）恖（鑄）行義（儀）自卒司馬鉘

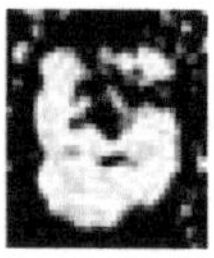

銅兵 1.4　郾王詈戈：郾（燕）王詈（讙）恖（鑄）行議（儀）自卒鉘

集成 11543 郾王戎人矛：郾（燕）王戎人乍（作）自卒逹（率）鈢

鼻

0285

燕陶 153 鼻鼻（鼻）

燕陶 154 鼻鼻（鼻）

魯

0286

璽彙 5566 魯勹

珍戰 82 魯生（甥）丞

者

0287

集成 11634 郾王職劍：郾（燕）王職怨（鑄）武無者鐱（劍）

集成 11613 郾王喜劍：郾（燕）王喜怨（鑄）無者鈦

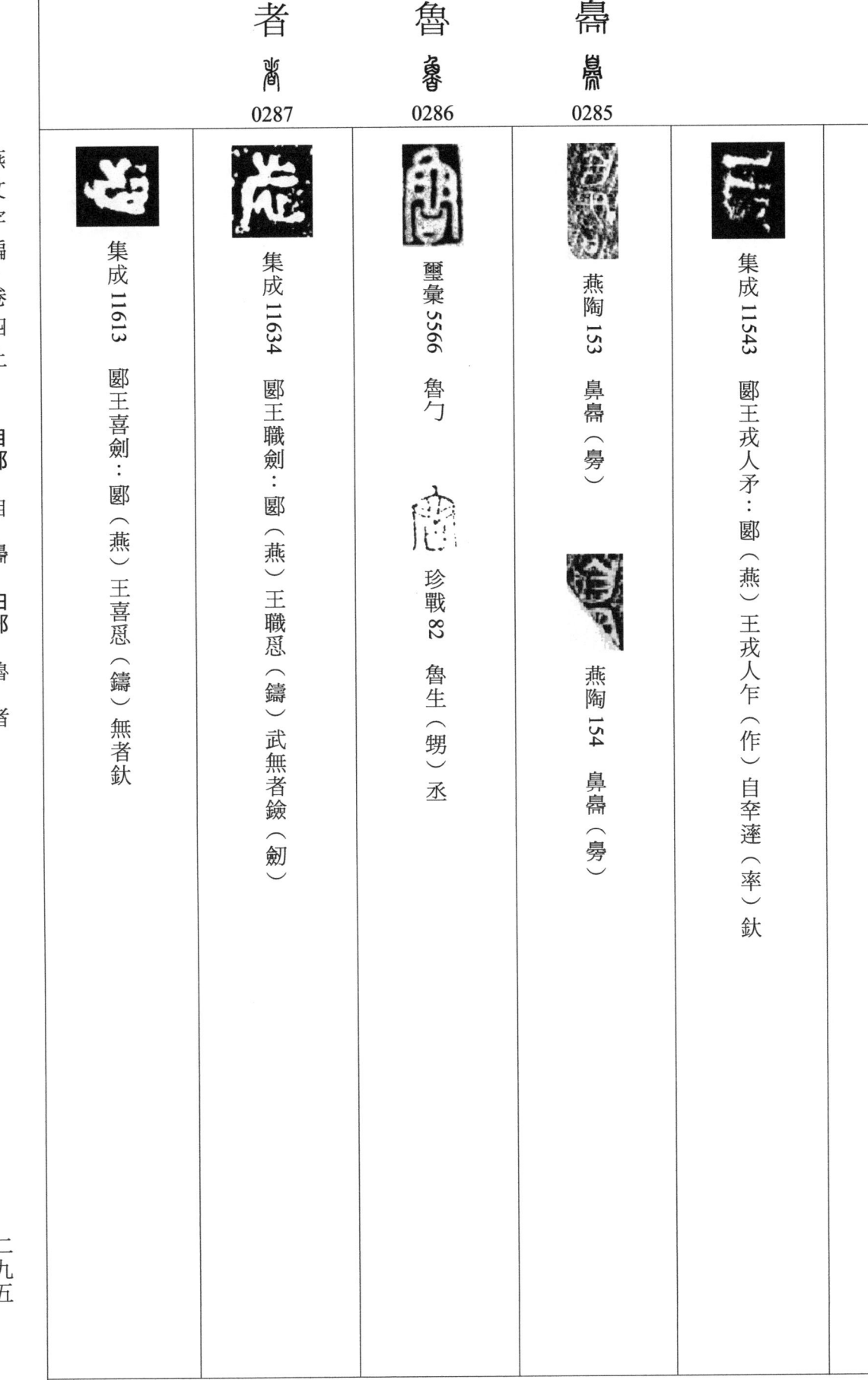

集成 11614　郾王喜劍：郾（燕）王喜𢘽（鑄）無者鈦

集成 11616　郾王喜劍：郾（燕）王喜𢘽（鑄）無者鈦

銘圖 17843　郾王喜劍：郾（燕）王喜𢘽（鑄）無者鈦

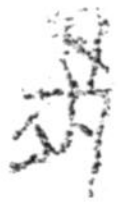

貨系 3000　燕明刀背文：者

璽彙 0357　逼（逼）都者

璽彙 3248　者䚷（信）

陶錄 4.25.1　左宮者坣（州）

陶錄 4.25.2　左宮者坣（州）

陶錄 4.25.4　【左宮】者坣（州）

歷博3燕26 左宮者坣（州）

歷博3燕40 右宮者坣（州）

⿰智亏

0288

璽彙3497 ⿱矨皿（智）生（甥）䟗（春）

百

0289

出土14.61 太保玉戈：走百人

考古與文物1993.3.74 太保玉戈（摹）：走百人

集成09617 重金扁壺：百四十八

璽彙4735 百千丏（万—萬）

燕陶439 百

貨系2939 燕明刀背文：百

貨系3740 燕明刀背文：右百

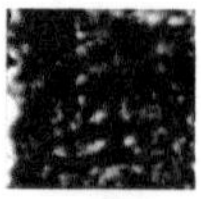

貨系3741 燕明刀背文：右百

璽彙3279 百 

戰研2.105 百

鼻

0290

燕陶153 鼻鼻（臱）

燕陶154 鼻鼻（臱）

翃

0291

璽彙2839 羿（翃）義

翏

0292

陶錄4.179.1 翌（翏）枚

陶錄4.179.2 翌（翏）枚

步存·燕61 翌（翏）枚

燕陶165 翌（翏）枚

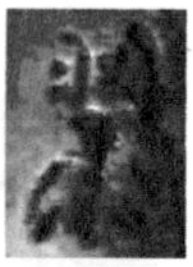

銅兵3.10 郾王戎人矛：郾（燕）王戎人乍（作）翏（翏—戮）鈢

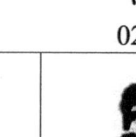

0293
羿

熠熠185　郾王喜矛：郾（燕）王喜悳（鑄）翏（戮）車鍛（殳—杸）

璽彙2816　⿰車人（韓）羿（旗）

璽彙2817　⿰車人（韓）羿（旗）　按：「旗」字異體，又見卷七「旗」。

0294
隹

銘圖14789　克盉蓋：隹乃朙（明）乃鬯

銘圖14789　克盉：隹乃朙（明）乃鬯

銘圖13831　克罍蓋：隹乃朙（明）乃鬯

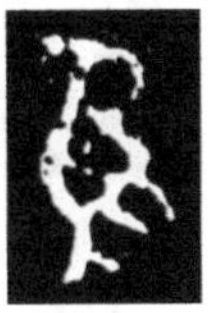

銘圖13831　克罍：隹乃朙（明）乃鬯

雝

0295

集成02749　害鼎：隹九月既生霸辛酉

集成02749　害鼎：隹九月既生霸辛酉

璽彙3846　公孫隹

璽考310　公孫隹

璽考311　公孫隹

陶錄4.24.3　左宮巨隹

陶錄4.24.4　左宮巨隹

陶錄4.131.2　士攻（工）隹

燕齊063　士攻（工）隹

學報8.99.5　士攻（工）隹　按：或釋「隼」。

集成11093　雍王戈：𨾴（雝）王丌（其）所爲

璽彙1508　眅𨾴（雝）萃鉨（璽）

璽彙3188 雟（雖）晨

璽彙3189 雟（雖）留

璽彙3592 雟（雖）良

圖典4346 雟（雖）詁

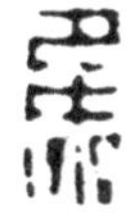
圖典4347 雟（雖）生（甥）城

圖典8941 雟（雖）愚

雄

0296

璽彙0846 長（張）鴆（雄）

雚

0297

璽彙3909 公孫雚

璽彙3909（描摹） 公孫雚

舊

0298

陶錄4.12.2 左缶（陶）君（尹）舊（鏞）……

羊

0299

貨系2860　針首刀：羊

貨系2861　針首刀：羊

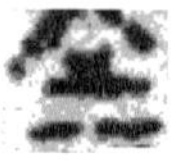
璽彙3414　羊閔（門）羼（滿）

璽彙3514　羊閔（門）羼（滿）

陶錄4.193.3　羊

羝

0300

璽彙0885　張羝

羌

0301

銘圖14789　克盉蓋：旆（使）羌、豸、䖒、雩、駇（馭）、彭

銘圖14789　克盉：旆（使）羌、豸、䖒、雩、駇（馭）、彭

銘圖13831　克罍蓋：旃（使）羌、豸、䖒、雩、駇（馭）、髟

銘圖13831　克罍：旃（使）羌、豸、䖒、雩、駇（馭）、髟

璽彙4880　尚羌（敬）明昌

璽彙5323　羌（敬）

鳥

0302

新收1354　◇僕戈：鳥◎僕戈

新收1354　◇僕戈（摹）：鳥◎僕戈

朋

0303

集成02702　娶鼎（內壁）：朋二百=　按：《說文》以為「鳳」字古文。

⿰鳥又

0304

集成09607　永用析涅壺：受六孛（觳）四⿰鳥又（掬）　按：李家浩釋。

集成09617　重金扁壺：受一害（觳）六⿰鳥又（掬）

集成09975.3B　陳璋鑐（荸）：受一害（觳）五⿰鳥又（掬）

西清19.03　丙辰方壺：十害（觳）七⿰鳥又（掬）

集成02360.2　王后左相室鼎：九⿰鳥又（掬）反（半）

銘圖02014　陽鼎（荸）：受九⿰鳥又（掬）

陶録4.103.2　二害（觳）八⿰鳥又（掬）

陶録4.110.3　二害（觳）七⿰鳥又（掬）

陶錄4.112.3 三壴（觳）八⿰鳥又（掬）

歷博3燕24 二壴（觳）七⿰鳥又（掬）

歷博3燕74 二壴（觳）七⿰鳥又（掬）

燕齊073 二壴（觳）七⿰鳥又（掬）

書超網3 四壴（觳）七⿰鳥又（掬）

陶錄4.108.3 二壴（觳）七⿰鳥又（掬）

燕陶364 二壴（觳）六⿰鳥又（掬） 按：「⿰鳥又」字省簡，楊爍釋。

鳷

0305

徒信136 喬生（甥）⿰鳥殳 按：又見卷三「鳷」。

駇

0306

燕陶550 駇

鵑

0307

璽彙1237 喬鵑

璽彙3886 公孫生（甥）鵑

璽彙4118 彝（夷）吳（吾）生（甥）鵑

璽彙5490 鵑

陶錄3.287.3 鵑

陶錄4.33.3 鵑

燕齊111 鵑

書超網5 鵑

燕陶405 鵑

燕陶406 鵑

燕文字編・卷四下

0308 糞

璽彙5290 糞

0309 棄

璽彙0872 長（張）弃（棄）

璽彙1485 畋弃（棄）

0310 再

燕陶544 再

幾

0311

銘圖12406 燕王職壺：宅（庶）幾三十=（卅）

銘圖12406 燕王職壺（摹）：宅（庶）幾三十=（卅）

叀

0312

新收1359 叀父辛盉：叀父辛

玄

0313

璽彙3683 玄墧（高）厶（私）鉨（璽）

茲

0314

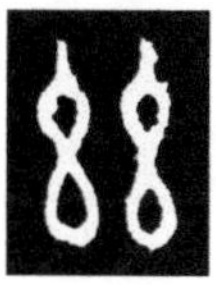

集成04140 大保簋：用茲彝對令

⿱玆幵

0315

璽彙3249　⿰幺幵（⿱玆幵）⿸疒食

⿱玆牙

0316

璽彙3353　⿰幺牙（⿱玆牙）⿰糸余（綠）

予

0317

集成09606.2　織窓君扁壺：予

受

0318

集成09607　永用析涅壺：受六享（觳）四叜（掬）

集成09617　重金扁壺：受一言（觳）六叜（掬）

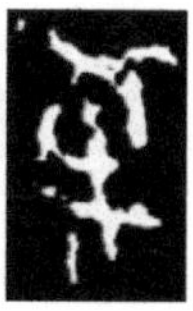

集成 09975.3A　陳璋鐳：受一壴（殼）五㪉（掬）

集成 09975.3B　陳璋鐳（摹）：受一壴（殼）五㪉（掬）

銅兵 3.12　□壴睘矛：不誨受命

銘圖 02014　陽鼎（摹）：受九㪉（掬）

璽彙 1231　喬受

璽彙 2799　軋（韓）受

璽彙 3274　北宮受

蘭城 3　攻（工）人受

陶錄 4.163.5　受

燕陶 437　受

燕陶 437　受

爭

0319

集成10583　匽侯載器：禾（龢）民無戠（爭）

按：「爭」字異體，何家興釋，又見卷十二「戠」。

㪔

0320

璽彙3294　敢珥（聲）

璽考345　大敢衣（依）

陶錄4.185.1　敢

陶錄4.185.2　敢

書超綱7　敢

陶錄4.7.1　左缶（陶）攻（工）敢

陶錄4.8.1　左缶（陶）攻（工）敢

陶錄4.16.4　左缶（陶）攻（工）敢

歷博3燕5　左缶（陶）攻（工）敢

陶錄 4.9.4　倈敢攸（拍）賀

陶錄 4.210.3　倈敢攸（拍）賀

陶錄 9.11.5　倈敢攸（拍）賀

步存·燕 04　倈敢攸（拍）賀

骨

0321

璽彙 1672　昜骨

脰

0322

璽彙 5691　司寇脰

膏

0323

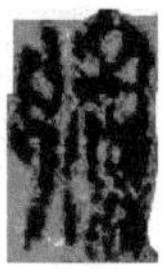
璽彙 1236　喬膏

肩

0324

陶錄 4.32.3　右宮肩

步存·燕 18　右宮肩

齎

0325

璽彙 1336　衛齎（臍）

璽彙 2829　𠃟（韓）生（甥）齎（臍）

陶錄 4.130.4　工齎（臍）

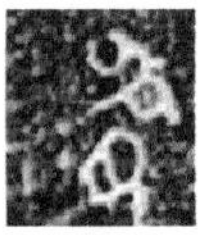

戰研 2.103　……吳瘖（痘）兒臍

腹

0326

璽彙 1505　畋腹

璽彙 3174　疋（胥）腹

璽彙 3894　公孫腹

珍戰 30　公孫腹

珍戰 44　㠱（其）腹

脽

0327

集成 11402.1A 柭里瘟戈：公孶里脽之

集成 11402.1B 柭里瘟戈（摹）：公孶里脽之

璽彙 4128 䍐脽

璽彙 3319 封脽

璽彙 3319（描摹） 封脽

肖

0328

璽彙 1339 衛生（甥）肖

璽彙 4130 肖（趙）上厶句（竘）

璽彙 4131 肖（趙）秦

璽彙 4132 肖（趙）纕

璽彙 4133 肖（趙）[illegible]

璽彙 4134 肖（趙）戊

璽彙 4135 肖（趙）居

璽彙 4136 肖（趙）[illegible]

璽彙4137 肖（趙）佸

璽彙4138 肖（趙）螽

璽彙4139 肖（趙）巡

圖典4096 肖（趙）留

圖典4097 肖（趙）莫

0329 胤

璽彙2581 攸（肇）胤

0330 肎

璽彙3963 西方肎（肯）

0331 肥

璽彙2507 轡肥

肸

0332

璽彙5635 喬肸 按：或釋「育」。

君

0333

集成00420.2 外卒鐸：鍾（鐘）君（尹）

集成04633.1 右治君敦：右屖（遲—治）君（尹）

集成04633.2 右治君敦：右屖（遲—治）君（尹）

集成09563.1 右治尹壺：右屖（遲—治）君（尹）

集成09990.1　楚高缶：【右】屖（遲—治）君（尹）

集成10466　左鍾君銅器：左鍾（鐘）君（尹）

集成11826　屖尹鐮：屖（遲—治）君（尹）

集成11350.2　郾王詈戈：右攻（工）君（尹）青

銅兵1.1　十年郾王詈戈：右御攻（工）君（尹）⿷匚古

銅兵1.8　六年右御工尹戈：右御攻（工）君（尹）□

銅兵2.10　右攻尹鈹：右攻（工）君（尹）

集成11917　上距末：都啗（韜）君（尹）遵

集成11919　右攻君弩牙：右攻（工）君（尹）

集成11920A　右攻君弩牙：右攻（工）君（尹）

集成11921　右攻君弩牙：右攻（工）君（尹）

集成11922　右攻君弩牙：右攻（工）君（尹）

集成11923 左攻君弩牙：左攻（工）君（尹）

集成11924 左攻君弩牙：左士攻（工）君（尹）

集成11929 右昜攻君弩牙：右昜（陽）攻（工）君（尹）

集成11930 右昜宮弩牙：右昜（陽）宮攻（工）君（尹）

集成11931A 八年五大夫弩機：右御攻（工）君（尹）五

銅兵5.1　右攻尹弩機：右攻（工）君（尹）

銅兵5.2　右昜攻尹弩機：右昜（陽）攻（工）君（尹）

銅兵5.3　左士攻尹弩機：左士攻（工）君（尹）

璽彙2787　君（尹）張

璽彙2788　君（尹）瘨

璽彙2790　君（尹）罰

陶錄4.2.2　右缶（陶）君（尹）

陶錄4.4.1　左缶（陶）君（尹）

陶錄4.4.2　左缶（陶）君（尹）

陶錄4.5.1　右缶（陶）君（尹）

陶錄4.12.1　左缶（陶）君（尹）鐥坌哭（器）鍴

陶錄4.16.1　左缶（陶）君（尹）鐥坌哭（器）……

陶錄4.20.1　左缶（陶）君（尹）鐥坌……

歷博3燕15　右缶（陶）君（尹）鐥坌哭（器）鍴

文雅堂2.3　右缶（陶）君（尹）

步黟178　右缶（陶）君（尹）

燕陶007　右缶（陶）君（尹）

燕陶039　左缶（陶）君（尹）

歷博3燕121　君（尹）君　按：「尹」字繁構，又見卷三「尹」。

0334 肦

璽彙2513　鍚肦

0335 ⿰月余

璽彙2815　⿰車八（韓）⿰月余

0336 ⿱艹⿹戈肙

圖典3866　⿱艹⿹戈肙都□之鉨（璽）

0337 ⿰月鞭

璽彙1233　喬脸（⿰月鞭）

璽彙5571　⿱畾月（雷）脸（⿰月鞭）

陶錄 4.2.1　倈脸（臟）攴（拍）瑩

陶錄 4.12.2　缶（陶）攻（工）脸（臟）

陶錄 4.13.1　□缶（陶）攻（工）脸（臟）

歷博 3 燕 2　倈脸（臟）攴（拍）……

戰研 1.176　㻓脸（臟）

刀

0338

貨系 2733　尖首刀：刀

貨系 2736　尖首刀：刀

聚珍 024.6　尖首刀：刀

聚珍 048.5　尖首刀：刀

貨系 2862　針首刀：刀

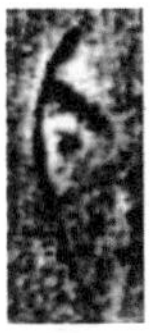
貨系 2920　燕明刀背文：刀

貨系 2921　燕明刀背文：刀

貨系 2931　燕明刀背文：刀

貨系 2949　燕明刀背文：刀

聚珍 059.1　燕明刀背文：刀

聚珍 065.4　燕明刀背文：刀

聚珍 066.4　燕明刀背文：刀

貨系 3355　燕明刀背文：左刀

貨系 3356　燕明刀背文：左刀

貨系 3359　燕明刀背文：左刀

貨系 3361　燕明刀背文：左刀

聚珍 092.5　燕明刀背文：左刀

聚珍 092.6　燕明刀背文：左刀

聚珍093.1　燕明刀背文：左刀

聚珍133.3　燕明刀背文：左刀

聚珍133.4　燕明刀背文：左刀

貨系3637　燕明刀背文：右刀

貨系3638　燕明刀背文：右刀

貨系3639　燕明刀背文：右刀

貨系3640　燕明刀背文：右刀

聚珍074.6　燕明刀背文：右刀

聚珍078.6　燕明刀背文：右刀

貨系3151　燕明刀背文：中刀

貨系 3152　燕明刀背文：中刀

聚珍 156.4　燕明刀背文：中刀

聚珍 157.6　燕明刀背文：中刀

聚珍 149.1　燕明刀背文：中昌刀十

貨系 4114　圓錢：一刀

貨系 4115　圓錢：一刀

貨系 4116　圓錢：一刀

貨系 4117　圓錢：一刀

貨系 4120　圓錢：一刀吉

貨系 4121　圓錢：明刀

貨系 4122　圓錢：明刀

貨系 4124　圓錢：明刀

聚珍 183.6　圓錢：明刀

利

0339

貨系 2340　方足小布：㫋（寒）刀（號）

貨系 2341　方足小布：㫋（寒）刀（號）　按：何琳儀釋「㫋刀」，讀「寒號（韓皋）」，地名。

燕齊 087　刀

集成 11528A　郾王喜矛：郾（燕）王喜恖（鑄）仝（全）長利

集成 11528B　郾王喜矛：郾（燕）王喜恖（鑄）仝（全）長利

集成11529　郾王喜矛：郾（燕）王喜䢦（鑄）仝（全）長利

燕齊105　利

初 0340

集成02628　匽侯旨鼎：匽（燕）侯旨初見事于宗周

刑 0341

璽彙1279　荆（刑）莫

璽彙1280　荆（刑）讃（謹）

璽彙1281　荆（刑）章

文雅堂2.3　右缶（陶）攻（工）荆（刑）徒戒　按：又見卷五「荆」。

剔 0342

璽彙3956　長（張）生（甥）剔

0343 刖

璽彙4124　彝（夷）吳（吾）刖

0344 刹

璽彙3872　公孫刹（殺）

璽彙3947　王生（甥）刹（殺）　按：「殺」字異體，何琳儀釋，又見卷三「殺」。

0345 剜

璽彙4098　剜生（甥）譌（訥）

0346 剔

璽彙0369　族剔（傷—陽）都㕣（尉）　按：「傷」字異體，又見卷八「傷」。

0347 剫

璽彙0539　王剫

0348 劅

璽彙2884　⿱亠爻劅　按：又見卷七「劅」。

0349 劒

集成11634　郾王職劍：郾（燕）王職𢦏（鑄）武無者鐱（劒）

集成11643　郾王職劍：郾（燕）王職乍（作）武無鍺鐱（劒）　按：「劒」字異體，又見卷十四「鐱」。

0350 丯

集成12104A　雁節：【有】丯（契）

集成12104B　雁節：【有】丯（契）

角

0351

集成12104C 雁節（摹）：【有】丯（契）

集成12105A 鷹節：有丯（契）

集成12105B 鷹節（摹）：有丯（契）

集成12106A 鷹節：有丯（契）

集成12106B 鷹節（摹）：有丯（契）

璽彙3306 剢（狄）生（甥）=角

璽彙4116 彝（夷）吳（吾）角

歷博3燕76 缶（陶）攻（工）角

觳 觳

0352

集成09617 重金扁壺：受一壴（觳）六叡（掬）

集成09975.3A 陳璋鐳：受一壴（觳）五叡（掬）

陶錄4.110.2 二壴（觳） 按：「觳」字異體，又見卷二「壴」。

集成09606.1 繳窓君扁壺：弍（二）亭（彀—觳）

陶錄4.107.1 九亭（彀—觳） 按：「觳」字異體，又見卷十四「彀」。

陶錄4.107.3　二青（觳）

陶錄4.108.2　二青（觳）八馭（掬）　按：「觳」字異體，又見本卷「青」。

0353
觟

璽彙4136　肖（趙）琣

燕陶147（描摹）　皇（觟）辛（新）城

0354
⿰角壴

璽彙2727　魚⿰角壴

國別文字編

燕文字編

三

張振謙　編著

文物出版社

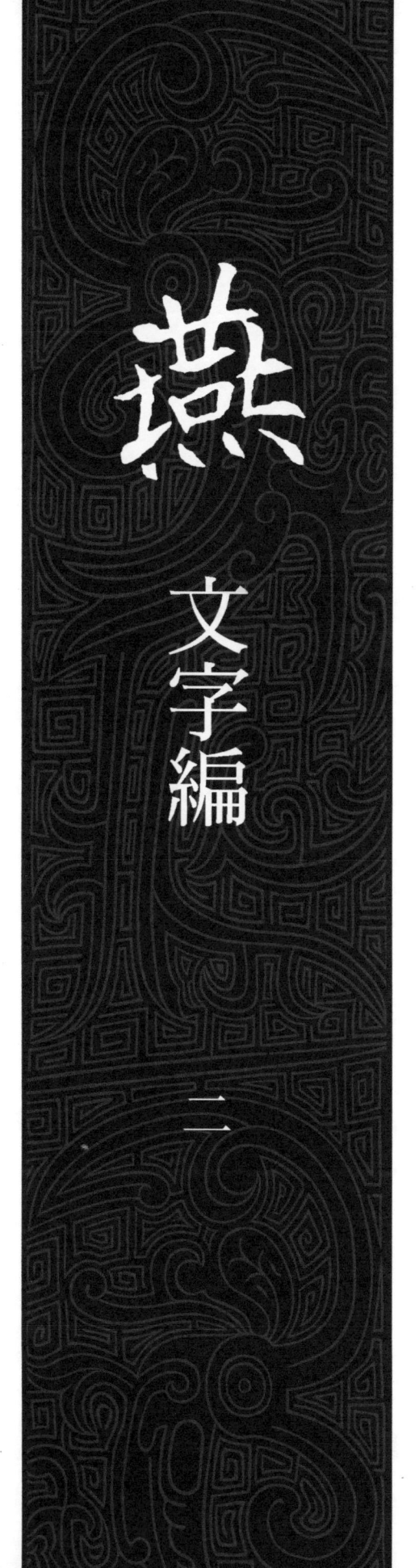

燕文字編・卷五上

簠

0355

璽彙1887　城𠤳（簠）

璽彙2750　虞（獻）𠤳（簠）

璽彙3891　公孫𠤳（簠）

蘭城9　䣝（將）軍𠤳（簠）

步黟228　𠤳（簠）　按：「簠」字異體，又見卷十二「𠤳」。

箴

0356

集成10452　右佐箴錐形器：右佐筬（箴）

集成10453　廿四年錐形器：左佐筬（箴）

笑

0357

集成 11902B　廿四年銅梃（摹）：左佐綫（篾）

燕下都·圖四二九 11　銅鏃：左佐綫（篾）

集成 10583　匽侯載器：戠（篾）教印䁂（嬰）

銅兵 3.12　□壴䝿矛：戠（篾）弜（強）□

二十 2-SY-0002　戠（篾）生（甥）⿱几土

璽彙 3537　⿱屮夭（笑）旺（聖）

考古 1989.4.378　銅印：⿱屮夭（笑）言

考古 1989.4.378　銅印印面（摹）：⿱屮夭（笑）言　按：「笑」字異體，又見卷一「⿱屮夭」、「芺」。

簹
0358

璽彙0760　長（張）畗（簹）

箕

0359

集成06489　其史觶：其史乍（作）且（祖）己寶隣（尊）彝

貨系2863　針首刀：其

貨系2960　燕明刀背文：中其三

燕下都·圖二一〇17　其

丌

0360

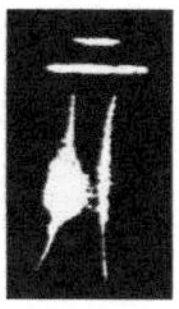
集成09606.1　䜌窓君扁壺：纕窓君丌（其）鈚（甎）

西清19.03　丙辰方壺：尹𡍫侯悅丌（其）㓹（𥂕）也

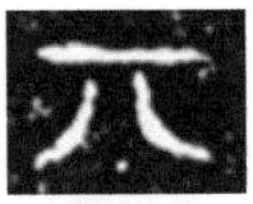
銘圖 03326　富春大夫甑：𩫏（郭）大夫〓丌（其）家鈷（盄—盄）也

集成 11350.2　郾王詈戈：丌（其）攻（工）豈（豎）

銅兵 1.1　十年郾王詈戈：丌（其）攻（工）中

集成 11325B　九年將軍戈：剸（斷）宮戊丌（其）虘（獻）

集成 11326A　九年將軍戈：剸（斷）宮戊丌（其）虘（獻）

集成11916C　二十年距末：坔張羪（乘）丌（其）戕

集成11917　上距末：亓（其）少

集成11917　上距末：亓（其）眾

集成11093　雍王戈：雟（雖）王丌（其）所爲

集成11931A　八年五大夫弩機：丌（其）攻（工）涅

貨系2664　尖首刀：丌

聚珍038.5　尖首刀：丌

聚珍038.6　尖首刀：丌

聚珍066.3　燕明刀背文：丌

貨系3314 燕明刀背文：左丌

聚珍126.1 燕明刀背文：左丌

聚珍127.3 燕明刀背文：左丌

聚珍076.1 燕明刀背文：右丌

貨系3196 燕明刀背文：中丌

貨系3199 燕明刀背文：中丌

聚珍149.2 燕明刀背文：中丌

聚珍157.4 燕明刀背文：中丌

聚珍171.3 燕明刀背文：中丌

聚珍171.4 燕明刀背文：中丌

陶錄4.155.3 丌

燕下都·圖二八三5 亓

燕齊 009 右宮丌宔（土）

燕陶 598 亓

奠

0361

璽彙 3295 ⿱奠土（奠—鄭）邦

璽彙 3326 ⿱奠土（奠—鄭）臣 按：「奠」字繁構，吳振武釋，又見卷十三「⿱奠土」。

左

0362

銘圖 02043 王太后鼎（摹）：大（太）子左桯（枝）室

集成 09499 左冶壺蓋：左屖（遲—冶）

銘圖 02040 大子鼎：大（太）子左桯（枝）室

集成 02360.1 王后左相室鼎：王后左桯（枝）室

左部 左

集成02360.2　王后左相室鼎：王后左梠（枝）室

集成10466　左鍾君銅器：左鍾（鐘）君（尹）

集成12013　左宮車軎：左宮

集成12014　左宮車軎：左宮

集成10453　廿四年錐形器：左佐綏（箴）

燕下都・圖四二九11　銅鏃：左佐綏（箴）

燕下都・圖四八七11　帶孔龜形器：左𡰥（遲—治）

集成11218　郾侯載戈：郾（燕）侯載乍（作）左宮鋸（瞿—戳）

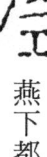

集成11513 郾侯載矛：郾（燕）侯載乍（作）左軍

集成11923 左攻君弩牙：左攻（工）君（尹）

集成11924 左攻君弩牙：左士攻（工）君（尹）

集成11925 左周弩牙：左周宫

集成11926 左周弩牙：左周宫

集成11927 左周弩牙：左周八

集成11928 左周弩牙：左周宫

銅兵5.3 左士攻尹弩機：左士攻（工）君（尹）

銅兵5.5 左大廏弩機：左大䣊（廏）

集成 11111A　左行議率戈：左行議（儀）遳（率）戈

集成 11402.1A　枝里瘟戈：左軍之攸（捶）僕

貨系 2308　方足小布背文：左

貨系 2311　方足小布背文：左

聚珍 182.5　方足小布背文：左

聚珍 183.2　方足小布背文：左

聚珍 083.6　燕明刀背文：左

聚珍 166.2　燕明刀背文：左

貨系 3271　燕明刀背文：左一

貨系3272　燕明刀背文：左一

貨系3415　燕明刀背文：左一

聚珍083.2　燕明刀背文：左一

貨系3279　燕明刀背文：左二

貨系3281　燕明刀背文：左二

聚珍083.3　燕明刀背文：左二

聚珍086.1　燕明刀背文：左二千

貨系3283　燕明刀背文：左三

貨系3284　燕明刀背文：左三

貨系3387　燕明刀背文：左四

聚珍 083.4　燕明刀背文：左五

貨系 3291　燕明刀背文：左七

聚珍 083.5　燕明刀背文：左七

貨系 3294　燕明刀背文：左八

聚珍 126.2　燕明刀背文：左八

聚珍 086.4　燕明刀背文：左八一

貨系 3321　燕明刀背文：左八十

貨系 3297　燕明刀背文：左九

聚珍 126.3　燕明刀背文：左九

貨系 2315　方足小布背文：左十

貨系 2316 方足小布背文：左十

聚珍 126.4 燕明刀背文：左十

聚珍 131.4 燕明刀背文：左十

貨系 3368 燕明刀背文：左十一

聚珍 126.6 燕明刀背文：左十一

聚珍 130.3 燕明刀背文：左二十＝（廿）

聚珍 085.3 燕明刀背文：左三十＝（卅）

貨系 3331 燕明刀背文：左千

貨系 3333 燕明刀背文：左千

貨系 3336 燕明刀背文：左千

聚珍 085.5　燕明刀背文：左千

貨系 3340　燕明刀背文：左丏（万—萬）

貨系 3341　燕明刀背文：左丏（万—萬）

貨系 3353　燕明刀背文：左乙

聚珍 129.2　燕明刀背文：左乙

貨系 3460　燕明刀背文：左壬

聚珍 091.6　燕明刀背文：左巳

聚珍 092.3　燕明刀背文：左巳

聚珍 135.5　燕明刀背文：左午

貨系 3350　燕明刀背文：左申

聚珍 091.3　燕明刀背文：左人

貨系 3308　燕明刀背文：左卜

貨系 3314　燕明刀背文：左丌

貨系 3317　燕明刀背文：左二十=（廿）

貨系 3319　燕明刀背文：左丌

聚珍 127.3　燕明刀背文：左丌

貨系 3324　燕明刀背文：左厶（私）

貨系 3325　燕明刀背文：左厶（私）

聚珍 128.1　燕明刀背文：左厶（私）

聚珍 128.2　燕明刀背文：左厶（私）

左部 左

貨系 3356 燕明刀背文：左刀

貨系 3361 燕明刀背文：左刀

聚珍 131.2 燕明刀背文：左干

貨系 3366 燕明刀背文：左上

聚珍 129.5 燕明刀背文：左上

貨系 3369 燕明刀背文：左下

貨系 3370 燕明刀背文：左內

聚珍 130.2 燕明刀背文：左內

貨系 3374 燕明刀背文：左內三

貨系 3375 燕明刀背文：左日

聚珍 130.4　燕明刀背文：左日

貨系 3380　燕明刀背文：左口

貨系 3381　燕明刀背文：左也

貨系 3384　燕明刀背文：左貝

貨系 3385　燕明刀背文：左丩

聚珍 094.1　燕明刀背文：左丩

聚珍 132.6　燕明刀背文：左丩

貨系 3386　燕明刀背文：左中

貨系 3390　燕明刀背文：左

貨系 3393　燕明刀背文：左火

貨系 3394　燕明刀背文：左土

貨系 3397　燕明刀背文：左工

貨系 3399　燕明刀背文：左昌

貨系 3453　燕明刀背文：左內一

聚珍 130.6　燕明刀背文：左邑

貨系 3458　燕明刀背文：左內工

聚珍 131.1　燕明刀背文：左中

貨系 3467　燕明刀背文：左中一

貨系 3285　燕明刀背文：左乇

貨系 3286　燕明刀背文：左乇

聚珍 088.2　燕明刀背文：左乇

聚珍 088.3　燕明刀背文：左止

聚珍 088.5　燕明刀背文：左安

聚珍 131.3　燕明刀背文：左它

聚珍 093.6　燕明刀背文：左乍

聚珍 132.4　燕明刀背文：左乑

聚珍 133.1　燕明刀背文：左弓

聚珍 136.2　燕明刀背文：左

聚珍 159.4　燕明刀背文：內左

璽彙 0020　左司徒

璽彙 0050　踄都左司馬

左部　左

璽彙0051　桓昜（陽）都左司馬

璽彙0052　忈陰（陰）都左司馬

璽彙0053　倝（韓）佑左司馬

璽彙0054　梠湩都左司馬

璽彙0055　沐都左司馬

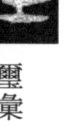

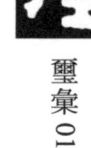

璽彙0126　左軍㕣（尉）鍴（瑞）

璽彙0190　㚬（容）城都杤郯左

璽彙0191　陘（隔）陰（陰）都躳（信）隉左

璽彙0215　陘（隔）陰（陰）都清左

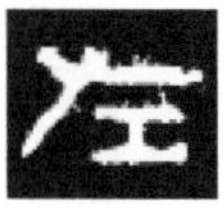
中原文物2007.1.111　銅印：陘（隔）陰（陰）都清左

璽彙0296　左固（簠）逘（後）

璽彙0308　左軒僑頁壯

璽彙0354　左市

璽彙1650　左吳（虞）

璽彙5541　頣（夏）屋都左司馬

璽考84　郻都左司馬

璽考84　逸（逸）都左司馬

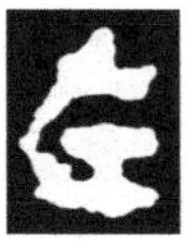
璽考86　𨑝都左司徒鉨（璽）

璽考90　良都亩（廩）左

陶錄4.2.1　左缶（陶）君（尹）

陶錄4.4.1　左缶（陶）君（尹）

陶錄4.4.2　左缶（陶）君（尹）

歷博3燕8　左缶（陶）君（尹）

陶錄4.8.1 左缶（陶）君（尹）鑵⿱夂止哭（器）鍴（瑞）

陶錄4.18.1 左缶（陶）君（尹）鑵⿱夂止哭（器）鍴（瑞）

陶錄4.7.1 左缶（陶）倈湯敀（拍）叓（或）

陶錄4.18.1 左缶（陶）倈湯敀（拍）叓（或）

步黟179 左缶（陶）倈湯敀（拍）叓（或）

陶錄4.14.3 左缶（陶）……

陶錄4.18.3 左缶（陶）……

歷博3燕2 左缶（陶）……

陶錄4.7.1　左缶（陶）攻（工）敢

陶錄4.205.1　左缶（陶）攻（工）敢

陶錄4.15.4　左缶（陶）攻（工）秦

書法2019.6　左缶（陶）攻（工）秦

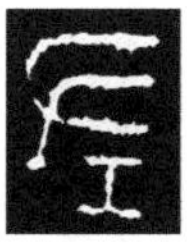
陶錄4.22.2　左宮[illegible]

陶錄4.23.1　左宮瘫

陶錄4.23.3　左宮畋

陶錄4.24.1　左宮軴

陶錄4.24.3　左宮巨隹

陶錄4.26.3　左宮敨（造）

陶錄4.27.1　左宮田左

陶錄4.28.1　左宮寇

陶錄4.28.2　左宮緐

左部 左

陶錄 4.30.1 左宮巨[弓步]（發）

陶錄 4.30.2 左宮肸

陶錄 4.30.3 左宮方

陶錄 4.207.1 左宮[弓敫]（發）

歷博 3 燕 28 左宮田左

歷博 3 燕 28 左宮田左

歷博 3 燕 29 左宮[山會]（薈）

歷博 3 燕 30 左宮[山會]（薈）

步黟 185 左宮

陶錄 4.118.3 左攻（工）

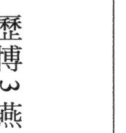

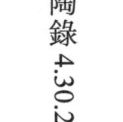

陶錄 4.104.1 左北坪（平）

陶錄 4.130.1 左昌

陶錄 4.139.1 左軍

燕陶 126 左宮少啓

燕齊010　左……右……

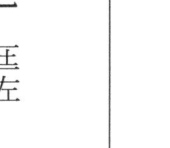

陶錄4.154.6　左

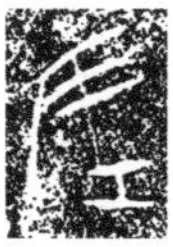
陶錄4.194.6　左

陶錄4.138.1　匡左

燕陶075　左市

文物2020.10.61　郾矦脮磬：悳（克）左（佐）氒（厥）身

工　工
0363

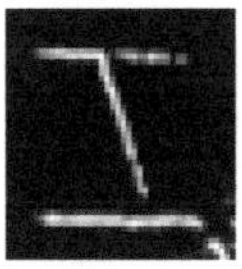
銅兵5.4　右大廄弩機：工

銅兵5.4　右大廄弩機：七工

貨系2771　尖首刀：工

貨系2853　針首刀：工

貨系2951　燕明刀背文：工

聚珍033.6　尖首刀：工

聚珍 035.2　尖首刀：工

貨系 3397　燕明刀背文：左工

貨系 3398　燕明刀背文：左工

貨系 3458　燕明刀背文：左內工

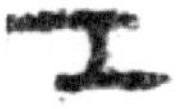
聚珍 136.3　燕明刀背文：左內工

貨系 3618　燕明刀背文：右工

聚珍 074.3　燕明刀背文：右工

聚珍 074.5　燕明刀背文：右工

聚珍 076.3　燕明刀背文：右工亐

貨系 3756　燕明刀背文：右內工

聚珍 113.2　燕明刀背文：右內工

貨系 3169　燕明刀背文：中工

聚珍169.6　燕明刀背文：中工

聚珍161.5　燕明刀背文：昌工

聚珍173.4　燕明刀背文：工

璽彙0082　鬵（薊）都司工（空）

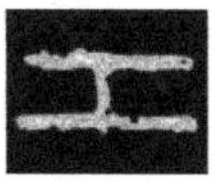
璽彙0085　坪（平）陰（陰）都司工（空）

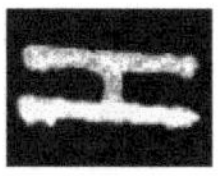
璽彙0086　鄗邸都司工（空）

璽彙3671　工賞謔

璽彙5545　泺都司工（空）

陶錄4.51.4　缶（陶）工得

陶錄4.52.3　缶（陶）工得

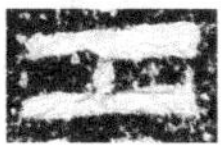
歷博3燕55　缶（陶）工得

步黟208　缶（陶）工尘

陶錄4.55.1　缶（陶）工尘

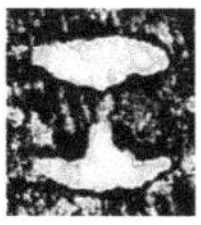
歷博3燕20　缶（陶）工尘

工部 工

燕齊041 缶（陶）工尘

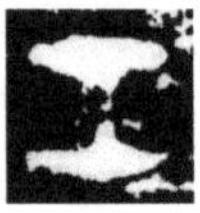
燕齊067 缶（陶）工尘

步黟191 缶（陶）工尘

書超網2 缶（陶）工尘

陶錄4.134.1 缶（陶）工午

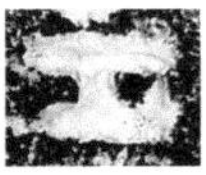
歷博3燕44 缶（陶）工午

書超網22 缶（陶）工上

陶錄4.85.1 缶（陶）工士

陶錄4.120.1 缶（陶）工士

燕齊027 缶（陶）工士

陶錄4.90.1 缶（陶）工乙

陶錄4.103.2 缶（陶）工

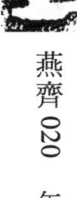

陶錄4.122.1 缶（陶）工

燕齊020 缶（陶）工

燕齊023 缶（陶）工

陶錄4.122.3　缶（陶）工

陶錄4.130.3　缶（陶）工

陶錄4.130.4　工齎（臍）

燕下都·圖四六二8　缶（陶）工

燕齊070　缶（陶）工

陶錄4.102.1　士工眾

歷博3燕21　缶（陶）工士

燕齊060　缶（陶）工得

陶錄4.82.2　缶（陶）工午

燕齊066　缶（陶）工午

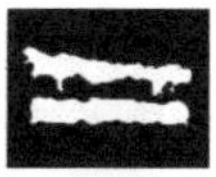
陶錄4.85.2　缶（陶）工士

陶錄4.85.4　缶（陶）工士

陶錄4.92.1　缶（陶）工乙

陶錄4.123.1　缶（陶）工乙

陶錄4.123.2　缶（陶）工乙

陶錄4.123.4　缶（陶）工乙

陶錄4.122.2　缶（陶）工

陶錄4.135.5　缶（陶）工

新陶·燕086　缶（陶）工

選編0015　缶（陶）工

陶錄4.192.5　工

陶錄4.201.1　工

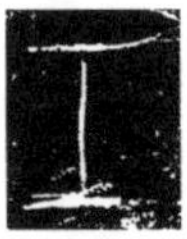
燕下都·圖六一4　工

燕下都·圖一五九7　工

燕下都·圖二一〇16　工

燕下都·圖二一一5　工

燕下都·圖二一三25　工

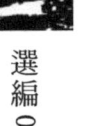

燕下都·圖二八八21　工

燕下都·圖三〇二5　工

燕下都·圖三〇二6　工

巨

0364

燕下都·圖三〇二12　工

燕下都·圖三〇二13　工

燕下都·圖三〇二14　工

燕下都·圖三五八2　工

燕陶166　長（張）工己

燕下都·圖四八九9　骨印：工

集成11230　郾王職戈：郾（燕）王職乍（作）巨攼（捶）鋸（瞿—戳）

集成11232　郾王職戈：郾（燕）王職乍（作）巨攼（捶）鋸（瞿—戳）

集成11233　郾王職戈：郾（燕）王職乍（作）巨攼（捶）鋸（瞿—戳）

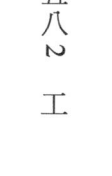

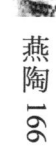

集成11536　郾王戎人矛：郾（燕）王戎人乍（作）巨攺（捶）鈦

集成11537　郾王戎人矛：郾（燕）王戎人乍（作）巨攺（捶）鈦

集成11245　郾王詈戈：郾（燕）王詈（讙）乍（作）巨攺（捶）鋸（瞿—戵）

集成11240　郾王詈戈：郾（燕）王詈（讙）𢘑（鑄）巨攺（捶）鋸（瞿—戵）

集成11246　郾王喜戈：郾（燕）王喜𢘑（鑄）巨攺（捶）鋸（瞿—戵）

集成11402.2A　枝里瘟戈：內巨枝里瘟之敀（捶）戈

陶錄4.24.3　左宮巨隹

陶錄4.24.4　左宮巨隹

陶錄4.29.4　右宮巨心

燕陶108（摹）　右宮巨心

陶錄4.30.1　左宮巨弢（發）

燕陶131（摹）　左宮巨弢（發）

集成00689.1　伯矩鬲：匽（燕）侯易（賜）白（伯）趺（矩—巨）貝

集成00689.2　伯矩鬲：匽（燕）侯易（賜）白（伯）趺（矩—巨）貝

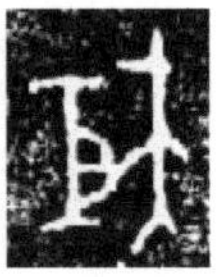

集成02456　伯矩鼎：白（伯）𫸩（矩）乍（作）寶彝

集成02170　伯矩鼎：白（伯）𫸩（矩）乍（作）寶𨺅（尊）彝

集成00893　伯矩甗：白（伯）𫸩（矩）乍（作）寶𨺅（尊）彝

集成10073　伯矩盤：（規）白（伯）𫸩（矩）乍（作）寶𨺅（尊）彝

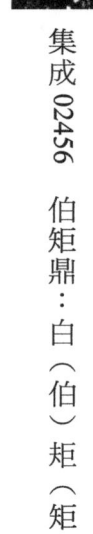

銘圖12173　伯矩壺（蓋）：白（伯）𫸩（矩）乍（作）寶𨺅（尊）彝

甘

0365

集成 05230　伯矩卣蓋：白（伯）炬（矩）乍（作）寶隮（尊）彝

集成 09412　伯矩盉：白（伯）矼（矩）乍（作）寶隮（尊）彝　按：《說文》或體作「榘」。

貨系 2789　尖首刀：甘

璽彙 4099　郾（燕）白（伯）=甘（邯）單（鄲）

璽彙 5570　甘士市

陶錄 4.53.2　缶（陶）攻（工）甘

燕陶 472　甘

甚

0366

歷博 3 燕 119　甚惡（惬）

曰

0367

銘圖14789　克盉蓋：王曰

銘圖14789　克盉：王曰

銘圖13831　克罍蓋：王曰

銘圖13831　克罍：王曰

陶錄4.72.1　缶（陶）攻（工）曰

陶錄4.73.3　缶（陶）攻（工）曰

陶錄4.73.4　缶（陶）攻（工）曰

曏
0368

璽彙0158　帚昜（陽）曏（鑄）帀（師）鉨（璽）

璽彙0159　郻（易）曏（鑄）帀（師）鉨（璽）

乃

0369

銘圖14789　克盉蓋：隹乃朙（明）乃鬯

銘圖14789　克盉蓋：隹乃朙（明）乃鬯

亐

0371

卣

0370

銘圖 14789　克盉蓋：亯于乃辟

銘圖 14789　克盉蓋：余大對乃亯

銘圖 13831　克罍蓋：隹乃朙（明）乃鬯

銘圖 13831　克罍蓋：余大對乃亯

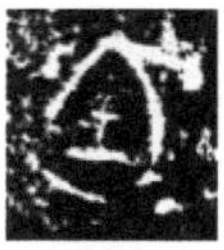
集成 11383.2　郾侯載作戎戈：祗逌（攸）巸（熙）

集成 03538　伯考庚簋：白（伯）亐（考）庚乍（作）寶彝

集成 03539　伯考庚簋：白（伯）亐（考）庚乍（作）寶彝

貨系 2706　尖首刀：亐

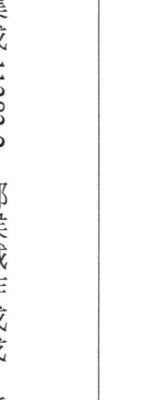

貨系 2707　尖首刀：丂

貨系 2712　尖首刀：丂

聚珍 012.5　尖首刀：丂

聚珍 012.6　尖首刀：丂

聚珍 013.1　尖首刀：丂

聚珍 035.5　尖首刀：丂

聚珍 035.6　尖首刀：丂

聚珍 066.1　燕明刀背文：丂

聚珍 121.6　燕明刀背文：右丂

聚珍 122.1　燕明刀背文：右丂

聚珍 122.2　燕明刀背文：右丂

聚珍 122.4　燕明刀背文：右丂

聚珍 133.1　燕明刀背文：左丂

聚珍156.3　燕明刀背文：中丂

陶錄4.161.6　丂

燕下都·圖二一一18　丂

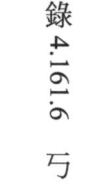

可

0372

貨系3677　燕明刀背文：右可

貨系3678　燕明刀背文：右可

奇

0373

璽彙2795　𨊠（韓）奇

璽彙3342　𦕒（聲）奇

璽彙3942　毛生（甥）奇

陶錄4.139.6　奇

歷博3燕107　奇

燕下都·圖四六三8　奇

亏

0374

銘圖14789　克盉蓋：亯（享）于乃辟

銘圖14789　克盉蓋：令克疾于匽（燕）

銘圖13831　克罍蓋：亯（享）于乃辟

銘圖13831　克罍蓋：令克矦于匽（燕）

集成04140　大保簋：王降征令于大（太）保

集成06509.1　厝觶：严（厝）易（賜）貝于公中（仲）

集成06509.2　厝觶：严（厝）易（賜）貝于公中（仲）

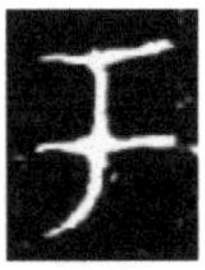

集成05374.1　圉卣：王𠦪于成周

集成05374.2　圉卣：王𠦪于成周

集成11107　作用戈：乍（作）用于昌

貨系2774　尖首刀：于

貨系2918　燕明刀背文：于

貨系3471　燕明刀背文：左中于

貨系3625　燕明刀背文：右于

聚珍107.3　燕明刀背文：右于

聚珍036.1　尖首刀：于

聚珍036.3　尖首刀：于

聚珍036.4　尖首刀：于

聚珍036.5　尖首刀：于

聚珍036.6　尖首刀：于

陶錄4.97.4　缶（陶）于

燕下都・圖七三11　于

平

0375

古幣 50.10 方足小布：宜平

聚珍 107.4 燕明刀背文：右平

古幣 50.11 方足小布：眭（重）坪（平）

璽彙 0013 坪（平）陰（陰）都司徒

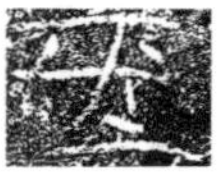
陶錄 4.177.1 □坪（平）鏍 按：「平」字繁構，又見卷十三「坪」。

旨

0376

集成 02269 匽侯旨作父辛鼎：匽（燕）侯旨乍（作）父辛障（尊）

集成 02628 匽侯旨鼎：匽（燕）侯旨初見事于宗周

喜

0377

集成02628　匽侯旨鼎：王賁（賞）旨貝二十（廿）朋=

銘續00874　燕侯旨卣：匽（燕）矦旨乍（作）姑妹寶隮（尊）彝

霸金027　燕侯旨卣（蓋）：匽（燕）矦旨乍（作）姑妹寶隮（尊）彝

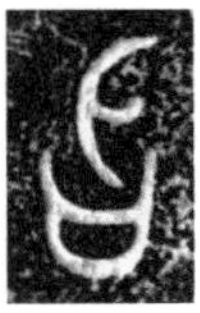

霸金028　燕侯旨卣：匽（燕）矦旨乍（作）姑妹寶隮（尊）彝

集成11004　郾王喜戈：郾（燕）王喜[illegible]（鑄）□

集成11005　郾王喜戈：郾（燕）王喜……

集成11195A　郾王喜戈：郾（燕）王喜𢘊（鑄）攼（捶）鋸（瞿—戳）

集成11248A　郾王喜戈：郾（燕）王喜𢘊（鑄）桀倈戈

集成11522　郾王喜矛：郾（燕）王喜𢘊（鑄）雲

集成11523　郾王喜矛：郾（燕）王喜𢘊（鑄）權

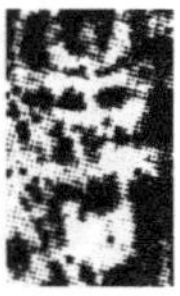
集成11528B　郾王喜矛：郾（燕）王喜𢘊（鑄）仝（全）長利

集成11612　郾王喜劍：郾（燕）王喜恳（鑄）無者鈦

集成11614　郾王喜劍：郾（燕）王喜恳（鑄）無者鈦

銘圖17034　郾王喜戈：郾（燕）王喜恳（鑄）桀倈戈

銘圖17036　郾王喜戈：郾（燕）王喜恳（鑄）御司馬鍨（戣）

銅兵2.15　郾王喜劍：郾（燕）王喜恳（鑄）無者鈦

壴

0378

銅兵3.6 郾王喜矛：郾（燕）王喜怸（鑄）巨攼（捶）鈦

銅兵3.11 郾王喜矛：郾（燕）王喜怸（鑄）□麇□

璽彙0395 王喜

璽彙0396 王喜

璽考311 公孫喜

圖典8942 倝（韓）喜

集成10583 郾侯載器：鑄金壴（鼓）

攈古2.1.86 郾戈（萃）：郾（燕）王詈（讙）壴（鑄）行議（儀）鍨（戣）

銅兵3.12　□壴睘矛：鄰壴睘（縣）

璽彙0368　中軍壴（鼓）車

陶錄4.208.5　缶（陶）攻（工）壴

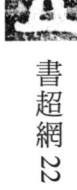

陶錄4.105.1　二壴（鼓）七言（觳）　按：于軍釋。

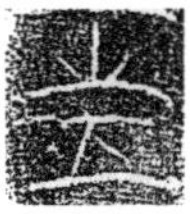
陶錄4.193.6　一壴（鼓）

集拓22　二壴（鼓）

燕齊069　二壴（鼓）

書超網22　二壴（鼓）

燕陶393　二壴（鼓）

燕陶395　二壴（鼓）

燕陶397　二壴（鼓）

燕陶594　二壴（鼓）　按：燕陶文「壴」，楊爍讀「鼓」，燕國容量單位。

豆

0379

貨系 2681　尖首刀：豆

貨系 2682　尖首刀：豆

貨系 2683　尖首刀：豆

貨系 3671　燕明刀背文：右豆

貨系 3672　燕明刀背文：右豆

聚珍 110.5　燕明刀背文：右豆

陶錄 4.199.1　王豆

璽彙 0292　䢵都市鋀（豆）　按：「豆」字繁構，又見卷十四「鋀」。

豐

0380

集成 10433A　豐□睘小器：豐睘（縣）

集成 10433B　豐□睘小器（摹）：豐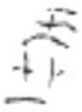睘（縣）

豐 0381

出土14.61 太保玉戈：王才（在）豐

考古與文物1993.3.74 太保玉戈（摹）：王才（在）豐

虡 0382

集成12104A 雁節：遖（傳）䖒（虡—遽）

集成12104C 雁節（摹）：遖（傳）䖒（虡—遽）

集成12105A 鷹節：遖（傳）䖒（虡—遽）

集成12105B 鷹節（摹）：遖（傳）䖒（虡—遽）

集成12106A 鷹節：遖（傳）䖒（虡—遽）

集成12106B 鷹節（摹）：遖（傳）䖒（虡—遽）

𧆞 0383

集成11325A 九年將軍戈：剸（斷）宮戊丌（其）𧆞（獻）

集成11325B　九年將軍戈：㓷（斷）宮戉丌（其）虘（獻）

集成11325C　九年將軍戈（摹）：㓷（斷）宮戉丌（其）虘（獻）

集成11326A　九年將軍戈：㓷（斷）宮戉丌（其）虘（獻）

集成11326B　九年將軍戈：㓷（斷）宮戉丌（其）虘（獻）

集成11326C　九年將軍戈（摹）：㓷（斷）宮戉丌（其）虘（獻）

璽彙2746　虘（獻）㦬

盂

0385

⿸虍曾

0384

璽彙2747 ⿸虍貝（獻）留

璽彙2748 ⿸虍貝（獻）佑

璽彙2749 ⿸虍貝（獻）弜（強）

璽彙2750 ⿸虍貝（獻）⿷匚古（⿱⺮⿷匚古）

璽彙2751 ⿸虍貝（獻）

璽彙3506 ⿱宀青⿸虍貝（獻） 按：「獻」字省簡，又見卷十「獻」。

璽彙3447 ⿸虍曾生（甥）慮（慮）

集成10303.1 郾侯盂：郾（燕）侯乍（作）旅盂

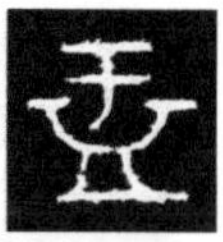

集成10305 匽侯盂：匽（燕）侯乍（作）餴（饙）盂

盇

0386

陝西1642 富春大夫甑：章（郭）大夫=丌（其）家鈷（盇—盇）也 按：「盇」字異體，郭永秉釋，又見卷十四「鈷」。

盉

0387

集成09413 伯鐔盉：白（伯）鐔（𩰫）自乍（作）用鐈（盉） 按：「盉」字異體，又見卷十四「鐈」。

盌

0388

集成10229 匽公匜：匽（燕）公乍（作）爲姜乘般（盤）盌（匜） 按：「匜」字異體，又見卷十二「匜」。

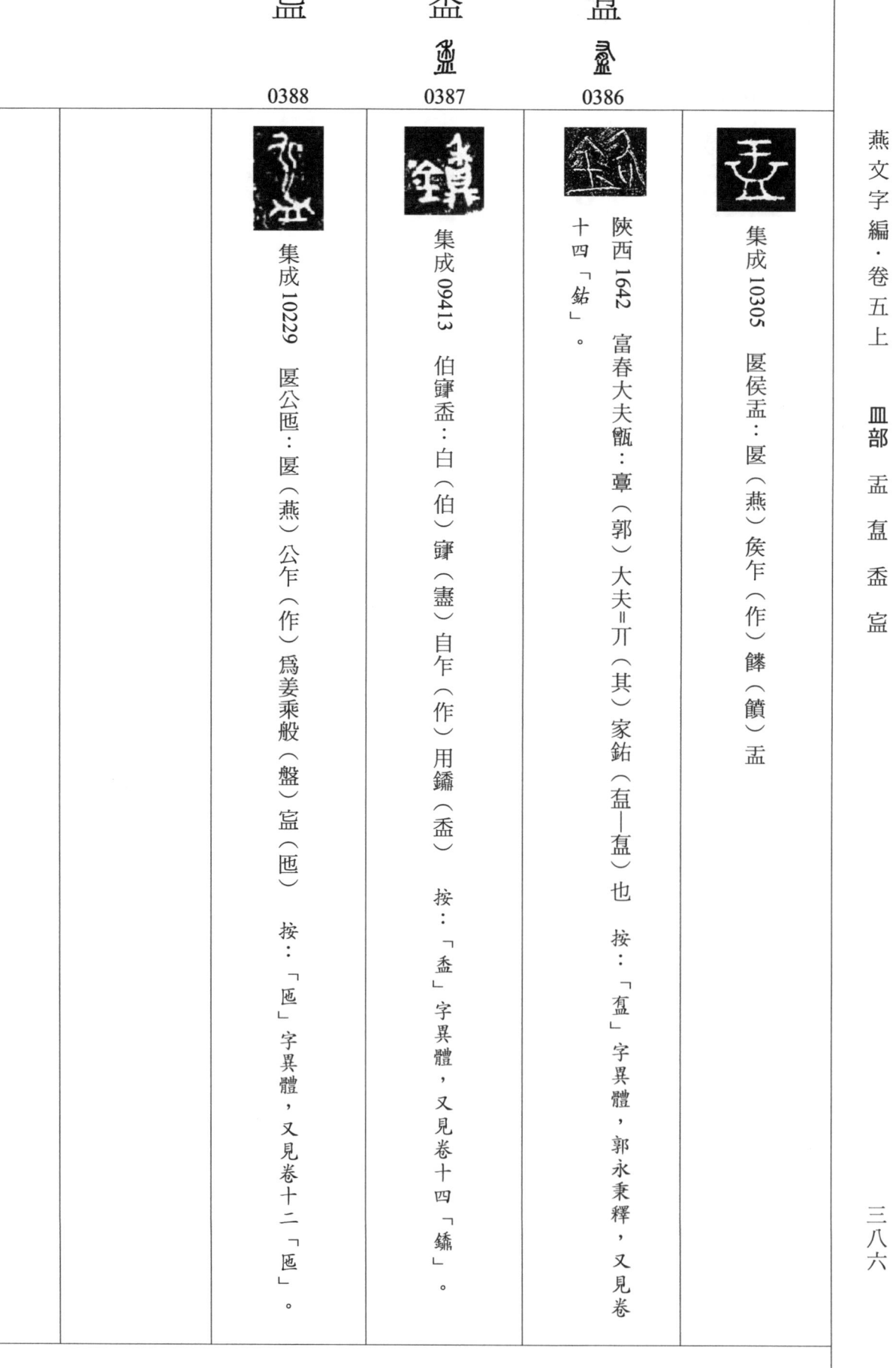

青

0389

燕文字編・卷五下

集成11350.2 郾王詈戈：右攻（工）君（尹）青

集成11931A 八年五大夫弩機：大夫=青

集成11931B 八年五大夫弩機（摹）：大夫=青

銅兵1.8 六年右御工尹戈：大夫=青

璽彙1335 衛青

陶錄4.17.1 右缶（陶）攻（工）青

陶彙4.24　右缶（陶）攻（工）青

學報8.99.7　青

井

0390

陶錄4.116.3　宿（陶）【人】井

步存・燕30　宿（陶）人井

燕下都・圖二一〇8　井

燕下都・圖二一一10　井

燕陶583　井畏

刱

0391

璽彙1279　荆（刑）莫

璽彙1280　荆（刑）謓（謹）

璽彙1281　荆（刑）章

文雅堂2.3　右缶（陶）攻（工）荆（刑）徒戒

燕陶465　荆

按：又見卷四「刑」。

即

0392

璽彙3453　安即（次）生（甥）晨（辰）

璽彙5611　長（張）即

璽彙5317　卽（即）

璽彙5318　卽（即）

既

0393

集成02749　宫鼎：隹九月既生霸辛酉

鬯

0394

銘圖14789　克盉蓋：隹乃朙（明）乃鬯

銘圖14789　克盉：隹乃朙（明）乃鬯

銘圖13831　克罍蓋：隹乃朙（明）乃鬯

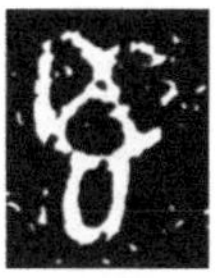
銘圖13831　克罍：隹乃朙（明）乃鬯

燕陶548　鬯

爵

0395

集成05599　爵且丙尊：爵且（祖）丙

⿱爵正

0396

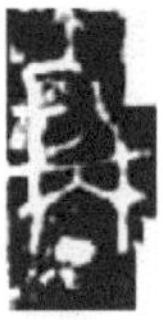

銘續0666　旨爵：旨作父辛⿱爵正（鉦）　按：「鉦」字異體，謝明文釋，又見卷十四「鉦」。

饙

0397

集成10305　匽侯盂：匽（燕）矦乍（作）饙（饋）盂

飴

0398

集成02703　堇鼎：匽（燕）矦令堇⿱食異（飴）大（太）僳（保）于宗周　按：《說文》籀文。

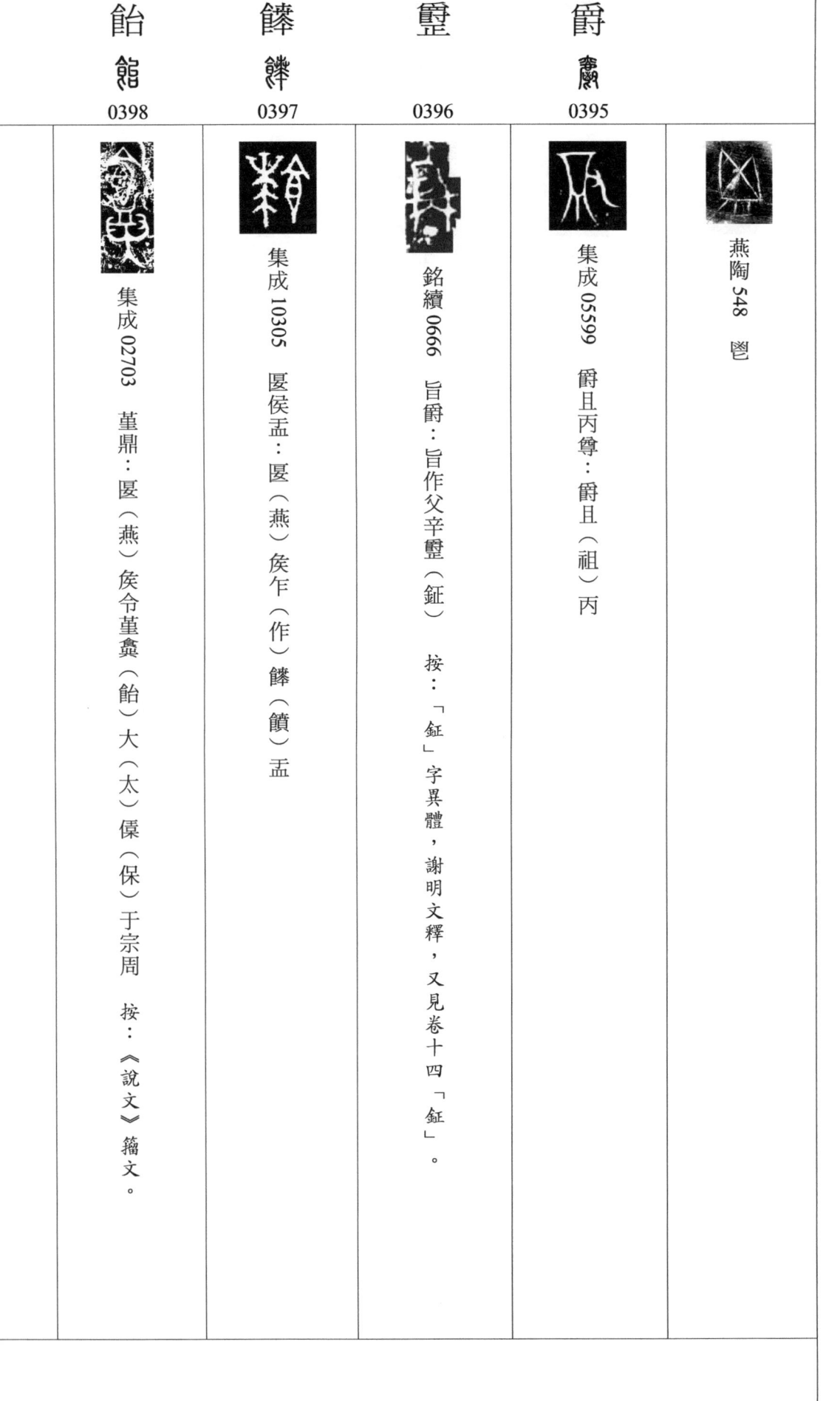

館
0399

璽彙3335 鋁（館）氏㕣（尉）

飤
0400

璽彙3094 飤紿

亼
0401

貨系2922 燕明刀背文：亼

貨系3676 燕明刀背文：右亼

僉
0402

集拓32 宿（陶）攻（工）僉

會
0403

璽考68 會亞（基）鉨（璽）

倉 0404

燕陶479 倉

入 0405

銘圖14789 克盉蓋：克宋（次）匽（燕）入土

銘圖13831 克罍蓋：克宔（次）匽（燕）入土

銘圖01950 右府戥鼎蓋2：入所爲賜

內 0406

集成02456 伯矩鼎：用言（歆）王出內（入）事（使）人

集成11908 右內鐓：右內⿰阝嗇

集成11402.2A 柭里瘟戈：內巨柭里瘟之敀（捶）戈

集成 11402.2B　柭里瘟戈：內巨柭里瘟之攸（捶）戈

貨系 2937　燕明刀背文：內

貨系 3475　燕明刀背文：內左

聚珍 159.4　燕明刀背文：內左

聚珍 159.5　燕明刀背文：內左

聚珍 159.6　燕明刀背文：內左

貨系 3780　燕明刀背文：內右

貨系 3782　燕明刀背文：內右

貨系 3783　燕明刀背文：內右

聚珍 159.3　燕明刀背文：內右

貨系 2938　燕明刀背文：內厶

貨系 3371　燕明刀背文：左內

貨系 3372　燕明刀背文：左內

聚珍 086.6　燕明刀背文：左內

聚珍 130.2　燕明刀背文：左內

貨系 3452　燕明刀背文：左內一

貨系 3453　燕明刀背文：左內一

貨系 3374　燕明刀背文：左內三

貨系 3454　燕明刀背文：左內三

貨系 3458　燕明刀背文：左內工

聚珍136.3　燕明刀背文：左內工

聚珍136.4　燕明刀背文：左內工

貨系3633　燕明刀背文：右內

貨系3745　燕明刀背文：右內

聚珍077.4　燕明刀背文：右內

聚珍109.2　燕明刀背文：右內

貨系3746　燕明刀背文：右內一

貨系3748　燕明刀背文：右內一

貨系3750　燕明刀背文：右內二

聚珍112.3　燕明刀背文：右內二

聚珍 112.4　燕明刀背文：右內二

聚珍 112.6　燕明刀背文：右內三

貨系 3753　燕明刀背文：右內工

貨系 3756　燕明刀背文：右內工

聚珍 113.1　燕明刀背文：右內工

貨系 3759　燕明刀背文：右內厶

貨系 3198　燕明刀背文：中內

貨系 3210　燕明刀背文：中內

聚珍 142.6　燕明刀背文：中內

聚珍 166.1　燕明刀背文：中內人

貨系3261 燕明刀背文：中昌內

璽彙0697 長（張）內

璽彙0698 長（張）內

璽彙0699 長（張）內

圖典4990 長（張）內

圖典8888 長（張）內

璽彙4866 大吉昌內

璽彙4867 大吉昌內

璽彙4868 大吉昌內

璽彙4874 大吉昌內

璽彙5338 內

圖典4585 吉昌內

陶錄4.169.4 坣內之工

陶錄4.210.4 大吉昌內

仝

0407

集成11339A　十三年戈：豫仝（全）窚（乘）爲大夫=子娞（御）賀

集成11528A　郾王喜矛：郾（燕）王喜恳（鑄）仝（全）長利

集成11528B　郾王喜矛：郾（燕）王喜恳（鑄）仝（全）長利

集成11529　郾王喜矛：郾（燕）王喜恳（鑄）仝（全）長利

缶

0408

聚珍075.5　燕明刀背文：右缶（陶）

聚珍110.1　燕明刀背文：右缶（陶）

聚珍075.4　燕明刀背文：右缶（陶）

聚珍110.6　燕明刀背文：右缶（陶）

陶錄4.2.1　左缶（陶）君（尹）

陶錄4.4.2　左缶（陶）君（尹）

陶錄4.7.1　左缶（陶）君（尹）

陶錄4.12.1　左缶（陶）君（尹）鑙坌哭（器）鍴（瑞）

歷博3燕15　右缶（陶）君（尹）鑙坌哭（器）鍴（瑞）

陶錄4.12.2　左缶（陶）君（尹）舊……

陶錄4.2.1　左缶（陶）攻（工）剸（斷）

陶錄4.3.1　左缶（陶）倈留敀（拍）瑩

歷博3燕3　左缶（陶）倈留敀（拍）瑩

陶錄4.8.1　左缶（陶）倈湯敀（拍）㦽（或）

陶錄4.12.1　左缶（陶）倈湯敀（拍）㦽（或）

歷博3燕7　左缶（陶）倈湯敀（拍）□

陶錄4.205.1　左缶（陶）攻（工）敢

歷博3燕5　左缶（陶）攻（工）敢

陶錄4.14.2　左缶（陶）攻（工）旺（聖）

陶錄4.63.4　缶（陶）攻（工）秦

歷博3燕77　缶（陶）攻（工）秦

陶錄4.112.1　缶（陶）攻（工）佳

陶錄4.93.6　缶（陶）攻（工）生

歷博3燕11　左缶（陶）攻（工）恭

歷博3燕12　左缶（陶）攻（工）恭

陶錄4.210.1　右缶（陶）君（尹）

文雅堂2.3　右缶（陶）君（尹）

步黟175　右缶（陶）君（尹）

步黟169　右缶（陶）君（尹）⿱⿱夂止哭（器）鍴（瑞）

陶錄4.11.1　右缶（陶）攻（工）湯

陶錄4.15.2　右缶（陶）攻（工）湯

步黟168　右缶（陶）攻（工）湯

陶錄4.112.3　缶（陶）攻（工）徒

陶錄4.15.1　右缶（陶）攻（工）徒

陶錄9.12.3　右缶（陶）攻（工）徒

燕齊028　缶（陶）攻（工）徒

陶錄4.119.1　缶（陶）徒

陶錄4.15.3　右缶（陶）攻（工）丑

歷博3燕14　右缶（陶）攻（工）丑

陶錄4.17.1　右缶（陶）攻（工）青

陶彙4.24　右缶（陶）攻（工）青

陶錄4.17.3　右缶（陶）攻（工）賀

燕齊002　右缶（陶）攻（工）賀

步黟173　右缶（陶）攻（工）□

步黟174　右缶（陶）攻（工）□

陶録4.121.1　右缶（陶）□

文雅堂2.3　右缶（陶）攻（工）刜（刑）徒戒

陶録4.12.2　缶（陶）攻（工）脧（[月+鞭]）

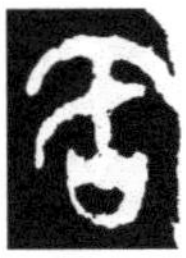

陶録4.35.1　缶（陶）攻（工）夋（鞭）

陶録4.35.3　缶（陶）攻（工）夋（鞭）

步黟183　缶（陶）攻（工）夋（鞭）

陶録4.12.3　左攻（工）缶（陶）宅

陶錄4.16.1　……缶（陶）攻（工）黑

陶錄4.20.1　缶（陶）攻（工）黑

陶錄4.35.4　缶（陶）攻（工）舌

陶錄4.36.2　缶（陶）攻（工）訢

陶錄4.36.3　缶（陶）攻（工）訢

陶錄4.36.4　缶（陶）攻（工）士

陶錄4.83.3　缶（陶）攻（工）士

陶錄4.117.2　缶（陶）攻（工）士

陶錄4.117.4　缶（陶）攻（工）士

歷博3燕82　缶（陶）攻（工）士

步黟207　缶（陶）攻（工）士

陶錄4.63.3　缶（陶）攻（工）士

陶錄4.85.3　缶（陶）工士

陶錄4.85.4　缶（陶）工士

陶錄4.86.2　缶（陶）工士

陶錄4.90.4　缶（陶）工士

陶錄4.94.2　缶（陶）工士

陶錄4.94.6　缶（陶）工士

步黟218　缶（陶）攻（工）士

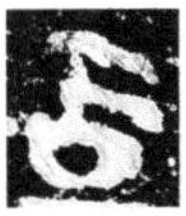
歷博3燕21　缶（陶）工士

陶錄4.37.2　缶（陶）攻（工）登

陶錄4.37.3　缶（陶）攻（工）登

陶錄4.38.3　缶（陶）攻（工）上

書超網18　缶（陶）攻（工）上

歷博3燕88　缶（陶）辻（上）

陶錄4.39.4　缶（陶）攻（工）音

陶錄4.40.1　缶（陶）攻（工）譆

陶錄4.41.1　缶（陶）攻（工）灾（烖）

陶錄4.41.2　缶（陶）攻（工）匱

陶錄4.41.3　缶（陶）攻（工）勹

陶錄4.41.3　缶（陶）攻（工）勹

陶錄4.44.1　缶（陶）攻（工）窚（乘）

陶錄4.113.1　缶（陶）⿱夆車（乘）

陶錄4.113.3　缶（陶）⿱夆車（乘）

陶錄4.117.1　缶（陶）⿱夆車（乘）

陶錄4.42.1　缶（陶）攻（工）訁

陶錄4.42.2　缶（陶）攻（工）訁

書超網25　缶（陶）攻（工）訁

陶錄4.42.4　缶（陶）攻（工）乙

陶錄4.87.4　缶（陶）攻（工）乙

陶錄4.88.1　缶（陶）攻（工）乙

歷博3燕73　缶（陶）攻（工）乙

陶錄4.89.2　缶（陶）攻（工）乙

陶錄4.118.2　缶（陶）攻（工）乙

燕下都·圖二三九4　缶（陶）攻（工）乙

燕下都·圖二三九5　缶（陶）攻（工）乙

步黟197　缶（陶）攻（工）乙

步黟212　缶（陶）攻（工）乙

陶錄4.120.3　缶（陶）工乙

陶錄4.90.3　缶（陶）乙

陶錄4.133.2　缶（陶）乙

陶錄4.103.3　缶（陶）乙

陶錄4.91.1　缶（陶）乙

陶錄4.91.5　缶（陶）乙

陶錄4.95.2 缶（陶）乙

陶錄4.95.1 缶（陶）乙

陶錄4.90.2 士缶（陶）乙

歷博3燕16 士缶（陶）乙

陶錄4.43.1 缶（陶）攻（工）謀

陶錄4.43.2 缶（陶）攻（工）諫

步黟214 缶（陶）攻（工）諫

陶錄4.43.4 缶（陶）攻（工）斂

步黟213 缶（陶）攻（工）斂

陶錄4.44.2 缶（陶）攻（工）依

步黟171 缶（陶）攻（工）依

歷博3燕41　缶（陶）攻（工）逫（趣）

燕齊062　士缶（陶）逫（趣）

陶錄4.45.3　缶（陶）攻（工）口

燕齊059　缶（陶）攻（工）口

陶錄4.46.4　缶（陶）攻（工）

陶錄4.47.1　缶（陶）攻（工）

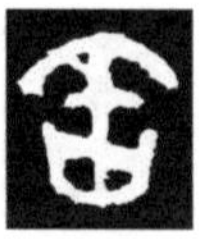
陶錄4.47.3　缶（陶）攻（工）𠤳（簠）

陶錄4.48.1　缶（陶）攻（工）导（得）

陶錄4.48.2　缶（陶）攻（工）导（得）

步黟209　缶（陶）攻（工）导（得）

陶錄4.53.4　缶（陶）攻（工）干

陶錄4.63.1　缶（陶）攻（工）干

陶錄4.58.3　缶（陶）攻（工）尘

陶錄4.58.4　缶（陶）攻（工）尘

陶錄4.60.1　缶（陶）攻（工）尘

步黟184　缶（陶）攻（工）尘

步黟208　缶（陶）工尘

陶錄4.55.1　缶（陶）工尘

陶錄4.55.2　缶（陶）工尘

歷博3燕86　缶（陶）尘

陶錄4.56.1　缶（陶）攻（工）丁

陶錄4.56.2　缶（陶）攻（工）丁

陶錄4.57.2　缶（陶）攻（工）息

陶錄4.57.4　缶（陶）攻（工）罰

陶錄4.58.2　缶（陶）攻（工）

陶錄4.59.1　缶（陶）攻（工）御

陶錄4.59.3　缶（陶）攻（工）儡

陶錄4.60.2　缶（陶）攻（工）盟（盟）

陶錄4.60.3　缶（陶）攻（工）昌

陶錄4.61.3　缶（陶）攻（工）昌

陶錄4.73.2　缶（陶）攻（工）昌

陶錄4.115.1 缶（陶）攻（工）昌

陶錄4.71.1 缶（陶）攻（工）昌

陶錄4.71.3 缶（陶）攻（工）昌

陶錄4.73.1 缶（陶）攻（工）昌

陶錄4.74.2 缶（陶）攻（工）昌

燕齊037 缶（陶）攻（工）昌

燕齊054 缶（陶）攻（工）昌

書超網16 缶（陶）攻（工）昌

歷博3燕65 缶（陶）攻（工）昌

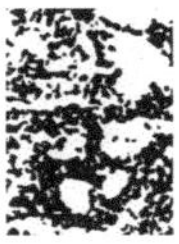
陶錄4.94.3 缶（陶）昌

陶錄4.65.2　缶（陶）攻（工）牛

燕下都·圖四六三4　缶（陶）攻（工）牛

歷博3燕68　缶（陶）攻（工）牛

步黟205　缶（陶）攻（工）牛

陶錄4.117.3　缶（陶）牛

陶錄4.70.1　缶（陶）攻（工）㞷（止）

陶錄4.72.1　缶（陶）攻（工）曰

陶錄4.73.3　缶（陶）攻（工）曰

陶錄4.73.4　缶（陶）攻（工）曰

陶錄4.80.2　缶（陶）攻（工）午

陶錄4.83.1　缶（陶）攻（工）午

陶錄4.107.4　缶（陶）攻（工）午

書法2019.7　缶（陶）攻（工）午

歷博3燕66　缶（陶）攻（工）午

歷博3燕69　缶（陶）攻（工）午

步黟206　缶（陶）攻（工）午

陶錄4.80.3　缶（陶）工午

陶錄4.82.2　缶（陶）工午

陶錄4.96.4　缶（陶）工午

歷博3燕44　缶（陶）工午

歷博3燕45　缶（陶）工午

陶錄4.105.2　缶（陶）午

陶錄4.110.1　缶（陶）午

陶錄4.111.3　缶（陶）午

歷博3燕85　缶（陶）午

歷博3燕17　缶（陶）午

步黟216　士缶（陶）午

燕齊040　缶（陶）攻（工）卸（御）

陶錄4.102.4　缶（陶）攻（工）⿱午又（御）

歷博3燕9　缶（陶）攻（工）依

歷博3燕15　缶（陶）攻（工）⿱兄心（悅）

歷博3燕47　缶（陶）攻（工）壽

歷博3燕76　缶（陶）攻（工）角

歷博3燕78　缶（陶）攻（工）文

步黟177　缶（陶）攻（工）尭（乘）

燕齊005　缶（陶）攻（工）賬

燕齊021　缶（陶）攻（工）士

步黟203　缶（陶）攻（工）武

步黟215　缶（陶）攻（工）昫

陶錄4.93.1　缶（陶）攻（工）□

選編0035　缶（陶）攻（工）□

陶錄4.100.3　缶（陶）攻（工）

陶錄4.105.1　缶（陶）攻（工）

歷博3燕101　缶（陶）攻（工）

缶部 缶

歷博3燕104 缶（陶）攻（工）

陶錄4.103.2 缶（陶）工

陶錄4.106.2 缶（陶）工

陶錄4.108.2 缶（陶）工

燕下都・圖四六二8 缶（陶）工

陶錄4.97.1 缶（陶）午

陶錄4.98.2 缶（陶）兵

歷博3燕25 缶（陶）

陶錄4.119.3 缶（陶）進

陶錄4.119.4 缶（陶）甲

陶錄4.121.3 缶（陶）旦

步黟192 缶（陶）攻（工）

陶錄4.99.1 士缶（陶）

陶錄4.98.1　士缶（陶）共

陶錄4.98.3　士缶（陶）息

陶錄4.105.3　士缶（陶）工

陶錄4.108.3　士缶（陶）犨（乘）

陶錄4.48.4　宔（士）缶（陶）頣（頸）

陶錄4.207.4　宔（士）缶（陶）頣（頸）

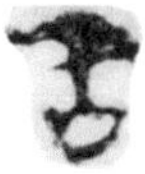
燕陶194　士缶（陶）𡉀

燕陶200　缶（陶）丙

陶錄4.99.3　宙缶（陶）之鈘昌

燕齊017　士缶（陶）玍（御）

陶錄9.12.2　左缶（陶）攻（工）秦

考古1962.1.18 左缶（陶）攻（工）秦

書法2019.6 左缶（陶）攻（工）秦

陶録4.90.1 缶（陶）工乙

歷博3燕87 缶（陶）乙

陶録4.134.1 缶（陶）工午

陶録4.111.1 缶（陶）工午

燕齊066 缶（陶）工午

陶録4.97.2 缶（陶）午

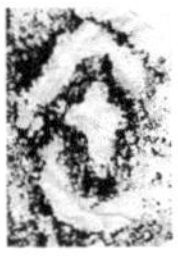
歷博3燕84 缶（陶）午

陶録4.97.3 缶（陶）午

陶録4.208.5 缶（陶）攻（工）壴

陶録4.101.4 缶（陶）攻（工）

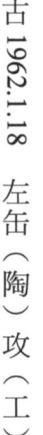

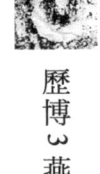

陶録4.122.1　缶（陶）工

陶録4.122.4　缶（陶）工

陶録4.125.2　缶（陶）工

陶録4.126.1　缶（陶）工

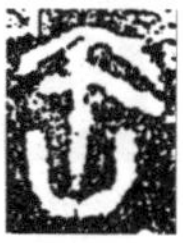
陶録4.128.1　缶（陶）工

陶録4.128.3　缶（陶）工

陶録4.128.4　缶（陶）工

歷博3燕91　缶（陶）工

歷博3燕96　缶（陶）工

陶録4.97.4　缶（陶）于

陶録4.50.1　缶（陶）工得

陶録4.51.3　缶（陶）工得

陶録4.52.4　缶（陶）工得

歷博3燕55　缶（陶）工得

陶録4.116.2　缶（陶）士

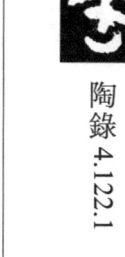

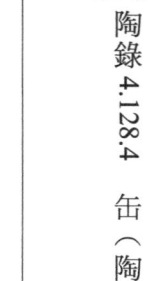

陶錄4.122.2　缶（陶）工

陶錄4.124.1　缶（陶）工

陶錄4.124.2　缶（陶）工

陶錄4.127.3　缶（陶）工

集拓46　缶（陶）工

歷博3燕95　缶（陶）工

燕齊023　缶（陶）工

新陶・燕215　缶（陶）工

陶錄4.127.4　缶（陶）工

陶錄4.126.3　缶（陶）工

陶錄4.120.1　缶（陶）工士

燕齊027　缶（陶）工士

陶錄4.123.1　缶（陶）工乙

陶錄4.123.2　缶（陶）工乙

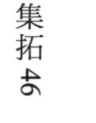

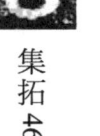

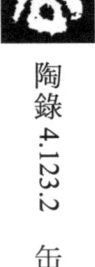

缶部 缶 匋 ⿱艹⿱兹缶 鍏

匋

0409

陶錄4.123.4 缶（陶）工乙

陶錄4.122.3 缶（陶）工

燕下都·圖二三五5 缶（陶）

陶錄4.202.3 坓（型）匋（陶）之鉨（璽）

⿱艹⿱兹缶

0410

璽彙3823 司馬⿱兹缶（⿱艹⿱兹缶—萃） 按：「萃」字訛體，又見卷十四「萃」。

鍏

0411

西清29.42 郾侯載豆：【郾（燕）】侯載乍（作）鍏（鐓—敦）

矢

0412

陶錄4.155.2　矢

燕陶483　矢

步黟199　矢医市王勹（符）

步黟199（摹）　矢医市王勹（符）

䠶

0413

璽彙3349　㚟（䠶—射）倚

歷博4.43　喬㚟（䠶—射）

矦

0414

銘圖14789　克盉蓋：令克矦于匽（燕）

銘圖13831　克罍蓋：令克矦于匽（燕）

銘圖14763　亞盉（蓋）：匽（燕）矦易（賜）亞貝

集成02703　堇鼎：匽（燕）侯令堇饎（飴）大（太）僳（保）于宗周

集成02749　𡨦鼎：矦易（賜）𡨦貝、金

集成02749　𡨦鼎：揚矦休

集成02269　匽侯旨作父辛鼎：匽（燕）矦旨乍（作）父辛障（尊）

集成02628　匽侯旨鼎：匽（燕）矦旨初見事于宗周

集成00689.2　伯矩鬲：匽（燕）矦易（賜）白（伯）𥎦（矩—巨）貝

集成 02505.1　圉方鼎：休朕公君匽（燕）矦易（賜）圉貝

集成 02505.2　圉方鼎：休朕公君匽（燕）矦易（賜）圉貝

集成 03614　匽侯簋：匽（燕）矦乍（作）姬丞⿰阝尊（尊）彝

集成 05978　復作父乙尊：匽（燕）矦賁（賞）復冖、衣、臣、妾、貝

集成 10303.1　匽侯盂：匽（燕）矦乍（作）旅盂

集成10304.2　匽侯盂：匽（燕）矦乍（作）旅盂

集成10305　匽侯盂：匽（燕）矦乍（作）餗（饙）盂

集成03906.2　攸簋：矦賨（賞）攸貝三朋＝

集成11860　匽侯銅泡（摹）：匽（燕）矦舞昜（錫）

集成11861　匽侯銅泡（摹）：匽（燕）矦舞昜（錫）

新收1358　匽矦舞銅泡：匽（燕）矦舞昜（錫）

銘圖18487　匽矦舞銅泡（摹）：匽（燕）矦舞昜（錫）

集成10887.2　匽侯戈：匽（燕）矦

集成10583 匽侯載器：郾（燕）侯載思天忢（愛）人

西清29.42 郾侯載豆：【郾（燕）】侯載乍（作）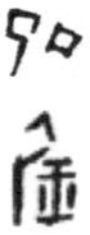錞（鐓—敦）

集成11011 匽侯戟：匽（燕）侯舞戈

集成10953 匽侯戟：匽（燕）侯舞戈

集成11218 郾侯載戈：郾（燕）侯載乍（作）左宮鋸（瞿—戵）

集成11383.1 郾侯載作戎戈：郾（燕）侯載乍（作）戎戒（械）

集成11513 郾侯載矛：郾（燕）侯載乍（作）左軍

集成11272 郾侯脮戈：郾（燕）侯脮乍（作）虫萃鍨（戣）鍦

集成11221A 郾侯職戈：郾（燕）侯職恳（鑄）虫萃鋸（瞿—戵）

集成11223 郾王職戈：郾（燕）侯職乍（作）虫萃鋸（瞿—戵）

銘圖17626 燕侯職矛：郾（燕）侯職……

璽彙3988 頣（夏）侯癸

高

0415

文物2020.10.61　郾侯脮磬：唯郾（燕）侯脮乍（作）磘（磬）　按：《說文》古文。

集成09989.3　楚高缶：楚高

集成09990.3　楚高缶：楚高

文研24.60　高城冶叔戈：高城冶弔（叔）

文研24.60　高城冶叔戈（描摹）：高城冶弔（叔）

璽彙1140　高帛

圖典4224　高共

燕齊014　王高

蘭城7　生（甥）高

市

0416

璽彙 3683　玄塙（高）厶（私）鉨（璽）　按：「高」字繁構，又見卷十三「塙」。

聚珍 305.8　殘範：市

璽彙 0292　⿰立走都市鉦（豆）

璽彙 0297　單佑都市鍴（瑞）

璽彙 0354　左市

璽彙 0361　單佑都市王勹（符）鍴（瑞）

璽彙 0870　長（張）市

璽彙 1599　齎（齊）市

璽彙 2821　軓（韓）市

璽彙 4119　彝（夷）吳（吾）市臣

璽彙 5570　甘士市

璽考 90　武𨛭（垣）都市鍴（瑞）

璽考 91　閈市比鍴（瑞）

璽考91　邵泃市之坏（璽）

陶錄4.21.3　無宙（終）市王勹（符）

陶錄4.102.3　工市蟡

陶彙4.151　踕都市鍹（豆）

步黟199　矢医市王勹（符）

學報8.97.1　左市攻（工）建

戰研2.104　隂（陰）市王勹（符）

燕陶074　左市

燕陶075　左市

燕陶476　市□

央

0417

集成03370　央作寶簋：央乍（作）寶𣪘（簋）

𩫏

0418

銘圖03326　富春大夫甑：𩫏（郭）大夫=

銘圖03326　富春大夫甑：𩫏（郭）大夫=丌（其）家鈷（⿱丂皿—⿱亘皿）也

璽彙5672　𩫏（郭）兖（乘）

璽考325　東𩫏（郭）賀

⿰𩫏立

0419

陶錄4.24.1　左宮⿰𩫏立

陶錄4.24.2　左宮⿰𩫏立　按：又見卷十「⿺立𩫏」。

亯

0420

銘圖14789　克盉蓋：亯（享）于乃辟

銘圖14789　克盉蓋：余大對乃亯（享）

銘圖 13831　克罍蓋：亯（享）于乃辟

銘圖 13831　克罍蓋：余大對乃亯（享）

銘圖 13831　克罍：亯（享）于乃辟

銘圖 13831　克罍：余大對乃亯（享）

西清 29.42　郾侯載豆：爲亯（享）

良

0421

璽彙 2712　良恖（懷）

璽彙 2713　良生（甥）㕣

璽彙 3592　雋（雛）良

璽彙 3631　宬良

璽彙 3926　公孫生（甥）良

璽考 90　良都亩（廩）左

亩

0422

陶錄 4.141.5　良

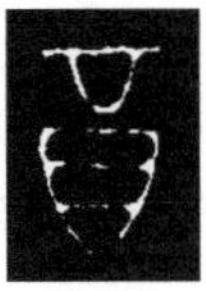

西清 19.03　丙辰方壺：王后右亩（廪）

集成 11784　右廪鐵斧範：右亩（廪）

集成 11802A　右廪鐵鑿範：右亩（廪）

集成 11802A　右廪鐵鑿範：右亩（廪）

集成 11802B　右廪鐵鑿範（摹）：右亩（廪）

集成 11802B　右廪鐵鑿範（摹）：右亩（廪）

集成 11827C　右廪鐵鐮範（摹）：右亩（廪）

集成 11832　右廪鐵鑊範：右亩（廪）

來

0423

集成11833　右廩鐵鑊範：右亩（廩）

璽考90　良都亩（廩）左

陶錄4.211.1　亩（廩）城都王勹（符）鍴（瑞）

朝陽174　亩（廩）城都王勹（符）鍴（瑞）

銘圖04482　大保簋：大（太）倸（保）來殷

集成11383.2　郾侯載作戎戈：自洹逨（來）　按：「來」字繁構，又見卷二「逨」。

徙信010　𠵘（來）馬逦（趣）　按：「來」字繁構，又見卷二「𠵘」。

0427 夏	0426 憂	0425 复	0424 麥
 璽彙0015 頣（夏）屋都司徒  璽彙5541 頣（夏）屋都左司馬  璽彙5546 頣（夏）屋都𠫑（尉）  璽彙2724 頣（夏）賀  璽彙3988 頣（夏）疾癸	 燕齊044 缶（陶）攻（工）憂	 璽考311 公孫复	 集成00490 麥鬲：麥乍（作）彝

夎

0428

璽考295　辛夎（武）

燕陶475　𢦔（武）　按：「武」字異體，又見卷十二「武」。

舞

0429

集成11860　匽侯銅泡（摹）：匽（燕）侯舞昜（錫）

集成11861　匽侯銅泡（摹）：匽（燕）侯舞昜（錫）

新收1358　匽矦舞銅泡：匽（燕）矦舞昜（錫）

新收1358　匽矦舞銅泡（摹）：匽（燕）矦舞昜（錫）

韜

0430

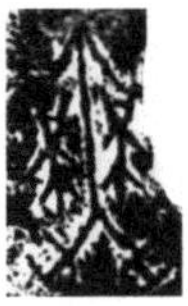

新收1369　匽矦舞銅泡：匽（燕）矦舞昜（錫）

集成11011　匽侯戟：匽（燕）矦舞戈

新收1363　匽矦舞戟：匽（燕）矦舞戈

集成11916B　二十年距末（摹）：㢭（韜）攻（工）書

集成11916C　二十年距末：㢭（韜）攻（工）書

集成11917　上距末：都㢭（韜）君（尹）遵（傳）

桀

0431

集成11917 上距末（摹）：都弨（韜）君（尹）遖（傳） 按：「韜」字異體，又見卷十二「弨」。

集成11248A 郾王喜戈：郾（燕）王喜恳（鑄）桀倈戈

銘圖17034 郾王喜戈：郾（燕）王喜恳（鑄）桀倈戈

椉

0432

集成10229 匽公匜：匽（燕）公乍（作）爲姜椉（乘）般（盤）盄（匜）

集成10583 匽侯載器：司兖（乘）宷

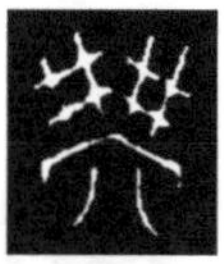

西清19.03 丙辰方壺：大夫=兖（乘）

集成 11339A　十三年戈：豫仝（全）𠒠（乘）爲大夫=子姱（御）賀

集成 11339B　十三年戈（𡚥）：豫仝（全）𠒠（乘）爲大夫=子姱（御）賀

集成 11916C　二十年距末：𡍮張𠒠（乘）丌（其）戕

璽彙 0251　渝城𠒠（乘）

璽彙 1554　孫𠒠（乘）

璽彙 2841　義𠒠（乘）

璽彙 3913　公孫𠒠（乘）

璽彙 3961　東方生（甥）𠒠（乘）

璽彙 5386　□𠒠（乘）

璽彙 5672　郭𠒠（乘）

徙信122　公孫窕（乘）之

陶錄4.44.1　缶（陶）攻（工）窕（乘）

燕齊065　缶（陶）攻（工）窕（乘）

步黟177　缶（陶）攻（工）窕（乘）　按：《說文》古文。

璽彙0742　長（張）𨌲（乘）

璽彙3945　王生（甥）𨌲（乘）

璽彙1673　昜𨌲（乘）

陶錄4.113.1　缶（陶）𨌲（乘）

陶錄4.113.3　缶（陶）𨌲（乘）

陶錄4.117.1　缶（陶）𨋺（乘）

陶錄4.108.3　士缶（陶）𨋺（乘）

燕文字編・卷六上

木

0433

陶錄4.165.3　木

陶錄4.197.3　木

燕下都・圖一五八10　木

燕下都・圖二三二9　木

燕下都・圖二三二11　木

椅

0434

璽彙4127　⿱罒絬椅

杙

0435

璽考302 公孫生（甥）杙

權

0436

集成11523 郾王喜矛：郾（燕）王喜恖（鑄）權

柜

0437

璽彙0051 柜昜（陽）都左司馬

松

0438

璽彙2402 松瘇

某

0439

集成04140 大保簋：昜（賜）休某土

朱

0440

璽彙0367　右朱（廚）貞（鼎）鍴（瑞）

彙1576　朱癥

璽彙3313　趙（朝）朱

璽彙3910　公孫朱

選編0051　朱

枝

0441

銘圖02040　大子鼎：大（太）子左柦（枝）室

銘圖02040　大子鼎（摹）：大（太）子左柦（枝）室

集成02360.1　王后左相室鼎：王后左柦（枝）室

集成02097　王后鼎：王后右柦（枝）室

西部 12.192　王后左相室鼎：王后左梠（枝）室

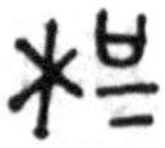
銘圖 02014　陽鼎（摹）：王后左梠（枝）室

銘圖 02241　王大后鼎b（摹）：王大（太）后右梠（枝）室

銘圖 02241　王大后鼎蓋（摹）：王大（太）后右梠（枝）室

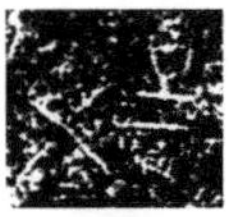
銘圖 02043　王太后鼎：大（太）子左梠（枝）室

璽彙 0189　梠（枝）昜（陽）都㚇（遽）皇（㞷—駔）　按：李學勤釋。

0442 枚

陶錄 4.179.1　⿱羽二（翏）枚

陶錄 4.179.2　⿱羽二（翏）枚

步存·燕 61　⿱羽二（翏）枚

燕陶 165　⿱羽二（翏）枚

0443 榣

璽彙 3196　⿱申土（申）系（榣）

0444 柴

集成 10583　郾侯載器：民柴

0445 榦

貨系 2340　方足小布：旂（榦—寒）刀（號）

貨系 2341 方足小布：旂（榦—寒）刀（號） 按：「旂刀」，讀為「寒號（韓皋）」，地名，何琳儀釋。

樂

0446

集成 09606.3 繳窔君扁壺：樂

璽彙 5314 樂

梘

0447

燕齊 109 梘

析

0448

燕陶 525 析

休

0449

集成 04140 大保簋：易（賜）休某土

集成 02749 寓鼎：揚矦休

集成 02556A　小臣㕑鼎：休于小臣㕑（戲）貝五朋=

集成 02556B　小臣㕑鼎（摹）：休于小臣㕑（戲）貝五朋=

集成 02505.1　圉方鼎：休朕公君匽（燕）矦易（賜）圉貝

集成 02505.2　圉方鼎：休朕公君匽（燕）矦易（賜）圉貝

集成 10583　匽侯載器：休台（以）爲齍（粢）城（盛）

集成 09607　永用析涅壺：永用休涅

璽彙3351 休猷

柄
0450

璽考88 妐（容）城都枋（柄）郯左

枝
0451

集成11402.2A 枝里瘟戈：內巨枝里瘟之攴（捶）戈

集成11402.2B 枝里瘟戈（摹）：內巨枝里瘟之攴（捶）戈

柉
0452

集成11910 大司馬鐓（摹）：柉（範）湩都大嗣（司）馬

𣏌 0453

璽彙0054　𣏌（範）湩都左司馬

璽彙0287　𣏌（範）湩都米粟鉨（璽）

璽彙5552　𣏌（範）湩都臭（遽）皇（星—馹）

陶錄4.190.2　𣏌（範）

栝 0454

集成10416　辛栝睘小器：辛栝睘（縣）

集成10417　辛栝睘小器：辛栝睘（縣）

集成10418　辛栝睘小器：辛栝睘（縣）

集成10419　辛栝睘小器：辛栝睘（縣）

柟 0455

璽彙2407　楠（柟）綞（𦀚）

補

0456

文雅堂2.1　河補（浦）五魚鉩（璽）

東

0457

銘圖12406　燕王職壺：東戠（豰—討）叜（患）愛（或—國）

銘圖12406　燕王職壺（摹）：東戠（豰—討）叜（患）愛（或—國）

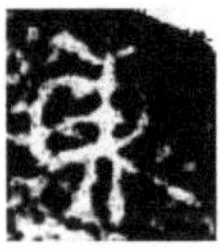
集成10435A　東尙睘小器：東尙城睘（縣）

集成10435B　東尙睘小器（摹）：東尙城睘（縣）

璽彙0362　東昜（陽）沺（海）澤王勹（符）鍴（瑞）

璽彙3957　東方維

橆

0458

璽彙 3958　東方疠（病）

璽彙 3959　東方貟

璽彙 3960　東方逧（遴）

璽彙 3961　東方生（甥）瘀（乘）

璽彙 3962　東方興

璽考 325　東章（郭）賀

璽考 326　東方賜

集成 10583　匽侯載器：禾（龢）民無𢦏（爭）

集成 11634　郾王職劍：郾（燕）王職𢦔（鑄）武無者鐱（劍）

集成 11643　郾王職劍：郾（燕）王職乍（作）武無鍺鐱（劍）

集成 11612　郾王喜劍：郾（燕）王喜怼（鑄）無者鈦

集成 11613　郾王喜劍：郾（燕）王喜怼（鑄）無者鈦

集成 11614　郾王喜劍：郾（燕）王喜怼（鑄）無者鈦

銘圖 17843　郾王喜劍：郾（燕）王……無者鈦

楚

0459

銅兵 2.15　郾王喜劍：郾（燕）王喜𢦚（鑄）無者鈦

銅兵 2.16　郾王喜劍：郾（燕）王喜𢦚（鑄）無者鈦

陶錄 4.21.1　余（徐）無都鍴（瑞）

陶錄 4.21.3　無审（終）市王勹（符）

燕齊 006　……無……

燕陶 130（摹）　左宮無墜（地）

燕陶 148　無匳

集成 09989.3　楚高缶：楚高

集成 09989.4　楚高缶：楚高

⿱林室

0460

集成09990.3 楚高缶：楚高

集成10453 廿四年錐形器：⿱林室昌伐（楔）

集成11902A 廿四年銅梃：⿱林室昌伐（楔）

集成11902B 廿四年銅梃（摹）：⿱林室昌伐（楔）

璽彙1506 畋⿱林室

璽彙2838 義⿱林室

璽彙3113 陲⿱林室

璽彙3663 女加⿱林室

璽彙5689 西方⿱林室

陶録4.2.1 倈脸（臁）敀（拍）⿱林室

陶録4.3.1 左缶（陶）倈留敀（拍）⿱林室

才

0461

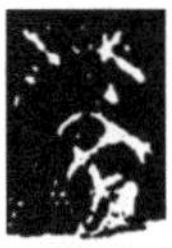

陶錄4.4.2　倈留敀（拍）瑩

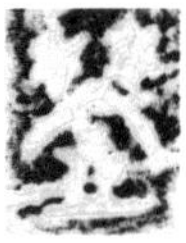

步存・燕29　左缶（陶）攻（工）瑩

燕陶039　【倈】□敀（拍）瑩

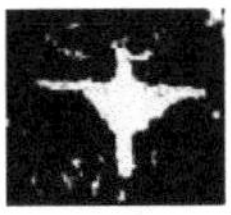

集成02702　嬰鼎（內壁）：才（在）穆

集成02749　害鼎：才（在）匽（燕）

集成00689.1　伯矩鬲：才（在）戊辰

集成00689.2　伯矩鬲：才（在）戊辰

出土14.61　太保玉戈：王才（在）豐

之

0462

燕文字編·卷六下

銘圖 12406　燕王職壺：滅齎（齊）之穫（獲）

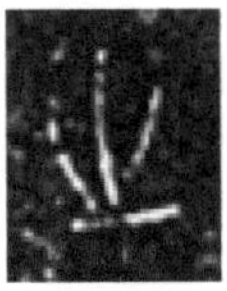

銘圖 01488　王后鼎：王后之御器

集成 12068　左宮馬銜：左宮之三

集成 12069　左宮馬銜：左宮之二十=（廿）

集成 11286B　不降戈（摹）：不降拜郐（餘）子之賀金

集成 11402.1A　枮里瘟戈：公孶里脽之

之部 之

集成 11402.1A 枺里瘟戈：大夫=敁之卒

集成 11402.1A 枺里瘟戈：左軍之攱（捶）僕

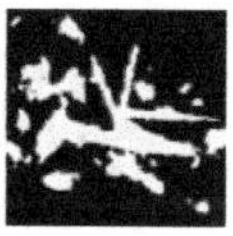
集成 11402.2A 枺里瘟戈：內巨枺里瘟之攱（捶）戈

集成 11525B 郾王職矛（褅）：郾（燕）王職墬（踐）齍（齊）之穫（獲）

集成 11541A 不降矛：不降拜余（餘）子之賀金

璽彙 0024 司馬之鉨（璽）

璽考 91 邵洵市之坾（璽）

圖典 3866 蔑都□之鉨（璽）

徒信122　公孫（乘）之

陶錄4.99.3　宙缶（陶）之皷昌

陶錄4.169.4　⿱几土內之工

陶錄4.178.1　之室長

陶錄4.202.3　茔（型）匋（陶）之鉩（璽）

選編0049　……之妐

㞷

0463

璽考76　㞷（往）都⿱公山（尉）

陶錄4.169.6　㞷（往）

帀

0464

璽彙0158　帚昜（陽）𦥯（鑄）帀（師）鉩（璽）

璽彙0159　郻（昜）𦥯（鑄）帀（師）鉩（璽）

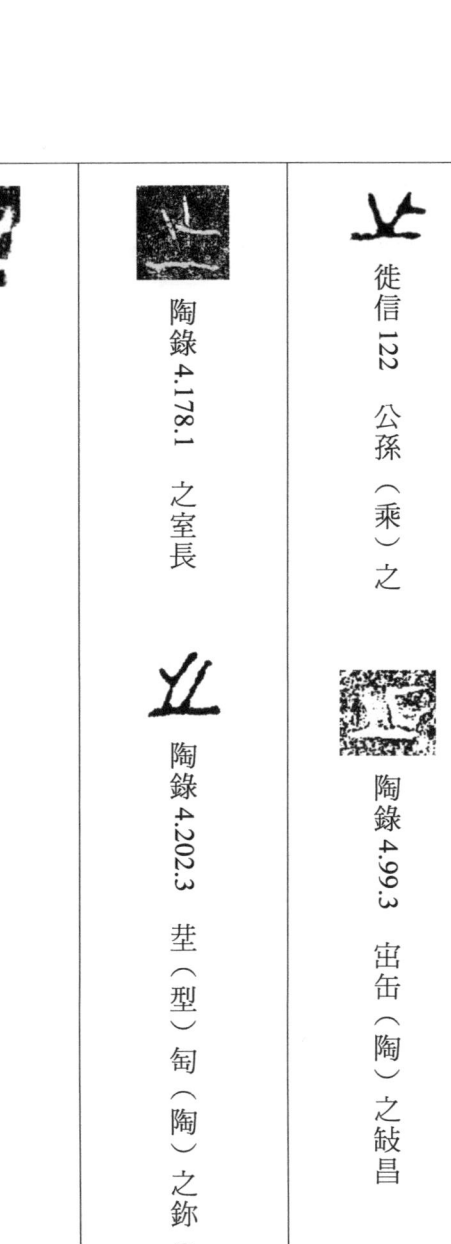

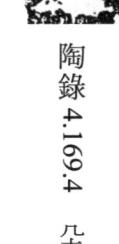

璽彙1230　喬巿（師）

璽彙1240　喬巿（師）　按：王磊釋。

璽彙3371　栗巿（師）罰

璽彙3410　栗巿（師）歷（滿）

二十2-SY-0005　巿（師）生（甥）蝨（蠆）

陶錄4.184.3　巿（師）

陶錄4.206.1　右宮母巿（師）

集拓16　右宮母巿（師）

步黟188　右宮母巿（師）

出

0465

集成02456　伯矩鼎：用言（歆）王出內（入）事（使）人

索

0466

璽彙3898　公孫索

南

0467

出土14.61　太保玉戈：令大（太）僳（保）省南或（國）

考古與文物1993.3.74　太保玉戈（摹）：令大（太）僳（保）省南或（國）

出土14.61　太保玉戈：延（延）廏（殷）南

考古與文物1993.3.74　太保玉戈（摹）：延（延）廏（殷）南

生

0468

集成 02749 盂鼎：隹九月既生霸辛酉

集成 11383.1 郾侯載作戎戈：蝨（蟹）生（甥）不

貨系 2672 尖首刀：生

貨系 3260 燕明刀背文：中昌生

璽彙 0645 王生（甥）聅（聲）

璽彙 1339 衛生（甥）肖

璽彙 1340 衛生（甥）達

璽彙 1504 畋生（甥）駟

璽彙 1509 畋生（甥）聅（聲）

璽彙 1679 鄗生（甥）豕

璽彙 2502 鍾生（甥）陘

璽彙 2514 猲生（甥）蛇

璽彙 2626 迊（伍）生（甥）彄

璽彙2713　良生（甥）㕣

璽彙2823　軏（韓）生（甥）胥

璽彙2824　軏（韓）生（甥）頍

璽彙2825　軏（韓）生（甥）返

璽彙2828　軏（韓）生（甥）辻（上）

璽彙2829　軏（韓）生（甥）齎（臍）

璽彙2837　軏（韓）生（甥）土

璽彙3178　疋（胥）生（甥）佸

璽彙3416　誼生（甥）諫

璽彙3423　秦生（甥）

璽彙3424　生（甥）誨

璽彙3447　慮生（甥）慮（慮）

璽彙3452　蚯生（甥）狎忌

生部　生

璽彙3478　虜（虜）生（甥）孫

璽彙3495　帛生（甥）佸

璽彙3496　宙生（甥）狗

璽彙3497　智生（甥）⿰虫屯（春）

璽彙3504　亩（申）生（甥）𧡊（蒴）

璽彙3688　沭生（甥）異

璽彙3879　公孫生（甥）聛（聲）

璽彙3880　公孫生（甥）埵

璽彙3885　公孫生（甥）疠（病）

璽彙3886　公孫生（甥）⿰目鳥

璽彙3926　公孫生（甥）良

璽彙3929　王孫生（甥）褱（懷）

璽彙3941　⿸尸生生（甥）

璽彙3942　毛生（甥）奇

璽彙3943　王生（甥）絆

璽彙3944　王生（甥）任

璽彙3945　王生（甥）犨（乘）

璽彙3946　王生（甥）旃（看）

璽彙3947　王生（甥）剎（殺）

璽彙3948　王生（甥）達

璽彙3949　長（張）生（甥）午

璽彙3950　長（張）生（甥）病

璽彙3951　長（張）生（甥）書

璽彙3952　長（張）生（甥）起

璽彙3953　長（張）生（甥）任

璽彙3954　長（張）生（甥）聑（聻）

璽彙3955　長（張）生（甥）敁

璽彙3956　長（張）生（甥）剔

璽彙3961　東方生（甥）甹（乘）

璽彙4092　喬石生（甥）兵

璽彙4093　喬生（甥）畋

璽彙4094　喬生（甥）逫

璽彙4095　喬生（甥）式（二）

璽彙4096　喬生（甥）孫

璽彙4098　剣生（甥）讕（訥）

璽彙4117 彝（夷）吳（吾）生（甥）非

璽彙4118 彝（夷）吳（吾）生（甥）鵑

璽彙5592 長（張）生（甥）遲（徙）

璽彙5685 王生（甥）䚱（信）

璽彙5686 王生（甥）罰

璽彙5690 長（張）生（甥）磊

璽考244 宋生（甥）書

璽考291 長（張）生（甥）書

璽考292 長（張）生（甥）联

璽考292 長（張）生（甥）城

璽考292 長（張）生（甥）䞣

璽考302　公孫生（甥）杙

璽考310　公孫生（甥）瘂

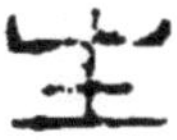
珍戰82　魯生（甥）丞

珍戰92　戲生（甥）佸

西泠11（下右）：椉（乘）馬=生（甥）弖（強）

吉林188　犯生（甥）𤸫

古印88　軓（韓）生（甥）耳

古印107　壬生（甥）厽（參）

二十2-SY-0002　戠（箴）生（甥）乍

二十2-SY-0005　帀（師）生（甥）螽（蠶）

圖典4046　王生（甥）長

圖典4347　雋（雖）生（甥）城

徙信136　喬生（甥）敂

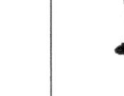

璽彙4405　長生

璽彙4406　長生

璽彙4407　長生

陶錄4.53.1　缶（陶）攻（工）生

陶錄4.61.1　缶（陶）攻（工）生

陶錄4.93.5　缶（陶）攻（工）生

燕齊050　缶（陶）攻（工）生

陶錄4.137.3　……生（甥）詁

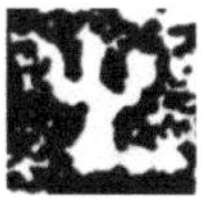
陶錄4.158.1　蚯生（甥）成

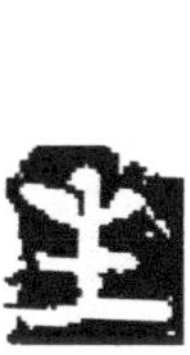
蘭城7　生（甥）高

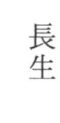

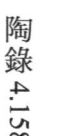

燕陶163　䡄（韓）生（甥）閔

陶錄4.140.1　生

陶錄4.173.6　生

生部 生 丰

丰

0469

陶錄4.188.3 生

陶錄4.193.2 生

燕齊091 生

選編0006 生

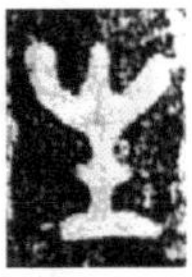

燕陶442 生

貨系2670 尖首刀：丰

貨系2671 尖首刀：丰

聚珍010.6 尖首刀：丰

聚珍149.3 燕明刀背文：中丰

陶錄4.155.4 丰

陶錄4.162.6 丰

陶錄4.191.1 丰

燕下都・圖二一〇14 丰

燕下都・圖二一〇15 丰

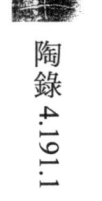

步黟 232　丰

隆

0470

集成 11541A　不降矛：不陞（隆—降）拜余（餘）子之賀金

集成 11470　不降矛（摹）：不陞（隆—降）　按：「降」字繁構，又見卷十三「陞」、卷十四「降」。

蛞

0471

陶錄 4.102.3　工市蛞

乇

0472

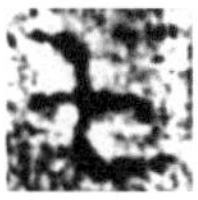

貨系 2901　燕明刀背文：乇

貨系 3269　燕明刀背文：中乇

乇部

乇

聚珍 010.5　尖首刀：乇

聚珍 065.6　燕明刀背文：乇

聚珍 066.2　燕明刀背文：乇

貨系 3622　燕明刀背文：右乇

貨系 3716　燕明刀背文：右乇

聚珍 078.3　燕明刀背文：右乇

貨系 3288　燕明刀背文：左乇

貨系 3289　燕明刀背文：左乇

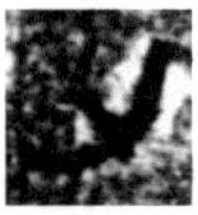

貨系 3290　燕明刀背文：左乇

聚珍 088.2　燕明刀背文：左乇

刺

0473

文物 2020.10.61　郾矦䑶磬：朕剌（烈）吝（文）武台（以）祀

固

0474

選編 0005　固

困

0475

集成 07737　困爵：困

集成 07738　困爵：困

員

0476

新收 1361　員鼎：員乍（作）寶彝

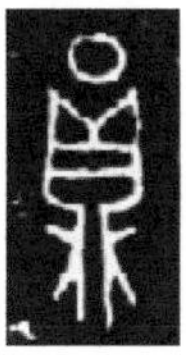

集成 05861　員父尊：員父乍（作）寶隮（尊）彝

貝

0477

集成 02703　堇鼎：大（太）傒（保）�（賞）堇貝

集成 02749　寓鼎：矦易（賜）寓貝、金

集成02628　匽侯旨鼎：王賁（賞）旨貝二十（廿）朋=

集成06509.1　厝觶：厓（厝）易（賜）貝于公中（仲）

集成00689.1　伯矩鬲：匽（燕）侯易（賜）白（伯）昳（矩—巨）貝

集成00689.2　伯矩鬲：匽（燕）侯易（賜）白（伯）昳（矩—巨）貝

集成02505.2　圉方鼎：休朕公君匽（燕）侯易（賜）圉貝

集成00935　圉甗：王易（賜）圉貝

貝部 貝

集成03906.1　攸簋：矦賓（賞）攸貝三朋=

集成03906.2　攸簋：矦賓（賞）攸貝三朋=

集成05978　復作父乙尊：匽（燕）矦賓（賞）復冂、衣、臣、妾、貝

集成06510.1　庶觶：公中易（賜）庶貝十朋=

貨系2934　燕明刀背文：貝

貨系3156　燕明刀背文：中貝

貨系3215　燕明刀背文：中貝

貨系3383　燕明刀背文：左貝

貨系3384　燕明刀背文：左貝

賀

0478

聚珍 092.1　燕明刀背文：左貝

聚珍 121.1　燕明刀背文：右貝

聚珍 158.1　燕明刀背文：中貝

燕下都・圖四六二 5　貝

集成 11286B　不降戈（蓴）：不降拜郐（餘）子之賀金

集成 11541A　不降矛：不隆（隆—降）拜余（餘）子之賀金

集成 11339A　十三年戈：豫仝（全）窕（乘）爲大夫=子㛸（御）賀

集成11339B　十三年戈（摹）：豫仝（全）𡖊（乘）爲大夫=子㚤（御）賀

璽彙2724　頣（夏）賀

璽彙2792　胄賀

璽彙3440　多閔（門）賀

璽彙3816　司馬=賀

璽考310　公孫賀

璽考325　東𩫖（郭）賀

陶錄4.1.1　俫敢敀（拍）賀

陶錄4.3.3　俫敢敀（拍）賀

步黟178　俫敢敀（拍）賀

燕齊002　俫敢敀（拍）賀

陶錄4.6.3 倈疾敀（拍）賀

陶錄4.210.1 倈疾敀（拍）賀

步黟168 倈疾敀（拍）賀

歷博3燕15 倈剸（斷）敀（拍）賀

步黟175 倈剸（斷）敀（拍）賀

文雅堂2.3 倈旓（看）敀（拍）賀

步黟173 倈旓（看）敀（拍）賀

陶錄4.17.3 右缶（陶）攻（工）賀

陶錄4.20.2 右缶（陶）攻（工）賀

步黟169 右缶（陶）攻（工）賀

步存·燕01 倈旓（看）攼（拍）賀

步存·燕01 右缶（陶）攻（工）賀

燕陶005 【倈】旓（看）攼（拍）賀

燕陶005 右缶（陶）攻（工）賀

賞

賞

0479

璽彙3671 工賞諕

賜

賜

0480

銘圖01950 右府戜鼎蓋2：入所爲賜

璽考326 東方賜

賓

賓

0481

集成10583 郾侯載器：𤅊（滿）賓允浧（盈）

賈

0482

璽彙3014　賈秙

璽彙3015　賈眡

賁

0483

集成02703　堇鼎：大（太）僳（保）賁（賞）堇貝

集成02628　匽侯旨鼎：王賁（賞）旨貝二十（廿）朋‖

集成03906.1　攸簋：矦賁（賞）攸貝三朋‖

集成03906.2　攸簋：矦賁（賞）攸貝三朋‖

集成02507　復鼎：矦賁（賞）復貝四朋‖

集成05978 復作父乙尊：匽（燕）侯賓（賞）復冂、衣、臣、妾、貝

0484 ⿱功貝

古研15.97 武平鐘（摹）：大夫=⿱功貝

0485 眗

璽彙1246 喬⿰貝丩（眗）

陶錄4.62.4 缶（陶）攻（工）眗

步黟215 缶（陶）攻（工）眗

0486 賣

璽彙3959 東方賣

燕下都·圖四八四5 銅印：䩡（韓）賣

燕陶181 右工賣

燕陶182 右工賣

0487 賬

陶錄4.11.2 □缶（陶）攻（工）賬

燕齊005 缶（陶）攻（工）賬

新陶・燕117 缶（陶）攻（工）賬

0488 賡

考古1965.11.568 骨距末（摹）：銖賡（續）用左攻（工）冶 按：「續」字《說文》古文，又見卷十三「續」。

0489 ⿸府貝

集成11292 二年右貫府戈（摹）：右具⿸府貝（府）御戜宿㠯

銘圖17115 㕣貫府戈（摹）：右貝⿸府貝（府）御□□㕣

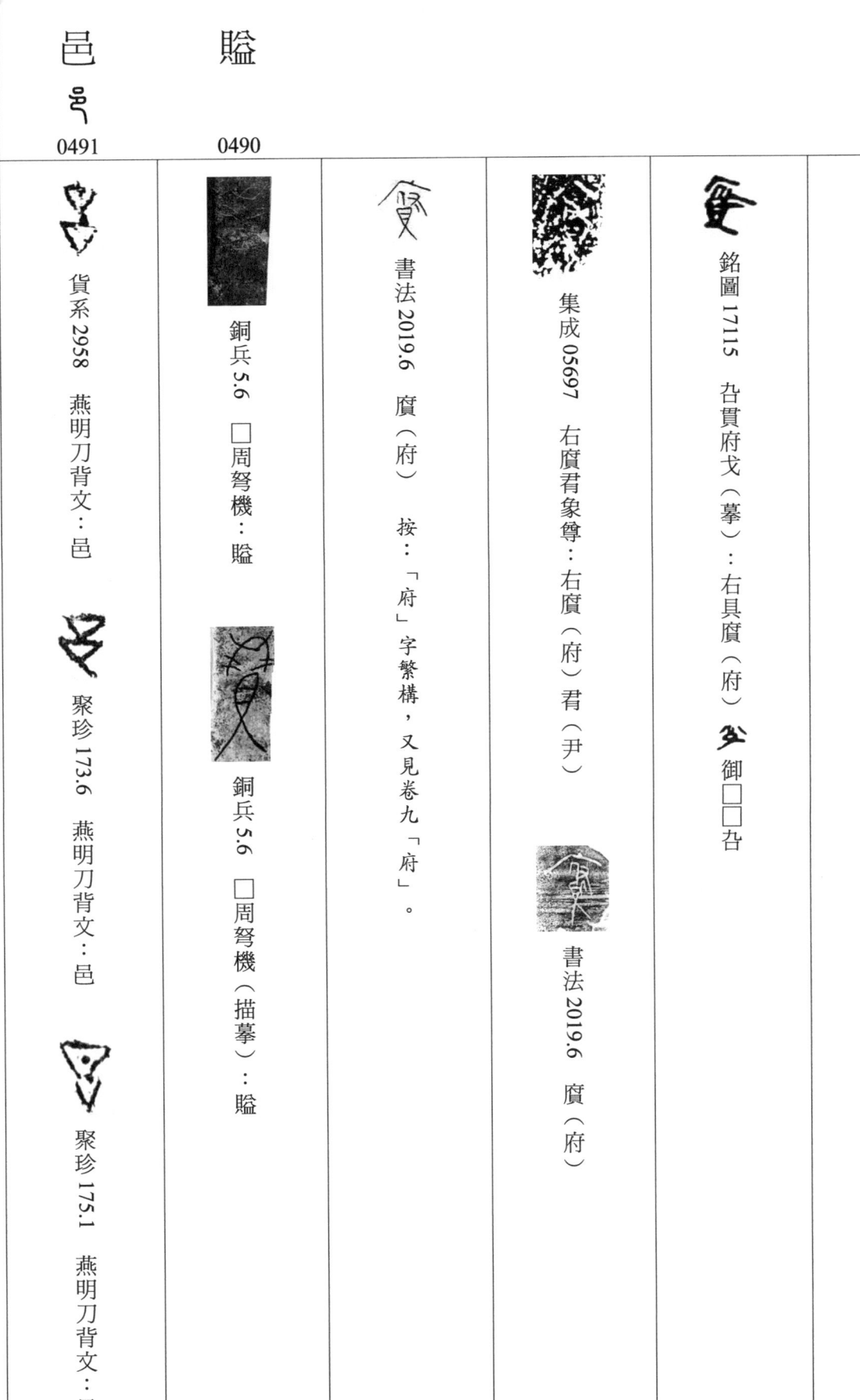

集成05697 右⿸府貝君象尊：右⿸府貝（府）君（尹）

書法2019.6 ⿸府貝（府）

書法2019.6 ⿸府貝（府） 按：「府」字繁構，又見卷九「府」。

⿰貝僉 0490

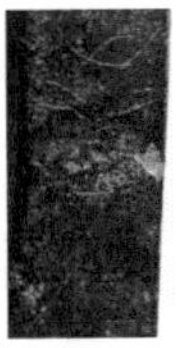

銅兵5.6 □周弩機：⿰貝僉

銅兵5.6 □周弩機（描摹）：⿰貝僉

邑 0491

貨系2958 燕明刀背文：邑

聚珍173.6 燕明刀背文：邑

聚珍175.1 燕明刀背文：邑

邦

0492

貨系3400　燕明刀背文：左邑

聚珍130.6　燕明刀背文：左邑

貨系3766　燕明刀背文：ナ（左）邑二

聚珍171.6　燕明刀背文：中邑

貨系3668　燕明刀背文：右邑

貨系3765　燕明刀背文：右邑

聚珍113.3　燕明刀背文：右邑

銘圖12406　燕王職壺：惪（克）邦墮（踐）城

璽彙0329　晭（朝）㤻邦

璽彙3295　⿱奠土（鄭）邦

璽彙3936　臧孫邦

璽彙4102　彝（夷）吳（吾）邦

集拓13　左缶（陶）攻（工）邦

步黟220　左缶（陶）攻（工）邦

書畫2018.10　夾⿺辶舟刻石：⿱宀邦（邦）□夫臭

書畫2018.10　夾⿺辶舟刻石：⿱宀邦（邦）首睘（縣）軨　按：「邦」字繁構，又見卷七「⿱宀邦」。

都

0493

西清29.42　郾侯載豆：都周相

集成10461　泃都小器：泃城都

集成 11909　庚都司馬鐓：庚都司馬

集成 11304.2A　郾王職戈：洀（泉）坣（州）都鈂

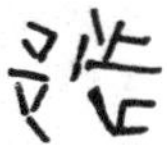

集成 11304.2B　郾王職戈（摹）：洀（泉）坣（州）都鈂

璽彙 0010　鄒（易）都司徒

璽彙 0011　⿰阝⿱岡土（隔）⿰阝⿱今土（陰）都司徒

璽彙 0012　文安都司徒

璽彙 0013　坪（平）⿰阝⿱今土（陰）都司徒

璽彙 0014　忢（廣）⿰阝⿱今土（陰）都司徒

璽彙 0015　頣（夏）屋都司徒

璽彙 0016　丙城都司徒

璽彙 0017　泃城都司徒

璽彙0018　沶都司徒

璽彙0021　湢（逼）都右司徒

璽彙0050　墟都左司馬

璽彙0051　柜昜（陽）都左司馬

璽彙0052　㞷（廣）陰（陰）都左司馬

璽彙0054　柂（範）湩都左司馬

璽彙0055　沶都左司馬

璽彙0058　墟都右司馬

璽彙0059　庚都右司馬

璽彙0060　帚昜（陽）都右司馬

璽彙0061　鄗邶都右司馬

璽彙0082　蒚（薊）都司工（空）

璽彙0085　坪（平）陰（陰）都司工（空）

璽彙0086　鄗邱都司工（空）

璽彙0117　庚都𡵂（尉）

璽彙0118　徒口都𡵂（尉）

璽彙0119　泃城都𡵂（尉）

璽彙0120　鄗邱都𡵂（尉）

璽彙0121　武尙都𡵂（尉）

璽彙0186　䟃都㚔（遽）皇（呈—馹）

璽彙0187　坪（平）隂（陰）都㚔（遽）皇（呈—馹）

璽彙0188　閔昜（陽）都㚔（遽）皇（呈—馹）

璽彙0189　柦（枝）昜（陽）都㚔（遽）皇（呈—馹）

璽彙0190　妐（容）城都杤郯左

璽彙0191　堽（㟠）隂（陰）都躳（信）陧左

璽彙0192　帚昜（陽）都封人

璽彙0215　⿱⿰阝岡土（⿰阝岡）⿰阝⿱今土（陰）都清左

中原文物2007.1.111　銅印：⿱⿰阝岡土（⿰阝岡）⿰阝⿱今土（陰）都清左

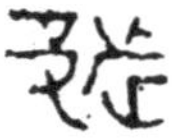
璽彙0287　𣏌（範）湩都米粟鉨（璽）

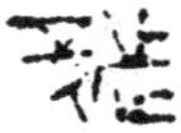
璽彙0292　⿰立走都市鋀（豆）

璽彙0293　⿱日庚（庚）都萃車馬

璽彙0297　單佑都市鍴（瑞）

璽彙0357　逼（逼）都者

璽彙0361　單佑都市王勹（符）鍴（瑞）

璽彙0366　毋都鍴（瑞）

璽彙0369　族⿰昜刂（傷—陽）都叴（尉）

璽彙5543 泃城都右司馬

璽彙5551 泃城都𥄕（遽）皇（星—駬）

璽彙5552 梐（範）浬都𥄕（遽）皇（星—駬）

璽彙5553 𨗺都封人

璽彙5556 坪（平）窨（陰）都鉨（璽）

璽彙5562 中昜（陽）=都吳（虞）王勹（符）

璽考76 㞷（往）都𡵂（尉）

璽考76 郻（易）都吳（虞）

璽考77 文安都𥄕（遽）皇（星—駬）

璽考79 𢂴昜（陽）都鉨（璽）

璽考81　武昜（陽）都⿱目犬（遽）皇（星—馹）

璽考84　⿰鬼阝都左司馬

璽考84　⿺走兔（逸）都左司馬

璽考85　郿里都⿱厶山（尉）

璽考86　⿰立疌都右司馬

璽考86　⿰立疌都左司徒鉨（璽）

璽考88　泋都⿱厶山（尉）

璽考90　良都亩（廩）左

璽考90　武⿰亘阝（垣）都市鍴（瑞）

圖典3866　蕺都□之鉨（璽）

陶録4.21.1　余（徐）無都鍴（瑞）

陶録4.21.2　昜（陽）安都王勹（符）鍴（瑞）

鄰

0494

陶錄4.22.1　□昜（陽）都吳（虞）王勹（符）

陶錄4.211.1　亩（廩）城都王勹（符）鍴（瑞）

朝陽174　亩（廩）城都王勹（符）勹（瑞）

陶錄4.211.3　[日庚]（庚）都王勹（符）勹（瑞）

朝陽211.5　昜（陽）安都王勹（符）勹（瑞）

陶彙4.151　[立走]都市鋀（豆）

考古1989.4.378　陶文：狚（狗）澤都

考古1989.4.378　陶文（摹）：狚（狗）澤都

銘圖12406　燕王職壺（摹）：[仌命]（鄰—冰）日任（壬）午

部
0495

璽彙0481　王⿱厸命（鄰）　按：「厸（鄰）」字異體，注加「命」聲。

步存·燕50　左市攻（工）部　按：楊爍釋。

郾
0496

集成10583　郾侯載器：郾（燕）侯載思天忎（愛）人

銘圖12406　燕王職壺：唯郾（燕）王職⿰足睪（踐）⿱乍田（阼—祚）弄（丞—承）祀

集成11057　郾侯右宮戈：郾（燕）侯……右宮

集成 11219 郾侯載戈：郾（燕）矦載乍（作）虫萃鉘

集成 11220A 郾侯載戈：郾（燕）矦載乍（作）右軍鉘

銅兵 1.5 郾矦載戈：郾（燕）矦載乍（作）虫萃鋸（瞿—戳）

集成 11513 郾侯載矛：郾（燕）矦載乍（作）左軍

集成 11272 郾侯脮戈：郾（燕）矦脮乍（作）虫萃鍨（戣）鉘

集成 11187 郾王職戈：郾（燕）王職乍（作）王萃

集成 11191B 郾王職戈：郾（燕）王職乍（作）王萃

集成 11226 郾王職戈：郾（燕）王職乍（作）萃鋸（瞿—戵）

集成 11227 郾王職戈：郾（燕）王職乍（作）雲萃鋸（瞿—戵）

集成 11232 郾王職戈：郾（燕）王職乍（作）巨攺（捶）鋸（瞿—戵）

集成 11233　郾王職戈：郾（燕）王職乍（作）巨攼（捶）鋸（瞿—戳）

集成 11235　郾王職戈：郾（燕）王職乍（作）巨攼（捶）鋸（瞿—戳）

集成 11236A　郾王職戈：郾（燕）王職乍（作）御司馬

集成 11304.1A　郾王職戈：郾（燕）王職乍（作）雲萃鋸（瞿—戳）

集成 11516　郾王職矛：郾（燕）王職乍（作）攼（捶）鈦

集成11517　郾王職矛：郾（燕）王職乍（作）黄（廣）衣（卒—萃）鈦

集成11527　郾王職矛：郾（燕）王職乍（作）巨攷（捶）鈦

燕下都·圖四七六8　郾王職劍：郾王職乍（作）武……

集成11238　郾王戎人戈：郾（燕）王戎人乍（作）攷（捶）鋸（瞿—戵）

集成11539　郾王戎人矛：郾（燕）王戎人乍（作）巨攷（捶）鈦

集成 11194　郾王詈戈：郾（燕）王詈（讋）恳（鑄）攷（捶）鋸（瞿—戵）

集成 11241B　郾王詈戈：郾（燕）王詈（讋）恳（鑄）雲萃鋸（瞿—戵）

集成 11245　郾王詈戈：郾（燕）王詈（讋）乍（作）巨攷（捶）鋸（瞿—戵）

集成 11350.1　郾王詈戈：郾（燕）王詈（讋）恳（鑄）行議（儀）鍨（戣）

集成 11109　郾王右庫戈：郾（燕）王右庫戈

集成11195B　郾王喜戈：郾（燕）王喜𢘅（鑄）攷（捶）鋸（瞿—戵）

集成11246　郾王喜戈：郾（燕）王喜𢘅（鑄）巨攷（捶）鋸（瞿—戵）

銘圖17036　郾王喜戈：郾（燕）王喜𢘅（鑄）御司馬鍨（戣）

集成11522　郾王喜矛：郾（燕）王喜𢘅（鑄）雲

集成11529　郾王喜矛：郾（燕）王喜𢘅（鑄）仝（全）長利

熠熠185　郾王喜矛：郾（燕）王喜恳（鑄）翏（戮）車鈠（殳—柲）

集成11614　郾王喜劍：郾（燕）王喜恳（鑄）無者鈦

銘圖17843　郾王喜劍：郾（燕）王【喜恳（鑄）】無者鈦

銅兵2.15　郾王喜劍：郾（燕）王喜恳（鑄）無者鈦

璽彙3197　圼（申）郾

璽彙3857　公孫郾

圖典4248　郾（燕）白（伯）犬

文物 2020.10.61 郾侯䀚磬：唯郾（燕）侯䀚乍（作）硜（磬）

鄸 0497

璽彙 3247 毛𨟻（鄸）

鄱 0498

集成 10899 疋鄱戈：疋（胥）鄱

郐 0499

集成 11286A 不降戈：不降拜郐（餘）子之賀金

集成 11286B 不降戈（摹）：不降拜郐（餘）子之賀金

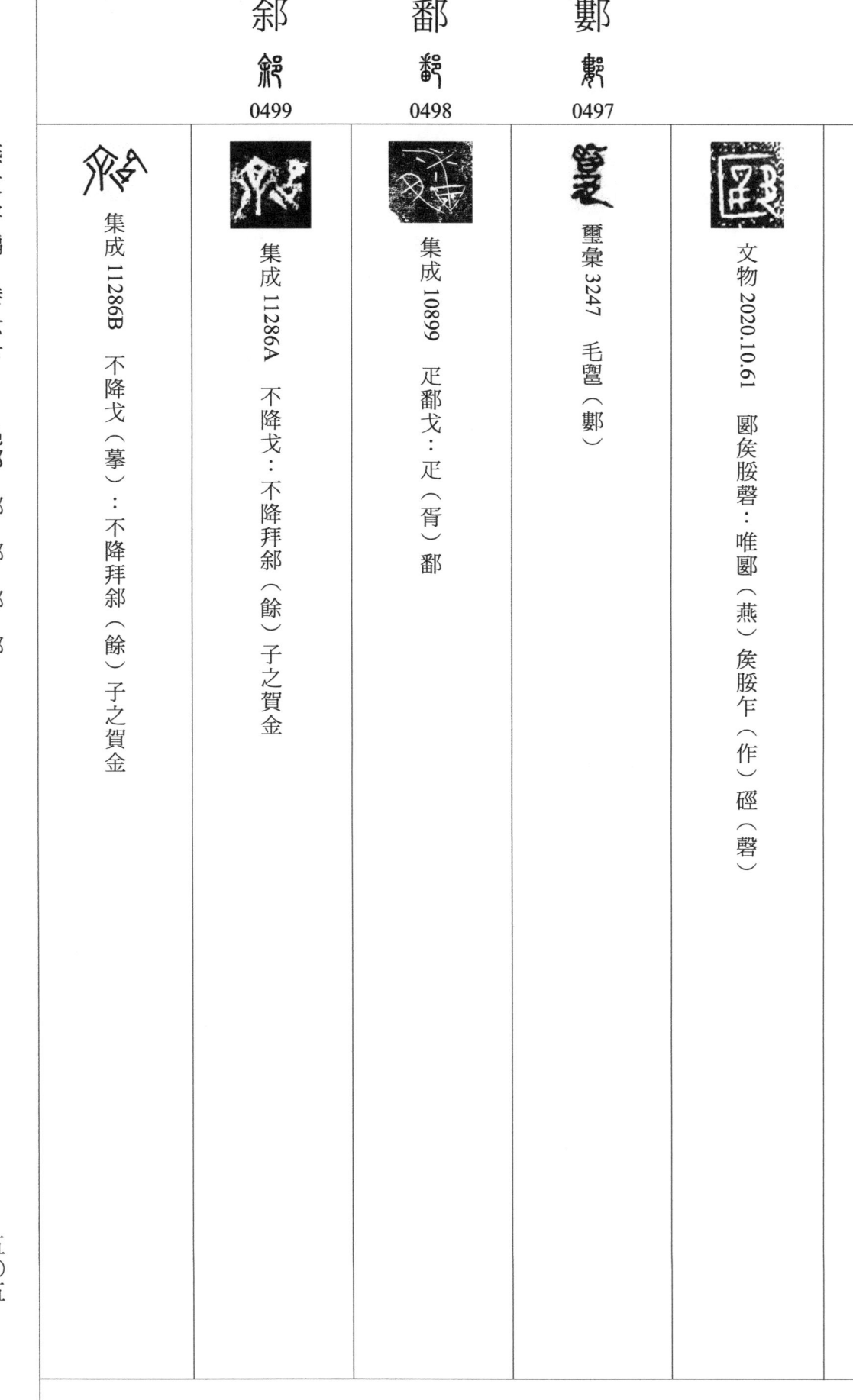

𨙶	邱	𨙿	𨚵	郯

0504	0503	0502	0501	0500
 璽彙0061　鄐𨙶都右司馬	 璽彙2237　邱纕	 璽彙2222　𨙿堹	 璽彙2242　𨚵遈（得）	 璽彙0190　妐（容）城都杤郯左
 璽彙0086　鄐𨙶都司工（空）				
 璽彙0120　鄐𨙶都𡵂（尉）				

郱 0505

璽考85 郱里都厶（尉）

郤 0506

璽彙2210 郤居

郖 0507

璽考90 武郖（垣）都市鍴（瑞）

郼 0508

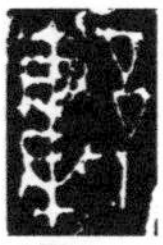

陶錄4.29.1 右宮郼

步存・燕16 右宮郼

郹 0509

璽彙2225 郹（吳）繯

璽彙2240 郹（吳）纕 按：「吳」字繁構，又見卷十「吳」。

0510 ⿰易阝

璽彙0010　⿰易阝（易）都司徒

璽彙0159　⿰易阝（易）㽙（鑄）帀（師）鈢（璽）

璽考76　⿰易阝（易）都吳（虞）　按：「易」字繁構，又見卷九「易」。

0511 ⿰⿱刅木阝

集成11905　⿰⿱刅木阝鐓：⿰⿱刅木阝（梁）

0512 郒

璽彙2216　郒恖（鑄）

0513 ⿰兔阝

璽考84　⿰兔阝都左司馬

鄏 0514

璽彙1678 鄏僇

璽彙1679 鄏生（甥）豖

郄 0515

璽彙3425 郄（狄）安

鄐 0516

璽彙0061 鄐邸都右司馬

璽彙0086 鄐邸都司工（空）

璽彙0120 鄐邸都厃（尉）

鄬 0517

銅兵3.12 □壴睘矛：鄬壴睘（縣）

銅兵3.12 □壴睘矛（摹）：鄬壴睘（縣） 按：楊爍釋。

鄭 0518

銘圖12406 燕王職壺：滅齏（齊）之穫（獲）

集成11525B　郾王職矛（䥗）：郾（燕）王職踐（踐）䢼（齊）之䨄（獲）

璽彙1223　喬䢼（齊）

璽彙1598　䢼（齊）涒

璽彙1599　䢼（齊）市

璽彙3498　羍（絆—羊）閔（門）䢼（齊）

璽彙5582　䢼（齊）勹

圖典4395　䢼（齊）娟　按：「齊」字繁構，又見卷七「齊」。

燕文字編·卷七上

日

θ

0519

銘圖12406　燕王職壺：⿱仌叩（鄰—冰）日任（壬）午

貨系2783　尖首刀：日

貨系2923　燕明刀背文：日

聚珍041.2　尖首刀：日

聚珍041.6　尖首刀：日

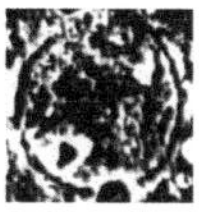

貨系2858　針首刀：日封

貨系3375　燕明刀背文：左日

貨系3377　燕明刀背文：左日

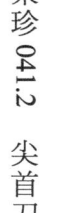

聚珍 130.4　燕明刀背文：左日

聚珍 088.1　燕明刀背文：左日

貨系 3590　燕明刀背文：右日

貨系 3591　燕明刀背文：右日

聚珍 075.2　燕明刀背文：右日

聚珍 108.4　燕明刀背文：右日

聚珍 143.2　燕明刀背文：中日

聚珍 143.3　燕明刀背文：中日

聚珍 149.4　燕明刀背文：中日

聚珍 155.4　燕明刀背文：中日

陶錄4.139.5　日

晉

0520

璽彙1501　旼晉

昌

0521

集成10453　廿四年錐形器：瑩昌戗（楔）

集成11902A　廿四年銅梃：瑩昌戗（楔）

集成11902B　廿四年銅梃（摹）：瑩昌戗（楔）

集成11107　作用戈：乍（作）用于昌

貨系2336　方足小布：恖（廣）昌

貨系2337　方足小布：恖（廣）昌

貨系2338　方足小布：𢊁（廣）昌

貨系2339　方足小布：𢊁（廣）昌

貨系3223　燕明刀背文：中昌

貨系3226　燕明刀背文：中昌

貨系3227　燕明刀背文：中昌

貨系3231　燕明刀背文：中昌

聚珍146.4　燕明刀背文：中昌

聚珍146.6　燕明刀背文：中昌

聚珍147.1　燕明刀背文：中昌

聚珍147.3　燕明刀背文：中昌

貨系 3237　燕明刀背文：中昌一

貨系 3238　燕明刀背文：中昌一

貨系 3242　燕明刀背文：中昌一

貨系 3243　燕明刀背文：中昌一

聚珍 147.5　燕明刀背文：中昌一

貨系 3247　燕明刀背文：中昌二

聚珍 147.6　燕明刀背文：中昌二

貨系 3250　燕明刀背文：中昌三

貨系 3251　燕明刀背文：中昌三

聚珍 148.1　燕明刀背文：中昌三

聚珍148.2　燕明刀背文：中昌四

貨系3253　燕明刀背文：中昌十

聚珍148.3　燕明刀背文：中昌十

聚珍148.4　燕明刀背文：中昌十

聚珍148.5　燕明刀背文：中昌十

貨系3257　燕明刀背文：中昌乙

貨系3260　燕明刀背文：中昌生

貨系3261　燕明刀背文：中昌內

聚珍149.1　燕明刀背文：中昌刀十

貨系3399　燕明刀背文：左昌

聚珍 161.5 燕明刀背文：昌工

聚珍 176.1 燕明刀背文：昌

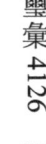

璽考 91 霸昌君

璽彙 0882 長（張）昌

璽彙 4126 罷昌

圖典 8915 王昌

璽彙 4738 大吉昌

璽彙 4866 大吉昌內

璽彙 4867 大吉昌內

璽彙 4869 大吉昌內

璽彙 4870 大吉昌內

璽彙 4872 大吉昌內

璽彙 4873 大吉昌內

璽彙 4874 大吉昌內

圖典 4585 吉昌內

璽彙4880　尙羌（敬）明昌

璽彙4979　昌

璽彙4985　昌

璽彙4986　昌

璽彙4987　昌

璽彙4988　昌

璽彙4989　昌

璽彙4990　昌

璽彙4991　昌

璽彙4992　昌

璽彙4993　昌

璽彙4994　昌

璽彙4995　昌

璽彙4996　昌

璽彙4997　昌

歷博4.63　昌

程璽3.036　昌

程璽3.047　昌

玉印54　昌

玉印55　昌

玉印56 昌

圖典4573 昌

陶錄4.71.1 缶（陶）攻（工）昌

陶錄4.71.4 宿（陶）攻（工）昌

陶錄4.74.1 缶（陶）攻（工）昌

陶錄4.74.3 缶（陶）攻（工）昌

陶錄4.74.4 缶（陶）攻（工）昌

書超網16 缶（陶）攻（工）昌

陶錄4.76.3 缶（陶）攻（工）昌

陶錄4.78.1 缶（陶）攻（工）昌

陶錄4.78.2 缶（陶）攻（工）昌

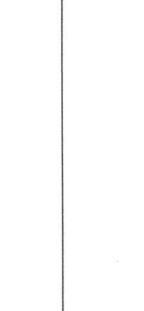

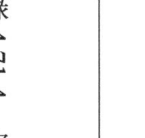

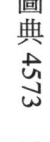

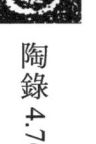

燕下都·圖四六二10　缶（陶）攻（工）昌

歷博3燕60　缶（陶）攻（工）昌

歷博3燕63　缶（陶）攻（工）昌

燕齊034　缶（陶）攻（工）昌

燕齊037　缶（陶）攻（工）昌

燕齊043　缶（陶）攻（工）昌

選編0021　缶（陶）攻（工）昌

燕陶217　缶（陶）攻（工）昌

陶錄4.94.3　缶（陶）昌

陶錄4.99.3　宙缶（陶）之鈘昌

陶錄4.210.4　大吉昌內

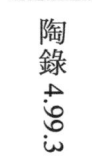

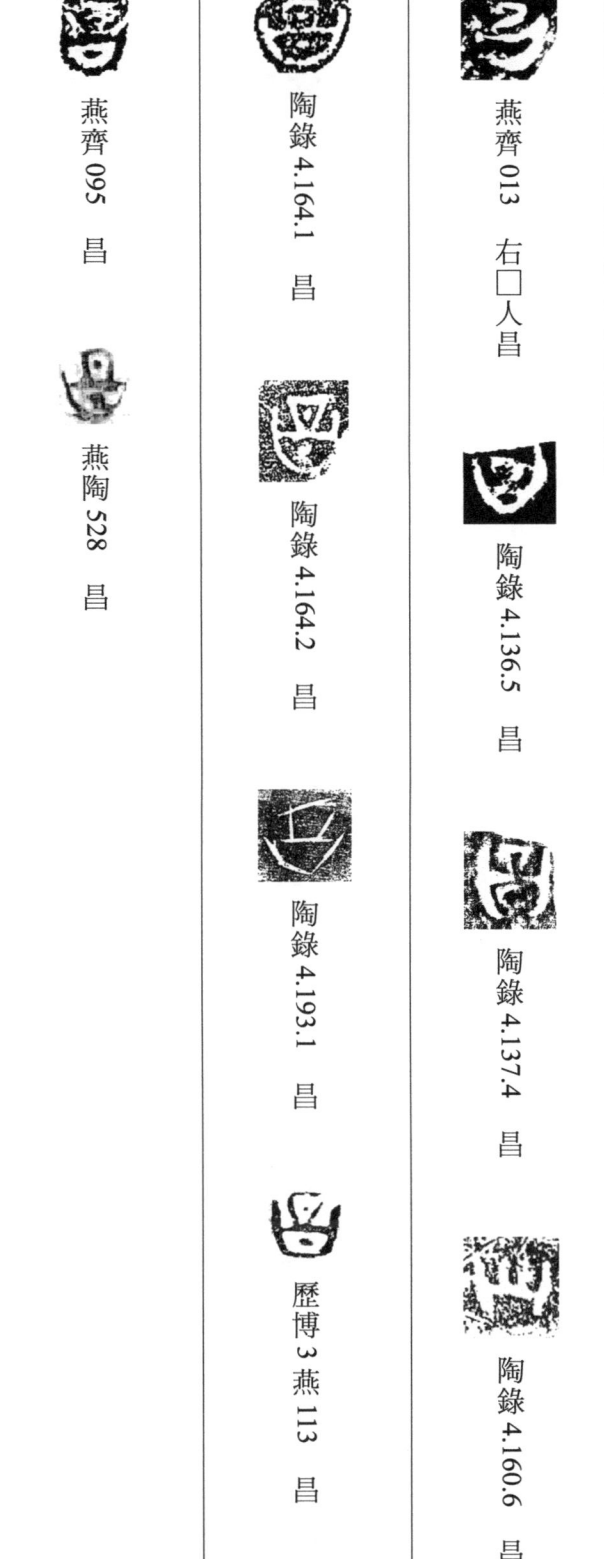

燕齊 013　右□人昌

陶錄 4.136.5　昌

陶錄 4.137.4　昌

陶錄 4.160.6　昌

陶錄 4.164.1　昌

陶錄 4.164.2　昌

陶錄 4.193.1　昌

歷博 3 燕 113　昌

燕齊 095　昌

燕陶 528　昌

0522 㫷

燕陶 577　右宮㫷（期）　按：「期」字異體，又見本卷「期」。

0523 𣅹

璽彙 0293　𣅹（庚）都萃車馬

陶錄 4.211.3　𣅹（庚）都王勹（符）鍴（瑞）

旦

0524

聚珍170.2　燕明刀背文：中旦

璽彙0409　王旦

璽彙5583　彝（夷）吳（吾）旦

珍戰83　衛旦

陶錄4.121.3　缶（陶）旦

陶錄4.208.3　缶攻（工）旦

燕下都・圖二一二14　旦

燕下都・圖二一二15　旦

倝

0525

璽彙0053　倝（韓）佑左司馬

璽彙2794　倝（韓）午

璽彙2795　倝（韓）奇

璽彙2796　倝（韓）午

璽彙2797　倝（韓）耳

璽彙2798　倝（韓）城

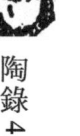

璽彙2799　倝（韓）受

璽彙2800　倝（韓）匽

璽彙2801　倝（韓）昌（詣）

璽彙2802　倝（韓）

璽彙2805　倝（韓）借

璽彙2807　倝（韓）倠

璽彙2808　倝（韓）諫

璽彙2809　倝（韓）詁

璽彙2810　倝（韓）弖（強）

璽彙2811　倝（韓）張

璽彙2812　倝（韓）疾

璽彙2813　倝（韓）𢜽

璽彙2815　倝（韓）𦚂

璽彙2816　倝（韓）羿（旗）

璽彙2817　倝（韓）羿（旗）

璽彙2818　倝（韓）五

璽彙2819　倝（韓）達

璽彙2820　倝（韓）佳

璽彙2821　倝（韓）市

璽彙2822　倝（韓）豫

璽彙2823　倝（韓）生（甥）胥

璽彙2824　倝（韓）生（甥）頍

璽彙2825　倝（韓）生（甥）返

璽彙2826　倝（韓）罰

璽彙2827　倝（韓）䍦

璽彙2828　倝（韓）生（甥）让（上）

璽彙2830　倝（韓）張

璽彙2831　倝（韓）敀

璽彙2832　倝（韓）倠

璽彙2833　倝（韓）逫

璽彙2834　倝（韓）退（得）

璽彙2835　倝（韓）陻

璽彙2836　倝（韓）

璽彙2837　倝（韓）生（甥）土

璽彙5630　倝（韓）壽

華夏53·處NO.262　倝（韓）凸

古印110　倝（韓）俥

燕下都·圖四八四5　銅印：倝（韓）賁

翰

0526

藝術59　倝（韓）右車

歷博4.37　倝（韓）軍

圖典4356　倝（韓）辻（上）

圖典8942　倝（韓）喜

書法2019.7　倝（韓）文

陶錄10.38.3　右宮倝（韓）魚

燕陶107（摹）　右宮倝（韓）魚

燕陶163　倝（韓）生（甥）閔

銅兵5.2　右昜攻尹弩機：眀（朝）未

璽彙0329　眀（朝）忌邦

旗

0527

璽彙2816 䡄（韓）羿（旗）

璽彙2817 䡄（韓）羿（旗） 按：「旗」字異體，又見卷四「羿」。

旅

0528

集成10303.1 匽侯盂：匽（燕）侯乍（作）旅盂

集成10303.2 匽侯盂：匽（燕）侯乍（作）旅盂

集成10304.1 匽侯盂：匽（燕）侯乍（作）旅盂

集成10304.2 匽侯盂：匽（燕）侯乍（作）旅盂

集成01978 由作旅鼎：由乍（作）旅貞（鼎）

族

0529

璽彙0369 族剔（傷—陽）都厶（尉）

旃

0530

銘圖14789 克盉蓋：旃（使）羌、豸、䖒、雩、駇（馭）、髟

銘圖14789 克盉：旃（使）羌、豸、䖒、雩、駇（馭）、髟

銘圖13831 克罍蓋：旃（使）羌、豸、䖒、雩、駇（馭）、髟 按：李學勤讀「使」。

旌

0531

璽彙 3477　旌（故）耳

曑

0532

璽彙 2511　猲厽（參）

璽彙 2520　犷厽（參）

璽彙 3847　公孫厽（參）

古印 107　壬生（甥）厽（參）

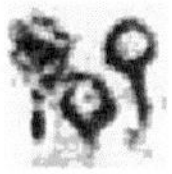

燕陶 450　厽（參）

晨

0533

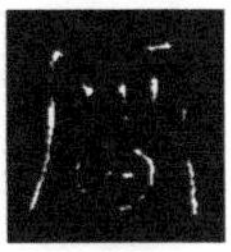

西清 19.03　丙辰方壺：八月丙晨（辰）

璽彙 3170　㕚（尉）晨（辰）

璽彙 3188　雋（雖）晨（辰）

璽彙 3453　安即（次）生（甥）晨（辰）

璽彙4114　彝（夷）吳（吾）晨（辰）　按：《說文》或體。

月

0534

集成02749　害鼎：隹九月既生霸辛酉

古研15.97　武平鐘（摹）：十三月

西清19.03　丙辰方壺：八月丙晨（辰）

集成11325B　九年將軍戈：二月

集成11326B　九年將軍戈：二月

集成11339A　十三年戈：十三=年正月

聚珍082.4　燕明刀背文：右月

聚珍114.2　燕明刀背文：右中一月

陶錄 4.1.1　十六年四月

陶錄 4.2.2　十七=年八月

陶錄 4.3.1　十七=年十月

陶錄 4.4.2　□七年九月

陶錄 4.7.1　二十=（廿）二年正月

陶錄 4.10.2　二十=（廿）九年六月

陶錄 4.210.1　二十=（廿）二年三月

歷博 3 燕 8　□年七月

文雅堂 2.3　十六年九月

步黟 168　二十=（廿）一年十二月

步黟 173　十六年八月

步黟 175　十八年三月

步黟 182　二十=（廿）□年四月

新陶・燕007　二十=（廿）一年八月

燕陶001　十六年八月

霸

0535

集成02749　害鼎：隹九月既生霸辛酉

璽考91　霸昌君

期

0536

燕陶577　右宮旮（期）　按：「期」字異體，又見本卷「旮」。

脮

0537

集成11184　郾侯脮戈……矦脮乍（作）……鍨（戣）鉘

集成11272　郾侯脮戈：郾（燕）矦脮乍（作）虫萃鍨（戣）鉘

文物2020.10.61　郾侯朘磬：唯郾（燕）侯朘乍（作）硜（磬）

有

0538

集成12103A　雁節：有……

集成12103B　雁節（摹）：有……

集成12105A　鷹節：有丰（契）

集成12105B　鷹節（摹）：有丰（契）

集成12106A　鷹節：有丰（契）

集成12106B　鷹節（摹）：有丰（契）

朙

0539

銘圖14789　克盉蓋：隹乃朙（明）乃鬯

銘圖14789　克盉：隹乃朙（明）乃鬯

銘圖13831　克罍蓋：隹乃朙（明）乃鬯

銘圖13831　克罍：隹乃朙（明）乃鬯

貨系2342　方足小布：右明辝（司）弜（強—鏹）

貨系2343　方足小布：右明辝（司）弜（強—鏹）

貨系2344　方足小布：右明辝（司）弜（強—鏹）

貨系2880　燕明刀：明

貨系2881　燕明刀：明

貨系2912　燕明刀：明

貨系2932　燕明刀：明

貨系 2970　燕明刀：明

貨系 3072　燕明刀：明

貨系 3092　燕明刀：明

貨系 3273　燕明刀：明

貨系 3313　燕明刀：明

貨系 3341　燕明刀：明

貨系 3493　燕明刀：明

貨系 3541　燕明刀：明

貨系 3596　燕明刀：明

聚珍 063.1　燕明刀：明

聚珍 061.1　燕明刀：明

聚珍 063.3　燕明刀：明

聚珍 066.3　燕明刀：明

聚珍 072.5　燕明刀：明

聚珍 073.2　燕明刀：明

聚珍073.3　燕明刀：明

聚珍080.5　燕明刀：明

聚珍149.1　燕明刀：明

聚珍149.2　燕明刀：明

聚珍167.6　燕明刀：明

聚珍168.4　燕明刀：明

聚珍288　燕明刀陶範：明

聚珍289　燕明刀陶範：明

聚珍303　燕明刀陶範：明

聚珍303　燕明刀陶範：明

貨系4123　圓錢：明刀

貨系4124　圓錢：明刀

聚珍183.6　圓錢：明刀

貨系4127　圓錢：明

貨系4128　圓錢：明

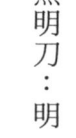

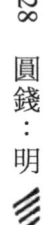

璽彙4392　明上

璽彙4399　明上

璽彙4638　明中

璽彙4727　又明上

璽彙4728　又明上

璽彙4729　又明上

圖典8962　又明上

璽彙4880　尚羌（敬）明昌

璽彙5684　王忎（慎）明此

圖典8963　苟（敬）事明上

璽彙5076　明

璽彙5077　明

璽彙5079　明

璽彙5080　明

璽彙5081　明

璽彙5082　明

璽彙5083　明

盟

0540

璽彙5084　明

陶錄4.158.4　明上

燕陶551　明　按：《說文》古文。

陶錄4.60.2　缶（陶）攻（工）盟（盟）

燕齊051　缶（陶）攻（工）盟（盟）

書超網8　盟

燕陶403　盟

燕陶590　盟　按：《說文》古文。

外

0541

集成00420.1　外卒鐸：□外卒鐸

貨系3009　燕明刀背文：外虗（鑪）

貨系3014　燕明刀背文：外虗（鑪）

貨系3022　燕明刀背文：外虗（鑪）

貨系 3023　燕明刀背文：外虛（鑪）

貨系 3032　燕明刀背文：外虛（鑪）

聚珍 160.6　燕明刀背文：外虛（鑪）

聚珍 173.5　燕明刀背文：外虛（鑪）

聚珍 174.1　燕明刀背文：外虛（鑪）

聚珍 175.2　燕明刀背文：外虛（鑪）一

聚珍 161.2　燕明刀背文：外虛（鑪）十

聚珍 161.1　燕明刀背文：外虛（鑪）乙

璽彙 0365　外司聖（聲）鍴（瑞）

璽考 74　外司聖（聲）鍴（瑞）

多  0542

D D
聚珍044.4　尖首刀：多

璽彙3440　多閔（門）賀

璽考287　長（張）多

燕齊029　缶（陶）攻（工）多

虜  0543

璽彙3478　虏（虜）生（甥）孫

㮚  0544

璽彙3371　栗市（師）罰

璽彙3410　栗市（師）癘（滿）

𥻆  0545

璽彙0287　杞（範）湩都米粟鉩（璽）

齊 0546

璽彙5582　齍（齊）勹　按：「齊」字繁構，又見卷六「⿰齊阝」。

鼎 0547

集成02166A　𢿋史鼎：𢿋史乍（作）考障（尊）鼎

集成02166B　𢿋史鼎：𢿋史乍（作）考障（尊）鼎

集成2407　伯𩡧鼎：白（伯）𩡧乍（作）召白（伯）父辛寶障（尊）鼎

克 0548

銘圖14789　克盉蓋：令克矦于匽（燕）

銘圖14789　克盉蓋：克宎（次）匽（燕）入土

克部 克

銘圖14789 克盉：令克矦于匽（燕）

銘圖14789 克盉：克宷（次）匽（燕）入土

銘圖13831 克罍蓋：令克矦于匽（燕）

銘圖13831 克罍蓋：克宔（次）匽（燕）入土

集成04140 大保簋：大（太）保克苟（敬）亡（無）訔（譴）

銘圖12406 燕王職壺：悳（克）邦墮（踐）城

銘圖12406 燕王職壺（摹）：悳（克）邦墮（踐）城 按：「克」字繁構，又見卷十「悳」。

彔 0549

集成04140 大保簋：王伐彔子耶（聖）

禾 0550

集成10583 郾侯載器：禾（龢）民無戠（爭）

璽彙4104 彝（夷）吳（吾）禾

陶錄4.188.1 禾

陶錄4.188.2 禾

燕齊092 禾

燕陶167 禾甫

燕陶416 禾

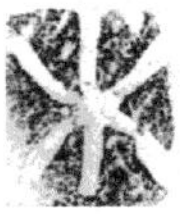

燕陶417 禾

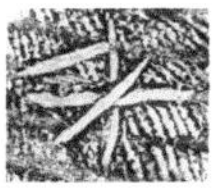

燕陶419 禾

穆 0551

集成02702 嬰鼎（內壁）：才（在）穆

穫

0552

銘圖12406　燕王職壺：滅齎（齊）之⿰禾戈（穫—獲）

銘圖12406　燕王職壺（摹）：滅齎（齊）之⿰禾戈（穫—獲）

集成11525A　郾王職矛：郾（燕）王職墜（踐）齎（齊）之⿰禾戈（穫—獲）

集成11525B　郾王職矛（摹）：郾（燕）王職墜（踐）齎（齊）之⿰禾戈（穫—獲）

季

0553

集成02749　害鼎：害萬年子=孫=寶

集成10229　匽公匜：萬年永寶用

西清 19.03　丙辰方壺：十年

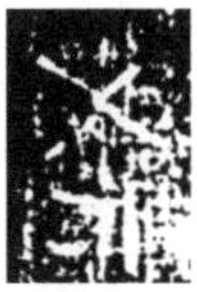
集成 12018　西年車軎：西年

集成 10453　廿四年錐形器：二十=（廿）四年

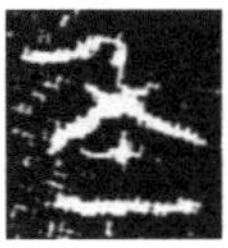
集成 11902A　廿四年銅梃：二十=（廿）四年

集成 11325B　九年將軍戈：九年

集成 11326C　九年將軍戈（摹）：九年

集成 11339A　十三年戈：十三=年正月

集成 11916C　二十年距末：二十=（廿）年

銘圖 17115　卲貫府戈（摹）：二年

集成 11931A　八年五大夫弩機：八年

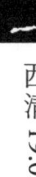

貨系3464 燕明刀背文：左年

陶錄4.2.1 十六年十月

陶錄4.2.2 十七=年八月

陶錄4.4.1 □二年十一月

陶錄4.4.2 □七年九月

陶錄4.5.1 二十=（廿）一年八月

陶錄4.9.2 二十=（廿）二年八月

陶錄4.9.4 十八年十二月

陶錄4.10.2 二十=（廿）九年六月

陶錄4.210.2 二十=（廿）三年三月

陶錄4.210.3 十八年十二月

歷博3燕3 十七=年十月

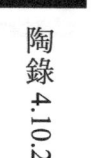

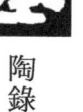

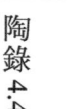

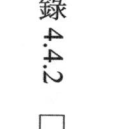

歷博3燕4　二十=（廿）三年十月

燕齊002　十七年十二月

集拓9　二十=（廿）七年

集拓11　十八年五月

文雅堂2.3　十六年九月

步黟168　二十=（廿）一年十二月

步黟171　二十=（廿）三年十二月

步黟177　十八年八月

蘭城7　二十=（廿）七年

新陶·燕007　二十=（廿）一年八月

步存·燕03　十七=年六月

秋

0554

燕陶 001 十六年八月

璽彙 0824 長（張）詁千槀（秋）

璽彙 3466 封迫（道）千槀（秋）

璽彙 3887 公孫罝千槀（秋）

璽考 312 公孫忌千槀（秋） 按：「秋」字繁構，又見卷一「槀」。

秦

0555

璽彙 3347 夭坣（胥）秦更

璽彙 3423 秦生（甥）

璽彙 3853 公孫秦

璽彙4131 肖（趙）秦

陶錄4.15.4 左缶（陶）攻（工）秦

陶錄4.63.4 缶（陶）攻（工）秦

陶錄9.12.2 左缶（陶）攻（工）秦

考古1962.1.18 左缶（陶）攻（工）秦

歷博3燕13 左缶（陶）攻（工）秦

歷博3燕77 缶（陶）攻（工）秦

歷博3燕77 缶（陶）攻（工）秦

書法2019.6 左缶（陶）攻（工）秦

燕陶039 【左】缶（陶）攻（工）秦

程
0556

璽考338　赤章程

兼

0557

陶錄4.22.3　右□兼

米

0558

璽彙0287　梠（範）湩都米粟鉨（璽）

臼

0559

璽彙3354　臼犴

⿱⿰丩丩八
0560

璽彙0186　𨑛都𠑹（遽）皇（𩡧—駬）

璽彙0187　坪（平）陰（陰）都𠑹（遽）皇（𩡧—駬）

⿱臼臼

0561

璽彙0188 閔昜（陽）都狊（遽）皇（㿝—馹）

璽彙0189 ⿰木⿱口二（枝）昜（陽）都狊（遽）皇（㿝—馹）

璽彙5551 泃城都狊（遽）皇（㿝—馹）

璽彙5552 梔（範）湩都狊（遽）皇（㿝—馹）

璽考77 文安都狊（遽）皇（㿝—馹）

璽考81 武昜（陽）都狊（遽）皇（㿝—馹）

陶錄4.40.4 缶（陶）攻（工）⿱臼臼

燕文字編・卷七下

枯

0562

璽彙3014　賈枯

家

0563

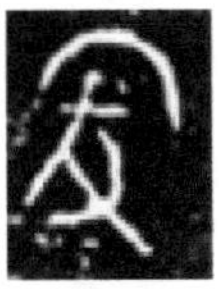

銘圖03326　富春大夫甗：𩫏（郭）大夫＝丌（其）家鈷（盍—盇）也　按：馮勝君釋。

陶錄4.139.4　𡨦（家）乙　按：「家」字繁構，又見卷三「𡨦」。

宅

0564

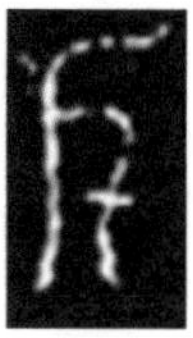

銘圖12406　燕王職壺：宅（庶）幾三十=（卅）　按：湯志彪讀「庶幾」。

銘圖12406　燕王職壺（摹）：宅（庶）幾三十=（卅）

陶錄4.12.3　左攻（工）缶（陶）宅

室

0565

集成02372　大保黹作宗室方鼎：遘乍（作）宗室寶障（尊）彝

銘圖02040　大子鼎：大（太）子左梠（枝）室

集成02360.1　王后左相室鼎：王后左梠（枝）室

集成02360.2　王后左相室鼎：王后左梠（枝）室

集成02097　王后鼎：王后右梠（枝）室

銘圖02043　王太后鼎：室

銘圖02043　王太后鼎（摹）：室

西部12.192　王后左相室鼎：王后左梪（枝）室

銘圖02014　陽鼎（摹）：王后左梪（枝）室

銘圖02241　王大后鼎耳（摹）：王大（太）后右梪（枝）室

銘圖02241　王大后鼎蓋（摹）：王大（太）后右（枝）室

璽彙0003　弡（長）圩君佃室鉨（璽）

陶錄4.178.1　之室長

定  0566

璽彙3854　公孫定

燕齊039　缶（陶）攻（工）定

安  0567

貨系2290　方足小布：安昜（陽）

貨系2291　方足小布：安昜（陽）

貨系2292　方足小布：安昜（陽）

貨系2296　方足小布：安昜（陽）

貨系2298　方足小布：安昜（陽）

貨系2300　方足小布：安昜（陽）

貨系2302　方足小布：安昜（陽）

貨系2308　方足小布：安昜（陽）

貨系2310　方足小布：安昜（陽）

貨系2311　方足小布：安昜（陽）

貨系2315　方足小布：安昜（陽）

聚珍088.5　燕明刀背文：左安

聚珍181.1　方足小布：安昜（陽）

聚珍181.2　方足小布：安昜（陽）

聚珍181.3　方足小布：安昜（陽）

聚珍181.4　方足小布：安昜（陽）

聚珍181.6　方足小布：安昜（陽）

聚珍182.2　方足小布：安昜（陽）

聚珍182.4　方足小布：安昜（陽）

聚珍183.1　方足小布：安昜（陽）

聚珍183.2　方足小布：安昜（陽）

聚珍183.4　方足小布：安昜（陽）

璽彙0012　文安都司徒

璽彙1226　喬安

璽彙1348　孟安

璽彙3425　郄（狄）安

璽彙3453　安即（次）生（甥）晨（辰）

璽彙3485　安行

璽彙3900　公孫安

璽考77　文安都昊（遽）皇（星—馹）

陶錄 4.21.2 昜（陽）安都王勹（符）鍴（瑞）

朝陽 211.5 昜（陽）安都王勹（符）鍴（瑞）

歷博 3 燕 109 女（安）

燕陶 549 女（安）

燕陶 143 右女（安） 按：「安」字初文，又見卷十二「女」。

寶

0568

銘圖 14789 克盉蓋：用乍（作）寶障（尊）彝

集成 03906.2 攸簋：攸用乍（作）父戊寶障（尊）彝

集成09430.1　伯害盉：白（伯）害乍（作）召白（伯）父辛寶障（尊）彝

集成09430.2　伯害盉：白（伯）害乍（作）召白（伯）父辛寶障（尊）彝

集成00915　大史友甗：大（太）史友乍（作）召公寶障（尊）彝

集成06509.2　盾觶：用乍（作）寶障（尊）彝

集成03538　伯考庚簋：白（伯）丂（考）庚乍（作）寶彝

集成03539　伯考庚簋：白（伯）丂（考）庚乍（作）寶彝

集成03534　伯魚簋：白（伯）魚乍（作）寶隮（尊）彝

集成05234.2　伯魚卣：白（伯）魚乍（作）寶隮（尊）彝

集成05228.2　伯矩卣：白（伯）矩（矩）乍（作）寶隮（尊）彝

集成05229　伯矩卣蓋：白（伯）矩（矩）乍（作）寶隮（尊）彝

集成05978　復乍父乙尊：用乍（作）父乙寶障（尊）彝

霸金027　燕侯旨卣（蓋）：匽（燕）侯旨乍（作）姑妹寶障（尊）彝

霸金028　燕侯旨卣：匽（燕）侯旨乍（作）姑妹寶障（尊）彝

集成06510.1　庶觶：庶用乍（作）寶障（尊）彝

集成10229　匽公匜：萬年永寶用

銘圖14789　克盉蓋：大（太）倸（寶—保）

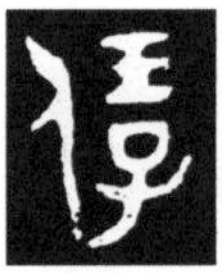

銘圖13831　克罍蓋：大（太）倸（寶—保）

集成02158　大保方鼎：大（太）俕（寶—保）

集成02749　寓鼎：光用大（太）俕（寶—保）

集成02703　堇鼎：匽（燕）矦令堇饎（飴）大（太）俕（寶—保）于宗周

集成02703　堇鼎：大（太）俕（寶—保）賨（賞）堇貝

集成2372　大保𥂴作宗室方鼎：大（太）俕（寶—保）

銘圖 04482　大保簋：大（太）𠍺（寶—保）來殷

出土 14.61　太保玉戈：令大（太）𠍺（寶—保）省南或（國）

守  0569

集成 10943　守陽戈：守易（陽）

宜  0570

中國錢幣 1992.4　方足小布：宜平

古幣 50.10　方足小布：宜平

宑  0571

璽彙 5297　宑

宋

0572

璽彙 1430 宋巡

璽考 244 宋生（甥）書

宗

0573

集成 2372 大保𥃲作宗室方鼎：遘乍（作）宗室寶障（尊）彝

集成 02703 堇鼎：匽（燕）矦令堇饎（飴）大（太）倸（保）于宗周

集成 02628 匽矦旨鼎：匽（燕）矦旨初見事于宗周

宔

0574

聚珍 111.3 燕明刀背文：右宔（士）

陶錄 4.48.4 宔（士）缶（陶）退（得）

宙

0575

陶錄4.207.4　宔（士）缶（陶）顕（頸）

燕齊009　右宮丌宔（士）

貨系3171　燕明刀背文：中宔（士）

陶錄4.193.5　宔（士）　按：「士」字繁構，又見卷一「士」。

璽彙3496　宙（中）生（甥）狗

陶錄4.21.3　無宙（中—終）市王勹（符）　按：「中」字繁構，又見卷一「中」。

宋 0576

銘圖 14789 克盉蓋：克宋（次）匽（燕）入土

銘圖 14789 克盉：克宋（次）匽（燕）入土

銘圖 13831 克罍蓋：克宔（次）匽（燕）入土

銘圖 13831 克罍：克宔（次）匽（燕）入土

宙 0577

陶録 4.99.3 宙缶（陶）之鈹昌

⿱宀邦 0578

書畫 2018.10 夾逰刻石：⿱宀邦（邦）□夫臭

書畫 2018.10 夾逰刻石：⿱宀邦（邦）首睘（縣）輚 按：「邦」字繁構，又見卷六「邦」。

0579 ⿱宀缶

陶錄 4.44.3　⿱宀缶（陶）攻（工）逦（趣）

陶錄 4.71.4　⿱宀缶（陶）攻（工）昌

集拓 32　⿱宀缶（陶）攻（工）僉

陶錄 4.116.3　⿱宀缶（陶）人井

步存·燕 30　⿱宀缶（陶）人井

陶錄 4.116.4　⿱宀缶（陶）人斂

0580 ⿱宀⿰生刀

西清 19.03　丙辰方壺：尹壴矦悅丌（其）⿱宀⿰生刀（⿱㓞瓦）也　按：李家浩讀「⿱㓞瓦」。

0581 ⿱宀㠯

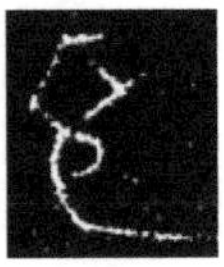

集成 11925　左周弩牙：左周⿱宀㠯

集成 11926　左周弩牙：左周⿱宀㠯

集成 11928　左周弩牙：左周宮

宿

0582

集成 11292　二年右貫府戈（摹）：右具府（府）御戠宿台

文物春秋 2021.3 封 2　八年郾王詈戈（照片）：左宿中

文物春秋 2021.3　八年郾王詈戈（描摹）：左宿中

窨

0583

璽彙 5556　坪（平）窨（陰）都鈢（璽）　按：「陰」字異體，又見卷十四「陰」。

⿱宀卽 0584

銅兵 5.5　左大廄弩機：左大⿱宀卽（廄）　按：「⿱宀⿰广卽」字異體，又見卷九「廄」。

⿱宀⿰月攴 0585

貨系 3001　燕明刀背文：⿱宀⿰月攴

聚珍 160.1　燕明刀背文：⿱宀⿰月攴

聚珍 160.2　燕明刀背文：⿱宀⿰月攴

聚珍 160.3　燕明刀背文：⿱宀⿰月攴

貨系 3003　燕明刀背文：⿱宀⿰月攴二

貨系 3002　燕明刀背文：⿱宀⿰月攴千

璽彙 3422　⿱宀⿰月攴張

璽彙 3631　⿱宀⿰月攴良

⿱宀艮 0586

璽彙 0745　長（張）⿱宀艮（𡌶）

璽彙 0746　長（張）⿱宀艮（𡌶）

璽彙 1228 喬寘（熱）

璽彙 5564 孫寘（熱） 按：「熱」字異體，又見卷十「熱」。

寊 0587

璽彙 5613 長（張）寘（寊）

客 0588

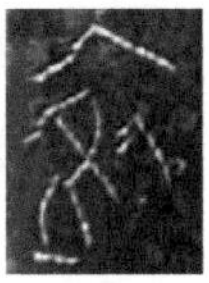

銅兵 1.8 六年右御工尹戈：丌（其）客（廏）中 按：「廏」字異體，又見卷九「廏」。

⿱宀系 0589

璽彙 0758 長（張）⿱宀系

⿱宀⿱丰皿 0590

集成 09430.1 伯⿱宀⿱丰皿盉：白（伯）⿱宀⿱丰皿（憲）乍（作）召白（伯）父辛寶⿰阝尊（尊）彝

集成 09430.2　伯害盉：白（伯）害（憲）乍（作）召白（伯）父辛寶隮（尊）彝

集成 02749　害鼎：矦易（賜）害（憲）貝、金

集成 02749　害鼎：害（憲）萬年子=孫=寶

宷
0591

集成 10583　匽侯載器：司兖（乘）宷

宵
0592

璽彙 2823　軓（韓）生（甥）宵

璽彙 3502　丌（其）宵

璽彙 3506　宵虘（獻）

燕陶 491　宵

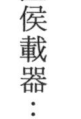

0593 㝅

出土14.61 太保玉戈：延（延）㝅（殷）南

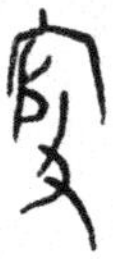

考古與文物1993.3.74 太保玉戈（摹）：延（延）㝅（殷）南 按：「殷」字繁構，又見卷八「殷」。

0594 㝩

璽彙4133 肖（趙）㝩

0595 ⿱宀⿰糸右

集成09975.3A 陳璋鐳：𡉚（紳）金⿱宀⿰糸右（佑）壺

集成09975.3B 陳璋鐳（摹）：𡉚（紳）金⿱宀⿰糸右（佑）壺

0596 ⿱宀⿰貝刂

璽彙2884 㚃⿱宀⿰貝刂 按：又見卷四「⿰⿱宀貝刂」。

0597 鏄

集成 09413　伯鏄盉：白（伯）鏄（盡）自乍（作）用鐳（盉）

0598 宮

新收 1297　西宮壺：西宮

集成 09563.3　右冶尹壺：西宮

集成 12013　左宮車軎：左宮

集成 12014　左宮車軎：左宮

集成 12015　下宮車軎：下宮

集成 11218　郾侯載戈：郾（燕）侯載乍（作）左宮鋸（瞿—戵）

集成 11057　郾侯右宮戈：郾（燕）侯……右宮

集成 11930　右昜宮弩牙：右昜（陽）宮攻（工）君（尹）

集成 11325B　九年將軍戈：剸（斷）宮戊丌（其）虘（獻）

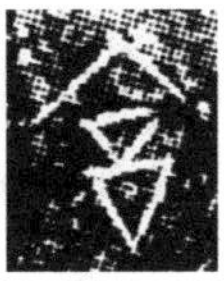
集成 11326B　九年將軍戈：剸（斷）宮戊丌（其）虘（獻）

集成 11455　右宮矛：右宮

璽彙 0258　右宮

璽考 346　西宮丁

燕陶・圖 2.11 銅印　右宮頡

陶錄 4.22.2　左宮

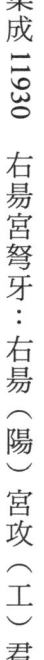

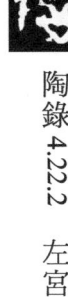

陶錄 4.23.1　左宮癰

陶錄 4.23.2　左宮癰

陶錄4.23.3　左宮畋

陶錄4.24.1　左宮軭

陶錄4.25.2　左宮者坣（州）

陶錄4.26.1　左宮散（造）

陶錄4.26.2　左宮散（造）

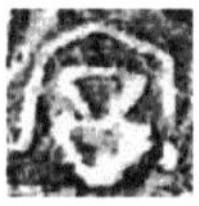
集拓15　左宮散（造）

陶錄4.27.1　左宮田左

歷博3燕28　左宮田左

陶錄4.28.1　左宮寇

陶錄4.28.2　左宮緐

陶錄4.28.3　左宮

步黟185　左宮

陶錄4.29.1　右宮郼

陶錄4.24.3　左宮巨隹

陶錄4.29.4　右宮巨心

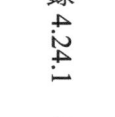

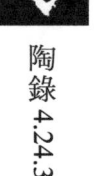

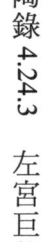

陶錄4.30.1　左宮巨⿰弓步（發）

陶錄4.30.2　左宮肣

陶錄4.30.3　左宮方

陶錄4.30.4　左宮謟（談）

陶錄4.207.1　左宮⿰⿰弓步攵（發）

歷博3燕29　左宮⿱山會（薈）

歷博3燕30　左宮⿱山會（薈）

步黟187　左宮罰

陶錄4.22.4　右宮居⿰泉頁（願）

歷博3燕33　右宮居⿰泉頁（願）

歷博3燕35　右宮居⿰泉頁（願）

陶錄4.31.2　右宮爲義

陶錄4.31.3　右宮旻（曼）

陶錄4.32.3　右宮肩

陶錄4.116.1　右宮誩

呂

0599

集拓18　右宮衦

歷博3燕39　右宮乙

歷博3燕40　右宮者坣（州）

步黟188　右宮母帀（師）

燕齊007　右宮……

選編0044　右宮退（得）

燕陶126　左宮少启

燕陶597　下宮

考古1965.11.568　骨距末（摹）：北宮

陶錄4.54.1　缶（陶）攻（工）=呂

陶錄4.54.2　缶（陶）攻（工）=呂

歷博3燕102　缶（陶）攻（工）=呂

新陶·燕149　缶（陶）攻（工）=呂

疾

0600

璽彙2812　倝（韓）疾

璽彙2885　姦疾

璽彙4125　彝（夷）吳（吾）疾

璽彙3966　西方疾

圖典4287　昜疾

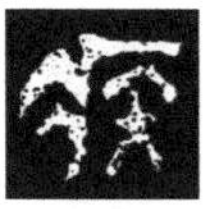

陶錄4.5.1　倈疾敀（拍）賀

陶錄4.6.3　倈疾敀（拍）賀

陶錄4.210.1　倈疾敀（拍）賀

陶錄4.6.1　倈疾敀（拍）……

陶錄4.9.2　倈疾……

陶錄4.167.6　疾

病

0601

璽彙2283　範（範）疠（病）

璽彙3874　公孫疠（病）

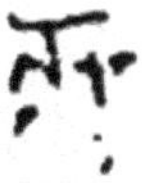
璽彙3885 公孫生（甥）⿸疒方（病）

璽彙3958 東方⿸疒方（病）

症 0602

璽彙0871 長（張）症

⿸疒冉 0603

璽彙3950 長（張）生（甥）⿸疒冉

疰 0604

璽彙3488 剢（狄）生（甥）=疰

⿸疒安 0605

璽考310 公孫生（甥）⿸疒安

0606 ⿸疒戚

璽彙 0480　王⿸疒戚

璽彙 1576　朱⿸疒戚

璽彙 2803　𠦪（韓）⿸疒戚

璽彙 3489　虼⿸疒戚

璽彙 3906　公孫⿸疒戚

徙信 284　浦⿸疒戚

0607 ⿸疒呈

璽彙 2402　松⿸疒呈（⿸疒呈）

戰研 2.103　……吳⿸疒呈（⿸疒呈）兒臍

0608 ⿸疒悉

璽彙 3175　疋（胥）⿸疒悉

0609 ⿸疒忐

璽彙 1227　喬⿸疒忐

璽彙 2804　𠦪（韓）⿸疒忐

璽彙 3389　王⿸疒忐

圖典4010 王⿸疒忐

0610 ⿸疒食

璽彙1242 喬⿸疒食

璽彙1291 余⿸疒食

璽彙3249 ⿱糸廾（⿱艹⿱糸廾）⿸疒食

璽彙3550 魚⿸疒食

璽彙3873 公孫⿸疒食

0611 ⿸疒區

集成11402.2A 枝里⿸疒區戈：內巨枝里⿸疒區之攺（捶）戈

集成11402.2B 枝里⿸疒區戈（摹）：內巨枝里⿸疒區之攺（捶）戈

癕
0612

陶錄 4.23.1　左宮癕

陶錄 4.23.2　左宮癕

燕陶 116（摹）　左宮癕

癥
0613

璽彙 0798　長（張）癥

珍戰 99　喬癥

吉林 188　犯生（甥）癥

瘨
0614

璽彙 2788　君（尹）瘨

冖

0615

集成 05978　復作父乙尊：匽（燕）矦賓（賞）復冖、衣、臣、妾、貝

同

0616

貨系 3684　燕明刀背文：右同

貨系 3685　燕明刀背文：右同

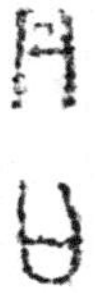
貨系3686 燕明刀背文：右同

聚珍075.6 燕明刀背文：右同

聚珍110.2 燕明刀背文：右同

聚珍110.3 燕明刀背文：右同

璽彙0674 長（張）同

0617 ⿵冂丩

璽彙3492 ⿵冂丩（糾）張 按：「糾」字異體，又見卷三「糾」。

0618 ⿱罒司

璽彙0562 王⿱罒司

璽彙2826 𨊠（韓）⿱罒司

璽彙5686 王生（甥）⿱罒司

罝

0619

陶錄4.57.3　缶（陶）攻（工）罟

陶錄4.57.4　缶（陶）攻（工）罟

新陶・燕126　缶（陶）攻（工）罟

燕陶243　缶（陶）攻（工）罟

陶錄4.137.1　⿷匚幺（弦）罟

陶錄4.137.2　⿷匚幺（弦）罟

璽彙1666　士罝

璽彙2790　君（尹）罝

璽彙3370　弔（叔）罝

璽彙3371　栗市（師）罝

璽彙3372　⿷匚幺（弦）罝

璽彙3882　公孫罝

璽彙3883 公孫罰

珍戰61 王罰

圖典8957 罰

步黟187 左宮罰

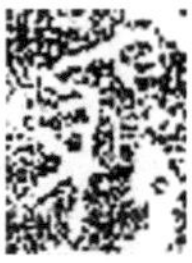
陶錄4.159.2 罰

陶錄4.187.4 罰

燕陶427 罰

燕陶428 罰

0620 罟

璽彙4126 罟昌

璽彙4127 罟椅

璽彙4128 罟脽

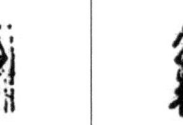

璽彙4129 罟𩡫（嬰）

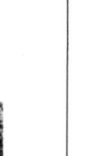

步存·燕54 罟

步存·燕54 罟

0621 罬

璽彙3325 罬弜（強）

璽彙3325（描摹） 罬弜（強）

羉
0622

璽彙2827 䡅（韓）羉

璽彙2827（描摹） 䡅（韓）羉

帥

0623

出土14.61 太保玉戈：帥漢

帶

0624

璽彙5574 公孫帶

璽彙3870 公孫緥（帶） 按：「帶」字繁構，又見卷十三「緥」。

帚

0625

集成12104C 雁節（摹）：帚戊矦（郾）𠕁（鑄）

集成12105A 鷹節：帚戊矦（郾）𠕁（鑄）

集成12105B 鷹節（摹）：帚戊矦（郾）𠕁（鑄）

集成12106A 鷹節：帚戊矦（郾）𠕁（鑄）

帚

集成12106B　鷹節（摹）：帚戊矣（鄄）冄（鑄）

璽彙0060　帚昜（陽）都右司馬

璽彙0158　帚昜（陽）畱（鑄）帀（師）鉩（璽）

璽彙0192　帚昜（陽）都封人

璽考79　帚昜（陽）都鉩（璽）

帛

0626

璽彙1140　高帛

璽彙3495　帛生（甥）佸

璽彙5652　帛遟（徙）

白

0627

集成09430.1　伯害盉：白（伯）害乍（作）召白（伯）父辛寶隮（尊）彝

集成09430.1　伯害盉：白（伯）害乍（作）召白（伯）父辛寶隢（尊）彝

集成09430.2　伯害盉：白（伯）害乍（作）召白（伯）父辛寶隢（尊）彝

集成09430.2　伯害盉：白（伯）害乍（作）召白（伯）父辛寶隢（尊）彝

集成02749　害鼎：用乍（作）召白（伯）父辛寶隢（尊）彝

集成00689.2　伯矩鬲：匽（燕）侯易（賜）白（伯）[巨夫]（矩）貝

白部　白

集成 02170　伯矩鼎：白（伯）炬（矩）乍（作）寶隣（尊）彝

集成 02168　伯魚鼎：白（伯）魚乍（作）寶隣（尊）彝

銘圖 04311　伯魚簋：白（伯）魚乍（作）寶隣（尊）彝

銘圖 04257　伯簋：白（伯）乍（作）乙公隣（尊）𣪘（簋）

集成 10201　匽伯聖匜：匽（燕）白（伯）聖（聖）乍（作）它（匜）

貨系3673　燕明刀背文：右白

圖典4248　郾（燕）白（伯）犬

燕文字編·卷八上

人

0628

集成 02456　伯矩鼎：用言（歆）王出內（入）事（使）人

集成 10583　郾侯載器：郾（燕）矦載思天悉（愛）人

集成 11237　郾王戎人戈：郾（燕）王戎人乍（作）攷（捶）鋸（瞿—戳）

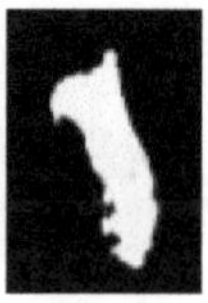

集成11238　郾王戎人戈：郾（燕）王戎人乍（作）敀（捶）鋸（瞿—戵）

集成11537　郾王戎人矛：郾（燕）王戎人乍（作）巨敀（捶）鈦

集成11539　郾王戎人矛：郾（燕）王戎人乍（作）巨敀（捶）鈦

集成11273A　郾王戎人戈：郾（燕）王戎人乍（作）雲萃鋸（瞿—戵）

集成11275　郾王戎人戈：郾（燕）王戎人乍（作）雲萃鋸（瞿—戵）

集成11543　郾王戎人矛：郾（燕）王戎人乍（作）自卒逨（率）鈦

集成11498　郾王戎人矛：郾（燕）王戎人

聚珍007.4　尖首刀：人

聚珍007.5　尖首刀：人

聚珍019.2　尖首刀：人

聚珍019.3　尖首刀：人

貨系3145　燕明刀背文：中人

貨系3146　燕明刀背文：中人

貨系3147　燕明刀背文：中人

聚珍152.5　燕明刀背文：中人

聚珍 152.6　燕明刀背文：中人

聚珍 153.6　燕明刀背文：中人

聚珍 091.2　燕明刀背文：左人

聚珍 091.3　燕明刀背文：左人

貨系 3653　燕明刀背文：右人

貨系 3654　燕明刀背文：右人

貨系 3655　燕明刀背文：右人

聚珍 117.3　燕明刀背文：右人

聚珍 117.4　燕明刀背文：右人

璽彙 0192　帚昜（陽）都封人

璽彙 5553　𥪡都封人

保

0629

圖典3980　中人

陶彙3.778　缶（陶）人珥（聖）

陶錄4.136.1　缶（陶）人倪

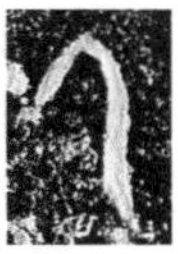

歷博3燕36　右宮爲人

燕齊013　右□人昌

蘭城3　攻（工）人受

步存·燕30　宿（陶）人井

步存·燕31　缶（陶）人

集成04140　大保簋：王降征令于大（太）保

集成04140　大保簋：大（太）保克苟（敬）亡（無）書（譴）

人部 保 伊 僑 伺

集成04140 大保簋：王永大（太）保

陶錄4.169.3 保

文物2020.10.61 郾矦脮磬：子孫永保大申（神）

伊

0630

璽彙0883 長（張）伊

僑

0631

璽彙0308 左軒僑頁壯

伺

0632

璽彙2806 軌（韓）伺

佗

0633

陶錄4.182.4 佗阹

倚

0634

璽彙1232 喬倚

璽彙3349 ⿰弓夬（䠶—射）倚

璽彙3878 公孫倚

依

0635

璽彙3500 依思

璽考345 大敢㐰（依）

陶錄4.44.2 缶（陶）攻（工）依

歷博3燕9 缶（陶）攻（工）依

步黟171 缶（陶）攻（工）依

新陶·燕114 缶（陶）攻（工）依

燕陶089 右宮依

燕下都·圖二一一二12 依

燕陶447　依

燕陶564　依

0636 側

集成11383.2　郾侯載作戎戈：大仄（側）□祗逌巸

0637 伍

璽彙2626　迲（伍）生（甥）㒞

璽考253　長（張）逜（伍）　按：「伍」字異體，又見卷二「迲」。

0638 佸

璽彙3178　疋（胥）生（甥）佸

璽彙3495　帛生（甥）佸

璽彙4137　肖（趙）佸

珍戰92　鼔生（甥）佸

燕陶140　旼佸

0639 借 

璽彙2805　倝（韓）借

0640 任 

銘圖12406　燕王職壺：㑒（鄰—冰）日任（壬）午

銘圖12406　燕王職壺（摹）：㑒（鄰—冰）日任（壬）午

璽彙3944　王生（甥）任

璽彙3953　長（張）生（甥）任

璽考286　長（張）任

華夏56·銀NO.28　長（張）任

戰研 1.174　缶（陶）人任

俗

0641

璽彙 5664　俗嬰（嬰）

倪

0642

陶錄 4.136.1　缶（陶）人倪

傳

0643

集成 12091　騎傳馬節：騎連（傳）比矣（鄄）

集成 12103A　雁節：連（傳）遰（遽）

集成 12105B　鷹節（摹）：連（傳）虞（虞—遽）

集成11917　上距末：都弢（韜）君（尹）遵（傳）　按：「傳」字異體，又見卷二「遵」。

倌

0644

璽彙3580　女倌

伹

0645

璽彙0003　𨱑（長）圩君伹室鉨（璽）

傷

0646

璽彙0369　族剔（傷—陽）都𡵂（尉）　按：「傷」字異體，又見卷四「剔」。

伐

0647

集成04140　大保簋：王伐彔子聑（聖）

咎

0648

集拓47　咎（廄）屖（遲）

倠

0649

璽彙2323　碒倠

璽彙2323（描摹）　碒倠

璽彙2510　⿰犭昜倠

璽彙2807　軓（韓）倠

璽彙2832　軓（韓）倠　按：湯餘惠釋。

伌

0650

蘭城10　吳伌

弔

0651

集成02053　叔鼎：弔（叔）乍（作）寶⿰阝尊（尊）彝

佐

0652

文研 24.60　高城冶叔戈：高城冶弔（叔）

璽彙 3370　弔（叔）罰

璽彙 3904　公孫弔（叔）

燕陶 547　弔

集成 10452　右佐箴錐形器：右佐䉼（箴）

集成 10453　廿四年錐形器：左佐䉼（箴）

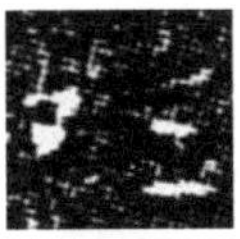

集成 11902A　廿四年銅梃：左佐䉼（箴）

集成 11902B　廿四年銅梃（摹）：左佐䉼（箴）

燕下都・圖四二九 11　銅鏃：左佐䉼（箴）

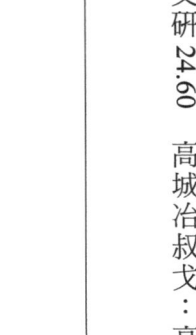

佑

0653

璽彙0053　䪥（韓）佑左司馬

璽彙0297　單佑都市鍴（瑞）

璽彙0361　單佑都市王勹（符）鍴（瑞）

璽彙2748　虘（獻）佑

佳

0654

璽彙1337　衛佳

璽彙2793　畾（雷）佳

璽彙2820　䪥（韓）佳

璽彙4103　彝（夷）吴（吾）居佳

陶錄4.18.1　左缶（陶）攻（工）佳

陶錄4.112.1　缶（陶）攻（工）佳

新陶·燕040　左缶（陶）攻（工）佳

0655 佯

璽彙 2726 祝佯

0656 俥

古印 110 軌（韓）俥

0657 倈

集成 11248A 郾王喜戈：郾（燕）王喜𡰥（鑄）桀倈戈

銘圖 17034 郾王喜戈：郾（燕）王喜𡰥（鑄）桀倈戈

陶録 4.1.1 倈敢攴（拍）賀

陶録 4.9.4 倈敢攴（拍）賀

陶録 4.210.3 倈敢攴（拍）賀

燕齊002　倈敢敀（拍）賀

陶錄4.2.2　倈旃（看）敀（拍）賀

文雅堂2.3　倈旃（看）敀（拍）賀

陶錄4.3.1　左缶（陶）倈留敀（拍）瑩

陶錄4.4.2　倈留敀（拍）瑩

步黟177　倈留敀（拍）叟（或）

陶錄4.7.1　左缶（陶）倈湯敀（拍）叟（或）

陶錄4.18.1　左缶（陶）倈湯敀（拍）叟（或）

燕齊001　左缶（陶）倈湯敀（拍）叟（或）

陶錄4.210.2　左缶（陶）倈湯敀（拍）□

陶彙4.25　左缶（陶）倈湯……

陶錄4.18.2　左缶（陶）倈……

陶錄4.10.1　倈剸（斷）敀（拍）賀

陶錄4.11.1　倈剸（斷）敀（拍）賀

歷博3燕15　倈剸（斷）敀（拍）賀

陶錄4.17.2　倈剸（斷）……

步黟169　倈剸（斷）……

陶錄4.14.3　倈……

歷博3燕2　倈脸（臁）敀（拍）……

步存·燕02　倈（看）敀（拍）賀

步存·燕03　倈旃（看）敀（拍）賀

（續）

步存·燕04　倈敢攴（拍）賀

燕陶023　倈豈（豎）攴（拍）□

便 0658

璽彙3380　敂便（僕）　按：「僕」字異體，又見卷三「僕」。

偏 0659

陶錄4.29.2　右宮偏（媥—芈）

燕陶094（摹）　右宮偏（媥—芈）

儡 0660

陶錄4.59.3　缶（陶）攻（工）儡

化 0661

選編0060　化

匕

0662

聚珍 021.2　尖首刀：匕

聚珍 021.3　尖首刀：匕

聚珍 047.5　尖首刀：匕

聚珍 047.6　尖首刀：匕

聚珍 048.1　尖首刀：匕

聚珍 048.2　尖首刀：匕

聚珍 118.4　燕明刀背文：右匕

卬

0663

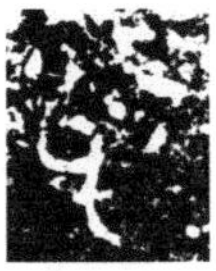

集成 10583　郾侯載器：戠（箴）教卬齀（嬰）

從

0664

集成 10414　從睘小器：從睘（縣）

幷

0665

璽彙1924　幷罳（懷）

璽彙1925　幷敁

璽考312　公孫幷

燕陶177　左市幷

燕陶524　幷

燕陶591　幷

比

0666

集成02374　圣鼎：圣（卒）乍（作）比（妣）辛障（尊）彝

集成12091　騎傳馬節：騎遵（傳）比吴（郵）

陶錄4.204.1　比逕（趣）

璽彙3057　虘（鑪）比

璽考91　閲市比鍴（瑞）

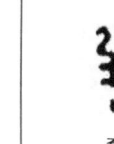

北 
0667

集成 11988.1 北鏃：大夫＝北

集成 11989 北鏃：大夫＝北

集成 11991 北鏃：大夫＝北

集成 10434A 北尙城瞏小器：北尙城瞏（縣）

貨系 2936 燕明刀背文：北

聚珍 014.1 尖首刀：北

聚珍 014.2 尖首刀：北

聚珍 049.6 尖首刀：北

聚珍 050.2 尖首刀：北

貨系 3645 燕明刀背文：右北

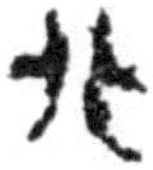
聚珍 165.6 燕明刀背文：右北

陶錄 4.54.3 缶（陶）攻（工）北

陶錄 4.154.2 北

丘

0668

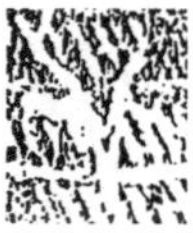

陶錄4.104.1　左北坪（平）

陶錄4.169.5　北

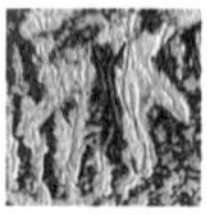

燕陶560　北

考古1965.11.568　骨距末（摹）：北宮

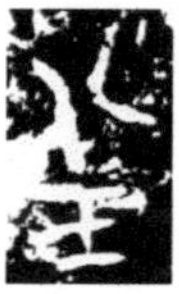

集成10422A　牙丘睘小器：牙坔（丘）睘（縣）

集成10422B　牙丘睘小器（摹）：牙坔（丘）睘（縣）　按：「丘」字繁構，又見卷十三「坔」。

聚珍044.5　尖首刀：丘

陶錄4.59.4　缶（陶）攻（工）丘

陶錄4.131.4　丘□

眾

0669

燕陶494 乒（丘）

燕陶494（描摹） 乒（丘）

集成11243.2 郾王詈戈：丌（其）攻（工）眔

集成11917 上距末：亓（其）眔

集成11917 上距末（摹）：亓（其）眔

璽彙4115 彝（夷）吳（吾）眔

陶錄4.102.1 士工眔

陶錄4.102.2 士工眔

歷博3燕89 缶（陶）眔

陶錄4.161.1 眔

陶錄4.166.6 眔

壬

0670

璽彙3884　公孫壬（挺）辻（上）

璽彙5692　彝（夷）吳（吾）不壬（庭）

身

0671

璽彙0364　昜文身（信）鍴（瑞）

璽彙3463　忠身（信）

陶錄4.186.1　⿱女貝（嬰）身

文物2020.10.61　郾侯脮磬：悳（克）左（佐）氒（厥）身

殷

0672

銘圖04482　大保簋：大（太）倸（寶—保）來殷

出土14.61　太保玉戈：延（延）㲇（殷）南

衣

0673

考古與文物1993.3.74 太保玉戈（摹）：延（延）㲋（殷）南 按：「殷」字繁構，又見卷七「㲋」。

集成05978 復作父乙尊：匽（燕）侯賁（賞）復𠂆、衣、臣、妾、貝

集成11518 郾王職矛：郾（燕）王職乍（作）黃（廣）衣（卒—萃）鈦

衦

0674

璽彙0493 王衦

選編0046 右宮衦

集拓18 右宮衦

卒

0675

集成00420.1 外卒鐸：□外卒鐸

銘圖16995　燕王職戈：郾（燕）王職乍（作）黃（廣）卒（萃）鋸（瞿—戳）

集成11402.1A　杕里瘟戈：大夫=敀之卒

集成11402.1B　杕里瘟戈（摹）：大夫=敀之卒

集成11917　上距末：治卒辭（司）攻（空）

集成11917　上距末（摹）：治卒辭（司）攻（空）

閦

0676

燕陶163　𨋍（韓）生（甥）閦　按：又見卷十二「閦」。

裘

0677

新陶・燕270　求　按：《說文》以為「裘」字古文。

壽

0678

燕陶554 求

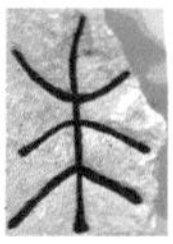

燕陶554（描摹） 求

璽彙1889 城壽

璽彙5630 𨊰（韓）壽

璽考311 公孫壽

歷博3燕47 缶（陶）攻（工）壽

燕陶281 缶（陶）攻（工）壽

燕陶282 【缶（陶）】攻（工）壽

燕陶482 壽

步黟231 壽

考

0679

集成02166A 𢿚史鼎：𢿚史乍（作）考障（尊）鼎

集成02166B　㪤史鼎（摹）：㪤史乍（作）考隮（尊）鼎

文物2020.10.61　郾侯股磬：皇考命=（靈命）□□

毛

0680

璽彙3247　毛⿱罒邑（鄟）

璽彙3942　毛生（甥）奇

居

0681

璽彙2210　郤居

璽彙2509　⿱䜌曰居

璽彙4103　彝（夷）吳（吾）居佳

璽彙4135　肖（趙）居

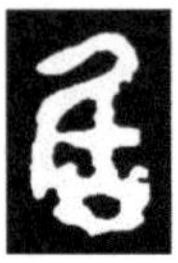

陶録4.22.4　右宮居顛（願）

屖

0682

屋

0683

歷博3燕33　右宮居頞（願）

歷博3燕34　右宮居頞（願）

歷博3燕35　右宮居頞（願）

集成03556　季屖簋：季屖乍（作）寶隮（尊）彝

璽彙0015　䫉（夏）屋都司徒

璽彙5541　䫉（夏）屋都左司馬

璽彙5546　䫉（夏）屋都𠚤（尉）

𡰥

0684

集成11784　右廩鐵斧範：𡰥（治）

燕文字編·卷八下

履
0685

璽彙2516　猲顮（履）　按：《說文》古文。

舟
0686

璽彙5500　舟（舟）

圖典3935　丏（万—萬）上舟（舟—受）

朕
0687

集成02505.1　郾方鼎：休朕公君匽（燕）矦易（賜）郾貝

般

0688

方

0689

集成 02505.2 圉方鼎：休朕公君匽（燕）侯易（賜）圉貝

文物 2020.10.61 郾侯朕磬：朕刺（烈）吝（文）武台（以）祀

集成 10229 匽公匜：匽（燕）公乍（作）爲姜乘般（盤）⿱它皿（匜）

集成 10423A 方城睘小器：方城睘（縣）

集成 10423B 方城睘小器（摹）：方城睘（縣）

貨系 3586 燕明刀背文：右方

貨系 3680 燕明刀背文：右方

璽彙 3957 東方維

璽彙 3958　東方疠（病）

璽彙 3959　東方貟

璽彙 3960　東方逩（遴）

璽彙 3961　東方生（甥）兖（乘）

璽彙 3963　西方肎（肯）

璽彙 3964　西方齒

璽彙 5689　西方瑩

璽考 326　東方賜

陶錄 4.30.3　左宮方

燕下都·圖二二〇10　方

兒

0690

戰研 2.103　……吳瘂（瘂）兒臍

允

0691

集成 10583　郾侯載器：[匚馬]（滿）賓允浧（盈）

兢

0692

陶錄 4.29.3　右宮竞（兢—兢）

歷博 3 燕 37　右宮竞（兢—兢）

歷博 3 燕 38　右宮竞（兢—兢）

選編 0045　右宮竞（兢—兢）

燕陶 574　右宮竞（兢—兢）

兊

0693

陶錄 4.140.6　兊

見

0694

集成02628　匽侯旨鼎：匽（燕）侯旨初見事于宗周

燕文字編·卷九上

頁

0695

璽彙0308　左軒僑頁壯

顧

0696

陶錄4.22.4　右宮居顩（顧）

歷博3燕33　右宮居顩（顧）

歷博3燕35　右宮居顩（顧）

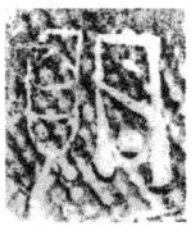

燕陶485　顩（顧）

0697 頲

璽彙1234　喬頊（頲）

璽彙1244　喬頊（頲）

0698 頱

璽考285　長（張）頱

0699 𩑰

璽彙2824　軋（韓）生（甥）𩑰

0700 題

圖典8964　尖（笑）顕（題）　按：朱德熙釋。

陶錄4.48.4　宔（士）缶（陶）顕（題）

陶錄4.207.4　宔（士）缶（陶）顕（題）

新陶·燕231　【宔（士）】缶（陶）顕（題）

頊 0701

顉 0702

丏

0703

燕陶 190　宔（主）缶（陶）頸（頸）

燕陶・圖 2.11 銅印　右宮頊

燕陶 575　右宮頊　按：又見卷三「頊」。

璽彙 3869　公孫顉

貨系 2720　尖首刀：丏（万—萬）

貨系 2723　尖首刀：丏（万—萬）

貨系 2929　燕明刀背文：千丏（万—萬）

貨系 3131　燕明刀背文：中丏（万—萬）

貨系 3132　燕明刀背文：中丏（万—萬）

貨系 3341　燕明刀背文：左丏（万—萬）

貨系 3342　燕明刀背文：左丏（万—萬）

貨系 3438　燕明刀背文：左丏（万—萬）

貨系 3581　燕明刀背文：右丏（万—萬）

貨系 3582　燕明刀背文：右丏（万—萬）

貨系 3583　燕明刀背文：右丏（万—萬）

貨系 3584　燕明刀背文：右丏（万—萬）

貨系 3732　燕明刀背文：右丏（万—萬）

貨系 3762　燕明刀背文：右丏（万—萬）四

聚珍012.4　尖首刀：丏（万—萬）

聚珍029.5　尖首刀：丏（万—萬）

聚珍055.1　尖首刀：丏（万—萬）

聚珍065.3　燕明刀背文：一丏（万—萬）

聚珍073.3　燕明刀背文：右丏（万—萬）

聚珍073.4　燕明刀背文：右丏（万—萬）

聚珍073.5　燕明刀背文：右丏（万—萬）

聚珍073.6　燕明刀背文：右丏（万—萬）

聚珍086.2　燕明刀背文：左丏（万—萬）

聚珍086.3　燕明刀背文：左丏（万—萬）

聚珍 105.1 燕明刀背文：右丏（万—萬）

聚珍 105.2 燕明刀背文：右丏（万—萬）

聚珍 128.5 燕明刀背文：左丏（万—萬）

聚珍 128.6 燕明刀背文：左丏（万—萬）

聚珍 142.1 燕明刀背文：中丏（万—萬）

聚珍 142.2 燕明刀背文：中丏（万—萬）

聚珍 142.3 燕明刀背文：中丏（万—萬）

聚珍 142.4 燕明刀背文：中丏（万—萬）

聚珍 142.5 燕明刀背文：中丏（万—萬）

聚珍 169.5 燕明刀背文：中丏（万—萬）

璽彙0016　丏城都司徒

華夏99·處NO.56-2　中貞（鼎）丏勹（符）

華夏100·處NO.54　大司徒丏皇（星—駰）

璽彙4467　千丏（万—萬）

璽彙4468　千丏（万—萬）

璽彙4469　千丏（万—萬）

璽彙4472　千丏（万—萬）

璽彙4473　千丏（万—萬）

璽彙4474　千丏（万—萬）

璽彙4475　千丏（万—萬）

璽彙4476　千丏（万—萬）

璽彙4477　千丏（万—萬）

璽彙4478　千丏（万—萬）

首

0704

歷博4.64　千丏（万—萬）

圖典8958　千丏（万—萬）

璽彙4735　百千丏（万—萬）

圖典3935　丏（万—萬）上⿱爫舟（舟—受）

集拓50　千丏（万—萬）

燕齊078　千丏（万—萬）

新陶·燕249　千丏（万—萬）

燕陶134　千丏（万—萬）

陶錄4.170.2　丏

書畫2018.10　夾遊刻石：郛（邦）首睘（縣）軨（轔）

文

0705

集成03626 ⿰虒攴簋：⿰虒攴乍（作）文且（祖）寶隮（尊）彝

集成03627 ⿰虒攴簋：⿰虒攴乍（作）文且（祖）寶隮（尊）彝

貨系2791 尖首刀：文

貨系2792 尖首刀：文

貨系2803 剪首刀：文

貨系2990 燕明刀背文：文

貨系2992 燕明刀背文：文爻

貨系3206 燕明刀背文：中文十

貨系3207 燕明刀背文：中文

貨系3208 燕明刀背文：中文

聚珍 143.5　燕明刀背文：中文

聚珍 143.6　燕明刀背文：中文

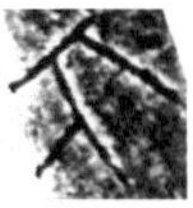
貨系 3211　燕明刀背文：中文八

聚珍 145.1　燕明刀背文：中文十

聚珍 108.5　燕明刀背文：右文

璽彙 0012　文安都司徒

璽彙 0364　昜文身（信）鍴（瑞）

璽彙 0668　長（張）文

璽彙 3852　公孫文

璽考 77　文安都臮（遽）皇（星—駬）

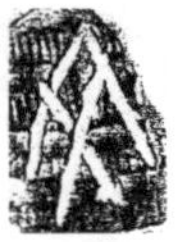
陶錄 4.134.5　文

陶錄 4.184.4　文

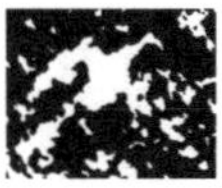
燕下都·圖七四 2　文

夆

0706

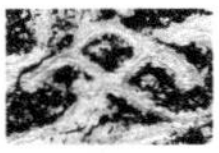

歷博3燕78 缶（陶）攻（工）文

新陶・燕250 文

選編0040 文

燕下都・圖一五八7 文

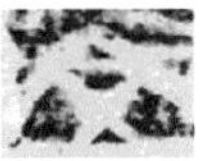

集拓23 缶（陶）攻（工）文

燕齊048 缶（陶）攻（工）文

步存・燕43 缶（陶）攻（工）文

書法2019.7 軌（韓）文

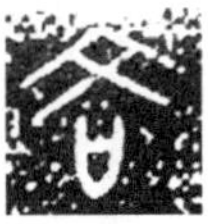

文物2020.10.61 郾侯脮磬：脮剌（烈）夆（文）武台（以）祀 按：「文」字繁構，又見卷二「夆」。

燕陶513 夆（封）

燕陶513（摹） 夆（封）

0707 ⿱文⿰文文

璽彙 2883　⿱文⿰文文逄

璽彙 2884　⿱文⿰文文⿱宀⿰貝刂

璽彙 2885　⿱文⿰文文疾

璽彙 2886　⿱文⿰文文

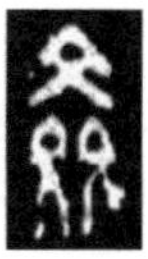
璽彙 2887　⿱文⿰文文⿷匚馬（滿）

璽彙 2888　⿱文⿰文文行

0708 嬰

集成 02702　嬰鼎（內壁）：㺇商（賞）又（有）正嬰貝

集成 02702　嬰鼎（內壁）：嬰㡒（揚）㺇商（賞）

0709 髟

銘圖 14789　克盉蓋：旆（使）羌、豸、䖒、雩、馼（馭）、髟

后

后

0710

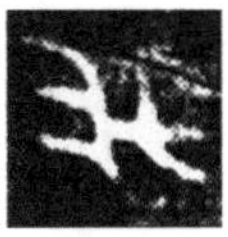

銘圖 14789　克盉：旆（使）羌、豸、叡、雩、駇（馭）、髟

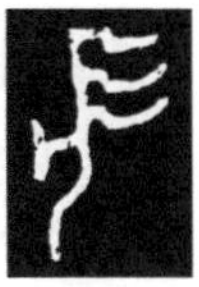

銘圖 13831　克罍蓋：旆（使）羌、豸、叡、雩、駇（馭）、髟

銘圖 13831　克罍：旆（使）羌、豸、叡、雩、駇（馭）、髟

集成 02360.1　王后左相室鼎：王后左梪（枝）室

集成 02360.2　王后左相室鼎：王后左梪（枝）室

西部 12.192　王后左相室鼎：王后左桯（枝）室

銘圖 02241　王大后鼎耳（摹）：王大（太）后右桯（枝）室

銘圖 02241　王大后鼎蓋（摹）：王大（太）后右桯（枝）室

西清 19.03　丙辰方壺：王后右亩（廩）

貨系 3164　燕明刀背文：中后

聚珍 146.2　燕明刀背文：中后

聚珍 146.3　燕明刀背文：中后

璽彙 4091　后闢封

璽彙4091　后闢封

陶錄4.139.3　后

司

0711

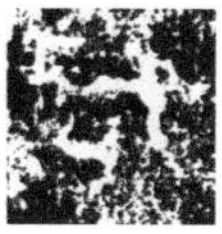
集成10583　匽侯載器：司兖（乘）宷

集成11909　庚都司馬鐓：庚都司馬

集成11236A　郾王職戈：郾（燕）王職乍（作）御司馬

集成11236B　郾王職戈（摹）：郾（燕）王職乍（作）御司馬

集成11305C　郾王詈戈（摹）：郾（燕）王詈（讙）惑（鑄）行義（儀）自卒司馬鉘

銘圖17024　郾王詈戈：郾（燕）王詈（讙）⿱㠯心（鑄）御司馬鍨（戣）

銅兵1.7　郾王喜戈：郾（燕）王喜⿱㠯心（鑄）御司馬鍨（戣）

集成11059　作御司馬戈：乍（作）御司馬

新收1984　司馬俫戈：司馬俫戈

璽彙0010　⿰易阝（易）都司徒

璽彙0011　⿰阝⿱罔土（⿰阝罔）⿰阝⿱亼土（陰）都司徒

璽彙0012　文安都司徒

璽彙0013　坪（平）⿰阝⿱亼土（陰）都司徒

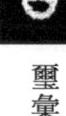

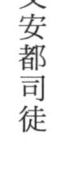

璽彙0014　怳（廣）陰（陰）都司徒

璽彙0015　頣（夏）屋都司徒

璽彙0016　丏城都司徒

璽彙0017　泃城都司徒

璽彙0018　泺都司徒

璽彙0020　左司徒

璽彙0021　逼（逼）都右司徒

璽彙0022　大司徒長勹（符）叕（瑞）

璽彙0024　司馬之鉨（璽）

璽彙0050　迣都左司馬

璽彙0051　桓昜（陽）都左司馬

璽彙0052　忌（廣）陰（陰）都左司馬

璽彙0053　軌（韓）佑左司馬

璽彙0054　梠（範）湩都左司馬

璽彙0055　沬都左司馬

璽彙0058　䢵都右司馬

璽彙0059　庚都右司馬

璽彙0060　帚昜（陽）都右司馬

璽彙0061　鄗邱都右司馬

璽彙0082　嶌（薊）都司工（空）

璽彙0085　坪（平）陰（陰）都司工（空）

璽彙0086　鄗邱都司工（空）

璽彙0365　外司聖（聲）鍴（瑞）

璽彙3770　司馬思

璽彙3820　司馬⿱艹山

璽彙3821　司馬戊

璽彙3822　司馬隹（進）

璽彙3823　司馬⿱丝缶（⿱艹⿱丝缶—⿱艹⿱丝十）

璽彙5541　頣（夏）屋都左司馬

璽彙5543　洵城都右司馬

璽彙5545　沶都司工（空）

璽彙5576　司馬敀

璽彙5691　司寇脰

璽考73　大司馬

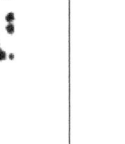

璽考84　郻都左司馬

璽考84　趣（逸）都左司馬

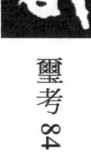

璽考86　䢐都右司馬

璽考86　䢐都左司徒鉨（璽）

璽考335　司寇章

璽考336　司馬思

璽考337　司馬戊

華夏100・處NO.54　大司徒丏皇（星—馹）

華夏100・處NO.55　大司徒鍴（瑞）

燕陶188　司馬□

令

0712

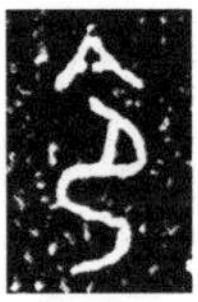
銘圖14789　克盉蓋：令克侯于匽（燕）

銘圖13831　克罍蓋：令克侯于匽（燕）

銘圖13831　克罍：令克侯于匽（燕）

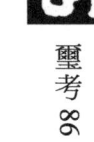

卲

0713

集成02703　堇鼎：匽（燕）侯令堇⿱亯異（飴）大（太）傒（保）于宗周

集成04140　大保簋：王降征令于大（太）保

集成04140　大保簋：用兹彝對令

出土14.61　太保玉戈：令大（太）傒（保）省南或（國）

考古與文物1993.3.74　太保玉戈（摹）：令⿰阝⿰菐攴（濮）侯辟

璽考91　卲泃市之坾（璽）

卸

0714

陶錄4.59.1　缶（陶）攻（工）卸（御）

陶錄4.59.2　缶（陶）攻（工）卸（御）

燕齊040　缶（陶）攻（工）卸（御）

燕陶299　缶（陶）攻（工）卸（御）

燕陶300　缶（陶）攻（工）卸（御）

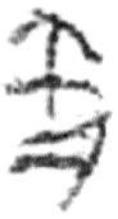

貨系3761　燕明刀背文：右卸（御）

燕陶193　士缶（陶）⿱午止（御）　按：「御」字省簡，又見卷二「御」。

辟

0715

銘圖14789　克盉蓋：亯（享）于乃辟

銘圖14789　克盉：亯（享）于乃辟

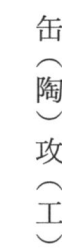

勹

0716

銘圖13831　克罍蓋：亯（享）于乃辟

銘圖13831　克罍：亯（享）于乃辟

璽彙0022　大司徒長勹（符）叕（瑞）

璽彙0361　單佑都市王勹（符）鍴（瑞）

璽彙0362　東昜（陽）⿰氵毌（海）澤王勹（符）鍴（瑞）

璽彙5562　中昜（陽）＝都吳（虞）王勹（符）

璽彙5566　魯勹

璽彙5582　齎（齊）勹

華夏99·處NO.56-2　中貞（鼎）丙勹（符）

陶錄4.21.2　昜（陽）安都王勹（符）鍴（瑞）

陶錄4.41.3　缶（陶）攻（工）勹

陶錄4.41.3　缶（陶）攻（工）勹

陶錄4.41.4　缶（陶）攻（工）勹

陶錄4.211.1　亩（廩）城都王勹（符）鍴（瑞）

陶錄4.211.2　都吳（虞）王勹（符）鍴（瑞）

陶錄4.211.3　㫰（庚）都王勹（符）鍴（瑞）

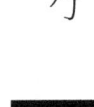

朝陽174　亩（廩）城都王勹（符）鍴（瑞）

燕齊097　勹

勻

0717

貨系 2930　燕明刀背文：勻

璽彙 3346　勻蜀金

⿱亯豕

0718

燕齊 102　⿱亯豕

燕陶 413　⿱亯豕

按：「童」「豕」雙聲，徐在國釋，又見卷三「⿱亯豕」。

茍

0719

集成 04140　大保簋：大保克茍（敬）亡（無）智（譴）

圖典 8963　茍（敬）事明上

敬

0720

集成 10583　匽侯載器：祗敬禞（郊）祀

⿺鬼敫

0721

考古 1983.1046　銅印：喬聭（⿺鬼敫）

[鼠鬼]

0722

集成 11477　瞏矛：[鼠鬼]瞏（縣）

畏

0723

燕陶 583　井畏

厶

0724

貨系 2903　燕明刀背文：厶（私）

聚珍 064.2　燕明刀背文：厶（私）

貨系 3324　燕明刀背文：左厶（私）

貨系 3325　燕明刀背文：左厶（私）

聚珍 127.5　燕明刀背文：左厶（私）

貨系 3560　燕明刀背文：右厶（私）

聚珍 072.6　燕明刀背文：右厶（私）

聚珍 103.4　燕明刀背文：右厶（私）

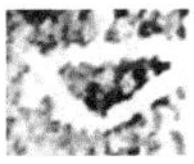
聚珍 304　燕明刀陶範背文：右厶（私）

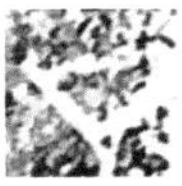
聚珍 304　燕明刀陶範背文：右厶（私）

貨系 3563　燕明刀背文：右一厶（私）

聚珍 103.5　燕明刀背文：右一厶（私）

貨系 3562　燕明刀背文：右二厶（私）

聚珍 103.6　燕明刀背文：右二厶（私）

貨系 3566　燕明刀背文：右三厶（私）

貨系 3567　燕明刀背文：右五厶（私）

貨系 3569　燕明刀背文：右六厶（私）

貨系 3571　燕明刀背文：右六厶（私）

聚珍 104.1　燕明刀背文：右六厶（私）

貨系 3574　燕明刀背文：右七厶（私）

聚珍 104.2　燕明刀背文：右七厶（私）

貨系 3728　燕明刀背文：右七一厶（私）

貨系 3575　燕明刀背文：右八厶（私）

貨系 3576　燕明刀背文：右十七厶（私）

貨系 3577　燕明刀背文：右二十＝（廿）厶（私）

貨系 3578　燕明刀背文：右二十＝（廿）厶（私）

聚珍 104.3　燕明刀背文：右三十=（卅）厶（私）

貨系 3580　燕明刀背文：右千厶（私）

聚珍 104.6　燕明刀背文：右千厶（私）

貨系 3733　燕明刀背文：右丏（万—萬）厶（私）

貨系 3734　燕明刀背文：右丏（万—萬）厶（私）

貨系 3759　燕明刀背文：右內厶（私）

貨系 3118　燕明刀背文：中厶（私）

貨系 3119　燕明刀背文：中厶（私）

聚珍 140.6　燕明刀背文：中厶（私）

聚珍 169.1　燕明刀背文：中一厶（私）

聚珍169.2　燕明刀背文：中二厶（私）

聚珍169.3　燕明刀背文：中二厶（私）

聚珍169.4　燕明刀背文：中三厶（私）

聚珍141.2　燕明刀背文：中二十=（廿）厶（私）

貨系2938　燕明刀背文：內厶（私）

璽彙1338　衛亡（無）厶（私）

璽彙3683　玄塙（高）厶（私）鉨（璽）

璽彙3838　司寇徒厶（私）

璽彙4130　肖（趙）上厶（私）句（竘）

選編0054　心亡（無）厶（私）

燕下都·圖二一三14　ㄙ（私）

燕下都·圖二〇八1　ㄙ（私）

燕下都·圖二一一1　ㄙ（私）

燕下都·圖二一一2　ㄙ（私）

燕下都·圖三〇二3　ㄙ（私）

燕下都·圖三四六2　ㄙ（私）

巍

0725

璽彙3053　⿱每山（巍—魏）纕

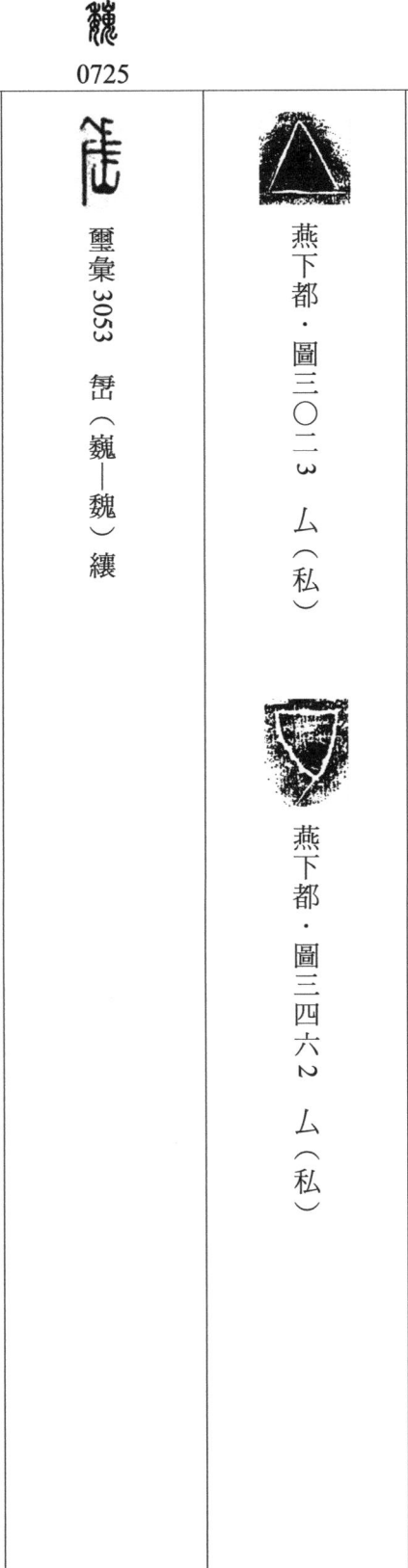

燕文字編·卷九下

山

0726

璽彙0363 汎（泉）尜（水）山金貞（鼎）鍴（瑞）

璽彙3849 公孫山

璽考253 長（張）山

陶錄4.56.4 缶（陶）攻（工）山

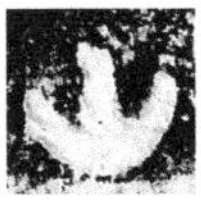

歷博3燕79 缶（陶）攻（工）山

燕陶277 缶（陶）攻（工）山

屵

0727

文物2020.10.61　郾侯脮磬：山巤（臘）永

聚珍053.5　尖首刀：屵（厃）

璽彙0117　庚都屵（厃—尉）

璽彙0118　徒口都屵（厃—尉）

璽彙0119　泃城都屵（厃—尉）

璽彙0120　鄗邔都屵（厃—尉）

璽彙0121　武尙都屵（厃—尉）

璽彙0126　左軍屵（厃—尉）鍴（瑞）

璽彙0369　族剔（陽）都屵（厃—尉）

璽彙3170 𡵂（户—尉）晨

璽彙3172 𡵂（户—尉）張

璽彙3335 馆（館）氏𡵂（户—尉）

璽彙5103 𡵂（户—尉）

璽彙5104 𡵂（户—尉）

璽彙5105 𡵂（户—尉）

璽彙5546 䪼屋都𡵂（户—尉）

璽彙5547 中軍𡵂（户—尉）

璽考76 㞷（往）都𡵂（户—尉）

璽考85 郙里都𡵂（户—尉）

璽考88　泺都㞱（𠂤—尉）　按：「𠂤」字異體，又見本卷「𠂤」。

0728 岦

璽彙3820　司馬岦

0729 𡵓

璽彙0363　泀（泉）𡵓（水）山金貞（鼎）鍴（瑞）

璽考295　辛𡵓

0730 岩

璽彙3518　岩湯

0731 𡷫

文物2020.10.61　郾侯脮磬：思𡷫（勇）㱠（㱠—賢）

府

0732

集成 11292　二年右貫府戈（摹）：右具府（府）御戥宿台　按：「府」字繁構，又見卷六「府」。

庫

0733

集成 11109　郾王右庫戈：郾（燕）王右庫戈

廏

0734

銅兵 5.4　右大廏弩機：右大廊（廏）

銅兵 5.5　左大廏弩機：左大廊（廏）

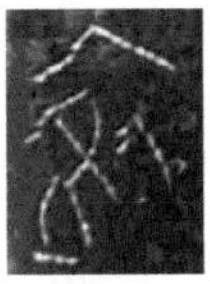

銅兵 1.8　六年右御工尹戈：丌（其）窖（廏）中　按：「廏」字異體，又見卷七「廊」「窖」。

庶

0735

集成 06510.1　庶觶：公中（仲）易（賜）庶貝十朋‖

集成06510.1　庶觶：庶用乍（作）寶障（尊）彝

集成06510.2　庶觶：庶用乍（作）寶障（尊）彝

厰

0736

璽彙2881　厰（嚴）䝿

厝

0737

集成06509.2　厝觶：厈（厝）易（賜）貝于公中（仲）

产

0738

璽彙0117　庚都𠚤（产—尉）

璽彙0118　徒口都𠚤（产—尉）

0739 ⿸厂長

璽彙0119　泃城都⿱厶山（厃—尉）

璽彙0120　鄗邸都⿱厶山（厃—尉）　按：「厃」字異體，又見本卷「⿱厶山」。

集成02702　嬰鼎（內壁）：嬰⿸厂長（揚）⿰女丮商（賞）

0740 石

璽彙4092　喬石生（甥）兵

0741 磬

文物2020.10.61　郾矦⿰月矦磬：唯郾（燕）矦⿰月矦乍（作）硜（磬）　按：《說文》古文。

砠 0742

璽彙 5406　砠（壇）　按：「壇」字異體，吳振武釋，又見卷十三「壇」。

砽 0743

陶錄 4.190.4　砽

硯 0744

璽彙 4105　彝（夷）吳（吾）硯

硷 0745

璽彙 2319　硷忌

璽彙 2320　硷縪（紖）

璽彙 2321　硷乇

璽彙 2322　硷乇

璽彙 2323　硷隹

華夏 98·處 NO.60　硷

長

0746

集成 11061　車大夫長畫戈A：車大夫=镸（長—張）畫

集成 11061　車大夫長畫戈B（摹）：車大夫=镸（長—張）畫　按：「長」字繁構，又見卷二「镸」。

璽彙 0022　大司徒長勹叒（瑞）

璽彙 0668　長（張）文

璽彙 0674　長（張）同

璽彙 0693　長（張）忍

璽彙 0697　長（張）內

璽彙 0698　長（張）內

璽彙 0699　長（張）內

璽彙 0710　長（張）章

璽彙 0724　長（張）[illegible]

璽彙0729　長（張）虫

璽彙0732　長（張）犬

璽彙0742　長（張）⿱夂乘（乘）

璽彙0745　長（張）寘（熱）

璽彙0746　長（張）寘（熱）

璽彙0747　長（張）丙

璽彙0749　長（張）共

璽彙0755　長（張）城

璽彙0756　長（張）加

璽彙0758　長（張）⿱穴系

璽彙0760　長（張）⿱竹每

璽彙0765　長（張）

璽彙0766　長（張）吕（己）

璽彙0774　長（張）⿰糹⿺乚多（⿰糹多）

璽彙0798　長（張）癥

璽彙0823　長（張）謌（訥）

璽彙0824　長（張）詁千臬（秋）

璽彙0830　長（張）墮

璽彙0837　長（張）新

璽彙0846　長（張）⿰厷鳥（雄）

璽彙0849　長（張）弢（發）

璽彙0850　長（張）逐

璽彙0852　長（張）

璽彙0864　長（張）不鈞（敬）

璽彙0867　長（張）怠

璽彙0868　長（張）匽

璽彙0870　長（張）市

璽彙0871　長（張）症

長部 長

璽彙0872 長（張）弃

璽彙0876 長（張）申

璽彙0878 長（張）章

璽彙0880 長（張）維

璽彙0882 長（張）昌

璽彙0883 長（張）伊

璽彙3949 長（張）生（甥）午

璽彙3950 長（張）生（甥）病

璽彙3951 長（張）生（甥）書

璽彙3952 長（張）生（甥）起

璽彙3953 長（張）生（甥）任

璽彙3954 長（張）生（甥）頡

璽彙3955　長（張）生（甥）敁

璽彙3956　長（張）生（甥）剔

璽彙5592　長（張）生（甥）遲（徙）

璽彙5607　長（張）聑

璽彙5611　長（張）即

璽彙5613　長（張）寏（宊）

璽彙5614　長（張）紀

璽彙5690　長（張）生（甥）磊

璽考252　長（張）狗

璽考253　長（張）山

璽考253　長（張）逜（伍）

璽考265　長（張）共

璽考266　長（張）加

璽考282　長（張）耴（聖）

璽考282　長（張）耳

璽考283　長（張）[illegible]（嬰）

璽考285　長（張）頣

璽考286　長（張）任

璽考287　長（張）多

璽考289　長（張）又

璽考290　長（張）張

璽考291　長（張）生（甥）書

璽考292　長（張）生（甥）眹

璽考292　長（張）生（甥）城

華夏56·銀NO.28　長（張）任

璽彙4405　長生

璽彙4406　長生

易

0747

璽彙4407 長生

璽彙4408 長生

圖典4046 王生（甥）長

圖典4990 長（張）內

圖典8888 長（張）內

陶錄4.178.1 之室長

燕陶162（摹） ⿱宀⿰丰刂（芻）長

燕陶166 長（張）工己

燕陶458 長

璽彙0003 ⿰立長（長）圩君但室鉨（璽） 按：「長」字繁構，又見卷十「⿰立長」。

集成11860 匽侯銅泡（摹）：匽（燕）侯舞昜（鍚）

集成 11861　郾侯銅泡（摹）：郾（燕）侯舞昜（鍚）

新收 1358　郾矦舞銅泡（摹）：郾（燕）矦舞昜（鍚）

新收 1369　郾矦舞銅泡：郾（燕）矦舞昜（鍚）

銘圖 18487　郾矦舞銅泡（摹）：郾（燕）矦舞昜（鍚）

銘圖 02014　陽鼎（摹）：昜（陽）大哭（器）

集成 10943　守陽戈：守昜（陽）

集成11929　右昜攻君弩牙：右昜（陽）攻（工）君（尹）

集成11930　右昜宮弩牙：右昜（陽）宮攻（工）君（尹）

銅兵5.2　右昜攻尹弩機：右昜（陽）攻（工）君（尹）

貨系2292　方足小布：安昜（陽）

貨系2298　方足小布：安昜（陽）

貨系2299　方足小布：安昜（陽）

貨系2300　方足小布：安昜（陽）

貨系2315　方足小布：安昜（陽）

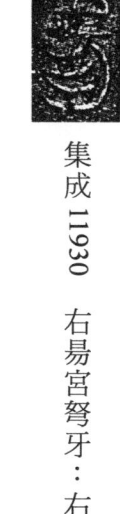

聚珍181.3　方足小布：安昜（陽）

聚珍181.6　方足小布：安昜（陽）

聚珍182.3　方足小布：安昜（陽）

聚珍183.2　方足小布：安昜（陽）

璽彙0051　柜昜（陽）都左司馬

璽彙0060　帚昜（陽）都右司馬

璽彙0158　帚昜（陽）曾（鑄）帀（師）鉨（璽）

璽彙0188　閔昜（陽）都狊（遽）皇（⿱日王—馹）

璽彙0189　⿰木二（枝）昜（陽）都狊（遽）皇（⿱日王—馹）

璽彙0192　帚昜（陽）都封人

璽彙0362　東昜（陽）泑（海）澤王勹（符）鍴（瑞）

璽彙0364　昜（陽）文身（信）鍴（瑞）

璽彙1668　昜諭

璽彙1669　昜㕣

璽彙1670　昜加

璽彙1671　昜建

璽彙1672　昜骨

璽彙1675　昜猚

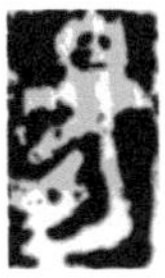
璽彙1676　昜上

璽彙1677　昜生（甥）㞷

璽彙2501　鍕昜

璽彙3897　公孫生（甥）昜

璽彙5642　昜寅

圖典4204　昜亦

璽考79　帚昜（陽）都鉨（璽）

璽考81　武昜（陽）都臭（遽）皇（星—駬）

陶錄4.21.2　昜（陽）安都王勹（符）鍴（瑞）

陶錄4.22.1　□昜（陽）都吳（虞）王勹（符）

朝陽211.5　昜（陽）安都王勹（符）鍴（瑞）

陶錄4.141.6　昜

燕齊089　昜

豕

0748

璽彙1224　喬豕

璽彙1679　郻生（甥）豕

㣇

0749

銅兵5.2　右昜攻尹弩機：七㣇（肆）

豸

0750

銘圖14789　克盉蓋：旃（使）羌、豸、𠭯、雩、駇（馭）、髟

銘圖14789　克盉：旃（使）羌、豸、𠭯、雩、駇（馭）、髟

銘圖13831　克罍蓋：旃（使）羌、豸、𠭯、雩、駇（馭）、髟

銘圖13831　克罍：旃（使）羌、豸、𠭯、雩、駇（馭）、髟

豻

0751

璽彙3354　臼犴（豻）　按：《說文》或體。

易

0752

集成00689.1　伯矩鬲：匽（燕）侯易（賜）白（伯）䂓（矩）貝

集成00689.2　伯矩鬲：匽（燕）侯易（賜）白（伯）䂓（矩）貝

集成04140　大保簋：易（賜）休某土

集成02505.2　圉方鼎：休朕公君匽（燕）侯易（賜）圉貝

集成02749　𧧽鼎：侯易（賜）𧧽貝、金

集成06509.2　厝觶：厈（厝）易（賜）貝于公中（仲）

集成06510.1　庶觶：公中（仲）易（賜）庶貝十朋=

集成06510.2　庶觶：公中（仲）易（賜）庶貝十朋=

集成02505.1　圉方鼎：休朕公君匽（燕）矦易（賜）圉貝

集成03824　圉簋：王易（賜）圉貝

銘圖14763　亞盉（蓋）：匽（燕）矦易（賜）亞貝

豫

0753

璽考76　𨛭（易）都吳（虞）　按：「易」字繁構，又見卷六「𨛭」。

集成11339A　十三年戈：豫仝（全）兖（乘）爲大夫=子婈（御）賀

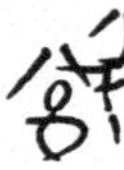

集成11339B　十三年戈（搴）：豫仝（全）兖（乘）爲大夫=子婈（御）賀

璽彙2822　軓（韓）豫

燕陶605　豫

馬

0754

燕文字編·卷十上

集成11909　庚都司馬鐓：庚都司馬

集成11236A　郾王職戈：郾（燕）王職乍（作）御司馬

集成11236B　郾王職戈（摹）：郾（燕）王職乍（作）御司馬

集成11305C　郾王詈戈（摹）：郾（燕）王詈（讙）忍（鑄）行義（儀）自卒司馬鉘

銅兵1.7　郾王喜戈：郾（燕）王喜𢘅（鑄）御司馬鍨（戣）

集成11059　作御司馬戈：乍（作）御司馬

新收1984　司馬俫戈：司馬俫戈

聚珍111.4　燕明刀背文：右馬

璽彙0024　司馬之鉨（璽）

璽彙0050　𥩳都左司馬

璽彙0051　桓昜（陽）都左司馬

璽彙0052　𠬝（廣）险（陰）都左司馬

璽彙0053　𠦝（韓）佑左司馬

璽彙0054　梎（範）湩都左司馬

璽彙0055　洀都左司馬

璽彙0058　⿺辶生都右司馬

璽彙0059　庚都右司馬

璽彙0060　帚昜（陽）都右司馬

璽彙0061　⿰畐阝⿰目阝都右司馬

璽彙0293　⿱日庚（庚）都萃車馬

璽彙3413　涘（凝）馬⿱䀠心（懼）

璽彙3770　司馬思

璽彙3820　司馬茌

璽彙3823　司馬⿰糸咅（⿱艹⿰糸咅—⿱艹綷）

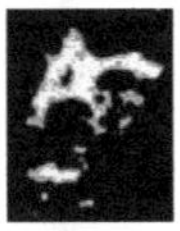
璽彙5541　⿰是頁（夏）屋都左司馬

璽彙5543　泃城都右司馬

璽彙5576　司馬⿰角皮

璽考73　大司馬

璽考84 郾都左司馬

璽考84 逸（逸）都左司馬

璽考336 司馬思

璽考337 司馬戉

徙信010 沓（來）馬遫（趣）

燕陶188 司馬□

駒

0755

璽彙3866 公孫駒

陶錄4.32.2 右宮駒

燕陶085 右宮駒

騎

0756

集成12091 騎傳馬節：騎遫（傳）比吳（鄄）

璽彙2512 瘍騎

駟

0757

璽彙1504 畋生（甥）駟

驪 
0758

璽彙3226 赤敺（毆—驪） 按：《說文》古文。

麋 
0759

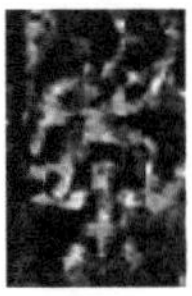
銅兵3.11 郾王喜矛：郾（燕）王喜怸（鑄）□麋□

逸 
0760

璽考84 ⿺走兔（逸）都左司馬 按：「逸」字異體，又見卷二「⿺走兔」。

萈 
0761

陶錄4.168.5 萈

陶錄4.185.3 萈

陶錄4.185.4 萈

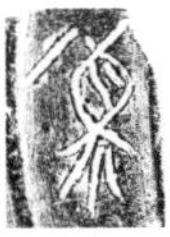
歷博3燕112 萈

歷博3燕114  萈

燕齊086 萈

書超網 15 莧

新陶·燕 297 莧

燕陶 500 莧

燕陶 603 莧

犬

0762

圖典 4248 郾（燕）白（伯）犬

璽彙 0732 長（張）犬

狗

0763

璽彙 3496 审生（甥）狗

璽考 252 長（張）狗

考古 1989.4.378 狥（狗）澤都

考古 1989.4.378（摹） 狥（狗）澤都

燕陶 567 左宮狢（狗）

狾

0764

璽彙 2520 狾厶（參）

璽彙 2521 狾章

獻

獻

0765

璽彙2318　陸獻

集成11325A　九年將軍戈：剸（斷）宮戊丌（其）虞（獻）

集成11325B　九年將軍戈：剸（斷）宮戊丌（其）虞（獻）

集成11326B　九年將軍戈：剸（斷）宮戊丌（其）虞（獻）

璽彙2746　虞（獻）䙴

璽彙2747　虞（獻）留

璽彙2749　虞（獻）弜（強）

璽彙2750　虞（獻）匿（簠）　按：「獻」字省簡，又見卷五「虞」。

0766 猶

璽彙3351 休猷

0767 犯

吉林188 犯生（甥）癥

0768 𤞞

璽彙1675 昜𤞞

璽彙2287 範（範）𤞞

步存·燕57 𤞞 按：徐在國釋。

燕陶169 𤞞盧（鑪）

0769 𤞣

璽彙2510 𤞣佳

璽彙2511 𤞣厽（參）

璽彙2512 𤞣騎

璽彙2513　猲販

璽彙2514　猲生（甥）虼

璽彙2515　猲軍

璽彙2516　猲頏（履）

璽彙2517　猲章

璽彙3452　蚷生（甥）猲忌

圖典3831　猲遫（趣）

圖典4287　猲疾

戰研1.176　猲臉（臁）

火

0770

貨系3393　燕明刀背文：左火

陶録4.164.5　火

爨

0771

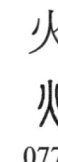

璽彙3153　爨（焦）剸（斷）

裁

0772

陶錄4.41.1　缶（陶）攻（工）灾（裁）

燕齊052　缶（陶）攻（工）灾（裁）　按：《說文》或體。

光

0773

集成02749　害鼎：光用大（太）傈（保）

熱

0774

璽彙0745　長（張）⿱宀炅（熱）

璽彙1228　喬⿱宀炅（熱）

璽彙5564　孫⿱宀炅（熱）　按：「熱」字異體，又見卷七「⿱宀炅」。

黑

0775

陶錄 4.14.1 ……攻（工）黑

陶錄 4.16.1 ……缶（陶）攻（工）黑

陶錄 4.20.1 缶（陶）攻（工）黑

燕齊 090 黑

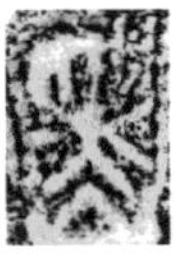

燕陶 487 黑

燕文字編・卷十下

赤

0776

璽彙3226　赤敀（毆—驅）

璽彙3902　公孫赤

璽考338　赤章秺

燕齊093　赤

大

0777

銘圖13831　克罍蓋：大（太）傢（保）

銘圖13831　克罍蓋：余大對乃亯（享）

集成01735　大保鼎：大（太）僳（保）鑄

集成02158　大保方鼎：大（太）僳（保）

集成04140　大保簋：王降征令于大（太）保

集成04140　大保簋：大（太）保克苟（敬）亡（無）書（譴）

集成04140　大保簋：王永大（太）保

集成2372　大保黹作宗室方鼎：大（太）僳（寶—保）

集成00915 大史友甗：大（太）史友乍（作）召公寶隮（尊）彝

銘圖02014 陽鼎（摹）：昜（陽）大哭（器）

銘圖02241 王大后鼎b（摹）：王大（太）后右梠（枝）室

銘圖02241 王大后鼎蓋（摹）：王大（太）后右梠（枝）室

銘圖02043 王太后鼎（摹）：王大（太）句（后）

銘圖02043 王太后鼎（摹）：大（太）子左梠（枝）室

集成11383.2　郾侯載作戎戈：大仸（側）□祇逌巸（熙）

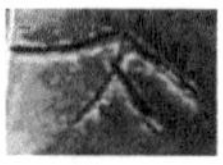
銅兵5.4　右大廄弩機：右大廐（廄）

銅兵5.5　左大廄弩機：左大廐（廄）

貨系2763　尖首刀：大

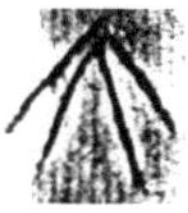
貨系2765　尖首刀：大

聚珍013.3　尖首刀：大

聚珍050.6　尖首刀：大

聚珍051.2　尖首刀：大

聚珍051.5　尖首刀：大

聚珍052.1　尖首刀：大

聚珍063.5　燕明刀背文：大

聚珍177.1　燕明刀背文：大

璽彙0022　大司徒長勹（符）叕（瑞）

華夏100·處NO.54　大司徒丏皇（昰—馹）

華夏100·處NO.55　大司徒鍴（瑞）

璽彙4123　彝（夷）吳（吾）大

璽彙4738　大吉昌

璽彙4866　大吉昌內

璽彙4867　大吉昌內

璽彙4868　大吉昌內

璽彙4872　大吉昌內

璽彙4873　大吉昌內

璽彙4874　大吉昌內

璽考73　大司馬

璽考345　大敢衣（依）

大部 大 契 **亦部** 亦 **夨部** 吳

陶錄4.173.1　大

陶錄4.173.2　大

陶錄4.173.3　大

陶錄4.173.4　大

燕下都・圖二三二23　大

文物2020.10.61　郾侯脮磬：子孫永保大申（神）

契

0778

陶錄4.202.6　契

亦

0779

圖典4204　昜亦

吳

0780

璽彙1650　左吳（虞）

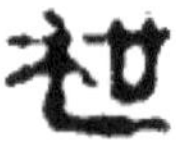
璽彙4101　彝（夷）吳（吾）思

璽彙4102　彝（夷）吳（吾）邦

璽彙4103　彝（夷）吳（吾）居佳

璽彙4104　彝（夷）吳（吾）禾

璽彙4105　彝（夷）吳（吾）硯

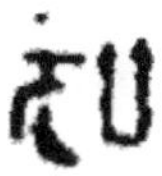
璽彙4106　彝（夷）吳（吾）逦（趣）

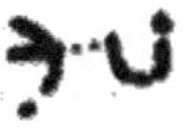
璽彙4107　彝（夷）吳（吾）歡

璽彙4108　彝（夷）吳（吾）歡

璽彙4109　彝（夷）吳（吾）㕣

璽彙4110　彝（夷）吳（吾）弜（強）

璽彙4111　彝（夷）吳（吾）𨉖（信）

璽彙4112　彝（夷）吳（吾）謨（謹）

璽彙4113　彝（夷）吳（吾）汲

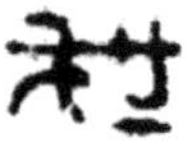
璽彙4114　彝（夷）吳（吾）晨

璽彙4115　彝（夷）吳（吾）眾

璽彙4116　彝（夷）吳（吾）角

璽彙4117　彝（夷）吳（吾）生（甥）非

璽彙4118　彝（夷）吳（吾）生（甥）鵑

璽彙4119　彝（夷）吳（吾）市臣

璽彙4121　彝（夷）吳（吾）寅

璽彙4122　彝（夷）吳（吾）陸

璽彙4123　彝（夷）吳（吾）大

璽彙4124　彝（夷）吳（吾）列

璽彙4125　彝（夷）吳（吾）疾

璽彙5562　中昜（陽）=都吳（虞）王勹（符）

璽彙5583　彝（夷）吳（吾）旦

璽彙5692　彝（夷）吳（吾）不壬（庭）

璽考76　⿰易阝（易）都吳（虞）

陶錄4.211.2　都吳（虞）王勹（符）鍴（瑞）

蘭城10　吳佤

燕齊080　吳

燕齊099　吳

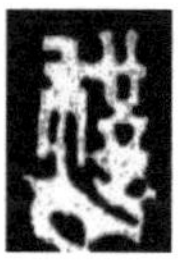

璽彙2240　郹（吳）纕　按：「吳」字繁構，又見卷六「郹」。

夭

0781

璽彙3347　夭走（胥）秦更

書畫2018.10　夾逰刻石：夭遷（⿺辶㑴）

書畫2018.10　夾逰刻石：夭遷（⿺辶㑴）

喬

0782

璽彙1222　喬臣

璽彙1223　喬亹（齊）

璽彙1224　喬豕

璽彙1225　喬兵

璽彙1226　喬安

璽彙1227　喬瘂

璽彙1228　喬寞（熱）

璽彙1229　喬𡈼

璽彙1230　喬帀（師）

璽彙1231　喬受

璽彙1232　喬倚

璽彙1233　喬脸（臉）

璽彙1234　喬頊（頵）

璽彙1236　喬膏

璽彙1237　喬鵑

璽彙1238　喬戒

璽彙1239　喬[illegible]

璽彙1240　喬帀（師）

璽彙1242　喬瘖

璽彙1243　喬詁

璽彙1244　喬頊（頵）

夭部 喬

璽彙1245 喬黃

璽彙1246 喬⿰貝丩（⿰貝句）

璽彙1247 喬⿱亙心（惎）

璽彙1248 喬辛（新）城

璽彙4092 喬石生（甥）兵

璽彙4093 喬生（甥）畋

璽彙4094 喬生（甥）逫

璽彙4095 喬生（甥）式（二）

璽彙4096 喬生（甥）孫

璽彙5591 喬公

璽彙5635 喬肟

歷博4.43 喬吷（⿰身夬—射）

珍戰99 喬癓

考古1983.1046　銅印：喬魏（魑）

燕下都·圖四八四4　銅印：喬

圖典4276　喬

徒信136　喬生（甥）𣪕

壺

0783

集成09975.3A　陳璋鐳：里（紳）金鎔（佑）壺

集成09975.3B　陳璋鐳（摹）：里（紳）金鎔（佑）壺　按：吳蒙、李家浩釋。

㚔

0784

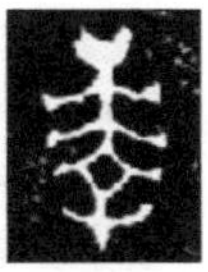

集成02374　𡚁鼎：𡚁（㚔）乍（作）比（妣）辛隮（尊）彝

幸部 㚔

集成11543 郾王戎人矛：郾（燕）王戎人乍（作）自㚔逹（率）鈦

集成11305A 郾王詈戈：郾（燕）王詈（讙）愳（鑄）行義（儀）自㚔司馬鉘

集成11305B 郾王詈戈：郾（燕）王詈（讙）愳（鑄）行義（儀）自㚔司馬鉘

集成11305C 郾王詈戈（摹）：郾（燕）王詈（讙）愳（鑄）行義（儀）自㚔司馬鉘

銅兵1.4 郾王詈戈：郾（燕）王詈（讙）愳（鑄）行議（儀）自㚔鉘

圉

0785

集成 02505.1　圉方鼎：休朕公君匽（燕）侯易（賜）圉貝

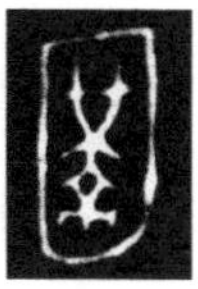

集成 02505.2　圉方鼎：匽（燕）侯易（賜）圉貝

集成 00935　圉甗：王易（賜）圉貝

集成 03824　圉簋：王易（賜）圉貝

集成 03825.1　圉簋：王易（賜）圉貝

集成 05374.2　圉卣：王易（賜）圉貝

亢

0786

聚珍 033.4　尖首刀：亢

0787 𠦬

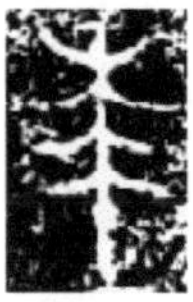
集成 00935 圉甗：王𠦬于成周

集成 03824 圉簋：王𠦬于成周

集成 03825.1 圉簋：王𠦬于成周

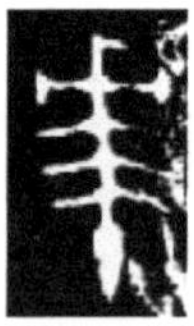
集成 05374.2 圉卣：王𠦬于成周

0788 臭

書畫 2018.10 夾迣刻石：郊（邦）□夫臭（臭）

0789 夫

書畫 2018.10 夾迣刻石：郊（邦）□夫臭（臭）

0790 規

集成 10073 伯矩盤：（規）白（伯）炬（矩）乍（作）寶障（尊）彝

立

0791

西清29.42 郾侯載豆：祇辛（新）立（位）

貨系3689 燕明刀背文：右立

陶錄4.194.3 立

⿰立于

0792

燕齊012 ⿱几土⿰立于

新陶·燕242 ⿱几土⿰立于

燕陶557 ⿱几土⿰立于

⿰立巠

0793

陶錄4.203.1 ⿰立巠

陶錄4.203.2 ⿰立巠

⿰立長

0794

集成11528B 郾王喜矛：郾（燕）王喜慁（鑄）仝（全）⿰立長（長）利

集成11529 郾王喜矛：郾（燕）王喜恖（鑄）仝（全）⿰立長（長）利

璽彙0003 ⿰立長（長）圩君伹室鉨（璽）

璽彙3362 男⿰立長（長）

璽彙3933 ⿰立長（長）孫⿺辶㝵（得） 按：「長」字繁構，又見卷九「長」。

⿰立辵

0795

璽彙0050 ⿰立辵都左司馬

璽彙0058 ⿰立辵都右司馬

璽彙0186 ⿰立辵都昊（遽）皇（⿱日王—駟）

璽彙0292 ⿰立辵都市鋀（豆）

璽彙5553 ⿰立辵都封人

璽考86 ⿰立辵都右司馬

璽考86　⿰立疌都左司徒鉨（璽）

陶彙4.151　⿰立疌都市鋀（豆）

0796

⿰立睪

銘圖12406　燕王職壺：唯郾（燕）王職⿰立睪（踐）⿱乍田（阼—祚）弃（丞—承）祀

銘圖12406　燕王職壺（摹）：唯郾（燕）王職⿰立睪（踐）⿱乍田（阼—祚）弃（丞—承）祀　按：董珊、陳劍釋。

0797

⿰立覃

陶錄4.24.1　左宮⿰韋立

陶錄4.24.2　左宮⿰韋立

燕陶601　⿰韋立　按：又見卷五「⿰韋立」。

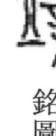

囟

0798

燕下都·圖二一二10　囟

巤

0799

文物2020.10.61　郾侯脮磬：山巤（臘）永

思

0800

集成10583　郾侯載器：郾（燕）侯載思天炁（愛）人

璽彙3500　依思

璽彙3770　司馬思

璽彙4101　彝（夷）吳（吾）思

集拓53　思

文物2020.10.61　郾侯脮磬：思甬（勇）⿰臣心（⿱臤心—賢）

盧

0801

璽彙3447 盧生（甥）慮（盧）

燕陶462 慮（盧）

心

0802

陶錄4.29.4 右宮巨心

選編0054 心亡（無）ム（私）

歷博3燕117 臾心

燕陶108（摹） 右宮巨心

息

0803

陶錄4.57.1 缶（陶）攻（工）息

陶錄4.57.2 缶（陶）攻（工）息

集拓37 缶（陶）攻（工）息

陶錄4.98.3 士缶（陶）息

燕陶 293 缶（陶）攻（工）息

燕陶 461 息

志

0804

璽彙 4337 得志

璽彙 4338 得志

慎

0805

璽彙 5684 王忎（慎）明此

忠

0806

璽彙 3463 忠身（信）

忻

0807

璽彙 2321 硷忻

璽彙 2322 硷忻

恭

0808

燕下都·圖二八八22　恭

懷

0809

璽彙1924　幷眾（懷）

璽彙2712　良眾（懷）

璽彙3929　王孫生（甥）眾（懷）

懼

0810

璽彙2813　𠦝（韓）瞿（懼）

璽彙3413　涘（凝）馬瞿（懼）

忎

0811

集成10583　匽侯載器：郾（燕）医載思天忎（愛）人　按：董珊釋。

忞

0812

璽彙2325　坣忞

⿰忄曳

0813

書超網 23　⿱曳心（⿰忄曳）

忏

0814

陶錄 4.186.4　忎（忏）

⿰忄亟

0815

歷博 3 燕 119　甚惡（⿰忄亟）

忒

0816

書超網 11　⿹戈心（忒）

愉

0817

璽彙 3403　⿱⿰舟余心（愉）

愚

0818

圖典 8941　雋（雖）愚

怠

0819

璽彙 0867　長（張）佁（怠）

書法 2019.12　怠

忩

0820

璽彙 1289　余忩

悅

0821

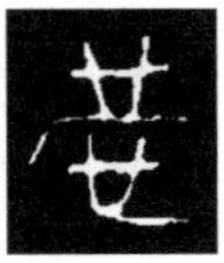

西清 19.03　丙辰方壺：尹卋疾忍（悅）丌（其）窃（㓞）也

貨系 2336　方足小布：忍（悅—廣）昌

貨系 2337　方足小布：忍（悅—廣）昌

貨系2338　方足小布：忈（悅—廣）昌

貨系2339　方足小布：忈（悅—廣）昌

璽彙0014　忈（悅）隂（陰）都司徒

璽彙0052　忈（悅）隂（陰）都左司馬

璽彙0329　明（朝）忈（悅）邦

璽彙0693　長（張）忈（悅）

璽彙2319　碒忈（悅）

璽彙3317　濤忈（悅）

璽彙3452　蛆生（甥）狊忈（悅）

璽彙3919　公孫忈（悅）

璽考312　公孫忈（悅）千臬（秋）

㤂

0822

陶錄4.69.3 缶（陶）攻（工）⿱兄心（怳）

陶錄9.12.1 缶（陶）攻（工）⿱兄心（怳）

歷博3燕15 缶（陶）攻（工）⿱兄心（怳）

燕齊004 缶（陶）攻（工）⿱兄心（怳）

新陶·燕001 缶（陶）攻（工）⿱兄心（怳）

燕陶035 缶（陶）攻（工）⿱兄心（怳）

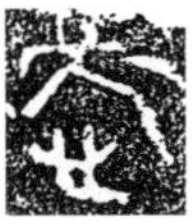

陶錄4.163.3 ⿱兄心（怳）

新陶·燕301 ⿱兄心（怳）

華夏53·處NO.262 ⿰車乁（韓）㤂（幾）

步黟230 幾（⿱几心） 按：「⿱几心」字異體，又見本卷「幾」。

0823 ⿱共心

歷博3燕11 左缶（陶）攻（工）⿱共心

歷博3燕12 左缶（陶）攻（工）⿱共心

0824 ⿰忄牙

璽考310 公孫⿰忄牙

0825 窓

集成09606.1 䌛窓君扁壺：纕窓君丌（其）鈚（甁）

0826 ⿱克心

銘圖12406 燕王職壺：⿱克心（克）邦陞（踐）城

⿱丘心

0827

銘圖 12406 燕王職壺（摹）：怘（克）邦𨻰（踐）城

陶錄 4.118.4 怘（克） 按：楊爍釋。

燕齊 108 怘（克）

燕陶 399 怘（克）

燕陶 401 怘（克）

文物 2020.10.61 郾灰脮磬：怘（克）左（佐）氒（厥）身 按：「克」字繁構，又見卷七「克」。

新陶·燕 302 ⿱丘心

⿱臤心

0828

文物 2020.10.61　郾侯䑦磬：思甬（勇）⿱臣心（⿱臤心—賢）

⿸厂⿱巳心

0829

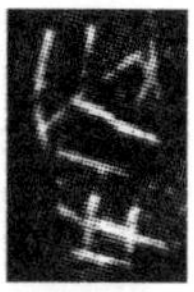

集成 11221B　郾侯職戈：郾（燕）侯職⿸厂⿱巳心（鑄）虫萃鋸（瞿—戵）

集成 11634　郾王職劍：郾（燕）王職⿸厂⿱巳心（鑄）武無者鐱（劒）

集成 11194　郾王詈戈：郾（燕）王詈（讙）⿸厂⿱巳心（鑄）攸（捶）鋸（瞿—戵）

集成 11240　郾王詈戈：郾（燕）王詈（讙）⿸厂⿱巳心（鑄）巨攸（捶）鋸（瞿—戵）

集成 11241C　郾王詈戈（摹）：郾（燕）王詈（讙）𢘐（鑄）雲萃鋸（瞿—戳）

集成 11244.1　郾王詈戈：郾（燕）王詈（讙）𢘐（鑄）行議（儀）鍨（戣）

集成 11305A　郾王詈戈：郾（燕）王詈（讙）𢘐（鑄）行義（儀）自卒司馬鍊

集成 11305C　郾王詈戈（摹）：郾（燕）王詈（讙）𢘐（鑄）行義（儀）自卒司馬鍊

集成 11350.1　郾王詈戈：郾（燕）王詈（讙）𢘐（鑄）行議（儀）鍨（戣）

銅兵1.1　十年郾王詈戈：郾（燕）王詈（讙）𢘓（鑄）行議（儀）鍨（戣）

集成11497A　郾王詈矛：郾（燕）王詈（讙）𢘓（鑄）

集成11195A　郾王喜戈：郾（燕）王喜𢘓（鑄）攷（捶）鋸（瞿—戳）

集成11249　郾王喜戈：郾（燕）王喜𢘓（鑄）巨攷（捶）鋸（瞿—戳）

集成11528A　郾王喜矛：郾（燕）王喜𢘓（鑄）仝（全）長利

稔

0830

集成11529　郾王喜矛：郾（燕）王喜悥（鑄）仝（全）長利

集成11612　郾王喜劍：郾（燕）王喜悥（鑄）無者鈦

集成11613　郾王喜劍：郾（燕）王喜悥（鑄）無者鈦

集成11614　郾王喜劍：郾（燕）王喜悥（鑄）無者鈦

璽彙2216　郜悥（鑄）

選編0053　稔

幾

0831

步黟230　幾（𢗈）

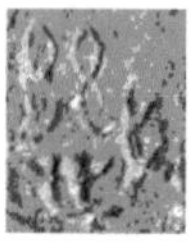

燕陶449　幾（𢗈）

華夏53·處NO.262　𩏑（韓）𢗈（幾）　按：「幾」字異體，又見本卷「𢗈」。

愬

0832

璽彙1247　喬悥（愬）

璽彙3662　婁悥（愬）

璽彙5688　公孫悥（愬）

燕陶565　悥（愬）

窻

0833

燕陶496　窻

0834 ⿱戠心

燕陶 124　左宮⿱戠心

燕陶 570　左宮⿱戠心

0835 ⿱湯心

璽彙 3518　⿱石凵⿱湯心

0836 ⿱⿸厂㸚心

集拓 14　左宮余⿱⿸厂㸚心

0837 ⿱鬳心

璽彙 2746　⿸虍貝（獻）⿱鬳心

國別文字編

燕文字編

三

張振謙　編著

文物出版社

燕文字編·卷十一上

水  0838

陶錄 4.157.1 反水

河  0839

文雅堂 2.1 河補（浦）五魚鉨（璽）

漢  0840

出土 14.61 太保玉戈：帥漢

考古與文物 1993.3.74 太保玉戈（摹）：帥漢

漆

0841

陶錄4.184.2 漆

洹

0842

集成11383.2 郾侯載作戎戈：自洹逨（來）

海

0843

璽彙0362 東昜（陽）沺（海）澤王勹（符）鍴（瑞）

淖

0844

集成12104A 雁節：帚戊矣（郵）舟（潮—鑄）

集成12104C 雁節（摹）：帚戊矣（郵）舟（潮—鑄）

集成12105A 鷹節：帚戊矣（郵）舟（潮—鑄）

集成12105B 鷹節（摹）：帚戊矣（郵）舟（潮—鑄）

集成 12106A 鷹節：帚戊矦（郵）舟（潮—鑄）

集成 12106B 鷹節（摹）：帚戊矦（郵）舟（潮—鑄）

清

0845

璽彙 0215 壆（隔）险（陰）都清左

中原文物 2007.1.111 銅印：壆（隔）险（陰）都清左

淵

0846

集成 10980 亞行還戈：㴊（淵）行還（縣）

滿

0847

集成 10583 郾侯載器：㒼（滿）賓允浧（盈）

璽彙 0457 王㒼（滿）

璽彙 3410 栗市（師）㒼（滿）

璽彙 3414 羊閔（門）㒼（滿）

璽彙3514 羊閔（門）灑（滿） 按：何家興釋，又見卷十二「灑」。

澤

0848

璽彙0362 東昜（陽）沺（海）澤王勹（符）鍴（瑞）

考古1989.4.378 ⿰犭⿱㔾止（狗）澤都

考古1989.4.378（摹） ⿰犭⿱㔾止（狗）澤都

涅

0849

集成11931A 八年五大夫弩機：丌（其）攻（工）涅

集成11931B 八年五大夫弩機（摹）：丌（其）攻（工）涅

浦

0850

徙信284　浦瘢

洽

0851

銘圖04482　大保簋：于洽周鑄

湯

0852

陶錄4.4.1　……缶（陶）倈湯敀（拍）㝵（或）

陶錄4.18.1　左缶（陶）倈湯敀（拍）㝵（或）

陶錄4.16.3　倈湯敀（拍）㝵（或）

燕齊001　左缶（陶）倈湯敀（拍）㝵（或）

步黟179　左缶（陶）倈湯敀（拍）㝵（或）

陶錄4.5.1　右缶（陶）攻（工）湯

陶錄 4.11.1　右缶（陶）攻（工）湯

集拓 10　右缶（陶）攻（工）湯

步黟 168　右缶（陶）攻（工）湯

涒

0853

璽彙 1598　齎（齊）涒

燕陶 024　缶（陶）攻（工）涒

沐

0853

集成 10426A　林罼睘小器：沐罼睘（縣）

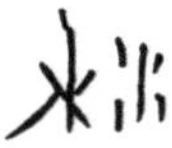

集成 10426B　林罼睘小器（摹）：沐罼睘（縣）

集成 10437A　林罼睘小器：沐罼睘（縣）

集成 10437B　林罼睘小器（摹）：沐罼睘（縣）

汲

0854

璽彙4113　彝（夷）吳（吾）汲

湩

0855

集成11910　大司馬鐓（摹）：杸（範）湩都大嗣（司）馬

璽彙0054　梎（範）湩都左司馬

璽彙0287　梎（範）湩都米粟鉨（璽）

璽彙5552　梎（範）湩都㚖（遽）皇（星—駬）

洟

0856

璽彙4120　彝（夷）吳（吾）浧（洟）

渝

0857

璽彙0251　渝城宛（乘）

滅

0858

銘圖12406　燕王職壺：滅齎（齊）之穫（獲）

銘圖12406　燕王職壺（摹）：滅齎（齊）之穫（獲）

⿰氵禾

0859

璽彙0018　⿰氵禾都司徒

璽彙0055　⿰氵禾都左司馬

璽彙5545　⿰氵禾都司工（空）

璽考88　⿰氵禾都凸（尉）

泃

0860

集成10461　泃都小器：泃城都

璽彙0017　泃城都司徒

璽彙0119　泃城都凸（尉）

璽彙0359 沟城

璽彙5543 沟城都右司馬

璽彙5551 沟城都㝬（遽）皇（星—駉）

璽考91 卲沟市之坏（璽）

浗

0861

璽彙3688 浗生（甥）異

浧

0862

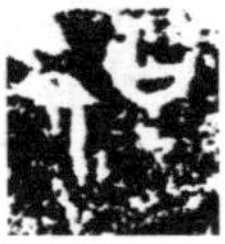

集成10583 匽侯載器：[illegible]（滿）賓允浧（盈）

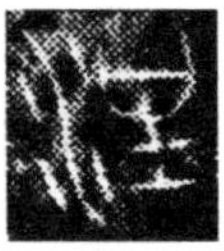

集成09607 永用析浧壺：永用休浧（盈）

涘

0863

璽彙3413 涘（凝）馬㬎（懼） 按：「冰」字《說文》俗體，又見本卷「冰」。

淥

0864

集成11304.2A　郾王職戈：泂（淥—泉）坣（州）都鈙

集成11304.2B　郾王職戈（摹）：泂（淥—泉）坣（州）都鈙

璽彙0363　泂（淥—泉）𡵂（水）山金貞（鼎）鍴（瑞）

璽彙2508　轡泂（淥—泉）　按：「泉」字繁構，又見本卷「泉」。

潫

0865

璽彙0626　王潫

湞

0866

璽彙 1886　城湞

璽考 317　訢閔（門）湞

濤

0867

璽彙 3317　濤忌（悅）

燕文字編·卷十一下

〈

0868

燕陶558 畎（〈）

按：《說文》篆文，又見卷十三「畎」。

川

0869

聚珍152.2 燕明刀背文：中川

州

0870

集成11503 右洀州還矛：右泪（泉）州還（縣）

燕陶112（摹） 右宮者州

泉

0871

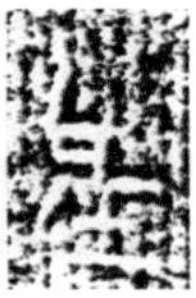

集成11304.2A　郾王職戈：汌（泉）坣（州）都鈹　按：「州」字繁構，又見卷十三「坣」。

集成11304.2A　郾王職戈：汌（泉）坣（州）都鈹

集成11304.2B　郾王職戈（摹）：汌（泉）坣（州）都鈹

璽彙0363　汌（泉）⿱水山（水）山金貞（鼎）鍴（瑞）

璽彙2508　⿱䜌曰汌（泉）　按：「泉」字繁構，吳振武釋，又見本卷「湶」。

永

0872

集成04140　大保簋：王永大（太）保

集成10201　匽伯聖匜：永用

集成10229　匽公匜：萬年永寶用

集成10583　匽侯載器：永台（以）爲民

集成09607　永用析涅壺：永用休涅（盈）

文物2020.10.61　郾矦胺磬：山⿱巤鼠（⿰月⿱巤鼠）永

文物2020.10.61　郾矦胺磬：子孫永保大申（神）

冰

0873

璽彙3413　涘（凝—冰）馬𦋐　按：《說文》俗體，又見本卷「涘」字。

冶

0874

古研15.97　武平鐘（摹）：武坪（平）君子鮮冶哭（器）

文研24.60　高城冶叔戈：高城冶弔（叔）

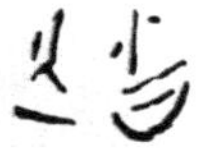
集成11917　上距末（摹）：冶攻（工）

集成11917　上距末：冶卒辭（司）攻（空）

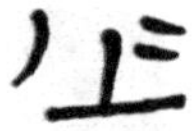
集成11917　上距末（摹）：冶卒辭（司）攻（空）

陶錄4.190.3　冶

考古1965.11.568　骨距末（摹）：銖賡（續）用左攻（工）冶

雩

0875

銘圖14789　克盉蓋：旇（使）羌、豸、虘、雩、馭（馭）、髟

雲

0876

銘圖14789　克盉：旃（使）羌、豸、叡、雩、敔（馭）、彭

銘圖13831　克罍蓋：旃（使）羌、豸、叡、雩、敔（馭）、彭

銘圖13831　克罍：旃（使）羌、豸、叡、雩、敔（馭）、彭

集成11525A　郾王職矛：台（以）爲雲萃鈦

集成11525B　郾王職矛（摹）：台（以）爲雲萃鈦

集成11227　郾王職戈：郾（燕）王職乍（作）雲萃鋸（瞿—戳）

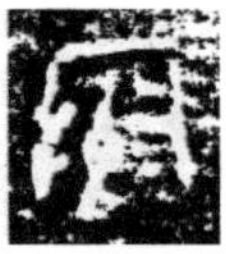

集成 11304.1A　郾王職戈：郾（燕）王職乍（作）雲萃鋸（瞿—戳）

集成 11304.1B　郾王職戈（摹）：郾（燕）王職乍（作）雲萃鋸（瞿—戳）

集成 11241C　郾王詈戈（摹）：郾（燕）王詈（讙）恳（鑄）雲萃鋸（瞿—戳）

集成 11242B　郾王詈戈：郾（燕）王詈（讙）恳（鑄）雲萃鋸（瞿—戳）

集成 11241B　郾王詈戈：郾（燕）王詈（讙）恳（鑄）雲萃鋸（瞿—戳）

魚

0877

集成 11242C　郾王詈戈（搴）：郾（燕）王詈（讙）⿱尸心（鑄）雲萃鋸（瞿—戳）

集成 11268　庚寅戈：寅用雲金乍（作）吉用

集成 11522　郾王喜矛：郾（燕）王喜⿱尸心（鑄）雲

集成 02168　伯魚鼎：白（伯）魚乍（作）寶隮（尊）彝

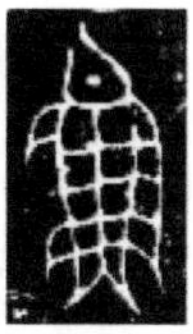

集成 03534　伯魚簋：白（伯）魚乍（作）寶隮（尊）彝

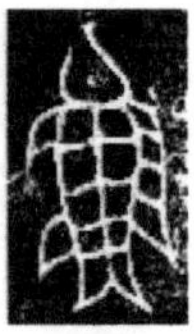

集成03535.1　伯魚簋：白（伯）魚乍（作）寶隮（尊）彝

集成03825.2　圉簋：白（伯）魚乍（作）寶隮（尊）彝

集成05234.2　伯魚卣：白（伯）魚乍（作）寶隮（尊）彝

集成07543　魚爵：魚

璽彙2727　魚⿰舟壴

璽彙3550　魚瘖

文雅堂2.1　河補（浦）五魚鈢（璽）

燕齊082　魚

陶錄10.38.3　右宮軓（韓）魚

燕陶107（摹）　右宮軓（韓）魚

燕陶 556 魚□

魴

0878

璽彙 2728 魴昷（豎）

鮮

0879

古研 15.97 武平鐘（摹）：武坪（平）君子鮮治哭（器）

鱻

0880

陶錄 4.206.2 右宮鱻

集拓 20 右宮鱻

非

0881

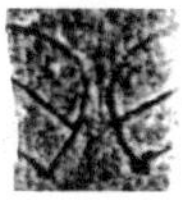

貨系 2739 尖首刀：非

貨系 2741 尖首刀：非

聚珍 014.3 尖首刀：非

聚珍014.4　尖首刀：非

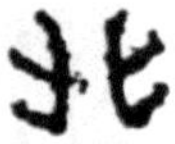
聚珍049.2　尖首刀：非

聚珍049.5　尖首刀：非

聚珍109.4　燕明刀背文：右非

聚珍109.5　燕明刀背文：右非

璽彙3632　單非

璽彙4117　彝（夷）吳（吾）生（甥）非

陶錄4.163.4　非

燕文字編·卷十二上

不

0882

集成12104A　雁節：不……

集成12105A　鷹節：不句（拘）畬（留）

集成12106B　鷹節（摹）：不句（拘）畬（留）

集成11383.1　郾侯載作戎戈：螽（蠆）生（甥）不自洹來

集成11286B　不降戈（摹）：不降拜郐（餘）子之賀金

集成11541A　不降矛：不隆（降）拜余（餘）子之賀金

集成11470　不降矛（摹）：不隆（降）

集成11987　不降鏃（摹）：不隆（降）

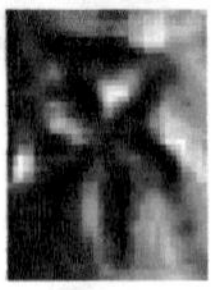
銅兵3.12　□壴睘矛：不誨受命

璽彙0864　長（張）不釣（敬）

璽彙5692　彝（夷）吳（吾）不壬（庭）

陶錄4.115.2　左宮不誨

西

0883

集成 09563.3　右冶尹壺：西宮

新收 1297　西宮壺：西宮

集成 12018　西年車軎：西年

璽彙 3963　西方肎（肯）

璽彙 3964　西方齒

璽彙 3965　西方尙

璽彙 3966　西方疾

璽彙 5689　西方瑩

璽考 346　西宮丁

關

0884

璽彙 4091　后關封

璽彙 4091　后關封

閔

0885

璽彙3414　羊閔（門）癘（滿）

璽彙3440　多閔（門）賀

璽彙3498　羍（絴—羊）閔（門）鄦（齊）

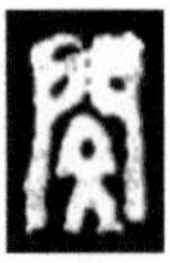

璽彙3514　羊閔（門）癘（滿）

璽考317　訢閔（門）湏

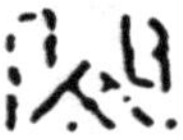

璽考348　羍（絴—羊）閔（門）建

圖典4494　羍（絴—羊）閔（門）

陶錄4.199.4　閔（門）

閑

0886

璽考91　閑市比鍴（瑞）

閔

0887

璽彙0188　閔昜（陽）都𢍰（遽）皇（㞷—駬）

閃

0888

貨系2793　尖首刀：閃（藺）

貨系2794　尖首刀：閃（藺）

閡

0889

燕陶163　𩚵（韓）生（甥）閡　按：又見卷八「閡」。

耳

0890

璽彙2797　𩚵（韓）耳

璽彙3477　旊（故）耳

璽考282　長（張）耳

璽考310　公孫耳

古印88　𩚵（韓）生（甥）耳

聖

0891

陶錄 4.62.2　缶（陶）攻（工）耳

新陶・燕 125　□攻（工）耳

書超網 20　缶（陶）工耳

集成 04140　大保簋：王伐彔子𦔻（聖）

集成 10201　匽伯聖匜：匽（燕）白（伯）聖（聖）乍（作）它（匜）

集成 11914B　𦔻七府距末（摹）：𦔻（聖）七反（半）

璽彙0365 外司聖（聲）鍴（瑞） 按：吳振武釋。

璽彙1500 畋珇（聖）

璽彙2603 繯珇（聖）

璽彙3294 敢珇（聖）

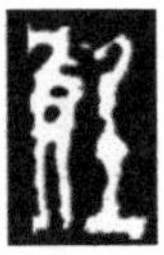

璽彙3537 关（笑）旺（聖）

璽彙5649 衞旺（聖）

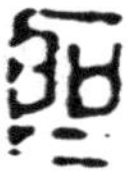

璽考282 長（張）耶（聖）

陶錄4.13.2 左缶（陶）攻（工）旺（聖）

陶錄4.14.2 左缶（陶）攻（工）旺（聖）

陶彙3.778 缶（陶）人珇（聖）

燕陶054 右缶（陶）攻（工）珇（聖）

職

0892

燕陶456　珥（聖）

陶錄4.167.2　珥（聖）

燕陶455　珥（聖）

銘圖12406　燕王職壺：唯郾（燕）王職踆（踐）曶（阼—祚）弃（丞—承）祀

集成11187　郾王職戈：郾（燕）王職乍（作）王萃

集成11188　郾王職戈：郾（燕）王職乍（作）攺（捶）鋸（瞿—戵）

集成11190　郾王職戈：郾（燕）王職乍（作）王萃

集成 11227　郾王職戈：郾（燕）王職乍（作）雲萃鋸（瞿—戟）

集成 11230　郾王職戈：郾（燕）王職乍（作）巨攼（捶）鋸（瞿—戟）

集成 11234　郾王職戈：郾（燕）王職乍（作）巨攼（捶）鋸（瞿—戟）

集成 11236A　郾王職戈：郾（燕）王職乍（作）御司馬

集成 11236B　郾王職戈（摹）：郾（燕）王職乍（作）御司馬

集成 11304.1A　郾王職戈：郾（燕）王職乍（作）雲萃鋸（瞿—戵）

集成 11304.1B　郾王職戈（摹）：郾（燕）王職乍（作）雲萃鋸（瞿—戵）

銘圖 16995　燕王職戈：郾（燕）王職乍（作）黃（廣）卒（萃）鋸（瞿—戵）

集成 11516　郾王職矛：郾（燕）王職乍（作）攺（捶）鈦

集成 11518　郾王職矛：郾（燕）王職乍（作）黃（廣）衣（卒—萃）鈦

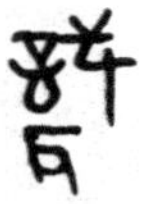

集成11525B 郾王職矛（摹）：郾（燕）王職⿰阝罜（踐）齍（齊）之穫（獲）

集成11526 郾王職矛：郾（燕）王職乍（作）巨攺（捶）鈦

集成11643 郾王職劍：郾（燕）王職乍（作）武無鍺鐱（劍）

燕下都·圖四七六7 郾王職劍：郾（燕）王職乍（作）……

燕下都·圖四七六8 郾王職劍：郾（燕）王職乍（作）武……

聲

0893

璽彙 3207　峀（聲）追

璽彙 3208　峀（聲）㔯

璽彙 3342　峀（聲）奇

璽彙 3876　公孫聲

璽彙 0645　王生（甥）聠（聲）

璽彙 1509　畋生（甥）聠（聲）

璽彙 3879　公孫生（甥）聠（聲）

聅

0894

璽考 292　長（張）生（甥）聅

䎶

0895

璽彙 3515　誨（魏）䎶

璽彙 5607　長（張）䎶

璽彙 3367　長（張）䎶

⿱鼓耳

0896

璽彙3954 長（張）生（甥）⿰鼓耳（⿱鼓耳）

巸

0897

集成11383.2 郾侯載作戎戈：祇逌（攸）巸（熙）

捧

0898

集成11286A 不降戈：不降拜郐（餘）子之賀金

集成11286B 不降戈（㩧）：不降拜郐（餘）子之賀金

集成11541A 不降矛：不墜（降）拜余（餘）子之賀金

集成11541B　不降矛（摹）：不陸（降）拜余（餘）子之賀金　按：《說文》古文。

揚

0899

集成02749　害鼎：揚侯休

集成02255　玑鼎：玑（揚）乍（作）父辛寶隮（尊）彝

拍

0900

集成11495　敀陸睘矛（摹）：敀（拍）陸睘（縣）

文雅堂2.3　倈旓（看）敀（拍）賀

歷博3燕15　倈剸（斷）敀（拍）賀　按：「拍」字異體，又見卷三「敀」。

燕文字編·卷十二下

女 0901

璽彙 3580　女倌

璽彙 3663　女加瑩

姜 0902

集成 10229　匽公匜：匽（燕）公乍（作）爲姜乘般（盤）盄（匜）

姬 0903

集成 03614　匽侯簋：匽（燕）矦乍（作）姬丞障（尊）彝

收藏家 07.8　匽侯簋：匽（燕）矦乍（作）姬丞障（尊）彝

銘續 0322　匽侯簋：匽（燕）矦乍（作）姬

政

0904

璽彙 2840　義政（好）

吉林 189　義政（好）

妃

0905

集成 10045　亞矣妃盤：亞矣（疑）=妃（妃）

母

0906

新收 1353　母己爵：母己

集成 02702　要鼎（內壁）：用乍（作）母己障（尊）

姑

0907

陶錄 4.206.1　右宮母市（師）

集拓 16　右宮母市（師）

步黟 188　右宮母市（師）

銘續 00874　燕侯旨卣：郾（燕）矦旨乍（作）姑妹寶隣（尊）彝

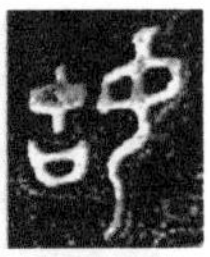

霸金 027　燕侯旨卣（蓋）：郾（燕）矦旨乍（作）姑妹寶隣（尊）彝

霸金 027　燕侯旨卣：郾（燕）矦旨乍（作）姑妹寶隣（尊）彝

霸金 028　燕侯旨卣：郾（燕）矦旨乍（作）姑妹寶隣（尊）彝

妹

0908

銘續00874　燕侯旨卣：匽（燕）侯旨乍（作）姑妹寶𨺅（尊）彝

霸金025　燕侯旨尊：匽（燕）侯旨乍（作）姑妹寶𨺅（尊）彝

霸金027　燕侯旨卣（蓋）：匽（燕）侯旨乍（作）姑妹寶𨺅（尊）彝

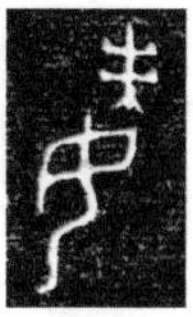

霸金027　燕侯旨卣：匽（燕）侯旨乍（作）姑妹寶𨺅（尊）彝

霸金028　燕侯旨卣：匽（燕）侯旨乍（作）姑妹寶𨺅（尊）彝

嬰

0909

集成 10583　匽侯載器：戠（箴）教卬⿰⿱王貝妟（嬰）

璽彙 1502　⿰日攴⿰⿱王貝妟（嬰）

璽彙 2881　厰（嚴）⿰⿱王貝妟（嬰）

璽彙 4129　⿱罒結⿰⿱王貝妟（嬰）

璽彙 5349　⿰⿱王貝妟（嬰）

璽彙 5350　⿰⿱王貝妟（嬰）

璽彙 5664　俗⿰⿱王貝妟（嬰）

璽考 283　長（張）⿰⿱王貝妟（嬰）

陶錄 4.186.1　⿱妊貝（嬰）身

陶錄 4.186.2　⿱妊貝（嬰）

陶錄 4.168.4　⿰⿱王貝妟（嬰）

璽彙 3504　㽕（申）生（甥）⿰⿱王貝攴（⿰⿱王貝每—嬰）　按：又見卷一「⿰⿱王貝攴」。

婁

0910

璽彙3662　婁悥（愳）

女

0911

歷博3燕109　女（安）

燕陶549　女（安）

燕陶143　右女（安）　按：「安」字初文，又見卷七「安」。

娟

0912

圖典4395　齎（齊）娟

妐

0913

璽彙0190　妐（容）城都枋郯左

選編0049　……之妐

婩

0914

集成 00885　何㛹㕎甗：戉㛹㕎（婩）乍（作）寶彝

㛹

0915

集成 00885　何㛹㕎甗：戉㛹㕎（婩）乍（作）寶彝

毋

0916

璽彙 0366　毋都鍴（瑞）

民

0917

集成 10583　郾侯載器：民柴

集成 10583　郾侯載器：永台（以）爲民

集成 10583　郾侯載器：禾（龢）民無諍（爭）

也

0918

銘圖 03326　富春大夫甗：章（郭）大夫＝丌（其）家鈷（盄—盄）也

西清 19.03　丙辰方壺：尹坓矦悅丌（其）窌（䎘）也

貨系 3381　燕明刀背文：左也

氏

0919

集成 10420　敓氏罛小器：敓氏罛（縣）

集成 10421　敓氏罛小器：敓氏罛（縣）

集成 11113　犢共叓戟：犢共畋氏戟

璽彙 3335　鉊（館）氏𡵂（尉）

氒

0920

集成 04140　大保簋：叡氒（厥）反（返）

貨系 3646　燕明刀背文：右氒（厥）

貨系 3647　燕明刀背文：右氒（厥）

貨系 3648　燕明刀背文：右氒（厥）

貨系 3649　燕明刀背文：右一氒（厥）

聚珍 132.4　燕明刀背文：左氒（厥）

文物 2020.10.61　郾侯脮磬：⿱克心（克）左（佐）氒（厥）身

氏

0921

陶錄 4.187.1　余氏

戈

0922

集成 00807　戈父甲甗：戈父甲

集成 11011　郾侯戟：郾（燕）侯舞戈

新收1363　郾矦舞戟：郾（燕）矦舞戈

集成10953　郾侯戟：郾（燕）矦舞戈

新收1354　◇僕戈：鳥◈僕戈

集成11108　□□御戈……御戈二百=

集成11109　郾王右庫戈：郾（燕）王右庫戈

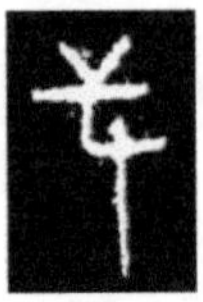
集成11111A　左行議率戈：左行議（儀）逹戈

集成11402.2A　栨里瘟戈：內亘栨里瘟之䟺（捶）戈

集成11248B　郾王喜戈（摹）：郾（燕）王喜𢦏（鑄）桀俫戈

銘圖 17034　郾王喜戈：郾（燕）王喜恳（鑄）桀俫戈

銅兵 1.13.1　君戈：君戈

銅兵 1.13.2　君戈：君戈

肇

肇（篆）

0923

銘圖 13136　肇卣：肇（肇）乍（作）且（祖）寶障（尊）彝

戟

戟（篆）

0924

集成 11383.1　郾侯載作戎戈：郾（燕）侯載乍（作）戎戒（械）

集成 11238　郾王戎人戈：郾（燕）王戎人乍（作）攼（捶）鋸（瞿—戳）

集成 11239 郾王戎人戈：郾（燕）王戎人乍（作）攼（捶）鋸（瞿—戵）

集成 11275 郾王戎人戈：郾（燕）王戎人乍（作）雲萃鋸（瞿—戵）

集成 11276 郾王戎人戈：郾（燕）王戎人乍（作）巨攼（捶）鋸（瞿—戵）

集成 11498 郾王戎人矛：郾（燕）王戎人

集成 11539 郾王戎人矛：郾（燕）王戎人乍（作）巨攼（捶）鈦

戣

0925

銘圖17039　郾王戎人戈（摹）：郾（燕）王戎人乍（作）王萃

銅兵3.12　□壴睘矛：祇乍（作）戎

集成11491　行議鍨矛：行議（儀）鍨（戣）

集成11272　郾侯脮戈：郾（燕）矦脮乍（作）虫萃鍨（戣）鍗

集成11350.1　郾王詈戈：郾（燕）王詈（讙）恖（鑄）行議（儀）鍨（戣）　按：「戣」字異體，又見卷十四「鍨」。

戟

0926

集成11113　犢共叟戟（摹）：犢共畋氏戟

戉

0927

集成 00885 何娽灰甗：戉娽灰（婩）乍（作）寶彝

或

0928

出土 14.61 太保玉戈：令大（太）僳（保）省南或（國）

銘圖 12406 燕王職壺（摹）：東䛭（鼓—討）叏（患）𡝩（或—國）

陶錄 4.4.1 ……缶（陶）倈湯敀（拍）𡝩（或）

陶錄 4.8.1 左缶（陶）倈湯敀（拍）𡝩（或）

陶錄 4.14.1 左缶（陶）倈湯敀（拍）𡝩（或）

陶錄 4.16.3 倈湯敀（拍）𡝩（或）

武

0929

陶錄4.18.1　左缶（陶）倲湯攴（拍）㦸（或）

步黟177　倲留攴（拍）㦸（或）

步黟179　左缶（陶）倲湯攴（拍）㦸（或）

古研15.97　武平鐘（摹）：武坪（平）君子鮮治哭（器）

銘圖02040　大子鼎蓋（摹）：武

集成10427A　武□睘小器：武䡣（垣）睘（縣）

集成11634　郾王職劍：郾（燕）王職怎（鑄）武無者鐱（劍）

集成11643　郾王職劍：郾（燕）王職乍（作）武無鍺鐱（劒）

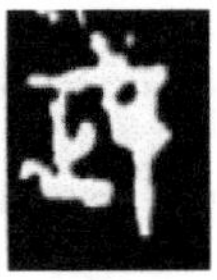
新收1170　燕王職劍：郾（燕）王職乍（作）武無鍺鐱（劒）

燕下都・圖四七六8　郾王職劍：郾（燕）王職乍（作）武……

璽彙0121　武尙都仚（尉）

璽彙1321　武彝（夷）吳（吾）=

璽考81　武城臺（埴）皇（㫗—駔）

璽考81　武昜（陽）都昊（遽）皇（㫗—駔）

璽考90　武郖（垣）都市鍴（瑞）

步黟203 缶（陶）攻（工）武

選編0029 缶（陶）攻（工）武

燕陶285 【缶（陶）】攻（工）武

文物2020.10.61 郾侯脮磬：朕剌（烈）吝（文）武台（以）祀

璽考295 辛㚤（武）

燕陶475 𢦒（武） 按：「武」字異體，又見卷五「㚤」。

伐

0930

集成10453 廿四年錐形器：瑩昌伐（楔）

集成11902A 廿四年銅梃：瑩昌伐（楔）

集成11902B 廿四年銅梃（摹）：瑩昌伐（楔）

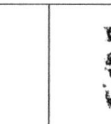

集成 11916B 二十年距末（摹）：坣張兖（乘）丌（其）戕

集成 11916C 二十年距末：坣張兖（乘）丌（其）戕

⿹戈古 0931

歷博 3 燕 105 ⿹戈古

⿹戈青 0932

集成 10583 郾侯載器：禾（龢）民無⿹戈青（爭） 按：「爭」字異體，何家興釋，又見卷四「爭」。

⿹戈貫 0933

集成 11292 二年右貫府戈（摹）：右具⿸广貝（府）御⿹戈貫宿台

0935 義	0934 ⿰壽戈	

銘圖01950　右府戩鼎蓋1a：右中戩

銘圖01950　右府戩鼎蓋1b：右中戩

0934 ⿰壽戈

銘圖12406　燕王職壺：東⿰壽戈（⿰壽攴—討）叓（患）旻（或—國）

銘圖12406　燕王職壺（摹）：東⿰壽戈（⿰壽攴—討）叓（患）旻（或—國）　按：「⿰壽攴」字異體，又見卷三「⿰壽攴」。

0935 義

義

集成11305B　郾王詈戈：郾（燕）王詈（讙）恖（鑄）行義（儀）自卒司馬鉘

集成11305C　郾王詈戈（摹）：郾（燕）王詈（讙）恖（鑄）行義（儀）自卒司馬鉘

璽彙0601 王義

璽彙1217 牛義

璽彙2838 義瑩

璽彙2839 狗義

璽彙2840 義敀（好）

吉林189 義敀（好）

璽彙2841 義兖（乘）

陶錄4.31.1 右宮爲義

陶錄4.31.2 右宮爲義

陶錄4.170.4 義

亾

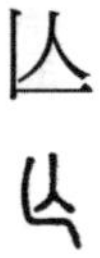
0936

集成04140 大保簋：大（太）保克苟（敬）亡書（讀）

璽彙1338 衛亡（無）厶（私）

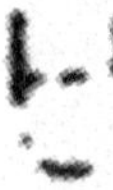
歷博4.62 口亡（無）

選編0054 心亡（無）厶（私）

乍

0937

銘圖 13831　克罍蓋：用乍（作）寶隮（尊）彝

集成 02159　大保方鼎：遘乍（作）尊彝

集成 09430.2　伯害盉：白（伯）害乍（作）召白（伯）父辛寶隮（尊）彝

集成 02749　害鼎：用乍（作）召白（伯）父辛寶隮（尊）彝

集成 06509.2　厝觶：用乍（作）寶隮（尊）彝

集成 02505.2　圉方鼎：用乍（作）寶隮（尊）彝

集成 02507　復鼎：復用乍（作）父乙寶障（尊）彝

集成 02168　伯魚鼎：白（伯）魚乍（作）寶障（尊）彝

集成 02248　亞盉鼎：亞盉=乍（作）父乙障（尊）彝

集成 02255　玐鼎：玐（揚）乍（作）父辛寶障（尊）彝

集成 03370　央作寶簋：央乍（作）寶毀（簋）

集成 10303.1　匽侯盂：匽（燕）侯乍（作）旅盂

集成 10305　匽侯盂：匽（燕）侯乍（作）餴（饙）盂

集成 10201　匽伯聖匜：匽（燕）白（伯）聖（聖）乍（作）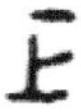它（匜）

集成 11219　郾侯載戈：郾（燕）侯載乍（作）虫萃鉘

集成 11220B　郾侯載戈（摹）：郾（燕）侯載乍（作）右軍鉘

集成 11184　郾侯脮戈……矦脮乍（作）……鍨（戣）鍇

集成 11187　郾王職戈：郾（燕）王職乍（作）王萃

集成 11224　郾王職戈：郾（燕）王職乍（作）雲萃鋸（瞿—戳）

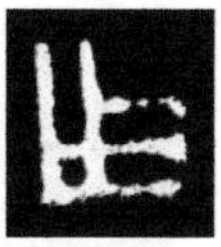

集成 11227　郾王職戈：郾（燕）王職乍（作）雲萃鋸（瞿—戳）

集成 11232　郾王職戈：郾（燕）王職乍（作）巨攸（捶）鋸（瞿—戳）

集成11236A　郾王職戈：郾（燕）王職乍（作）御司馬

集成11520　郾王職矛：郾（燕）王職乍（作）敀（捶）鈦

集成11527　郾王職矛：郾（燕）王職乍（作）巨敀（捶）鈦

燕下都・圖四七六8　郾王職劍：郾（燕）王職乍（作）武……

燕下都・圖四七六9　郾王職劍：……職乍（作）武無者鐱（劍）

集成 11237 郾王戎人戈：郾（燕）王戎人乍（作）攼（捶）鋸（瞿—戳）

集成 11536 郾王戎人矛：郾（燕）王戎人乍（作）巨攼（捶）鈦

集成 11537 郾王戎人矛：郾（燕）王戎人乍（作）巨攼（捶）鈦

集成 11193 郾王詈戈：郾（燕）王詈（讙）乍（作）攼（捶）鋸（瞿—戳）

集成 11268 庚寅戈：寅用雲金乍（作）吉用

集成 11059 作御司馬戈：乍（作）御司馬

區

0938

文物 2020.10.61　郾矦脮磬：唯郾（燕）矦脮乍（作）硜（磬）

選編 0050　區

匽

0939

銘圖 14789　克盉蓋：令克矦于匽（燕）

銘圖 14789　克盉蓋：克宎（次）匽（燕）入土

銘圖 13831　克罍蓋：令克矦于匽（燕）

集成 02749　害鼎：才（在）匽（燕）

集成 02556B　小臣䖒鼎（摹）：召公建匽（燕）

銘續 00874　燕侯旨卣：匽（燕）矦旨乍（作）姑妹寶障（尊）彝

霸金 025　燕侯旨尊：匽（燕）矦旨乍（作）姑妹寶障（尊）彝

霸金 027　燕侯旨卣：匽（燕）矦旨乍（作）姑妹寶障（尊）彝

集成 03614　匽侯簋：匽（燕）矦乍（作）姬丞障（尊）彝

集成 10303.1　匽侯盂：匽（燕）矦乍（作）旅盂

医

0940

集成10201　匽伯聖匜：匽（燕）白（伯）聖（聖）乍（作）它（匜）

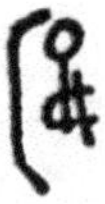

新收1358　匽侯舞銅泡（摹）：匽（燕）侯舞昜（錫）

集成10229　匽公匜：匽（燕）公乍（作）爲姜乘般（盤）盝（匜）

集成10953　匽侯戟：匽（燕）侯舞戈

集成10887.1　匽侯戈：匽（燕）侯

璽彙0323　䚋（信）城医

步黟199　矢医市王勹（符）

步黟199（摹）　矢医市王勹（符）

燕陶161　上医

匠

0941

陶錄4.174.1　匠

陶錄4.174.2　匠

陶錄4.174.3　匠

陶錄4.174.4　匠

新陶・燕251　匠

匜

0942

集成10229　匽公匜：匽（燕）公乍（作）爲姜乘般（盤）𥁕（匜）　按：「匜」字異體，又見卷五「𥁕」。

匩
0943

陶錄4.138.1　匩左

陶錄4.138.2　匩左

⿷匚幺

0944

璽彙1287　余⿷匚幺（弦）

璽彙3372　⿷匚幺（弦）罥

陶錄4.137.1　⿷匚幺（弦）罰

陶錄4.137.2　⿷匚幺（弦）罰　按：「弦」字異體，又見本卷「弦」。

⿷匚古

0945

銅兵1.1　十年郾王詈戈：右御攻（工）君（尹）⿷匚古（簠）

璽彙0296　左⿷匚古（簠）逘（後）

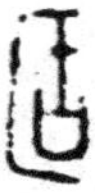

璽彙1887　城⿷匚古（簠）

璽彙2750　虘（獻）⿷匚古（簠）

璽彙3891　公孫⿷匚古（簠）

蘭城9　⿰爿酉（將）軍⿷匚古（簠）

步黟228　⿷匚古（簠）

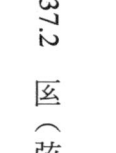

陶錄4.47.3　缶（陶）攻（工）⿷匚古（簋）

陶錄4.47.4　缶（陶）攻（工）⿷匚古（簋）

新陶·燕273　【缶（陶）攻（工）】⿷匚古（簋）

燕陶563　⿷匚古（簋）　按：「簋」字異體，又見卷五「簋」。

⿷匚豕

0946

璽彙2502　鍕生（甥）⿷匚豕

陶錄4.117.2　缶（陶）⿷匚豕

學報8.97.2　缶（陶）攻（工）⿷匚豕

燕陶242　【缶（陶）】攻（工）⿷匚豕

陶錄4.170.5　⿷匚多

燕陶584　⿷匚多

0947 ⿷匚林

燕陶067　⿷匚林市王勹（符）

燕陶068　⿷匚林都……

0948 ⿷匚壴

璽彙0602　王⿷匚壴

璽彙0868　長（張）⿷匚壴

璽彙2800　𠦪（韓）⿷匚壴

璽彙3856　公孫⿷匚壴

陶錄4.41.2　缶（陶）攻（工）⿷匚壴

書法2019.12　缶（陶）攻（工）⿷匚壴

燕陶263　缶（陶）攻（工）⿷匚壴

⿷匚昜

0949

璽彙 3208　⿱山耳（聲）⿷匚昜

⿷匚遠

0950

璽彙 1655　番⿷匚遠

⿷匚⿰耒馬

0951

集成 10583　匽侯載器：⿷匚⿰耒馬（滿）賓允涅（盈）

璽彙 0457　王⿷匚⿰耒馬（滿）

璽彙 2887　⿱亥火⿷匚⿰耒馬（滿）

璽彙 3410　栗市⿷匚⿰耒馬（滿）

璽彙 3414　羊閔（門）⿷匚⿰耒馬（滿）

璽彙 3514　羊閔（門）⿷匚⿰耒馬（滿）

燕陶045（摹）　缶（陶）攻（工）⿷匚⿰瓦焉（滿）　按：何家興釋，又見卷十一「滿」。

⿰卑瓦

0952

集成09617　重金扁壺：𠂤（紳）金錍（⿰卑瓦）　按：「⿰卑瓦」字異體，又見卷十四「錍」。

集成09606.1　織窓君扁壺：纕窓君丌（其）鈚（⿰卑瓦）　按：「⿰卑瓦」字異體，又見卷十四「鈚」。

張

0953

集成11325B　九年將軍戈：牆（將）軍張

集成11325C　九年將軍戈（摹）：牆（將）軍張

集成11326B　九年將軍戈：牆（將）軍張

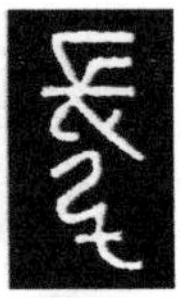
集成11916C　二十年距末：㙜張兖（乘）丌（其）戕

璽彙0622　王張

璽彙0885　張羝

璽彙2284　範（範）張

璽彙2787　君（尹）張

璽彙2811　軋（韓）張

璽彙2830　軋（韓）張

璽彙3172　𡵂（尉）張

璽彙3267　蛆張

璽彙3422　寇張

璽彙3492　冏（糾）張

璽彙3861　公孫張

璽考290　長（張）張

燕陶184　右缶（陶）張

彊

0954

燕陶185（描摹） 右缶（陶）張

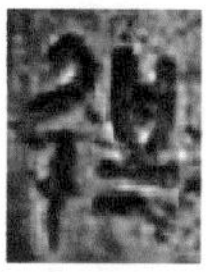

銅兵3.12 □壴睘矛：戠（箴）弜（彊—強）□

貨系2342 方足小布：右明辝（司）弜（彊—強—鏹）

貨系2343 方足小布：右明辝（司）弜（彊—強—鏹）

璽彙1888 城弜（彊—強）

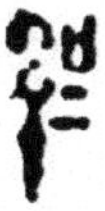

璽彙2282 薛弜（彊—強）

璽彙2749 虘（獻）弜（彊—強）

璽彙2810　𣪕（韓）弫（彊—強）

璽彙3325　羉弫（彊—強）

璽彙4110　彝（夷）吳（吾）弫（彊—強）

西泠11（下右）：舛（乘）馬=生（甥）弫（彊—強）

燕陶187　左缶（陶）弫（彊—強）

燕陶509　弫（彊—強）

發

0955

璽彙0849　長（張）⿰弓步（發）

陶錄4.30.1　左宮巨⿰弓步（發）

燕陶131（摹）　左宮巨⿰弓步（發）

陶錄4.207.1　左宮⿰弓⿰步攴（發）

燕陶572 左宮敳（發）

弨

0956

集成11916B 二十年距末（摹）：弨（韜）攻（工）書

集成11916C 二十年距末：弨（韜）攻（工）書

集成11917 上距末：都弨（韜）君（尹）⿺辶尃（傳）

集成11917 上距末（摹）：都弨（韜）君（尹）⿺辶尃（傳） 按：「韜」字異體，又見卷五「韜」。

彇

0957

璽彙2626 迃（伍）生（甥）彇

彇
0958

集成11908　右內鐵：右內彇

璽彙5501　彇

弦
0959

璽彙1287　余㢴（弦）

璽彙3372　㢴（弦）罰

陶錄4.137.1　㢴（弦）罰

陶錄4.137.2　㢴（弦）罰　按：「弦」字異體，又見本卷「㢴」。

孫
0960

集成02749　害鼎：害萬年子=孫=寶

璽彙1541　孫陴

璽彙1554　孫[illegible]（乘）

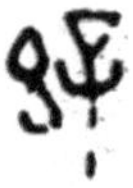
璽彙3478　虏（虜）生（甥）孫

璽彙3841　公孫寅

璽彙3842　公孫章

璽彙3843　公孫昚

璽彙3844　公孫建

璽彙3846　公孫佳

璽彙3847　公孫厽（叁）

璽彙3848　公孫登

璽彙3849　公孫山

璽彙3851　公孫午

璽彙3852　公孫文

璽彙3853　公孫秦

璽彙3854　公孫定

璽彙3856　公孫⿷匚壴

璽彙3857　公孫鄙

璽彙3859　公孫諻

璽彙3860　公孫㕣

璽彙3861 公孫張

璽彙3862 公孫斂

璽彙3863 公孫皲

璽彙3864 公孫䧿

璽彙3866 公孫駒

璽彙3867 公孫訢

璽彙3868 公孫訢

璽彙3869 公孫頵

璽彙3870 公孫縪（帶）

璽彙3871 公孫纕

璽彙3872 公孫剎（殺）

璽彙3873 公孫瘣

璽彙3874 公孫疠（病）

璽彙3876 公孫聲

璽彙3878 公孫倚

璽彙3879　公孫生（甥）聠（聲）

璽彙3880　公孫生（甥）堹

璽彙3882　公孫罰

璽彙3883　公孫罰

璽彙3886　公孫生（甥）鵑

璽彙3892　公孫訔（讙）

璽彙3894　公孫腹

璽彙3898　公孫索

璽彙3901　公孫臺

璽彙3902　公孫赤

璽彙3903　公孫剸（斷）

璽彙3904　公孫弔（叔）

璽彙3905　公孫遝

璽彙3906　公孫㾊

璽彙3908　公孫纕

璽彙3909　公孫藿

璽彙3910　公孫朱

璽彙3913　公孫⿱乑儿（乘）

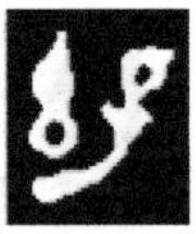
璽彙3926　公孫生（甥）良

璽彙3929　王孫生（甥）⿱罒忍（懷）

璽彙3933　⿰虫長（長）孫⿺辶㝵（得）

璽彙3936　臧孫邦

璽彙5564　孫寘（熱）

璽彙5574　公孫帶

璽考302　公孫書

璽考310　公孫纕

璽考310　公孫忬

璽考310　公孫隹

璽考310　公孫𦘒（建）

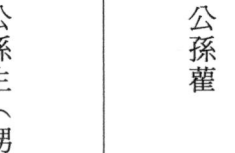

璽考311　公孫壽

璽考311　公孫佳

璽考311　公孫隹（進）

璽考312　公孫譎（訥）

璽考313　公孫堹

璽考313　公孫㝵（得）

珍戰30　公孫腹

徙信122　公孫堯（乘）之

書超網19　孫

集拓56　孫

文物2020.10.61　郾侯脮磬：子孫永保大申（神）

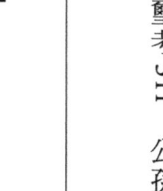

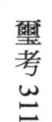

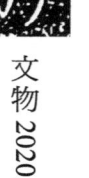

燕文字編・卷十三上

糸

0961

貨系3687 燕明刀背文：右糸

紿

0962

璽彙3094 郪紿

絕

0963

陶錄4.180.3 絕書 按：《說文》古文。

續

0964

考古1965.11.568　骨距末（摹）：銖賡（續）用左攻（工）冶　按：《説文》古文，又見卷六「賡」。

繯

0965

璽彙1288　余繯

璽彙2225　郹（吳）繯

璽彙2603　繯珥（聖）

終

0966

貨系2882　燕明刀背文：終

貨系2883　燕明刀背文：終

燕下都·圖二九六16　終

絣

0967

集成03906.1　攸簋：肇乍（作）綨（絣）

集成03906.2　攸簋：肇乍（作）綨（絣）　按：《説文》或體。

纕

0968

集成09606.1　繳窓君扁壺：纕窓君丌（其）鈚（甀）

貨系2317　方足小布：纕（襄）坪（平）

貨系2320　方足小布：纕（襄）坪（平）

貨系2322　方足小布：纕（襄）坪（平）

貨系2326　方足小布：纕（襄）坪（平）

璽彙0499　王纕

璽彙2237　邱纕

璽彙2240　鄡（吳）纕

璽彙2326　陸纕

璽彙3053　⿱每山（巍—魏）纕

璽彙3871　公孫纕

璽彙3908　公孫纕

璽彙4132　肖（趙）纕

璽考310　公孫纕

燕陶451　纕

維  0969

璽彙0880　長（張）維

璽彙3957　東方維

璽彙3957　維　按：湯餘惠釋。

緐  0970

陶錄4.28.2　左宮緐

縻  0971

璽彙0774　長（張）⿰糸⿷匚多（絼—縻）

璽彙2320　硷⿰糸⿷匚多（絼—縻）

彝

0972

璽彙2407　梅（柟）縵（絼—縻）

燕陶596　縵（絼—縻）　按：《說文》或體。

銘圖14789　克盉：用乍（作）寶障（尊）彝

銘圖13831　克罍蓋：用乍（作）寶障（尊）彝

集成02159　大保方鼎：遘乍（作）尊彝

集成09430.2　伯害盉：白（伯）害乍（作）召白（伯）父辛寶障（尊）彝

集成06509.1　厝觶：用乍（作）寶障（尊）彝

集成02505.1 圉方鼎：用乍（作）寶障（尊）彝

集成02168 伯魚鼎：白（伯）魚乍（作）寶障（尊）彝

集成05234.2 伯魚卣：白（伯）魚乍（作）寶障（尊）彝

集成03627 虣簋：虣乍（作）文且（祖）寶障（尊）彝

集成03906.1 攸簋：攸用乍（作）父戊寶障（尊）彝

集成02507　復鼎：復用乍（作）父乙寶隮（尊）彝

霸金027　燕侯旨卣：匽（燕）侯旨乍（作）姑妹寶隮（尊）彝

璽彙4101　彝（夷）吳（吾）思

璽彙4102　彝（夷）吳（吾）邦

璽彙4103　彝（夷）吳（吾）居佳

璽彙4104　彝（夷）吳（吾）禾

璽彙4105　彝（夷）吳（吾）硯

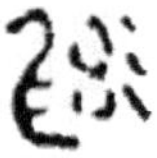
璽彙4106　彝（夷）吳（吾）逦（趣）

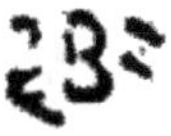
璽彙4107　彝（夷）吳（吾）歡

璽彙4108　彝（夷）吳（吾）歡

璽彙4109　彝（夷）吳（吾）㕣

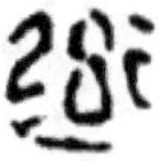

璽彙4110　彝（夷）吳（吾）弫（強）

璽彙4111　彝（夷）吳（吾）𧦝（信）

璽彙4112　彝（夷）吳（吾）謨（謹）

璽彙4113　彝（夷）吳（吾）汲

璽彙4114　彝（夷）吳（吾）晨

璽彙4115　彝（夷）吳（吾）眔

璽彙4116　彝（夷）吳（吾）角

璽彙4117　彝（夷）吳（吾）生（甥）非

璽彙4118　彝（夷）吳（吾）生（甥）鵑

璽彙4119　彝（夷）吳（吾）市臣

璽彙4121　彝（夷）吳（吾）寅

璽彙4122　彝（夷）吳（吾）陸

璽彙4123　彝（夷）吳（吾）大

璽彙4124　彝（夷）吳（吾）刖

璽彙4125　彝（夷）吳（吾）疾

璽彙5583　彝（夷）吳（吾）旦

璽彙5692　彝（夷）吳（吾）不壬（庭）

0973 紅

璽彙5614 長（張）紅

0974 絆

璽彙3943 王生（甥）絆

0975 絴

璽彙3498 䢦（絴—羊）閔（門）鄐（齊）

璽考348 䢦（絴—羊）閔（門）建

圖典4494 䢦（絴—羊）閔（門）

0976 綵

璽彙3353 孶（孶）紟（綵）

緭
0977

璽彙 2601 緭臣

⿰糸帶
0978

璽彙 3870 公孫⿰糸帶（帶） 按：「帶」字繁構，又見卷七「帶」。

⿰糸稟
0979

璽彙 2606 ⿰糸㐭（⿰糸稟）斫

顯
0980

燕陶 097 右宮顯

燕陶 098（摹） 右宮顯

燕陶 576 右宮顯

⿱⿲糸叀糸曰

0980

璽彙 2507 ⿱⿲糸叀糸曰肥

璽彙 2508 ⿱⿲糸叀糸曰涓（泉）

璽彙 2509 ⿱⿲糸叀糸曰居

虫

0981

集成11219　郾侯載戈：郾（燕）侯載乍（作）虫萃鉘

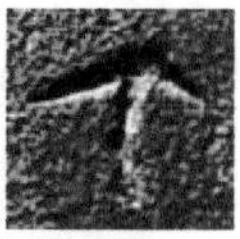

銅兵1.5　郾侯載戈：郾（燕）侯載乍（作）虫萃鋸（瞿—戵）

集成11272　郾侯脮戈：郾（燕）侯脮乍（作）虫萃鍨（戣）鉘

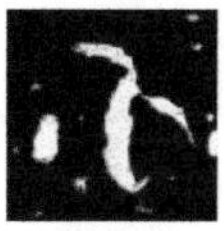

集成11222　郾王職戈：郾（燕）侯職悥（鑄）虫萃鋸（瞿—戵）

集成11223　郾王職戈：郾（燕）侯職乍（作）虫萃鋸（瞿—戵）

蜀

0982

蠒

0983

集成11225 郾王職戈：郾（燕）王職乍（作）虫萃鋸（瞿—戳）

璽彙0729 長（張）虫

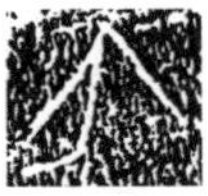

陶錄4.201.4 虫

璽彙3346 匀蜀金

集成11383.1 郾侯載作戎戈：蠡（蠒）生（甥）不

二十2-SY-0005 帀（師）生（甥）蠡（蠒）

集拓55 子蠡（蠒）

燕齊110 子蠡（蠒） 按：徐在國釋。

0984 虴

璽彙2514 惕生（甥）虴

璽彙3489 虴瘢

0985 蛆

璽彙3267 蛆張

0986 蝖

璽彙3322 蝖己

璽彙3452 蝖生（甥）惕忌

陶錄4.158.1 蝖生（甥）成

燕文字編·卷十三下

0987 蠭

璽彙4138 肖（趙）蠭

0988 蝨

璽彙5690 長（張）生（甥）蝨

0989 蠠

燕陶148 無蠠

蠹

0990

璽彙3845　公孫蠧（蠹）　按：《說文》或體。

它

0991

集成10201　匽伯聖匜：匽（燕）白（伯）聖（聖）乍（作）它（匜）

貨系3197　燕明刀背文：中它

聚珍131.3　燕明刀背文：左它

鼁

0992

出土14.61　太保玉戈：用鼁（酬）

考古與文物1993.3.74　太保玉戈（摹）：用鼁（酬）

陶錄4.164.4　鼁（蛛）

二
0993

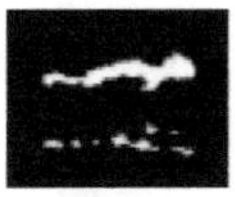
集成09975.3A　陳璋鑘：二十=（廿）二

集成09975.3B　陳璋鑘（摹）：二十=（廿）二

集成11292　二年右貫府戈（摹）：二年

銘圖17115　㕣貫府戈（摹）：二年

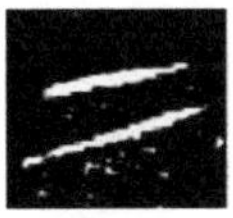
集成11325B　九年將軍戈：二月

集成11326B　九年將軍戈：二月

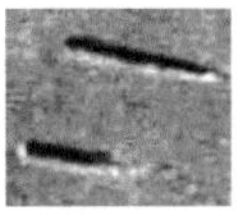
銅兵5.5　左大廄弩機：二

銅兵5.9　二弩機：二

銅兵5.9　二弩機：二

貨系2877　燕明刀背文：二

聚珍177.2　燕明刀背文：二

貨系3278　燕明刀背文：左二

貨系 3279　燕明刀背文：左二

聚珍 124.2　燕明刀背文：左二

貨系 3706　燕明刀背文：右二

聚珍 099.6　燕明刀背文：右二

貨系 3539　燕明刀背文：右十二

貨系 3552　燕明刀背文：右二十=（廿）二

貨系 3562　燕明刀背文：右二厶（私）

聚珍 103.6　燕明刀背文：右二厶（私）

聚珍 112.3　燕明刀背文：右內二

聚珍 112.4　燕明刀背文：右內二

聚珍 112.5　燕明刀背文：右內二

貨系3555　燕明刀背文：右卜二

貨系3069　燕明刀背文：中二

貨系3070　燕明刀背文：中二

聚珍161.4　燕明刀背文：中二

聚珍169.2　燕明刀背文：中二厶（私）

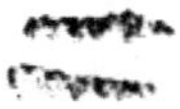
聚珍169.3　燕明刀背文：中二厶（私）

貨系3247　燕明刀背文：中昌二

聚珍147.6　燕明刀背文：中昌二

貨系3003　燕明刀背文：宬二

璽彙3646　軓（範）二申

陶錄4.4.1　□二年十一月

陶錄4.7.1　二十=（廿）二年正月

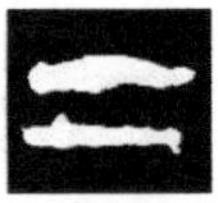
陶錄4.9.1　二十=（廿）二年正月

陶錄4.9.2　二十=（廿）二年八月

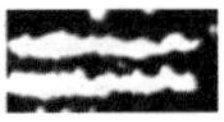
燕齊002　十七年十二月

步黟168　二十=（廿）一年十二月

陶錄4.103.4　二吉（瞉）

陶錄4.108.1　二吉（瞉）

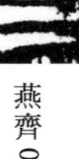

燕齊071　二吉（瞉）

燕齊076　二吉（瞉）

陶錄4.110.2　二吉（瞉）

燕齊065　二吉（瞉）

陶錄4.103.2　二吉（瞉）八叡（掬）

陶錄4.103.3　二吉（瞉）反（半）

燕齊073　二青（瞉）七叡（掬）

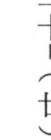

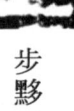

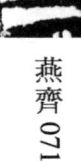

步黟189　二壴（鼓）反（半）

陶錄4.106.2　二壴（鼓）六馭（掬）

陶錄4.110.3　二壴（鼓）七馭（掬）

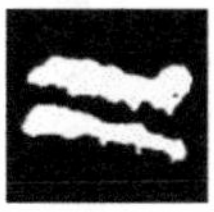

陶錄4.112.2　二壴（鼓）四馭（掬）

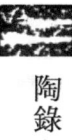

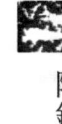

陶錄4.114.1　二壴（鼓）反（半）

陶錄4.132.4　二壴（鼓）反（半）

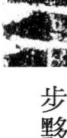

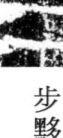

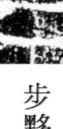

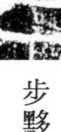

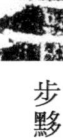

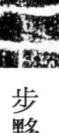

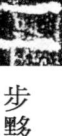

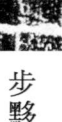

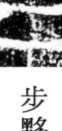

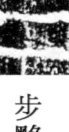

步黟191　二壴（鼓）七反（半）

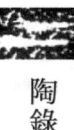

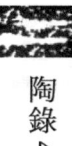

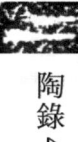

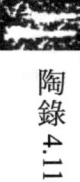

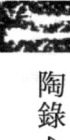

燕齊075　二壴（鼓）反（半）

陶錄4.105.1　二壴（鼓）七壴（鼓）

燕下都·圖二三二14　二壴（鼓）

選編0003　二言（殼）

陶錄4.98.4　二言（殼）反（半）

陶錄4.99.2　二言（殼）反（半）

書超網2　二言（殼）七叡（掬）

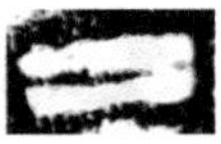
書超網6　二言（殼）反（半）

書超網9　二享（殼）

陶錄4.198.1　二□

燕齊069　二壴（鼓）

書超網22　二壴（鼓）

陶錄4.198.6　二

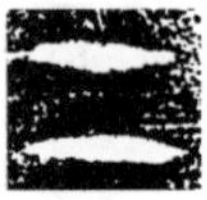
燕下都·圖一六〇13　二

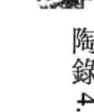

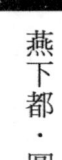

燕下都·圖一六〇14　二

燕下都·圖二〇八4　二

燕下都·圖二三〇1　二

凡

0994

土

0995

燕下都・圖二三二6　二

燕下都・圖二三八9　二

選編0002　二

歷博3燕122　二

歷博3燕122　二

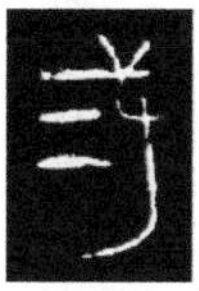

集成09606.1　繖窓君扁壺：弍（二）孛（觳）

璽彙1238　喬弍（二）共

璽彙4095　喬生（甥）弍（二）　按：《説文》古文。

貨系3679　燕明刀背文：右凡

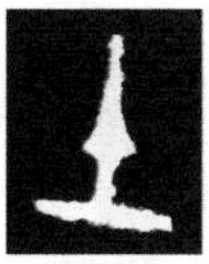

銘圖14789　克盉蓋：克宋（次）匽（燕）入土

銘圖13831　克罍：克宧（次）匽（燕）入土

集成04140　大保簋：易（賜）休某土

貨系3394　燕明刀背文：左土

貨繫3623　燕明刀背文：右土

貨系3624　燕明刀背文：右土

聚珍107.5　燕明刀背文：右土

璽彙1666　土罰

璽彙2837　倝（韓）生（甥）土

陶錄4.192.6　土

地

0996

燕陶130（摹）　左宮無墬（地）

坪

0997

古研15.97　武平鐘（摹）：武坪（平）君子鮮治哭（器）

集成10425A　平陰睘小器：坪（平）隂（陰）睘（縣）

貨系2317　方足小布：纕（襄）坪（平）

貨系2319　方足小布：纕（襄）坪（平）

貨系2320　方足小布：纕（襄）坪（平）

貨系2329　方足小布：坪（平）隂（陰）

貨系2330　方足小布：坪（平）隂（陰）

貨系2331　方足小布：坪（平）隂（陰）

古幣50.11　方足小布：肚（重）坪（平）

璽彙0013　坪（平）隂（陰）都司徒

璽彙0085　坪（平）隂（陰）都司工（空）

璽彙0187　坪（平）隂（陰）都昊（遽）皇（呈—馹）

璽彙5556　坪（平）窖（陰）都鉨（璽）

陶錄4.104.1　左北坪（平）

陶錄4.177.1　□坪（平）鏤（鏕）

書超網21　坪（平）　按：「平」字繁構，又見卷五「平」。

墧

墧

0998

璽彙3683　玄墧（高）厶（私）鉨（璽）　按：「高」字繁構，又見卷五「高」。

燕陶114 左宮隉（隔—塙—高） 按：「隔」字異體，又見卷十四「隔」。

埴

0999

璽考81 武城臺（埴）皇（星—駬）

基

1000

璽考68 會坖（基）鉨（璽）

陶錄4.155.6 坖（基）

垣

1001

集成10427A 武□睘小器：武𩫏（垣）睘（縣）

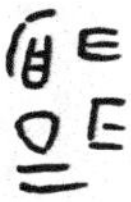

集成10427B 武□睘小器（摹）：武𩫏（垣）睘（縣） 按：《說文》籀文。

封

1002

西清29.42　郾侯載豆：事封君

西清29.42　郾侯載豆：事封君

壐彙0192　帚昜（陽）都封人

壐彙3319　封脽

壐彙3466　封逌（道）千稟（秋）

壐彙4091　后闢封

壐彙5553　䟆都封人

陶錄4.188.4　封　按：《說文》古文。

壐彙4091　后闢封

壐

1003

壐考91　卲沟市之坏（壐）

壐彙0003　鋹（長）圩君伹室鉨（壐）

城

1005

型

1004

璽彙0024　司馬之鉨（璽）

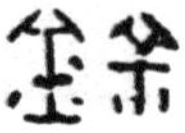
璽彙0158　帚昜（陽）曾（鑄）帀（師）鉨（璽）

璽彙0159　郻（易）曾（鑄）帀（師）鉨（璽）　按：「璽」字異體，又見卷十四「鉨」。

陶錄4.202.3　坓（型）匋（陶）之鉨（璽）

燕下都·圖四八10　銅印：型⿱奐金（奐）

銘圖12406　燕王職壺：悳（克）邦㙐（踐）城

集成10461　洵都小器：洵城都

集成10583　郾侯載器：休台（以）爲𪋘（桼）城（盛）

集成 10423A　方城睘小器：方城睘（縣）

集成 10434A　北尙城睘小器：北尙城睘（縣）

集成 10435A　東尙睘小器：東尙城睘（縣）

文研 24.60　高城冶叔戈：高城冶弔（叔）

璽彙 0016　丏城都司徒

璽彙 0017　洵城都司徒

璽彙 0119　洵城都𡵂（尉）

璽考 81　武城𦉢皇（星—駟）

璽考 88　妐（容）城都杤𨛫左

璽彙 0251　渝城㝑（乘）

璽彙 0323　䚮（信）城医

璽彙 0755　長（張）城

璽彙1248　喬辛（新）城

璽彙1886　城湏

璽彙1887　城臣（簠）

璽彙1888　城弜（強）

璽彙1889　城壽

璽彙2798　䡈（韓）城

璽彙3899　公孫城

璽彙5259　城

璽彙5260　城

璽彙5261　城

璽彙5262　城

璽彙5543　泃城都右司馬

璽彙5551　泃城都郹（遽）皇（星—駬）

璽考292　長（張）生（甥）城

燕下都・圖四八四3　銅印：城

埴

1006

圖典4347　雋（雖）生（甥）城

圖典3945　城

陶錄4.202.1　城

陶錄4.202.2　城

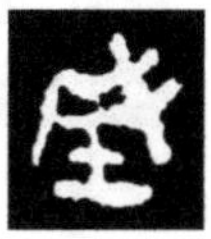

陶錄4.211.1　亯（廩）城都王勹（符）鍴（瑞）

步黟224　城

朝陽174　亯（廩）城都王勹（符）鍴（瑞）

燕陶183　缶（陶）城

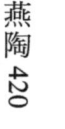

燕陶420　城

燕陶421　城

璽彙0186　䇈都昗（遽）皇（呈—馹）

璽彙0187　坪（平）陰（陰）都昗（遽）皇（呈—馹）

璽彙0188　閔昜（陽）都臭（遽）皇（呈—馹）

璽彙0189　杞（枝）昜（陽）都臭（遽）皇（呈—馹）

璽彙5551　泃城都臭（遽）皇（呈—馹）

璽彙5552　梎（範）湩都臭（遽）皇（呈—馹）

璽考77　文安都臭（遽）皇（呈—馹）

璽考81　武城亳皇（呈—馹）

璽考81　武昜（陽）都臭（遽）皇（呈—馹）

華夏100・處NO.54　大司徒丙皇（呈—馹）　按：朱德熙釋。

墠 墠

1007

璽彙5406 砠（墠） 按：「砠」字異體，吳振武釋，又見卷九「砠」。

坐

1008

璽彙1229 喬坐

璽彙2286 範（範）坐

二十2-SY-0002 戠（箴）生（甥）坐

陶錄4.55.1 缶（陶）工坐

陶錄4.96.1 缶（陶）工坐

陶錄4.104.2 缶（陶）工坐

燕齊041 缶（陶）工坐

歷博3燕20 缶（陶）工坐

燕齊067 缶（陶）工坐

步黟191 缶（陶）工坐

陶錄4.55.4 □攻（工）坐

陶錄4.58.3　缶（陶）攻（工）尘

陶錄4.58.4　缶（陶）攻（工）尘

陶錄4.134.2　缶（陶）攻（工）尘

歷博3燕48　缶（陶）攻（工）尘

步黟208　缶（陶）工尘

步黟217　缶（陶）攻（工）尘

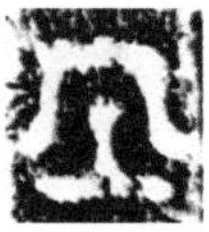
書超網2　缶（陶）工尘

書超網9　缶（陶）工尘

選編0019　缶（陶）工尘

歷博3燕86　缶（陶）尘

燕齊016　缶（陶）尘

陶錄4.169.4　尘內之工

圩

1009

燕齊012　坣圩

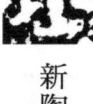

新陶·燕242　坣圩

燕陶557　坣圩

燕陶194　士缶（陶）坣

陶錄4.155.1　坣

陶錄4.156.6　坣

燕下都·圖四四7　坣

步黟223　坣

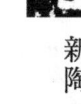

選編0057　坣

新陶·燕272　坣

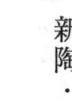

燕陶457　坣

璽彙0003　鋹（長）圩君但室鉨（璽）

1010 ⿰阝⿱山土

璽彙 2325　⿰阝⿱山土忞

1011 ⿱丘土

集成 10422A　牙丘⿱罒𧘇小器：牙⿱丘土（丘）⿱罒𧘇（縣）

集成 10422B　牙丘⿱罒𧘇小器（摹）：牙⿱丘土（丘）⿱罒𧘇（縣）

燕陶 495（描摹）　⿱丘土（丘）　按：「丘」字繁構，又見卷八「丘」。

1012 ⿱夷土

璽彙 3901　公孫⿱夷土（夷）

坐

1013

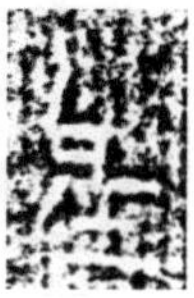

集成 11304.2A　郾王職戈：汅（泉）坐（州）都鈙

集成 11304.2B　郾王職戈（摹）：汅（泉）坐（州）都鈙

陶錄 4.25.1　左宮者坐（州）

陶錄 4.25.2　左宮者坐（州）

歷博 3 燕 26　左宮者坐（州）

歷博 3 燕 40　右宮者坐（州）

按：「州」字繁構，又見卷十一「州」。

埅

1014

璽彙 2326　埅（防）纕

璽彙 1334　衛埅（防）

按：「防」字繁構，又見卷十四「防」。

1015 ⿱尾土

璽彙 3941　⿱尾土生（甥）

1016 ⿱申土

集成 09617　重金扁壺：⿱申土（紳）金錍（⿰卑瓦）

集成 09975.3A　陳璋鑐：⿱申土（紳）金䋮壺

集成 09975.3B　陳璋鑐（菶）：⿱申土（紳）金䋮壺

璽彙 3196　⿱申土（申）条（榣）

璽彙 3197　⿱申土（申）鄾

圖典 4314　⿱申土（申）遂（迻—移）　按：「⿱申土」字繁構，又見卷一「⿱申土」。

隉 1017

璽彙0191　⿰阝⿱罔土（隅）隂（陰）都鮨（信）隉左

⿰阝⿱亞土 1018

璽彙0519　王⿰阝⿱亞土

璽彙2835　𣆪（韓）⿰阝⿱亞土

⿰阝⿱夅土 1019

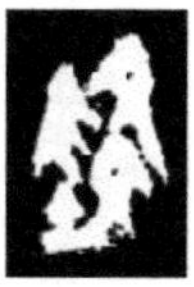
集成11541A　不降矛：不⿰阝⿱夅土（隆—降）拜余（餘）子之賀金

集成11470　不降矛（摹）：不⿰阝⿱夅土（隆—降）　按：「降」字繁構，又見卷六「隆」、卷十四「降」。

⿰阝坐 1020

璽彙4122　彝（夷）吳（吾）⿰阝坐

1021 塦

璽彙 3113 塦⿱林至

璽彙 1541 孫塦

1022 堹

璽彙 3880 公孫生（甥）堹

璽彙 2222 ⿰犬阝堹

璽考 313 公孫堹

1023 ⿰阝⿱岡土

璽彙 0011 ⿰阝⿱岡土（隬）⿰阝全（陰）都司徒

璽彙 0191 ⿰阝⿱岡土（隬）⿰阝全（陰）都䚱（信）陧左

璽彙 0215 ⿰阝⿱岡土（隬）⿰阝全（陰）都清左

中原文物 2007.1.111 銅印：⿰阝⿱岡土（隬）⿰阝全（陰）都清左 按：「隬」字繁構，又見卷十四「隬」。

⿰阝金

1024

集成10428A　茖（蒚）⿰阝金（陰）睘小器：茖（蒚）⿰阝金（陰）睘（縣）

集成10428B　蒚陰睘小器（摹）：茖（蒚）⿰阝金（陰）睘（縣）

貨系2329　方足小布：坪（平）⿰阝金（陰）

貨系2330　方足小布：坪（平）⿰阝金（陰）

貨系2332　方足小布：坪（平）⿰阝金（陰）

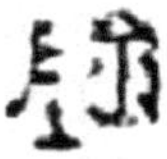

貨系2333　方足小布：坪（平）⿰阝金（陰）

璽彙0011　㘂（隔）⿰阝金（陰）都司徒

璽彙0013　坪（平）⿰阝金（陰）都司徒

璽彙0014　忎⿰阝金（陰）都司徒

⿱奠土

1025

璽彙0052　忌⿰阝⿱今土（陰）都左司馬

璽彙0085　坪（平）⿰阝⿱今土（陰）都司工（空）

璽彙0187　坪（平）⿰阝⿱今土（陰）都臭（遽）皇（星—駟）

璽彙0191　⿰阝⿱可土（阿）⿰阝⿱今土（陰）都⿰身言（信）坓左

璽彙0215　⿰阝⿱可土（阿）⿰阝⿱今土（陰）都清左

中原文物2007.1.111　銅印：⿰阝⿱可土（阿）⿰阝⿱今土（陰）都清左

戰研2.104　⿰阝⿱今土（陰）市王勹（符）

按：「⿰阝⿱今土」字異體，又見卷十四「陰」。

璽彙3295　⿱奠土（奠—鄭）邦

璽彙3326　⿱奠土（奠—鄭）臣

燕下都・圖四八10　銅印：型墪（奠）　按：「奠」字繁構，吳振武釋，又見卷五「奠」。

墮 1026

璽彙0830　長（張）墮

墼 1027

銘圖12406　燕王職壺（摹）：悳（克）邦墼（踐）城

集成11525A　郾王職矛：郾（燕）王職墼（踐）齏（齊）之穫（獲）

集成11525B　郾王職矛（摹）：郾（燕）王職墼（踐）齏（齊）之穫（獲）

垚

1028

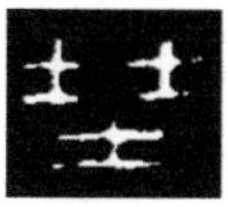

西清 19.03　丙辰方壺：尹垚矦悦丌（其）窮（䂞）也

堇

1029

集成 02703　堇鼎：匽（燕）矦令堇籑（飴）大（太）僳（保）于宗周

集成 02703　堇鼎：大（太）僳（保）賫（賞）堇貝

里

1030

集成 11402.1A　枺里瘟戈：公孶里脽之

集成 11402.1B　枺里瘟戈（摹）：公孶里脽之

集成 11402.2A　枺里瘟戈：內巨枺里瘟之敀（捶）戈

集成11402.2B　枝里瘟戈（摹）：內巨枝里瘟之砄（捶）戈

璽考85　郍里都㠯（尉）

田

1031

陶錄4.27.1　左宮田左

陶錄4.27.2　左宮田左

陶錄4.27.3　左宮田左

歷博3燕27　左宮田左

歷博3燕28　左宮田左

陶錄4.168.1　田

燕下都・圖二七八7　田

畱

1032

璽彙2747　虘（獻）留

璽彙3189　雋（雝）留

圖典4096　肖（趙）留

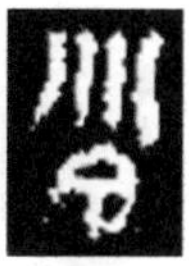
陶錄 4.3.1 左缶（陶）倈留敀（拍）罃

陶錄 4.4.2 倈留敀（拍）罃

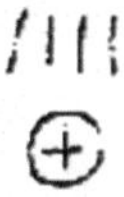
陶錄 9.11.1 左缶（陶）倈留敀（拍）……

歷博 3 燕 3 左缶（陶）倈留敀（拍）罃

步黟 177 倈留敀（拍）或（或）

1033 畂

燕陶 558 畂（𡿨）按：《說文》篆文，又見卷十一「𡿨」。

1034 ⿱乍畐

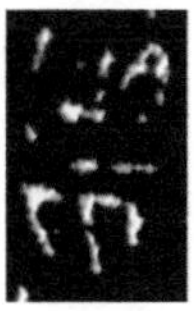
銘圖 12406 燕王職壺：唯郾（燕）王職踐（踐）⿱乍畐（阼—祚）弄（丞—承）祀

黃

1035

銘圖 12406　燕王職壺（摹）：唯郾（燕）王職[足睪]（踐）畱（阼—祚）[丞廾]（丞—承）祀

選編 0047　右宮畱

選編 0048　右宮畱

燕陶 568　右宮畱

集成 11517　郾王職矛：郾（燕）王職乍（作）黃（廣）衣（卒—萃）鈦

集成 11518　郾王職矛：郾（燕）王職乍（作）黃（廣）衣（卒—萃）鈦

銘圖 16994　燕王職戈：郾（燕）王職乍（作）黃（廣）卒（萃）鍨（戣）

銘圖 16995 燕王職戈：郾（燕）王職乍（作）黃（廣）卒（萃）鋸（瞿—戳）

璽彙 1245 喬黃

燕陶 497 黃

燕陶 600 黃

男

1036

璽彙 3362 男粻（長）

璽彙 5641 男剸（斷）

力

1037

貨系 2697 尖首刀：力

貨系 2699 尖首刀：力

勝

1038

集成 09477.1 勝壺：勝

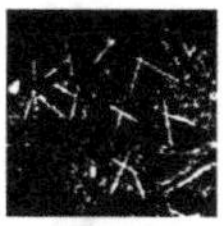

集成 09477.2 勝壺：勝

加

1039

璽彙0756　長（張）加

璽彙1670　昜加

璽彙3663　女加瑩

璽考266　長（張）加

金

1040

燕文字編·卷十四上

集成02749　害鼎：矦易（賜）害貝、金

集成10583　匽侯載器：鑄金壴（鼓）

集成09617　重金扁壺：崖（紳）金錍（甁）

集成09975.3B　陳璋鑐（摹）：崖（紳）金䋣（佑）壺

燕下都·圖四八三　錯金銀銅車構件（摹）：金

集成11268　庚寅戈：寅用雲金乍（作）吉用

集成11286B　不降戈（蓽）：不降拜郐（餘）子之賀金

集成11541A　不降矛：不隆（降）拜余（餘）子之賀金

璽彙0363　洀（泉）盃（水）山金貞（鼎）鍴（瑞）

璽彙3346　匀蜀金

鑄

1041

集成01735　大保鼎：大（太）保（寶—保）鑄

銘圖04482　大保簋：于洽周鑄

集成10583　匽侯載器：鑄金壴（鼓）

鍾

1042

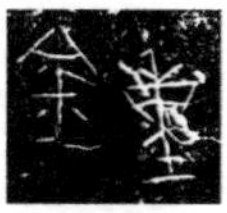

集成 00420.2 外卒鐸：鍾（鐘）君（尹）

集成 10466 左鍾君銅器：左鍾（鐘）君（尹）

鑪

1043

貨系 3006 燕明刀背文：盧（鑪）

貨系 3008 燕明刀背文：盧（鑪）

貨系 3010 燕明刀背文：外盧（鑪）

貨系 3018 燕明刀背文：外盧（鑪）

貨系 3024 燕明刀背文：外盧（鑪）

貨系 3031 燕明刀背文：外盧（鑪）

聚珍 173.5 燕明刀背文：外盧（鑪）

聚珍 174.1 燕明刀背文：外盧（鑪）

聚珍 160.4　燕明刀背文：外盧（鑪）

聚珍 160.5　燕明刀背文：外盧（鑪）

聚珍 160.6　燕明刀背文：外盧（鑪）

聚珍 175.2　燕明刀背文：外盧（鑪）一

聚珍 161.1　燕明刀背文：外盧（鑪）乙

聚珍 161.2　燕明刀背文：外盧（鑪）十

璽彙 3057　盧（鑪）比

燕陶 169　獚盧（鑪）

錍

1044

集成 09617　重金扁壺：㽉（紳）金錍（瓬）　按：「瓬」字異體，又見卷十二「瓬」。

鈦

1045

集成11517 郾王職矛：郾（燕）王職乍（作）黄（廣）衣（卒—萃）鈦

集成11520 郾王職矛：郾（燕）王職乍（作）攼（捶）鈦

集成11525B 郾王職矛（摹）：台（以）爲雲萃鈦

集成11526 郾王職矛：郾（燕）王職乍（作）巨攼（捶）鈦

集成11527 郾王職矛：郾（燕）王職乍（作）巨攼（捶）鈦

集成 11531A　郾王戎人矛：郾（燕）王戎人乍（作）攺（捶）鈦

集成 11531B　郾王戎人矛：郾（燕）王戎人乍（作）攺（捶）鈦

集成 11538　郾王戎人矛：郾（燕）王戎人乍（作）王萃鈦

集成 11606　郾王喜劍：郾（燕）王喜恳（鑄）無者鈦

集成 11614　郾王喜劍：郾（燕）王喜恳（鑄）無者鈦

鋸

鋸

1046

銘圖 17843　郾王喜劍：郾（燕）王……無者鈦

銅兵 2.15　郾王喜劍：郾（燕）王喜𢘓（鑄）無者鈦

集成 11218　郾侯載戈：郾（燕）侯載乍（作）左宮鋸（瞿—戳）

集成 11188　郾王職戈：郾（燕）王職乍（作）攼（捶）鋸（瞿—戳）

集成 11224　郾王職戈：郾（燕）王職乍（作）雲萃鋸（瞿—戳）

集成 11227　郾王職戈：郾（燕）王職乍（作）雲萃鋸（瞿—戳）

集成 11232　郾王職戈：郾（燕）王職乍（作）巨攼（捶）鋸（瞿—戳）

集成 11234　郾王職戈：郾（燕）王職乍（作）巨攼（捶）鋸（瞿—戳）

集成 11304.1A　郾王職戈：郾（燕）王職乍（作）雲萃鋸（瞿—戳）

集成 11237　郾王戎人戈：郾（燕）王戎人乍（作）攼（捶）鋸（瞿—戳）

集成11274　郾王戎人戈：郾（燕）王戎人乍（作）雲萃鋸（瞿—戳）

集成11194　郾王詈戈：郾（燕）王詈（讙）怊（鑄）𢻫（捶）鋸（瞿—戳）

集成11240　郾王詈戈：郾（燕）王詈（讙）怊（鑄）巨𢻫（捶）鋸（瞿—戳）

集成11241C　郾王詈戈（摹）：郾（燕）王詈（讙）怊（鑄）雲萃鋸（瞿—戳）

集成11242A　郾王詈戈：郾（燕）王詈（讙）怊（鑄）雲萃鋸（瞿—戳）

集成 11195A 郾王喜戈：郾（燕）王喜忍（鑄）攸（捶）鋸（瞿—戳）

銅兵 1.9 郾王喜戈：郾（燕）王喜忍（鑄）巨攸（捶）鋸（瞿—戳）

銖 銖 1047

考古 1965.11.568 骨距末（摹）：銖賡用左攻（工）冶

鉦 鉦 1048

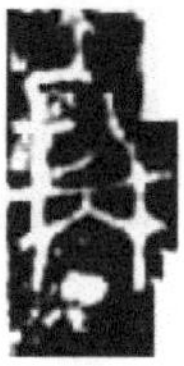

銘續 0666 旨爵：旨作父辛鐙（鉦） 按：「鉦」字異體，謝明文釋，又見卷五「鐙」。

鐸 鐸 1049

集成 00420.1 外卒鐸：□外卒鐸

鎦 1050

鎦

集成11540　郾王詈矛：郾（燕）王詈（讋）乍（作）巨攺（捶）鋻（鎦—劉）

鍛 1051

熠熠185　郾王喜矛：郾（燕）王喜𢉩（鑄）翏（戮）車鍛（殳—杸）　按：「殳」字繁構，又見卷三「殳」。

鈚 1052

集成09606.1　織宻君扁壺：纕宻君丌（其）鈚（瓶）　按：「瓶」字異體，又見卷十二「瓶」。

鈷 1053

陝西1642　富春大夫甑：𩫏（郭）大夫=丌（其）家鈷（盂—盉）也　按：「盉」字異體，郭永秉釋，又見卷五「盉」。

鉘 1054

集成11185　郾侯載戈：……侯載乍（作）鍨（戣）鉘六

集成 11219 郾侯載戈：郾（燕）侯載乍（作）虫萃鉘

集成 11220A 郾侯載戈：郾（燕）侯載乍（作）右軍鉘

集成 11272 郾侯脮戈：郾（燕）侯脮乍（作）虫萃鍨（戣）鉘

集成 11305A 郾王詈戈：郾（燕）王詈（讙）恳（鑄）行義（儀）自卒司馬鉘

集成 11305C 郾王詈戈（摹）：郾（燕）王詈（讙）恳（鑄）行義（儀）自卒司馬鉘

鉨

1055

銅兵1.4　郾王詈戈：郾（燕）王詈（讙）慁（鑄）行議（儀）自卒鉟

璽彙0003　𨱆（長）圩君佀室鉨（璽）

璽彙0024　司馬之鉨（璽）

璽彙0158　㝵昜（陽）𣪘（鑄）帀（師）鉨（璽）

璽彙0159　郻（易）𣪘（鑄）帀（師）鉨（璽）

璽彙0287　梎（範）湩都米粟鉨（璽）

璽彙1508　畋雋（雖）䔮鉨（璽）

璽彙5556　坪（平）㝛（陰）都鉨（璽）

璽考68　會丕（基）鉨（璽）

璽考79　帀昜（陽）都鉩（璽）

圖典3866　蕆都□之鉩（璽）

圖典4086　訫（信）鉩（璽）

陶錄4.202.3　荎（型）匋（陶）之鉩（璽）

文雅堂2.1　河補（浦）五魚鉩（璽）　按：「璽」字異體，又見卷十三「璽」。

1056 釿

璽彙0864　長（張）不釿（敬）

1057 鋀

璽彙0292　遳都市鋀（豆）

陶彙4.151　遳都市鋀（豆）　按：「豆」字繁構，又見卷五「豆」。

1058 鍾

璽彙2502 鍾生（甥）多

璽彙2501 鍾昜

璽彙5640 鍾逌

1059 鍺

集成11643 郾王職劍：郾（燕）王職乍（作）武無鍺鐱（劍）

新收1170 燕王職劍：郾（燕）王職乍（作）武無鍺鐱（劍）

1060 鍨

集成11491 行議鍨矛：行議（儀）鍨（戣）

集成11272 郾侯脮戈：郾（燕）侯脮乍（作）虫萃鍨（戣）鉘

集成11350.1　郾王詈戈：郾（燕）王詈（讙）䢅（鑄）行議（儀）鍨（戣）

銅兵1.1　十年郾王詈戈：郾（燕）王詈（讙）䢅（鑄）行議（儀）鍨（戣）

銘圖17036　郾王喜戈：郾（燕）王喜䢅（鑄）御司馬鍨（戣）　按：「戣」字異體，又見卷十二「戣」。

鍴

1061

璽彙0126　左軍㕣（尉）鍴（瑞）

璽彙0361　單佑都市王勹（符）鍴（瑞）

璽彙0362　東昜（陽）泋（海）澤王勹（符）鍴（瑞）

璽彙0363　泂（泉）汖（水）山金貞（鼎）鍴（瑞）

璽彙0364　昜文身（信）鍴（瑞）

璽彙0365　外司聖（聲）鍴（瑞）

璽彙0367　右朱（廚）貞（鼎）鍴（瑞）

璽考90　武郘（垣）都市鍴（瑞）

璽考91　閱市比鍴（瑞）

華夏100·處NO.55　大司徒鍴（瑞）

陶錄4.13.1　左缶（陶）君（尹）⿰金舊⿱夕止器鍴（瑞）

陶錄4.18.1　左缶（陶）君（尹）⿰金舊⿱夕止器鍴（瑞）

陶錄4.21.1　余（徐）無都鍴（瑞）

陶錄4.21.2　昜安都王勹（符）鍴（瑞）

陶錄4.211.1　亩（廩）城都王勹（符）鍴（瑞）

陶錄4.211.3　㬳（庚）都王勹（符）鍴（瑞）

朝陽174　亩（廩）城都王勹（符）鍴（瑞）

朝陽211.2　亩（廩）城都王勹（符）鍴（瑞）

蘭城9　吳都王勹（符）鍴（瑞）

1062　鏢

陶錄4.177.1　□坪（平）鐶（鏢）

1063　鐱

集成11634　郾王職劍：郾（燕）王職怎（鑄）武無者鐱（劍）

鑴

1064

集成11643　郾王職劍：郾（燕）王職乍（作）武無鍺鐱（劍）

新收1170　燕王職劍：郾（燕）王職乍（作）武無鍺鐱（劍）

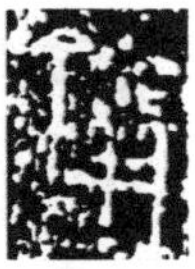

燕下都·圖四七六9　郾王職劍：……職乍（作）武無者鐱（劍）　按：「劒」字異體，又見卷四「劒」。

陶錄4.13.1　左缶（陶）君（尹）鑴厽器鍴（瑞）

陶錄4.16.1　左缶（陶）君（尹）鑴厽器……

陶錄4.18.1　左缶（陶）君（尹）鑴厽器鍴（瑞）

陶錄4.20.1　左缶（陶）君（尹）鑴厽……

陶錄4.20.3 左缶（陶）君（尹）鑴𡕒器□

歷博3燕15 右缶（陶）君（尹）鑴𡕒器鍴（瑞）

步黟180 右缶（陶）君（尹）鑴𡕒器鍴（瑞）

燕陶043 右缶（陶）君（尹）鑴𡕒哭（器）鍴（瑞）

燕陶046 右缶（陶）君（尹）鑴𡕒【哭（器）鍴（瑞）】

鑐

1065

集成09413 伯銉盉：白（伯）銉（盡）自乍（作）用鑐（盉） 按：「盉」字異體，又見卷五「盉」。

勹

1066

貨系2675　尖首刀：勹

貨系2676　尖首刀：勹

貨系2677　尖首刀：勹

貨系2678　尖首刀：勹

貨系2679　尖首刀：勹

貨系2680　尖首刀：勹

且

1067

集成03626　駥簋：駥乍（作）文且（祖）寶障（尊）彝

集成03627　駥簋：駥乍（作）文且（祖）寶障（尊）彝

集成06489　其史觶：其史乍（作）且（祖）己寶障（尊）彝

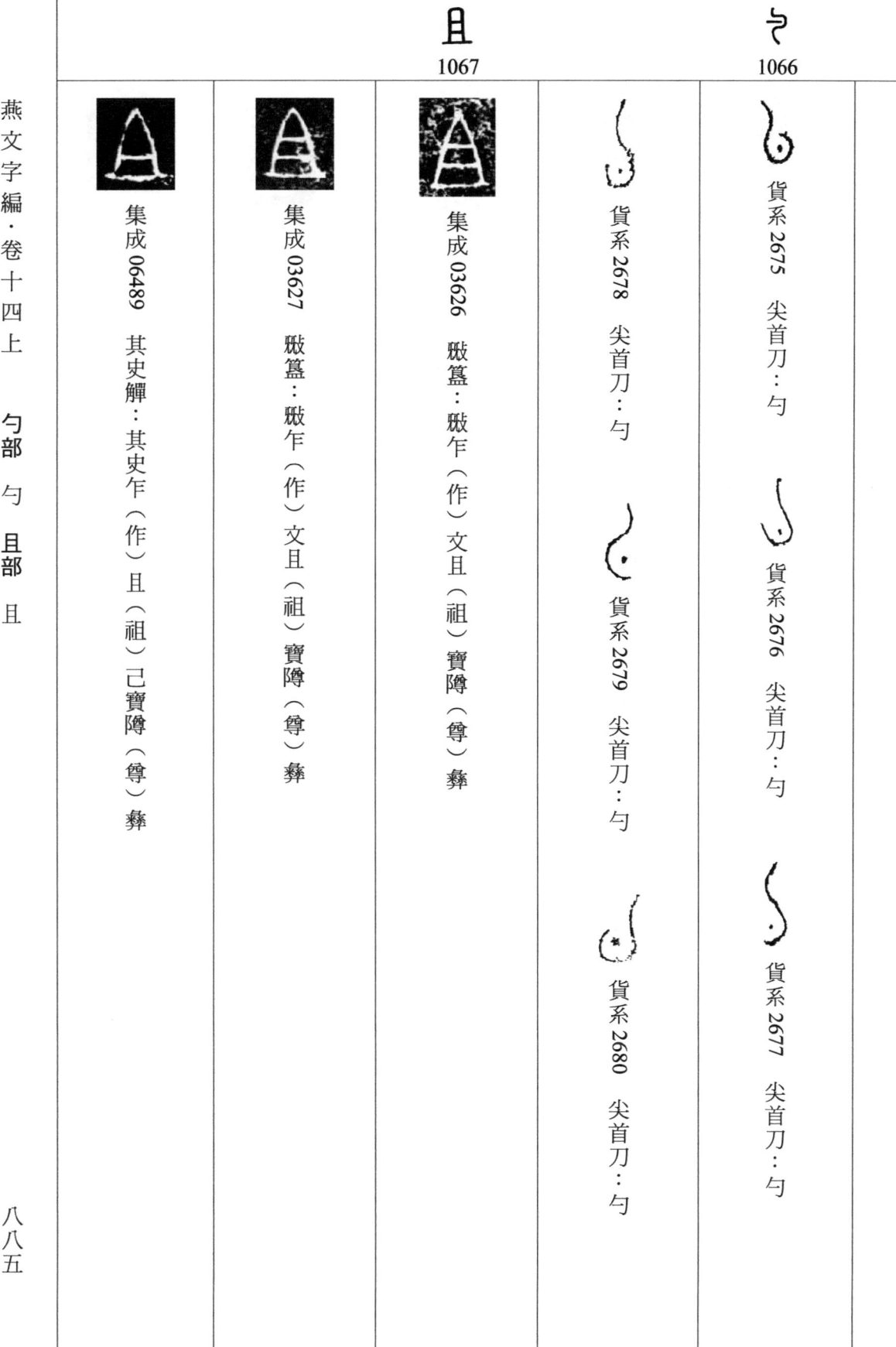

集成05599　爵且丙尊：爵且（祖）丙

銘圖13136　肈卣：肈（肇）乍（作）且（祖）寶障（尊）彝

斤

1068

貨系3136　燕明刀背文：中斤

貨系3137　燕明刀背文：中斤

貨系3138　燕明刀背文：中斤

貨系3139　燕明刀背文：中斤

貨系3140　燕明刀背文：中斤

聚珍151.5　燕明刀背文：中斤

聚珍 151.6　燕明刀背文：中斤

聚珍 152.1　燕明刀背文：中斤

斫 1069

璽彙 2606　絢（纅）斫

所 1070

銘圖 01950　右府貳鼎蓋 2：入所爲賜

集成 11093　雍王戈：雋（雝）王丌（其）所爲

斷 1071

集成 11325B　九年將軍戈：剸（斷）宮戊丌（其）虘（獻）

集成 11326B　九年將軍戈：剸（斷）宮戊丌（其）虘（獻）

集成11326C 九年將軍戈（摹）：剸（斷）宮戊丌（其）虘（獻）

璽彙3153 雙（焦）剸（斷）

璽彙3903 公孫剸（斷）

璽彙5573 剸（斷）让（上）

璽彙5641 男剸（斷）

陶錄4.2.1 左缶（陶）攻（工）剸（斷）

陶錄4.10.1 倈剸（斷）敀（拍）賀

陶錄4.19.1 倈剸（斷）敀（拍）賀

陶錄9.12.1 倈剸（斷）敀（拍）賀

歷博3燕4 【倈】剸（斷）敀（拍）賀

歷博3燕15 倈剸（斷）敀（拍）賀

步存·燕14　倲剸（斷）攴（拍）賀

燕陶057　……攻（工）剸（斷）

燕陶593　……剸（斷）　按：《說文》古文。

新 1072

璽彙0837　長（張）新

矛 1073

銘圖17641　燕王喜矛（鏊）：郾（燕）王喜恖（鑄）□矛

車 1074

熠熠185　郾王喜矛：郾（燕）王喜恖（鑄）翏（戮）車鈠（殳—杸）

集成11061 車大夫長畫戈B（摹）：車大夫=镸（張）畫

璽彙0293 庚（庚）都萃車馬

璽彙0368 中軍壴（鼓）車

藝術59 𨊠（韓）右車

陶錄4.168.6 車

軒

1075

璽彙0308 左軒僑頁壯

載

1076

集成10583 匽侯載器：郾（燕）侯載思天炁（愛）人

西清29.42 郾侯載豆：【郾（燕）】矦載乍（作）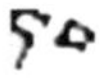鐘（鐓—敦）

集成11185　郾侯載戈……矦載乍（作）鍨（戣）鉘六

集成11219　郾侯載戈：郾（燕）矦載乍（作）虫萃鉘

集成11220A　郾侯載戈：郾（燕）矦載乍（作）右軍鉘

集成11220B　郾侯載戈（摹）：郾（燕）矦載乍（作）右軍鉘

集成11383.1　郾侯載作戎戈：郾（燕）矦載乍（作）戎戒（械）

軍

1077

銅兵1.5　郾侯載戈：郾（燕）侯載乍（作）虫萃鋸（瞿—戵）

集成11513　郾侯載矛：郾（燕）侯載乍（作）左軍

集成11220A　郾侯載戈：郾（燕）侯載乍（作）右軍鉘

集成11513　郾侯載矛：郾（燕）侯載乍（作）左軍

集成11286A　不降戈：右軍

集成11286B　不降戈（摹）：右軍

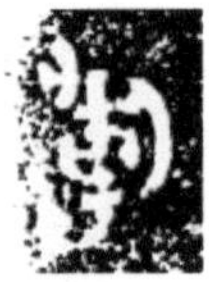

集成11484　郾右軍矛：郾（燕）右軍

集成11325B　九年將軍戈：脜（將）軍張

集成11326B　九年將軍戈：脜（將）軍張

集成11402.1A　枺里瘟戈：左軍之𢻮（捶）僕

璽彙0126　左軍𠙴（尉）鍴（瑞）

璽彙0368　中軍壴（鼓）車

璽彙2515　㺦軍

璽彙5547　中軍𠙴（尉）

歷博4.37　𨊾（韓）軍

陶錄4.139.1　左軍

陶錄9.12.6　左軍

陶錄9.12.7　左軍

蘭城9　脜（將）軍匿（簠）

範

1078

璽彙2283　範（範）疠（病）

璽彙2284　範（範）張

璽彙2286　範（範）坒

璽彙2288　範（範）鹵　按：「範」字異體，又見卷一「範」。

璽彙3646　範（範）二申　按：「範」字訛體，又見卷一「範」。

較

1079

璽考297　中行較

輭

1080

書畫2018.10　夾遊刻石：郛（邦）首睘（縣）輘（輭）

1081

燕文字編·卷十四下

集成10428A　萄陰睘小器：⿱艹缶（萄）⿰阝⿱今土（陰）睘（縣）

貨系2329　方足小布：坪（平）⿰阝⿱今土（陰）

璽彙0013　坪（平）⿰阝⿱今土（陰）都司徒　按：「陰」字異體，又見卷十三「⿰阝⿱今土」。

璽彙5556　坪（平）窨（陰）都鉨（璽）　按：「陰」字異體，又見卷七「窨」。

陸

1082

集成11495　敀陸睘矛（摹）：敀陸睘（縣）

璽彙2318　陸獻

陶錄4.184.1　陸

歷博3燕108　陸

降

1083

集成04140　大保簋：王降征令于大（太）保

集成11286A　不降戈：不降拜郐（餘）子之賀金

集成11541A　不降矛：不隆（隆—降）拜余（餘）子之賀金

集成11541B　不降矛（摹）：不隆（隆—降）拜余（餘）子之賀金

集成 11470　不降矛（搴）：不隆（隆—降）

集成 11987　不降鏃（搴）：不隆（隆—降）　按：「降」字繁構，又見卷六「隆」、卷十三「隆」。

防

1084

璽彙 2326　埅（防）纕

璽彙 1334　衛埅（防）　按：「防」字繁構，《說文》或體，又見卷十三「埅」。

阹

1085

陶錄 4.182.4　陀阹

1086 ⿰阝冏

璽彙 0011 ⿱⿰阝冏土（⿰阝冏）⿰阝⿱今土（陰）都司徒

璽彙 0191 ⿱⿰阝冏土（⿰阝冏）⿰阝⿱今土（陰）都⿰身言（信）⿱臣土左

中原文物 2007.1.111 銅印：⿱⿰阝冏土（⿰阝冏）⿰阝⿱今土（陰）都清左 按：「⿰阝冏」字繁構，又見卷十三「⿱⿰阝冏土」。

1087 ⿰阝高

燕陶 114 左宮⿰阝塙（⿰阝高—塙—高） 按：「塙」字異體，又見卷十三「塙」。

1088 ⿰阝尊

銘圖 14789 克盉蓋：用乍（作）寶⿰阝尊（尊）彝

銘圖 13831 克罍蓋：用乍（作）寶⿰阝尊（尊）彝

集成 09430.1 伯害盉：白（伯）害乍（作）召白（伯）父辛寶⿰阝尊（尊）彝

集成02269 匽侯旨作父辛鼎：匽（燕）侯旨乍（作）父辛⿰阝尊（尊）

集成02628 匽侯旨鼎：用乍（作）始（姒）攷（好）=寶⿰阝尊（尊）彝

集成02168 伯魚鼎：白（伯）魚乍（作）寶⿰阝尊（尊）彝

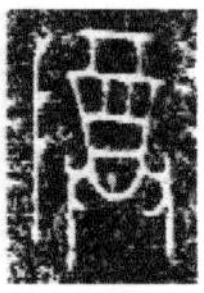
集成03535.2 伯魚簋：白（伯）魚乍（作）寶⿰阝尊（尊）彝

銘圖01043 作尊彝鼎：作⿰阝尊（尊）彝

集成 05228.1　伯矩卣：白（伯）炬（矩）乍（作）寶隮（䔿）彝

集成 00689.1　伯矩鬲：用乍（作）父戊隮（䔿）彝

霸金 027　燕侯旨卣（蓋）：匽（燕）矦旨乍（作）姑妹寶隮（䔿）彝

銘續 00874　燕侯旨卣（蓋）：匽（燕）矦旨乍（作）姑妹寶隮（䔿）彝

集成 03614　匽侯簋：匽（燕）矦乍（作）姬丞隮（䔿）彝

𨽍

1089

集成03906.2 攸簋：攸用乍（作）父戊寶隮（尊）彝

集成02507 復鼎：復用乍（作）父乙寶隮（尊）彝

集成06510.1 庶觶：庶用乍（作）寶隮（尊）彝

集成06510.2 庶觶：庶用乍（作）寶隮（尊）彝

出土14.61 太保玉戈：令𨽍（濮）医辟

考古與文物1993.3.74 太保玉戈（摹）：令𨽍（濮）医辟

四

1090

陶錄 4.103.4　四

燕陶 367　四

燕陶 368　四

燕陶 580　四

集成 09607　永用析涅壺：受六享（觳）四叡（掬）

集成 10453　廿四年錐形器：二十=（廿）四年

集成 11902A　廿四年銅梃：二十=（廿）四年

貨系 3420　燕明刀背文：左四

貨系 3499　燕明刀背文：右四

聚珍 069.5　燕明刀背文：右四

聚珍 100.3　燕明刀背文：右四

聚珍 100.4　燕明刀背文：右四

貨系 3079　燕明刀背文：中四

聚珍 138.5　燕明刀背文：中四

聚珍 147.4　燕明刀背文：中四

貨系 3116　燕明刀背文：中四一

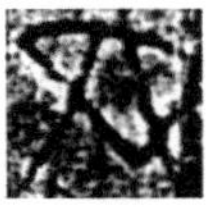

貨系 3543　燕明刀背文：右十四

貨系 3553　燕明刀背文：右四十二

貨系 3731　燕明刀背文：右十四厶

貨系 3762　燕明刀背文：右丏（万—萬）四

陶錄 4.1.1　十六年四月

叕 

1091

陶錄4.103.1　反（半）四𡔷（觳）

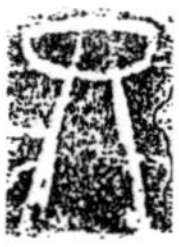

陶錄4.104.3　四

陶錄4.199.5　四

陶錄9.12.4　四𡔷（觳）五反（半）

歷博3燕23　四𡔷（觳）五反（半）

燕齊074　四𡔷（觳）

書超綱3　四𡔷（觳）七叡（掬）

新陶・燕083　四𡔷（觳）

歷博3燕122　四

璽彙0022　大司徒長勹（符）叕（瑞）　按：劉雲釋。

亞

1092

銘圖 14763　亞盉（蓋）：匽（燕）矦易（賜）亞貝

銘圖 09831　亞觚：亞乍（作）父乙寶障（尊）彝

凸

1093

陶錄 4.197.2　凸

五

1094

集拓 48　五壴（瞉）

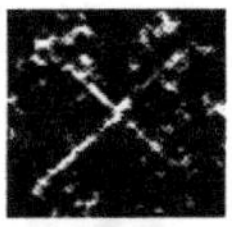

銘圖 02043　王太后鼎：五

銘圖 02043　王太后鼎：五

貨系 2805　針首刀：五

聚珍 026.1　尖首刀：五

貨系 3422　燕明刀背文：左五

貨系 3423 燕明刀背文：左五

聚珍 124.4 燕明刀背文：左五

貨系 3502 燕明刀背文：右五

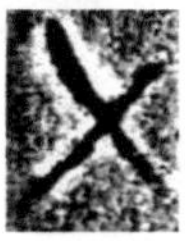

貨系 3504 燕明刀背文：右五

聚珍 069.6 燕明刀背文：右五

貨系 3567 燕明刀背文：右五厶

貨系 3081 燕明刀背文：中五

聚珍 168.3 燕明刀背文：中五

燕下都·圖七七1 布幣陶範：五

燕下都·圖六一7 十五

燕下都・圖七四11　五

燕下都・圖八五6　五

燕下都・圖二一一3　五

燕下都・圖二二一14　五

燕下都・圖二二二4　五

燕下都・圖二三八5　五

燕下都・圖二三八6　五

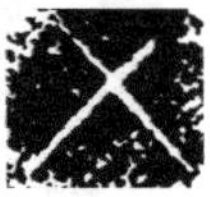
燕下都・圖二八八26　五

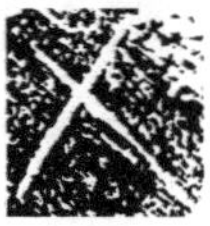
燕下都・圖四六四2　五

陶錄4.200.4　五

集成09975.3A　陳璋鑘：受一壴（觳）五𣪕（掬）

集成09975.3B　陳璋鑘（摹）：受一壴（觳）五𣪕（掬）

集成11931A　八年五大夫弩機：右御攻（工）君（尹）五

聚珍100.5　燕明刀背文：右五

聚珍138.6　燕明刀背文：中五

聚珍168.5　燕明刀背文：中中五

貨系2807　針首刀：五

聚珍011.3　尖首刀：五

陶錄4.113.1　五吉（敺）

陶錄4.113.3　五吉（敺）

陶錄9.12.4　四吉（敺）五反（半）

歷博3燕23　四吉（敺）五反（半）

陶彙3.752　右北坪（平）=五

蘭城10　二十=（廿）五年

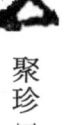

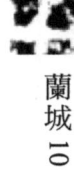

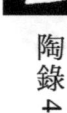

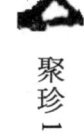

五部 五 **六部** 六

六

1095

文雅堂2.1 河補（浦）五魚鉨（璽）

陶錄4.182.2 五

陶錄4.198.3 五

陶錄4.200.1 五

燕下都·圖三〇二7 五

燕下都·圖四六三1 五

歷博3燕122 五

璽彙2818 䡅（韓）五

燕下都·圖二一一6 五

燕下都·圖二二一7 五

集成09607 永用析涅壺：受六享（觳）四⿰叀又（掬）

集成09617　重金扁壺：受一壴（觳）六𩰲（掬）

銘圖02040　大子鼎蓋：六

銅兵5.7　六八弩機：六

貨系2688　尖首刀：六

貨系2689　尖首刀：六

貨系2881　燕明刀背文：六

聚珍011.5　尖首刀：六

聚珍025.2　尖首刀：六

聚珍064.1　燕明刀背文：六

貨系3426　燕明刀背文：左六

貨系3427　燕明刀背文：左六

貨系3432　燕明刀背文：左六

聚珍124.5　燕明刀背文：左六

聚珍124.6　燕明刀背文：左六

貨系3508　燕明刀背文：右六

聚珍070.1　燕明刀背文：右六

聚珍072.5　燕明刀背文：右六

聚珍100.6　燕明刀背文：右六

聚珍101.1　燕明刀背文：右六

聚珍122.5　燕明刀背文：右六

貨系3569　燕明刀背文：右六厶

貨系3570　燕明刀背文：右六厶

聚珍104.1　燕明刀背文：右六厶

貨系3773　燕明刀背文：右中六

聚珍113.5　燕明刀背文：右中六

聚珍139.1　燕明刀背文：中六

聚珍140.5　燕明刀背文：中六十

陶錄4.2.1　十六年十月

陶錄4.10.2　二十=（廿）九年六月

歷博3燕2　十六年十一月

文雅堂2.3　十六年九月

步存・燕01　十六年十二月

步存・燕03　十七=年六月

歷博3燕1　十六壴（鼓）

歷博3燕1　十六壴（鼓）

陶錄4.104.1　六壴（鼓）

陶錄4.104.3　六壴（鼓）

陶錄4.114.2　六壴（彀）

步存·燕47　二壴（彀）六反（半）

陶錄4.198.2　六

燕下都·圖七三4　六壴（彀）

歷博3燕122　六

貨系2810　針首刀：六

貨系2812　針首刀：六

貨系3425　燕明刀背文：左六

貨系3428　燕明刀背文：左六

貨系3509　燕明刀背文：右六

聚珍067.2　燕明刀背文：右六

聚珍074.2　燕明刀背文：右六

聚珍077.6　燕明刀背文：右六

燕下都·圖八五8　六

燕下都・圖一五八11　六

燕下都・圖二一二11　六

燕下都・圖二一二13　六

燕下都・圖二三二16　六

燕下都・圖二三二17　六

燕下都・圖三五八4　六

選編0007　六

七

1096

西清19.03　丙辰方壺：十言（轂）七叡（掬）

集成11914B　耶七府距末（摹）：耶（聖）七反（半）

銅兵5.2　右昜攻尹弩機：七畚（肆）

銅兵5.2　右昜攻尹弩機：七

銅兵5.8 七弩機：七

貨系2885 燕明刀背文：七

聚珍026.4 尖首刀：七

聚珍059.2 燕明刀背文：七

聚珍083.6 燕明刀背文：七

貨系3287 燕明刀背文：左七

聚珍068.1 燕明刀背文：左七

貨系3291 燕明刀背文：左七

聚珍083.5 燕明刀背文：左七

貨系3518 燕明刀背文：右七

聚珍101.2 燕明刀背文：右七

貨系3576 燕明刀背文：右十七厶

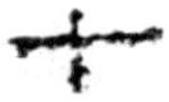
貨系 3576　燕明刀背文：右十七厶

聚珍 104.2　燕明刀背文：右七厶

貨系 3774　燕明刀背文：右中七

貨系 3088　燕明刀背文：中七

貨系 3089　燕明刀背文：中七

貨系 3092　燕明刀背文：中七

聚珍 139.2　燕明刀背文：中七

聚珍 168.4　燕明刀背文：中七

貨系 3106　燕明刀背文：中一七

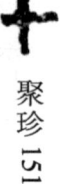

聚珍 151.1　燕明刀背文：中七一乙

歷博3燕8　□年七月

燕齊002　十七年十二月

蘭城7　二十=（廿）七年

陶錄4.104.2　二吉（觳）七叡（掬）

陶錄4.110.3　二吉（觳）七叡（掬）

歷博3燕24　二吉（觳）七叡（掬）

歷博3燕74　二吉（觳）七叡（掬）

燕齊073　二吉（觳）七叡（掬）

書超網2　二吉（觳）七叡（掬）

書超網3　四吉（觳）七叡（掬）

步黟191　二吉（觳）七反（半）

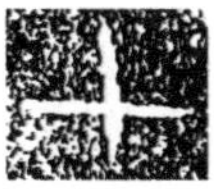
陶錄4.200.3　七

九

1097

燕下都·圖二一一17　七

燕下都·圖二二七9　七

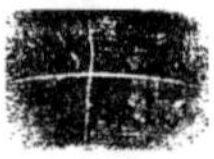
燕下都·圖二三八3　七

燕下都·圖二三八4　七

燕下都·圖二九七5　七

燕下都·圖三〇四5　七

歷博3燕122　七

集成02749　盂鼎：隹九月既生霸辛酉

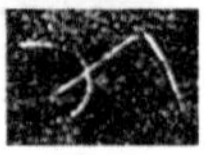
西部12.192　王后左相室鼎：九叡（掬）

集成02360.2　王后左相室鼎：九叡（掬）反（半）

集成11325B　九年將軍戈：九年

集成11326C　九年將軍戈（摹）：九年

聚珍012.2　尖首刀：九

聚珍027.2　尖首刀：九

聚珍027.3　尖首刀：九

貨系3101　燕明刀背文：中九

貨系3252　燕明刀背文：中昌九

聚珍139.4　燕明刀背文：中九

貨系3297　燕明刀背文：左九

聚珍126.3　燕明刀背文：左九

貨系3528　燕明刀背文：右九

貨系3531　燕明刀背文：右九

貨系3532　燕明刀背文：右九

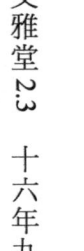

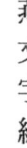

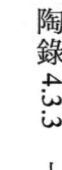

聚珍101.5　燕明刀背文：右九

聚珍101.6　燕明刀背文：右九

璽彙3384　九單辻（上）

陶錄4.3.3　十九年十月

陶錄4.4.2　□七年九月

文雅堂2.3　十六年九月

步黟178　十九年三月

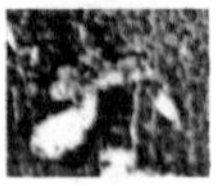

書超網14　九吉（觳）

歷博3燕122　九

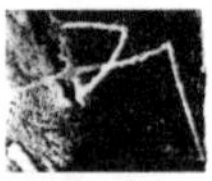

步存・燕12　二十=（廿）九年

步存・燕13　二十=（廿）九年

萬

1098

集成02749　害鼎：害萬年子=孫=寶

集成10229　匽公匜：萬年永寶用

禼

1099

璽彙0082　禼（薊）都司工（空）　按：董珊釋。

甲

1100

集成00807　戈父甲甗：戈父甲

聚珍076.2　燕明刀背文：右甲

聚珍112.1　燕明刀背文：右甲

陶錄4.119.4　缶（陶）甲

乙

1101

集成06509.1　厝觶：乙丑

集成06509.2　厝觶：乙丑

集成02507　復鼎：復用乍（作）父乙寶䧚（尊）彝

集成 05978　復作父乙尊：用乍（作）父乙寶障（尊）彝

集成 06510.1　庶觶：乙丑

集成 06100　父乙觶：父乙

銘圖 04257　伯簋（蓋）：白（伯）乍（作）乙公障（尊）𣪘（簋）

貨系 2910　燕明刀背文：乙

貨系 2913　燕明刀背文：乙

聚珍 046.4　尖首刀：乙

聚珍 046.6　尖首刀：乙

聚珍 060.1　燕明刀背文：乙

聚珍 063.3　燕明刀背文：乙

貨系 3343　燕明刀背文：左乙

貨系 3345　燕明刀背文：左乙

聚珍 086.5　燕明刀背文：左乙

聚珍 089.5　燕明刀背文：左乙

聚珍 129.2　燕明刀背文：左乙

貨系 3344　燕明刀背文：左一乙

貨系 3659　燕明刀背文：右乙

貨系 3660　燕明刀背文：右乙

貨系 3735　燕明刀背文：右乙

貨系 3737　燕明刀背文：右乙

聚珍105.4　燕明刀背文：右乙

貨系3142　燕明刀背文：中乙

貨系3143　燕明刀背文：中乙

貨系3144　燕明刀背文：中乙

貨系3650　燕明刀背文：右乙

聚珍151.3　燕明刀背文：中乙

聚珍153.5　燕明刀背文：中乙

貨系3256　燕明刀背文：中昌乙

聚珍151.1　燕明刀背文：中七一乙

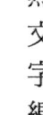

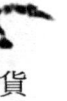

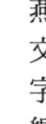

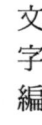

聚珍161.1　燕明刀背文：外盧（鑪）乙

陶錄4.33.4　缶（陶）攻（工）乙

陶錄4.38.4　缶（陶）攻（工）乙

陶錄4.87.1　缶（陶）攻（工）乙

陶錄4.208.2　缶（陶）攻（工）乙

歷博3燕72　缶（陶）攻（工）乙

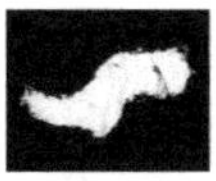

歷博3燕73　缶（陶）攻（工）乙

燕齊068　缶（陶）攻（工）乙

燕陶352　缶（陶）攻（工）乙

燕下都·圖二三九5　缶（陶）攻（工）乙

陶錄4.90.1　缶（陶）工乙

陶錄4.92.2　缶（陶）工乙

陶錄4.123.1　缶（陶）工乙

陶錄4.123.2　缶（陶）工乙

陶錄4.123.3　缶（陶）工乙

陶錄4.123.4　缶（陶）工乙

陶錄4.95.5　缶（陶）乙

陶錄4.91.1　缶（陶）乙

陶錄4.91.3　缶（陶）乙

陶錄4.91.6　缶（陶）乙

陶錄4.103.3　缶（陶）乙

陶錄4.133.2　缶（陶）乙

歷博3燕87　缶（陶）乙

陶錄4.139.4　彖（家）乙

歷博3燕39　右宮乙

陶錄4.90.2　士缶（陶）乙

歷博3燕16　士缶（陶）乙

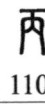

陶錄4.135.6　士乙

陶錄4.142.1　乙

陶錄4.143.3　乙

陶錄4.144.2　乙

陶錄4.142.4　乙

陶錄4.143.1　乙

陶錄4.144.6　乙

陶錄4.154.4　乙

燕下都·圖一六〇15　乙

燕齊103　乙

丙

1102

集成01836　宁羊父丙鼎：襾（賈）羊=父丙

集成05599　爵且丙尊：爵且（祖）丙

出土14.61　太保玉戈：六月丙寅

考古與文物1993.3.74　太保玉戈（摹）：六月丙寅

西清19.03　丙辰方壺：八月丙晨（辰）

璽彙0747　長（張）丙

陶錄4.121.4　缶（陶）丙

燕陶200　缶（陶）丙

㒳 1103

集拓54　㒳

丁 1104

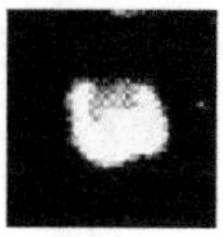
銘圖14718　父丁盉：乍（作）父丁障（尊）彝

集成02702　嬰鼎（內壁）：丁亥

璽彙1688 丁迖

璽彙3850 公孫=丁

璽考346 西宮丁

陶錄4.56.1 缶（陶）攻（工）丁

陶錄4.56.2 缶（陶）攻（工）丁

燕齊030 ……攻（工）丁

新陶·燕122 缶（陶）攻（工）丁

燕陶235 缶（陶）攻（工）丁

燕陶236 缶（陶）攻（工）丁

陶錄4.157.4 丁

燕下都·圖七四3 丁

燕下都·圖一三五13 丁

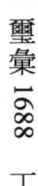

燕下都·圖一六〇1　丁

燕下都·圖一六〇2　丁

燕下都·圖一六〇5　丁

燕下都·圖二一三1　丁

燕下都·圖二一三3　丁

燕下都·圖二一三4　丁

燕下都·圖二一三9　丁

戊

1105

集成05800　干子父戊尊：干子父戊

集成05195.1　單子卣：干子父戊

集成05195.2　單子卣：干子父戊

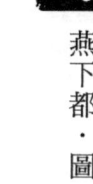

集成00689.1　伯矩鬲：才（在）戊辰

集成 00689.2 伯矩鬲：才（在）戊辰

集成 03906.1 攸簋：攸用乍（作）父戊寶障（尊）彝

集成 03906.2 攸簋：攸用乍（作）父戊寶障（尊）彝

集成 12104A 雁節：帚戊矣（鄆）冄（鑄）

集成 12104C 雁節（摹）：帚戊矣（鄆）冄（鑄）

集成 12105A 鷹節：帚戊矣（鄆）冄（鑄）

集成 12105B 鷹節（摹）：帚戊矣（鄆）冄（鑄）

集成 12106B 鷹節（摹）：帚戊矣（鄆）冄（鑄）

成

1106

集成 11325B 九年將軍戈：剸（斷）宮戊丌（其）虘（獻）

集成 11325C 九年將軍戈（摹）：剸（斷）宮戊丌（其）虘（獻）

集成 11326B 九年將軍戈：剸（斷）宮戊丌（其）虘（獻）

璽彙 3821 司馬戊

璽彙 4134 肖（趙）戊

璽考 337 司馬戊

集成 00935 圉甗：王𠦪于成周

集成 03824 圉簋：王𠦪于成周

集成03825.1 圉簋：王奉于成周

集成05374.1 圉卣：王奉于成周

集成05374.2 圉卣：王奉于成周

陶錄4.158.1 ⿰虫亘生（甥）成

己

1107

集成08574 父己爵：父己

集成05078.1 亞㠱父己卣：亞㠱=父己

集成05078.2 亞㠱父己卣：亞㠱=父己

集成02702 嬰鼎（內壁）：用乍（作）母己隮（尊）

新收1362 父己罍：父己

貨系2714 尖首刀：己

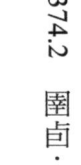

聚珍013.5 尖首刀：己

聚珍047.3 尖首刀：己

聚珍047.4 尖首刀：己

璽彙3322 ⿰虫亘己

新陶·燕275 己

燕陶166 長（張）工己

璽彙0766 長（張）⿱己口（己） 按：「己」字繁構，又見卷二「⿱己口」。

庚

1108

集成03538 伯考庚簋：白（伯）丂（考）庚乍（作）寶彝

集成03539 伯考庚簋：白（伯）丂（考）庚乍（作）寶彝

集成02703 堇鼎：庚申

辛

1109

集成 11909　庚都司馬鐓：庚都司馬

璽彙 0059　庚都右司馬

璽彙 0117　庚都㞢（尉）

集成 09430.1　伯害盉：白（伯）害乍（作）召白（伯）父辛寶隮（尊）彝

集成 09430.2　伯害盉：白（伯）害乍（作）召白（伯）父辛寶隮（尊）彝

集成 02749　害鼎：隹九月既生霸辛酉

集成 02749 𡨦鼎：用乍（作）召白（伯）父辛寶障（尊）彝

集成 02269 匽侯旨作父辛鼎：匽（燕）矦旨乍（作）父辛障（尊）

新收 1359 叀父辛盉：叀父辛

集成 02255 玐鼎：玐（揚）乍（作）父辛寶障（尊）彝

銘圖 07621 父辛爵：父辛

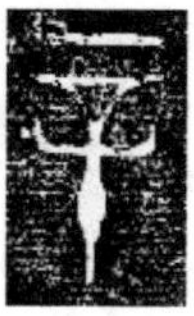
集成 2407 伯龢鼎：白（伯）龢乍（作）召白（伯）父辛寶障（尊）鼎

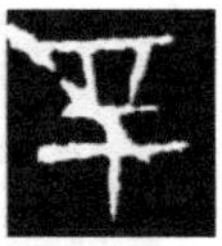
西清29.42　郾侯載豆：祗辛（新）立（位）

集成10416　辛栕睘小器：辛栕睘（縣）

集成10417　辛栕睘小器：辛栕睘（縣）

聚珍031.2　尖首刀：辛

聚珍033.3　尖首刀：辛

璽彙1248　喬辛（新）城

璽考295　辛岙

璽考295　辛㦰（武）

璽考295　辛

燕陶147　皇（觟）辛（新）城

燕陶147（描摹）　皇（觟）辛（新）城

辥
1110

貨系 2342　方足小布：右明辥（司）弖（強—鏹）

貨系 2343　方足小布：右明辥（司）弖（強—鏹）

貨系 2344　方足小布：右明辥（司）弖（強—鏹）　按：《說文》籀文。

辭
1111

銘圖 14789　克盉蓋：罘（暨）又嗣（司）

銘圖 14789　克盉：罘（暨）又嗣（司）

銘圖 13831　克罍蓋：罘（暨）又嗣（司）

銘圖 13831　克罍：罘（暨）又嗣（司）

壬

1112

集成11917　上距末：治卒辭（司）攻（空）

集成11917　上距末（摹）：治卒辭（司）攻（空）

集成11910　大司馬鐓（摹）：柭（範）湩都大嗣（司）馬　按：《說文》籀文。

貨系3459　燕明刀背文：左壬

貨系3460　燕明刀背文：左壬

貨系3461　燕明刀背文：左一壬

貨系3602　燕明刀背文：右壬

貨系3603　燕明刀背文：右壬厶

貨系3604　燕明刀背文：右壬厶

癸

1113

貨系 3178　燕明刀背文：中壬

貨系 3182　燕明刀背文：中壬

貨系 3184　燕明刀背文：中壬

聚珍 143.4　燕明刀背文：中壬

古印 107　壬生（甥）厽（叁）

集成 02703　堇鼎：用乍（作）大（太）子癸寶隮（尊）鬻

集成 01279　父癸鼎：父癸

集成 08971　父癸爵：父癸

璽彙 3988　頣（夏）侯癸

燕陶151　左癸

燕陶356　缶（陶）攻（工）癸

子

1114

集成02703　堇鼎：用乍（作）大（太）子癸寶隮（尊）鬻

集成05800　干子父戊尊：干子父戊

集成05195.1　單子卣：干子父戊

集成05195.2　單子卣：干子父戊

集成02749　害鼎：害萬年子=孫=寶

集成04140　大保簋：王伐彔子耶（聖）

古研15.97　武平鐘（搴）：武坪（平）君子鮮冶哭（器）

銘圖 02040　大子鼎：大子左枳（枝）室

集成 11286A　不降戈：不降拜郐（餘）子之賀金

集成 11541B　不降矛（摹）：不隆（隆—降）拜余（餘）子之賀金

集成 11339A　十三年戈：豫仝（全）㝿（乘）爲大夫=子姪（御）賀

聚珍 153.3　燕明刀背文：中子

貨系 3607　燕明刀背文：右子

貨系 3608　燕明刀背文：右子

燕齊 110　子蠹（蠠）

歷博 3 燕 118　詃子

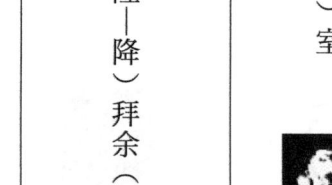

穀

1115

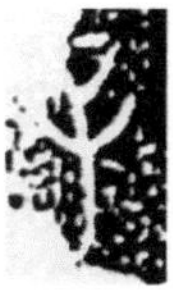

文物 2020.10.61　郾侯脮磬：子孫永保大申（神）

集成 09607　永用析涅壺：受六享（穀—觳）四臤（掬）

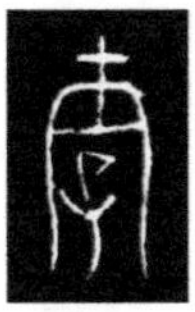

集成 09606.1　織窓君扁壺：弌（二）享（穀—觳）

陶錄 4.107.1　九享（穀—觳）

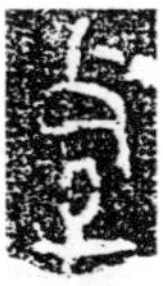

陶錄 4.107.2　九享（穀—觳）

歷博 3 燕 18　三享（穀—觳）

歷博 3 燕 22　三享（穀—觳）

書超網 9　二享（觳）

燕陶369　二孛（觳）　按：「觳」字異體，又見卷四「觳」。

季

1116

集成03556　季屖簋：季屖乍（作）寶隩（尊）彝

孟

1117

璽彙1348　孟安

孳

1118

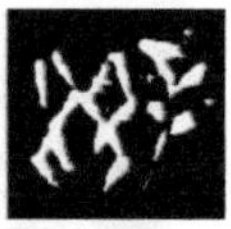

集成11402.1A　枝里瘟戈：公孳里䧿之

集成11402.1B　枝里瘟戈（摹）：公孳里䧿之

疑

1119

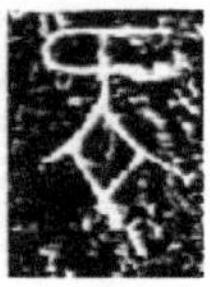

集成02035　亞㠱吴鼎：亞㠱=吴（疑）乍（作）彝

銘圖14763　亞盉：亞㠱侯=吴（疑）

銘圖 14763　亞盉（蓋）：亞㠱矦=吴（疑）

集成 02702　嬰鼎（內底）：亞㠱矦=吴（疑）

集成 12091　騎傳馬節：騎遖（傳）比吴（疑—郵）

集成 12104A　雁節：帚戊吴（疑—郵）冃（鑄）

集成 12104C　雁節（摹）：帚戊吴（疑—郵）冃（鑄）

集成 12105A　鷹節：帚戊吴（疑—郵）冃（鑄）

丑

1120

集成12105B　鷹節（摹）：帚戊矣（疑—鄄）冎（鑄）

集成12106B　鷹節（摹）：帚戊矣（疑—鄄）冎（鑄）

集成06509.1　厝觶：乙丑

集成06509.2　厝觶：乙丑

集成06510.1　庶觶：乙丑

貨系3609　燕明刀背文：右丑

貨系3611　燕明刀背文：右丑

貨系3612　燕明刀背文：右丑

璽彙2285 範（範）丑

圖典4253 番丑

陶錄4.15.3 右缶（陶）攻（工）丑

歷博3燕14 右缶（陶）攻（工）丑

燕陶016 右缶（陶）攻（工）丑

燕陶056 右缶（陶）攻（工）丑

陶錄4.136.3 工丑

陶錄4.189.4 丑

寅

1121

出土14.61 太保玉戈：六月丙寅

考古與文物1993.3.74 太保玉戈（摹）：六月丙寅

集成11268 庚寅戈：寅用雲金乍（作）吉用

璽彙3841 公孫寅

寅部 寅 **卯部** 卯 **辰部** 辰 **巳部** 巳

璽彙5642 易寅

璽彙4121 彝（夷）吳（吾）寅

卯

1122

貨系3614 燕明刀背文：右卯

辰

1123

集成00689.1 伯矩鬲：才（在）戊辰

集成00689.2 伯矩鬲：才（在）戊辰

巳

1124

貨系2924 燕明刀背文：巳

聚珍063.4 燕明刀背文：巳

聚珍063.6 燕明刀背文：巳

聚珍091.6 燕明刀背文：左巳

聚珍092.3　燕明刀背文：左巳

貨系3605　燕明刀背文：右巳

聚珍119.1　燕明刀背文：右巳

聚珍119.2　燕明刀背文：右巳

聚珍170.6　燕明刀背文：中巳

貨系2982　燕明刀背文：巳行

陶錄4.146.5　巳

燕下都·圖二一三20　巳

燕下都·圖二一三21　巳

午

1125

銘圖12406　燕王職壺：羛（冰）日任（壬）午

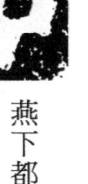

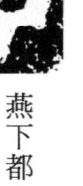

銘圖12406　燕王職壺（摹）：[illegible]（冰）日任（壬）午

聚珍135.4　燕明刀背文：左午

聚珍135.5　燕明刀背文：左午

聚珍135.6　燕明刀背文：左午

貨系3743　燕明刀背文：右午

聚珍108.6　燕明刀背文：右午

貨系3744　燕明刀背文：右午

聚珍113.6　燕明刀背文：右午

聚珍114.1　燕明刀背文：右午厶

聚珍042.1　尖首刀：午

聚珍042.3　尖首刀：午

聚珍042.4　尖首刀：午

聚珍042.5　尖首刀：午

璽彙2794　倝（韓）午

璽彙2796　倝（韓）午

璽彙3851　公孫午

璽彙3949　長（張）生（甥）午

陶錄4.80.2　缶（陶）攻（工）午

陶錄4.80.4　缶（陶）攻（工）午

陶錄4.83.1　缶（陶）攻（工）午

陶錄4.107.4　缶（陶）攻（工）午

陶錄4.159.4　缶（陶）攻（工）午

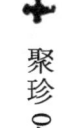

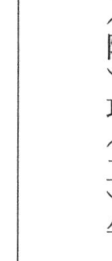

書法2019.7　缶（陶）攻（工）午

燕齊069　缶（陶）攻（工）午

陶錄4.96.3　缶（陶）工午

陶錄4.109.1　缶（陶）工午

陶錄4.111.1　缶（陶）工午

陶錄4.134.1　缶（陶）工午

燕齊066　缶（陶）工午

歷博3燕44　缶（陶）工午

歷博3燕45　缶（陶）工午

燕下都・圖二三九9　缶（陶）工午

陶錄4.97.2　缶（陶）午

陶錄4.97.3　缶（陶）午

陶彙4.120　缶（陶）午

歷博3燕17　缶（陶）午

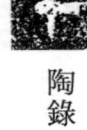

⿱𢆶午

1126

歷博3燕85　缶（陶）午

步黟216　士缶（陶）午

步存·燕37　缶（陶）工午

燕齊018　士午

燕陶199　士午

陶錄4.172.1　午

陶錄4.172.2　午

陶錄4.172.3　午

陶錄4.172.4　午

陶錄4.189.5　午

選編0041　午

選編0042　午

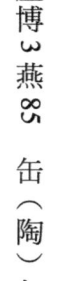

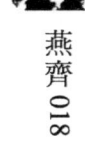

新陶·燕274　午

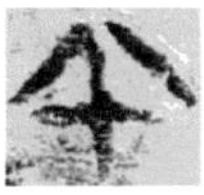
燕陶426　午

璽彙1508　畋雔（雝）⿱𢆶午鉨（璽）

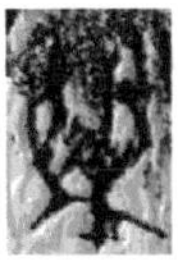
燕陶303　缶（陶）攻（工）羋（⿱𢆶午）

未

1127

申

1128

璽彙3823　司馬䛉（䕯—䔢）　按：「䔢」字訛體，又見卷五「䕯」。

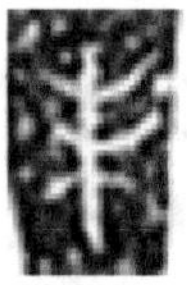

銅兵5.2　右易攻尹弩機：明（朝）未

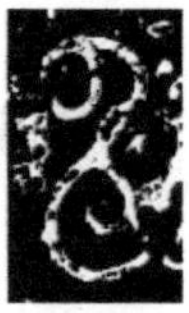

集成02703　堇鼎：庚申

貨系2719　尖首刀：申

貨系3349　燕明刀背文：左申

貨系3350　燕明刀背文：左申

貨系3351　燕明刀背文：左申

貨系3616　燕明刀背文：右申

貨系3617　燕明刀背文：右申

璽彙0876　長（張）申

璽彙3646　鄿（範）二申

陶錄4.42.4　缶（陶）攻（工）申

陶錄4.195.1　申

陶錄4.195.2　申

燕陶283　缶（陶）攻（工）申

燕陶515　申

文物2020.10.61　郾侯脮磬：子孫永保大申（神）

臾

1129

陶錄4.180.1　臾止

歷博3燕117　臾心

酉

1130

集成02749　害鼎：隹九月既生霸辛酉

醬

1131

集成11325B　九年將軍戈：𤖨（將）軍張

集成11325C　九年將軍戈（摹）：𤖨（將）軍張

集成11326B　九年將軍戈：𤖨（將）軍張

集成11326C　九年將軍戈（摹）：𤖨（將）軍張　按：《說文》古文。

䤄

1132

集成10583　匽侯載器：休台（以）爲𪗋（粢）城（盛）

陶錄4.170.1　𪗋

酋

1133

集成12103A　雁節：……句（拘）酋（留）

集成12103B　雁節（摹）：……句（拘）酋（留）

集成12105A　鷹節：不句（拘）酋（留）

集成12105B　鷹節（摹）：不句（拘）酋（留）

集成12106B　鷹節（摹）：不句（拘）酋（留）

步存·燕51　酋□

尊

1134

集成02158　大保方鼎：遘乍（作）尊彝

集成02159　大保方鼎：遘乍（作）尊彝

璽彙1486　攸尊

亥

1135

集成02702　鼎（內壁）：丁亥

燕文字編・合文

0001 一人

聚珍094.4 燕明刀背文：左一人＝

聚珍119.3 燕明刀背文：右一人＝

聚珍153.1 燕明刀背文：一人＝

0002 二十

集成11916C 二十年距末：二十＝（廿）年

貨系3547 燕明刀背文：右二十＝（廿）

陶錄4.9.2　二十＝（廿）二年八月　按：《說文》「廿」字，又見卷三「廿」。

二百

0003

集成02702　要鼎（內壁）：朋二百＝

集成11108　□□御戈……御戈二百＝

二千

0004

貨系3176　燕明刀背文：中二千＝

貨系3180　燕明刀背文：中二千＝

貨系3396　燕明刀背文：左二千＝

聚珍086.1　燕明刀背文：左二千＝

聚珍141.6　燕明刀背文：中二千＝

聚珍141.3　燕明刀背文：中二千＝

十一

0005

聚珍 149.6 燕明刀背文：中二千‖一

貨系 2984 燕明刀背文：十一‖行

貨系 3304 燕明刀背文：左十一‖

貨系 3305 燕明刀背文：左十一‖

貨系 3368 燕明刀背文：左十一‖

聚珍 028.1 尖首刀：十一‖

聚珍 054.2 尖首刀：十一‖

聚珍 126.6 燕明刀背文：左十一‖

聚珍 127.1 燕明刀背文：左十一‖

十二

0006

貨系3540　燕明刀背文：右十二=

聚珍072.3　燕明刀背文：右十二=

聚珍072.4　燕明刀背文：右十二=

聚珍161.6　燕明刀背文：十二=

貨系3553　燕明刀背文：右四十二=

十三

0007

集成11339A　十三年戈：十三=年正月

集成11339B　十三年戈（摹）：十三=年正月

燕下都・圖七七7　布幣陶範：十三=

歷博3燕122　十三=

十六

0008

貨系2704　尖首刀：十六=

貨系2705　尖首刀：十六=

貨系2983　燕明刀背文：十六=行

十七

0009

陶錄4.2.2　十七=年八月

陶錄4.3.1　十七=年十月

陶錄9.11.1　十七=年四月

陶錄9.11.3　十七=年十月

歷博3燕3　十七=年十月

步存・燕03　十七=年六月

十朋

0010

集成06510.1　庶觶：公中（仲）昜（賜）庶貝十朋=

集成06510.2　庶觶：公中（仲）易（賜）庶貝十朋‖

八十 0011

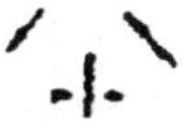

燕下都·圖四八12　石印：八十‖

八千 0012

陶錄4.198.4　八千‖

八丙 0013

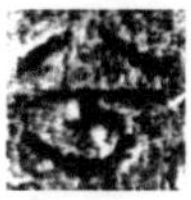

貨系2908　燕明刀背文：八丙（万—萬）‖

貨系2909　燕明刀背文：八丙（万—萬）‖

八年 0014

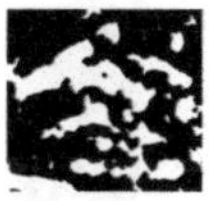

陶錄4.136.1　八年‖

三十 0015

銘圖12406　燕王職壺：宅（庶）幾三十＝（卅）

貨系3115　燕明刀背文：中三十＝（卅）

陶錄4.195.6　三十＝（卅）　按：《説文》「卅」字，又見卷三「卅」。

三朋 0016

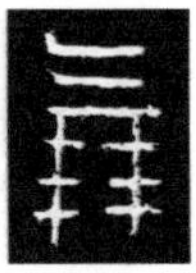

集成03906.1　攸簋：侯賫（賞）攸貝三朋＝

集成03906.2　攸簋：侯賫（賞）攸貝三朋＝

工市 0017

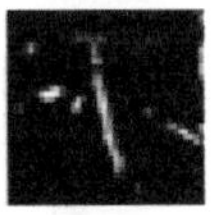

銘圖02040　大子鼎：工市（師）＝取

銘圖02040　大子鼎蓋（蓋）：工市（師）＝取

工行 0018

貨系2961　燕明刀背文：工行＝

貨系2963　燕明刀背文：工行＝

聚珍 162.5　燕明刀背文：工行=

二十一
0019

貨系 2955　燕明刀背文：二十（廿）一=工

二十朋
0020

集成 02628　匽侯旨鼎：王賁（賞）旨貝二十（廿）朋=

大夫
0021

銘圖 03326　富春大夫甂：章（郭）大夫=

銘圖 03326　富春大夫甂：章（郭）大夫=丌（其）家鈷（盉—盉）也

西清 19.03 丙辰方壺：大夫=𠓷（乘）

古研 15.97 武平鐘（摹）：大夫=𧵛

集成 11061 車大夫長畫戈B（摹）：車大夫=𩬤（張）畫

集成 11402.1B 枨里瘟戈（摹）：大夫=敼之卒

集成 11339A 十三年戈：豫仝（全）𠓷（乘）爲大夫=子姲（御）賀

集成 11931A 八年五大夫弩機：大夫=青

銅兵 1.8 六年右御工尹戈：大夫=青

集成 11988.1  北鏃：大夫=北

集成 11989  北鏃：大夫=北

集成 11990  北鏃：大夫＝北

集成 11991  北鏃：大夫＝北

五朋

0022

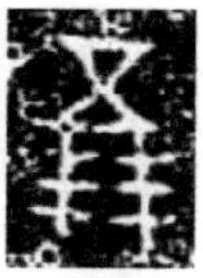

集成 02556A 小臣𠪚鼎：休于小臣𠪚（戲）貝五朋＝

集成 02556B 小臣𠪚鼎（摹）：休于小臣𠪚（戲）貝五朋＝

中行

0023

貨系 2993 燕明刀背文：中行＝

貨系 2994 燕明刀背文：中行＝

貨系 2997 燕明刀背文：中行＝

貨系 2998 燕明刀背文：中行＝

中行二

0024

貨系 3005　燕明刀背文：中行=

聚珍 162.6　燕明刀背文：中行=

聚珍 175.3　燕明刀背文：中行=

聚珍 175.4　燕明刀背文：中行=

貨系 2999　燕明刀背文：中行二=

中昜

0025

璽彙 5562　中昜（陽）=都吳（虞）王勹（符）

公孫

0026

璽彙 3850　公孫=丁

右二
0027

貨系3496 燕明刀背文：右二＝

右內
0028

貨系3636 燕明刀背文：右內＝

叩眀
0029

陶錄4.186.3 叩眀（朝）＝

選編0061 叩眀（朝）＝

集拓52 叩眀（朝）＝

四十
0030

集成09617 重金扁壺：百四十＝八

聚珍155.6 燕明刀背文：中四十＝

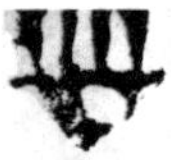

選編0058 四十＝

四朋

0031

集成 02507 復鼎：矦賫（賞）復貝四朋〓

司馬

0032

璽彙 3816 司馬〓賀

北坪

0033

陶彙 3.752 右北坪（平）〓五

北宮

0034

璽彙 3274 北宮〓受

㕣人

0035

璽彙 5106 㕣（尉）人〓

襾羊 0036

集成01836 宁羊父丙鼎：襾（賈）羊=父丙

缶工 0037

陶錄4.118.1 缶（陶）工=

陶錄4.129.1 缶（陶）工=

陶錄4.129.2 缶（陶）工=

陶錄4.129.3 缶（陶）工=

陶錄4.129.4 缶（陶）工=

燕下都・圖七四12 缶（陶）工=

歷博3燕92 缶（陶）工=

歷博3燕93 缶（陶）工=

新陶・燕214 缶（陶）工=

缶士

0038

集拓59　缶（陶）工=

選編0052　缶（陶）工=

燕陶351　缶（陶）工=

陶錄4.101.1　缶（陶）攻（工）士=

集拓62　缶（陶）攻（工）士=

新陶·燕191　缶（陶）攻（工）士=

新陶·燕193　缶（陶）攻（工）士=

新陶·燕209　缶（陶）攻（工）士=

燕陶313　缶（陶）攻（工）士=

燕陶314　缶（陶）攻（工）士=

0039 缶攻

陶錄 4.54.1 缶（陶）攻（工）=呂

陶錄 4.54.2 缶（陶）攻（工）=呂

歷博 3 燕 102 缶（陶）攻（工）=呂

新陶·燕 149 缶（陶）攻（工）=呂

0040 ⿱目二女

璽彙 0565 王⿱目二（相）女（如）=

璽彙 0566 王⿱目二（相）女（如）=

0041 始孜

集成 02628 匽侯旨鼎：用乍（作）始（姒）孜（好）=寶隮（尊）彝

0042 亞矦

集成 10045 亞矦妃盤：亞矦（疑）=妃（妃）

0043 亞盉

集成 02248　亞盉鼎：亞盉=乍（作）父乙隮（尊）彝

集成 09371.1　亞盉父乙盉：亞盉=父乙

集成 09371.2　亞盉父乙盉：亞盉=父乙

0044 亞㠱

集成 6402　亞㠱父己觶：亞㠱=父己

集成 05078.1　亞㠱父己卣：亞㠱=父己

集成 05078.2　亞㠱父己卣：亞㠱=父己

0045 亞㠱矦

銘圖 14763　亞盉（蓋）：亞㠱矦=矣（疑）

銘圖 14763　亞盉：亞㠱矦=矣（疑）

集成02702　嬰鼎（內底）：亞曩医=矣（疑）

0046 舜臼

璽彙5373　舜（乘）臼（丘）=

璽考323　舜（乘）臼（丘）=逄

0047 舜馬

西洀11（下右）：舜（乘）馬=生（甥）弫（強）

0048 剢生

璽彙3306　剢（狄）生=（甥）角

璽彙3488　剢（狄）生=（甥）痓

0049 郾白

璽彙4099　郾（燕）白（伯）=甘（邯）單（鄲）

璽彙4100　郾（燕）白（伯）=起

劘酉
0050

燕陶453　劘（庖）酉（酒）＝　按：楊爍釋。

衛生
0051

璽彙1341　衛生（甥）＝㝵（得）

彝吴
0052

璽彙1321　武彝（夷）吴（吾）＝

璽彙4120　彝（夷）吴（吾）＝泹（洟）

燕文字編·附錄

001

集成02507 復鼎：

集成05978 復乍父乙尊：

銘圖14718 父丁盉：

002

集成02703 堇鼎：

003

集成 08574 父己爵：父己

004

集成 05195.1 單子卣：干子父戊

集成 05195.2 單子卣：干子父戊

集成 05800 干子父戊尊：干子父戊

005

新收 1362 父己罍：父己

006

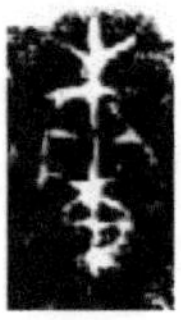

集成 07728 槖爵：

007

集成 08971

父癸爵：父癸

008

集成 08971

父癸爵：父癸

009

集成 02702

婁鼎（內壁）：𫷷商（賞）又（有）正婁貝

010

銘續 0322

匽侯簋：匽（燕）侯乍（作）姬

011

集成 10201

匽伯聖匜：匽（燕）白（伯）聖乍（作）它（匜）

012

西清 29.42　郾侯載豆：【郾（燕）】矦載乍（作）錞（鐓—敦）

013

西清 29.42　郾侯載豆：【郾（燕）】矦載乍（作）錞（鐓—敦）

014

西清 29.42　郾侯載豆：爲亯（享）

按：殘存「車」旁。

015

集成 10583　匽侯載器：民柴

016

集成 10583　匽侯載器：民柴

璽彙 3279　百

017

集成 10583 匽侯載器：鑄金壴（鼓）

018

集成 10583 匽侯載器：永台（以）爲民

019

集成 10583 匽侯載器：司𣦼（乘）宷

020

西部 12.192 王后左相室鼎：昜（陽）大哭（器）

銘圖 02014 陽鼎（摹）：昜（陽）大哭（器）

021

集成 00420.1　外卒鐸：外卒鐸

022

集成 10429A　□□睘小器：少司睘（縣）

集成 10429B　□□睘小器（摹）：少司睘（縣）

集成 10431A　□□睘小器：少司睘（縣）

集成 10431B　□□睘小器（摹）：少司睘（縣）

集成10432A　少□瞏小器：少瞏（縣）

集成10432B　少□瞏小器（摹）：少瞏（縣）

023

集成10429A　□□瞏小器：少瞏（縣）

集成10429B　□□瞏小器（摹）：少瞏（縣）

集成10431A　□□瞏小器：少瞏（縣）

集成10431B　□□瞏小器（摹）：少瞏（縣）

集成10432A　少□瞏小器：少瞏（縣）

集成10432B　少□瞏小器（摹）：少瞏（縣）

024

集成10424A　馮□瞏小器：馮瞏（縣）

集成10424B　馮□瞏小器（摹）：馮瞏（縣）

025

集成10433A　豐□睘小器：豐睘（縣）

集成10433B　豐□睘小器（摹）：豐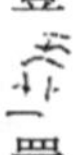睘（縣）

026

集成10430A　□□睘小器：睘（縣）

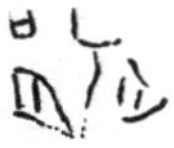

集成10430B　□□睘小器（摹）：睘（縣）

027

集成10430A　□□睘小器：睘（縣）

集成10430B　□□睘小器（摹）：睘（縣）

028

集成10436A　□舌睘小器：舌睘（縣）

集成10436B　□舌睘小器（摹）：舌睘（縣）

029

燕下都·圖四八三　錯金銀銅車構件（摹）：金

030

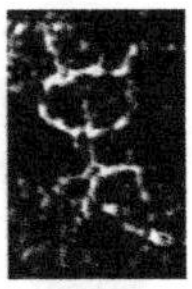

新收1366  戈：

新收1366  戈（摹）：

031

新收1354 ◇僕戈：鳥僕戈

新收1354 ◇僕戈（摹）：鳥僕戈

032

集成11217 郾侯戈：郾侯乍敀（捶）萃鋸（瞿—戟）

033

集成11383.2 郾侯載作戎戈：大佚（側）□祇逭（攸）巸（熙）

034

集成11226 郾王職戈：郾（燕）王職乍（作）萃鋸（瞿—戟）

035

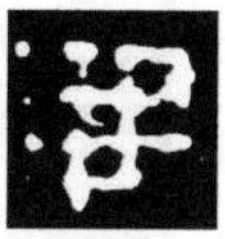

集成 11107　作用戈：乍（作）用于昌

036

集成 11402.1A　枝里瘟戈：公孳里脽之

集成 11402.1B　枝里瘟戈（摹）：公孳里脽之

037

集成 11292　二年右貫府戈（摹）：右具[广貝]（府）御戩宿台

銘圖 17115　台貫府戈（摹）：右具[广貝]（府）御□□台

038

集成 11268　庚寅戈：寅用雲金乍（作）吉用

039

銅兵3.12　□壴睘矛：祗乍（作）戎

040

銅兵3.12　□壴睘矛：戠（箴）弜（彊—強）

041

集成11481　郾王右矛：郾（燕）王右□鈦

042

攈古2.1.86　郾戈（摹）：右攻（工）君（尹）

043

文物春秋2021.3封2　八年郾王詈戈（照片）：左宿中

044

集成11004　郾王喜戈：郾（燕）王喜悤（鑄）

045

銅兵3.11　郾王喜矛：郾（燕）王喜悤（鑄）纍

046

銅兵3.11　郾王喜矛：郾（燕）王喜悤（鑄）纍

047

集成11522　郾王喜矛：郾（燕）王喜悤（鑄）雲

048

集成11522　郾王喜矛：郾（燕）王喜悤（鑄）雲

049

集成11523　郾王喜矛：郾（燕）王喜⿸厂⿱己心（鑄）權

050

集成11917　上距末：攻（工）君（尹）

集成11917　上距末（摹）：攻（工）君（尹）

051

集成11917　上距末：都⿰弓舀（韜）君（尹）⿺辶專

集成11917　上距末（摹）：都⿰弓舀（韜）君（尹）⿺辶專

052

集成11917　上距末：亓（其）少

集成11917　上距末（摹）：亓（其）少

053

集成11917　上距末：亓（其）眔

集成11917　上距末（摹）：亓（其）眔

054

集成11917　上距末：治攻（工）

集成11917　上距末（摹）：治攻（工）

055

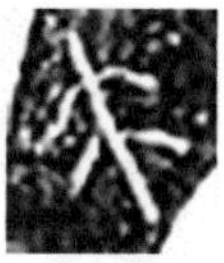

銅兵5.2　右易攻尹弩機：明（朝）未

056

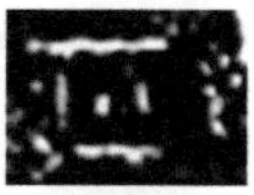

銅兵5.6　□周弩機：周

057

銅兵5.6　□周弩機：

058

貨系2674　尖首刀：

059

貨系 2699　尖首刀：力

聚珍 020.2　尖首刀：

聚珍 094.6　燕明刀背文：左

聚珍 120.6　燕明刀背文：右

聚珍 148.6　燕明刀背文：中昌八

聚珍 155.2　燕明刀背文：中

060

貨系 2701　尖首刀：

貨系 2702　尖首刀：

貨系 2849　針首刀：

貨系 2850　針首刀：

貨系 2851　針首刀：

貨系 2852　針首刀：

貨系 2856　針首刀：

聚珍 032.1　尖首刀：

聚珍 032.2　尖首刀：

聚珍 032.3　尖首刀：

聚珍 032.4　尖首刀：

聚珍 032.5　尖首刀：

聚珍 032.6　尖首刀：

聚珍 030.3　尖首刀：

聚珍 030.4　尖首刀：

聚珍 030.5　尖首刀：

聚珍 030.6　尖首刀：

聚珍 031.1　尖首刀：

聚珍 033.1　尖首刀：

聚珍 033.2　尖首刀：

061

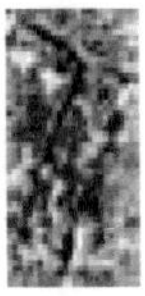

貨系2718 尖首刀：

062

貨系2724 尖首刀：

063

貨系2738 尖首刀：

064

貨系2745 尖首刀：

貨系2746 尖首刀：

貨系2747 尖首刀：

貨系2748 尖首刀：

貨系2749 尖首刀：

貨系2750 尖首刀：

貨系2842 針首刀：

聚珍006.5 尖首刀：

聚珍006.6 尖首刀：

聚珍007.1 尖首刀：

聚珍007.2 尖首刀：

聚珍007.3 尖首刀：

聚珍017.3 尖首刀：

聚珍017.4 尖首刀：

聚珍022.1 尖首刀：

聚珍022.2 尖首刀：

聚珍022.3 尖首刀：

聚珍022.4 尖首刀：

聚珍022.5 尖首刀：

065

聚珍 022.6　尖首刀：

聚珍 023.1　尖首刀：

聚珍 023.2　尖首刀：

聚珍 023.3　尖首刀：

聚珍 023.4　尖首刀：

聚珍 023.5　尖首刀：

聚珍 023.6　尖首刀：

聚珍 024.1　尖首刀：

聚珍 024.2　尖首刀：

聚珍 024.3　尖首刀：

聚珍 024.4　尖首刀：

聚珍 024.5　尖首刀：

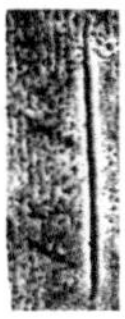
貨系 2751　尖首刀：

貨系 2752　尖首刀：

066

貨系2753　尖首刀：

貨系2754　尖首刀：

貨系2755　尖首刀：

聚珍005.1　尖首刀：

聚珍009.3　尖首刀：

聚珍009.4　尖首刀：

聚珍009.5　尖首刀：

聚珍009.6　尖首刀：

貨系2769　尖首刀：

067

貨系2772 尖首刀：

貨系3548 燕明刀背文：右

068

貨系2776 尖首刀：

069

貨系2777 尖首刀：

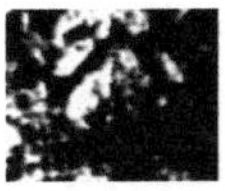

貨系2778 尖首刀：

070

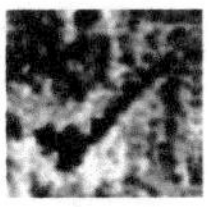

貨系2780 尖首刀：

071

貨系2781 尖首刀：

072

貨系2786　尖首刀：

貨系2798　尖首刀：

貨系2799　尖首刀：

貨系2800　尖首刀：

貨系2847　針首刀：

073

貨系2795　尖首刀：

貨系2797　尖首刀：

聚珍043.5　尖首刀：

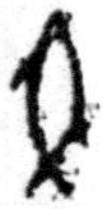
聚珍043.6　尖首刀：

聚珍044.1　尖首刀：

聚珍044.2　尖首刀：

燕下都·圖一三五7　

燕下都·圖一五九9　

燕下都·圖一五九10　

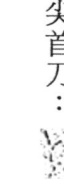

燕陶543

074

貨系2821　針首刀：

075

貨系2831　針首刀：

076

貨系2832　針首刀：

貨系2833　針首刀：

077

貨系2834　針首刀：

078

貨系2836　針首刀：中

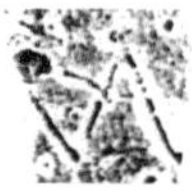

貨系2838 針首刀：

貨系2839　針首刀：

貨系2840 針首刀：M

聚珍021.5 尖首刀：w

079

貨系2843　針首刀：

貨系2844　針首刀：

080

貨系2848　針首刀：

081

貨系2854　針首刀：

貨系2855　針首刀：

082

貨系 2859 針首刀：

083

貨系 2864 針首刀：

貨系 2865 針首刀：

貨系 3220 燕明刀背文：中十

貨系 3221 燕明刀背文：中

084

貨系 2866 針首刀：

085

貨系 2867 針首刀：

086

貨系2868　針首刀：

087

貨系2869　針首刀：

088

貨系2870　針首刀：

089

貨系2871　針首刀：

090

貨系2872　針首刀：

091

貨系 2933　燕明刀背文：

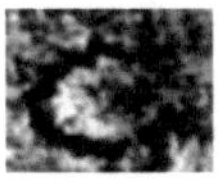
貨系 3214　燕明刀背文：中

貨系 3651　燕明刀背文：右

聚珍 020.4　尖首刀：

聚珍 020.5　尖首刀：

聚珍 020.1　尖首刀：

聚珍 089.2　燕明刀背文：左

聚珍 155.3　燕明刀背文：中

092

貨系 2940　燕明刀背文：

093

貨系 2940　燕明刀背文：

094

貨系 2940　燕明刀背文：

095

貨系 2941　燕明刀背文：

096

貨系 2944　燕明刀背文：

097

貨系 2946　燕明刀背文：

098

貨系 2950 燕明刀背文：

099

貨系 2956 燕明刀背文：二

100

貨系 2957 燕明刀背文：二

101

貨系 2962 燕明刀背文：

102

貨系 2964 燕明刀背文：

103

貨系3382 燕明刀背文：左

聚珍006.4 尖首刀：

聚珍020.3 尖首刀：

聚珍020.6 尖首刀：

燕下都・圖五三9

104

貨系2985 燕明刀背文：

105

貨系2986 燕明刀背文：

106

貨系2987 燕明刀背文：

貨系2991 燕明刀背文：

107

貨系2988 燕明刀背文：

108

貨系2989 燕明刀背文：行

109

貨系3058 燕明刀背文：中

110

貨系3112 燕明刀背文：中

111

貨系3153 燕明刀背文：中

貨系3155 燕明刀背文：中

貨系3157　燕明刀背文：中

貨系3158　燕明刀背文：中

112

貨系3159　燕明刀背文：中

113

貨系3179　燕明刀背文：中

114

貨系3195　燕明刀背文：中

115

貨系3212　燕明刀背文：中文

116

貨系3213　燕明刀背文：中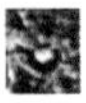

117

貨系3216　燕明刀背文：中

118

貨系3219　燕明刀背文：中

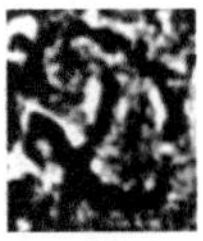

貨系3267　燕明刀背文：中

119

貨系3259　燕明刀背文：中昌

貨系3652　燕明刀背文：右

聚珍077.5　燕明刀背文：右

120

貨系3269　燕明刀背文：中乇

貨系3656　燕明刀背文：右

貨系3657　燕明刀背文：右

聚珍007.6　尖首刀：

聚珍079.4　燕明刀背文：右

聚珍079.5　燕明刀背文：右

聚珍079.6　燕明刀背文：右

聚珍080.1　燕明刀背文：右

聚珍093.4　燕明刀背文：左

聚珍093.5　燕明刀背文：左

聚珍115.3　燕明刀背文：右

聚珍 115.4 燕明刀背文：右

聚珍 115.5 燕明刀背文：右

聚珍 115.6 燕明刀背文：右

聚珍 120.5 燕明刀背文：右刀

聚珍 131.5 燕明刀背文：左

121

貨系 3354 燕明刀背文：左

122

貨系 3364 燕明刀背文：左

聚珍 132.2 燕明刀背文：左

123

貨系3390　燕明刀背文：左

貨系3391　燕明刀背文：左

貨系3392　燕明刀背文：左

124

貨系3401　燕明刀背文：左

125

貨系3476　燕明刀背文：左乙

126

貨系3477　燕明刀背文：左

127

貨系3594　燕明刀背文：右

128

貨系3606　燕明刀背文：右

129

貨系3610　燕明刀背文：右

130

貨系3615　燕明刀背文：右

131

貨系3626　燕明刀背文：右

132

貨系 3644　燕明刀背文：右

133

貨系 3670　燕明刀背文：右

134

貨系 3674　燕明刀背文：右

135

貨系 3675　燕明刀背文：右

136

貨系 3681　燕明刀背文：右

137

貨系 3682　燕明刀背文：右 

貨系 3683　燕明刀背文：右 

138

貨系 3688　燕明刀背文：右 

139

貨系 3712　燕明刀背文：右 

140

貨系 4127　圓錢：明 

貨系 4128　圓錢：明 

141

聚珍 006.1　尖首刀：

聚珍 006.2　尖首刀：

聚珍 010.4　尖首刀：

142

聚珍 006.3 尖首刀：

143

聚珍 010.3 尖首刀：

144

聚珍 017.5 尖首刀：

聚珍 017.6 尖首刀：

聚珍 019.1 尖首刀：

145

聚珍 021.6 尖首刀：

146

聚珍 042.6 尖首刀：

147

聚珍 046.1　尖首刀：

148

聚珍 053.1　尖首刀：

149

聚珍 060.2　燕明刀背文：

150

聚珍 078.1　燕明刀背文：右

151

聚珍 082.3　燕明刀背文：右

152

聚珍 093.6　燕明刀背文：左

153

聚珍 094.5　燕明刀背文：左

154

聚珍 109.3　燕明刀背文：右

155

聚珍 111.5　燕明刀背文：右

156

聚珍 111.6　燕明刀背文：右

157

聚珍 113.6　燕明刀背文：右午

158

聚珍 121.2　燕明刀背文：右

159

聚珍 121.3　燕明刀背文：右

160

聚珍 121.5　燕明刀背文：右

161

聚珍 123.1　燕明刀背文：右

162

聚珍 133.2 燕明刀背文：左

163

聚珍 136.1 燕明刀背文：左

164

聚珍 136.2 燕明刀背文：左

陶錄 4.167.4

165

聚珍 146.1 燕明刀背文：中

166

聚珍 149.5 燕明刀背文：中

167

聚珍150.1　燕明刀背文：中

168

聚珍150.2　燕明刀背文：中

169

聚珍150.3　燕明刀背文：中

170

聚珍150.6　燕明刀背文：中

171

聚珍153.2　燕明刀背文：中

172

聚珍153.4　燕明刀背文：中

173

聚珍155.5　燕明刀背文：中

174

聚珍156.5　燕明刀背文：中

175

聚珍157.5　燕明刀背文：中

176

聚珍158.5　燕明刀背文：中

177	178	179	180	181

聚珍 159.2　燕明刀背文：右	聚珍 161.3　燕明刀背文：	聚珍 161.3　燕明刀背文：	聚珍 161.6　燕明刀背文：十二	聚珍 170.3　燕明刀背文：中

182

聚珍 170.4 燕明刀背文：中

183

聚珍 176.1 燕明刀背文：昌

184

聚珍 176.2 燕明刀背文：上

185

璽彙 0018 泺都司徒

璽彙 0055 泺都左司馬

璽彙 5545 泺都司工

璽考 88 泺都㕣（户—尉）

186

璽彙0357　逼（逼）都者

187

璽彙0366　毋都鍴（瑞）

188

璽彙0765　長（張）

按：或釋「守」。

189

璽彙0852　長（張）

190

璽彙1235　喬

191

璽彙 1239 喬 

192

璽彙 1241 喬 

193

璽彙 2748 虘（獻）佑

194

璽彙 2751 虘（獻）

195

璽彙 2802 韌（韓）

196

璽彙 2836 軑（韓）

197

璽彙 2886 姦

198

璽彙 3423 秦生（甥）

199

璽彙 3424 生（甥）誨

200

璽彙 3546 諫

201

璽彙4095　喬生（甥）式（二）

202

璽彙5644　畋

陶錄4.46.1　缶（陶）攻（工）

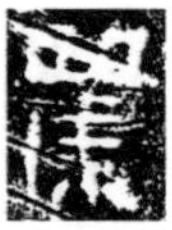

陶錄4.46.2　缶（陶）攻（工）

陶錄4.46.3　缶（陶）攻（工）

陶錄4.46.4　缶（陶）攻（工）

歷博3燕49　缶（陶）攻（工）

歷博3燕51　缶（陶）攻（工）

燕齊055　缶（陶）攻（工）

燕下都·圖四六二13　缶（陶）攻（工）

步存·燕44　缶（陶）攻（工）

燕陶249　缶（陶）攻（工）

燕陶250　缶（陶）攻（工）

陶錄4.136.4 

203

歷博4.62　口亡（無）

204

璽考68　會丕（基）鉨（璽）

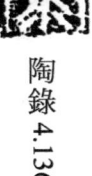

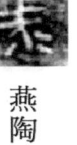

205

璽考73　大司馬

206

璽考84　⿺走兔（逸）都左司馬

207

璽考90　良都亩（廩）左

208

璽考91　卲泃市之㚓（璽）

209

璽考91　卲泃市之㚓（璽）

210

璽考91  卲洵市之坏（璽）

211

璽考311 公孫

212

璽考282 長（張）

213

璽考295 辛

214

璽考323 舜（乘）臼（丘）= 

215

燕下都・圖四八四1 銅印：

216

燕下都・圖四八四4 銅印：喬

217

燕下都・圖四八四6 銅印：

218

燕下都・圖四八四7 銅印：

219

燕下都・圖四八四10 銅印：

220

圖典4276　喬

221

圖典4494　羍（絆—羊）閔（門）

222

陶錄4.22.2　左宮

223

陶錄4.28.3　左宮

陶錄4.28.4　左宮

陶錄4.33.2　左宮

步黟185　左宮

步存・燕23　左宮

224

陶錄 4.40.3 缶（陶）攻（工）

225

陶錄 4.54.4 缶（陶）攻（工）

226

陶錄 4.58.1 缶（陶）攻（工）

227

陶錄 4.58.2 缶（陶）攻（工）

228

陶錄 4.60.4 缶（陶）攻（工）

229

陶錄 4.61.4

缶（陶）攻（工）

230

陶錄 4.64.3

缶（陶）攻（工）

231

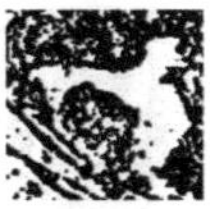

陶錄 4.79.4

缶（陶）攻（工）

232

陶錄 4.93.2

缶（陶）攻（工）

233

陶錄 4.95.3

234

陶錄4.103.4 四

燕陶368 四

燕陶580 四

235

陶錄4.114.3 缶（陶）

236

陶錄4.118.3 左攻（工）

237

陶錄4.130.1 左昌

238

陶錄4.131.1 缶（陶）攻（工）

239

陶錄4.132.1 缶（陶）

240

陶錄4.134.3 工

241

陶錄4.134.3 工

242

陶錄4.136.1 吳

243

陶錄4.136.1 吳

244

陶錄 4.136.2

都王勹（符）鍴（瑞）

245

陶錄 4.138.3

左

246

陶錄 4.157.2

247

陶錄 4.157.5

燕齊 079

248

陶錄 4.158.5

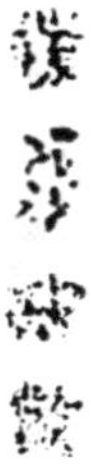

249

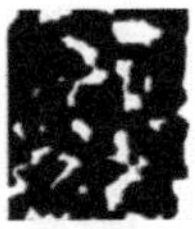

陶錄 4.158.5

250

陶錄 4.158.5

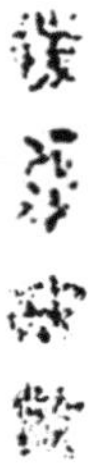

251

陶錄 4.158.5

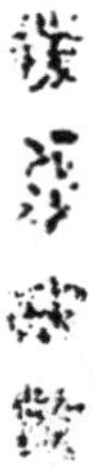

252

陶錄 4.159.1

253

陶錄 4.159.5

254

陶錄4.161.2

255

陶錄4.162.1

陶錄4.162.2

陶錄4.162.3

256

陶錄4.163.1

歷博3燕115

257

陶錄4.163.6

258

陶錄4.166.5

259

陶錄 4.167.5

260

陶錄 4.168.2

261

陶錄 4.169.2

262

陶錄 4.170.3

263

陶錄 4.171.5

264

陶錄4.172.5

265

陶錄4.174.5

266

陶錄4.177.1

坪（平）鏢

267

陶錄4.182.3

口

268

陶錄4.183.1

269

陶録 4.183.2

270

陶録 4.187.3

271

陶録 4.190.1

272

陶録 4.191.2

273

陶録 4.191.3

274

陶錄 4.191.5

275

陶錄 4.191.6

276

陶錄 4.194.2

277

陶錄 4.194.4

278

陶錄 4.194.5

279

陶錄 4.195.3

280

陶錄 4.196.1

281

陶錄 4.196.2

282

陶錄 4.197.4

283

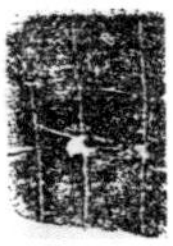

陶錄 4.197.5

284

陶錄4.197.6

285

陶錄4.198.1

二

286

陶錄4.198.1

二

287

陶錄4.199.4

閔

288

陶錄4.199.6

289

陶錄 4.201.3

290

陶錄 4.201.5

291

陶錄 4.203.4

292

陶錄 4.204.4

293

陶錄 4.204.5

294

陶錄4.206.4 右宮 

295

陶錄4.211.2 都吳（虞）王勹鍴

296

陶錄4.211.2 都吳（虞）王勹鍴

297

燕下都·圖七三10 

298

燕下都·圖七三12 

299

燕下都·圖七四2

文

300

燕下都·圖七五8

301

燕下都·圖八五7

302

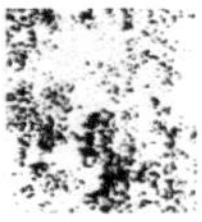

燕下都·圖一三八7

303

燕下都·圖二一〇1

304

燕下都·圖二一〇2

305

燕下都·圖二一〇3

306

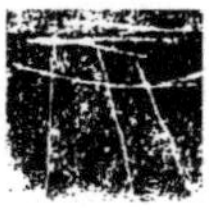

燕下都·圖二一〇4

307

燕下都·圖二一〇5

308

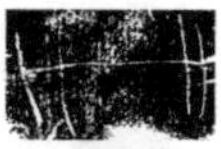

燕下都·圖二一〇6

309

燕下都·圖二一〇7

310

燕下都·圖二一〇9

311

燕下都·圖二一〇11

312

燕下都·圖二一〇13

313

燕下都·圖二一二9

314

燕下都·圖二一三19

315

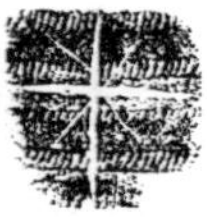

燕下都·圖二三二12

316

燕下都·圖二三二13

317

燕下都·圖二三二18

318

燕下都·圖二三二20

319

燕下都・圖二三二21

320

燕下都・圖二三二22

321

燕下都・圖二三五5　缶（陶）

322

燕下都・圖二三八7

323

燕下都・圖二三八8

324

燕下都·圖二三八10

325

燕下都·圖二三八11

326

燕下都·圖二三八12

327

燕下都·圖三〇二4

328

燕下都·圖三〇二15

329

燕下都·圖三四六8 

330

燕下都·圖四六三9 公

331

燕下都·圖四六三9 公

332

集拓33 缶（陶）攻（工）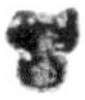

集拓33 缶（陶）攻（工）

333

歷博3燕1 …… 按：或釋「又」。

334

歷博3燕1 ……

按：或釋「目」。

335

歷博3燕1 ……

336

歷博3燕18 缶（陶）工

337

歷博3燕25 缶（陶）

338

歷博3燕114 蒐

339

燕齊057 缶（陶）攻（工）

340

燕齊064 缶（陶）攻（工）

燕齊064 缶（陶）攻（工）

341

燕齊083 

342

燕齊104 

343

蘭城7 生（甥）高

344

355 蘭城 6

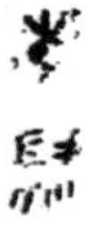

蘭城 8

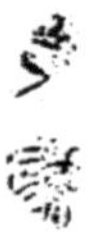

345

356 蘭城 6

蘭城 8

346

357 書超網 3

四言（㲄）七叡（㧕）

347

書超網 24

348

選編 0055

349

選編 0059

350

新陶·燕 128 缶（陶）攻（工）

351

新陶·燕 248

352

新陶·燕 248

353

學報 8.100.8

354

學報8.101.10 

355

戰研1.175 缶（陶）人

356

步存・燕27 右缶（陶）

357

戰研2.104 墜（陰）市王勹（符）

358

燕陶053 【倲】脸（臙）敀（拍）

359

燕陶104 右宮 

燕陶105 右宮 

360

燕陶142 余 

361

燕陶175 左市攻（工） 

362

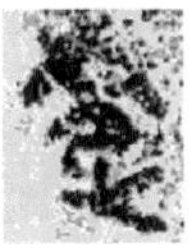

燕陶183  缶（陶）城

363

燕陶325 缶（陶）攻（工） 

364

燕陶334 缶（陶）工

365

燕陶335 缶（陶）攻（工）

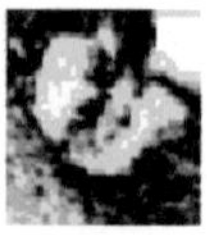

燕陶335 缶（陶）攻（工）

366

燕陶302 缶（陶）工

367

燕陶454

368

燕陶463

369

燕陶510

370

燕陶512

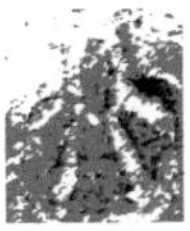

燕陶555

371

燕陶531

木

372

燕陶523

373

燕陶579

374

燕陶 589

375

考古 1965.11.568　骨距末（摹）：北宮

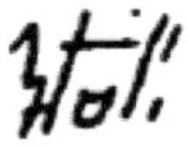

考古 1965.11.568　骨距末（摹）：北宮

釋文彙編

說明：

本釋文彙編按照銘文資料類別排序。

本釋文彙編收錄銘文資料的截止日期爲2021年。

銅器

說明：

一、器物按照西周早期、西周中晚期、春秋時期、戰國早期、戰國中期、戰國晚期的時代順序排列。同一時期的器物按照先禮器、後雜器的順序排列。

二、釋文一般盡量給出嚴格隸定字形。一些常見文字及一些已有定論的文字隸定則較爲寬泛。異體字一般先出隸定字形，再以「（）」括註出本字；通假字一般先出本字，再以「（）」括註出通假字；異體且通假者，在「（）」內以「—」將二者間隔。本字、通假字盡量寫作後世通用字形。

三、銘文中的不識之字，在釋文中以電腦處理過的字形或摹本字形替代。銘文辭例不全，但據格式、文意可補者，釋文以「【】」補注；殘缺字數不明者以「……」表示；殘缺字數明確者，以「□」對應殘缺之字。重文、合文用「=」標識。

四、重複著録的銘文，一般祇録一次。有必要指明重複的銘文，在著録編號後以「（）」括註重見著録及編號。

一、西周早期

禮　器

銘圖 14789　克盉蓋：

王曰：「大（太）𠈇（寶—保），隹乃朙（明）乃鬯，亯（享）于乃辟。余大對乃亯（享），令克矦于匽（燕），旃（使）羌、豸、叡、雩、駇（馭）、髟。」克宋（次）匽（燕）入土，眔（暨）又（有）嗣（司），用乍（作）寶𨽍（尊）彝。

銘圖 14789　克盉：

王曰：「大（太）𠈇（寶—保），隹乃朙（明）乃鬯，亯（享）于乃辟。余大對乃亯（享），令克矦于匽（燕），旃（使）羌、豸、叡、雩、駇（馭）、髟。」克宋（次）匽（燕）入土，眔（暨）又（有）嗣（司），用乍（作）寶𨽍（尊）彝。

銘圖 13831　克罍蓋：

王曰：「大（太）𠈇（寶—保），隹乃朙（明）乃鬯，亯（享）于乃辟。余大對乃亯（享），令克矦于匽（燕），旃（使）羌、豸、叡、雩、駇（馭）、髟。」克宋（次）匽（燕）入土，眔（暨）又（有）嗣（司），用乍（作）寶隮（尊）彝。

銘圖 13831　克罍：

王曰：「大（太）𠍋（寶—保），隹乃朙（明）乃鬯，亯（享）于乃辟。余大對乃亯（享），令克矦于匽（燕），旆（使）羌、豸、𠭯、雩、駇（馭）、髟。」克宋（次）匽（燕）入土，眔（暨）又（有）嗣（司），用乍（作）寶隮（尊）彝。

集成 01735　大保鼎：大（太）𠍋（寶—保）鑄。

銘續 0063　大保鼎：大（太）𠍋（寶—保）鑄。

銘圖 04482　大保簋：大（太）𠍋（寶—保）來殷，于治周鑄。

集成 02157　大保方鼎：遘乍（作）奠彝，大（太）𠍋（寶—保）。

集成 02158　大保方鼎：遘乍（作）奠彝，大（太）𠍋（寶—保）。

集成 02159　大保方鼎：遘乍（作）奠彝，大（太）𠍋（寶—保）。

集成 02372　大保𢁒作宗室方鼎：大（太）𠍋（寶—保）。遘乍（作）宗室寶隮（尊）彝。

集成 04140　大保簋：

王伐彔子耶（聖），𫊣乎（厥）反，王降征令于大（太）保。大（太）保克苟（敬）亡（無）書（譴），王永大（太）保，易（賜）休某土，用兹彝對令。

集成02556　小臣䖒鼎：召公建匽（燕），休于小臣䖒（戲）貝五朋，用乍（作）寶障（尊）彝。

集成02703　堇鼎：

匽（燕）矦令堇𩚍（飴）大（太）傔（寶—保）于宗周。庚申，大（太）傔（寶—保）賫（賞）堇貝，用乍（作）大（太）子癸寶障（尊）鬻。。

集成02628　匽侯旨鼎：

匽（燕）矦旨初見事于宗周，王賫（賞）旨貝二十（廿）朋=，用乍（作）始（姒）畋（好）=寶障（尊）彝。

集成02269　匽侯旨作父辛鼎：匽（燕）矦旨乍（作）父辛障（尊）。

銘續0666　旨爵：旨作父辛爵。

銘續00874　匽侯旨卣：匽（燕）矦旨乍（作）姑妹寶障（尊）彝。

霸金025　燕侯旨尊：匽（燕）矦旨乍（作）姑妹寶障（尊）彝。

霸金027　燕侯旨卣（蓋）：匽（燕）矦旨乍（作）姑妹寶障（尊）彝。

霸金027　燕侯旨卣：匽（燕）矦旨乍（作）姑妹寶障（尊）彝。

霸金028（銘續00874）　燕侯旨卣（蓋）：匽（燕）矦旨乍（作）姑妹寶障（尊）彝。

霸金028　燕侯旨卣：匽（燕）矦旨乍（作）姑妹寶障（尊）彝。

霸金029　燕侯觚：匽（燕）矦旨乍（作）瓚。

集成02255　玐鼎：玐（揚）乍（作）父辛寶障（尊）彝。

新收1359　叀父辛盉：叀父辛。

銘圖07621　父辛爵：父辛。

集成09430.1　伯害盉：白（伯）害（憲）乍（作）召白（伯）父辛寶障（尊）彝。

集成09430.2　伯害盉：白（伯）害（憲）乍（作）召白（伯）父辛寶障（尊）彝。

集成02749　害鼎：

隹九月既生霸辛酉，才（在）匽（燕），矦易（賜）害（憲）貝、金。揚矦休，用乍（作）召白（伯）父辛寶障（尊）彝，害（憲）萬年子＝孫＝寶，光用大（太）僳（寶—保）。

集成2407 伯觚鼎：白（伯）觚乍（作）召白（伯）父辛寶隮（尊）彝。

集成00915 大史友甗：大（太）史客（友）乍（作）召公寶隮（尊）彝。

集成01279 父癸鼎：父癸。

集成07898 父乙爵：父乙。

集成06100 父乙觶：父乙。

新收1353 母己爵：母己。

集成08971 父癸爵：父癸。

集成01836 宁羊父丙鼎：襾（賈）羊=父丙。

新收1362 蚑父己罍：蚑父己

集成05599 爵且丙尊：爵且（祖）丙。

銘圖02657 戈父壬鬲：戈父壬。

集成00807 戈父甲甗：戈父甲。

集成07728 爵：。

集成07737　囷爵：囷。

集成07738　囷爵：囷。

集成08574　父己爵：父己。

集成05800　干子父戊尊：干子父戊。

集成05195.1　單子卣：干子父戊。

集成05195.2　單子卣：干子父戊。

銘圖14718　父丁盉：乍（作）父丁隫（尊）彝。。

集成02507　復鼎：侯賁（賞）復貝四朋=，復用乍（作）父乙寶隫（尊）彝。。

集成05978　復作父乙尊：

匽（燕）侯賁（賞）復冖、衣、臣、妾、貝，用乍（作）父乙寶隫（尊）彝。

銘圖04257　伯簋（蓋）：白（伯）乍（作）乙公隫（尊）𣪘（簋）。

銘圖04257　伯簋：白（伯）乍（作）乙公隫（尊）𣪘（簋）。

集成06509.1　厝觶：乙丑，厡（厝）易（賜）貝于公中（仲），用乍（作）寶隫（尊）彝。

集成06509.2　厝觶（蓋）：

乙丑，厈（厝）易（賜）貝于公中（仲），用乍（作）寶隮（尊）彝。

集成06510.1　庶觶：乙丑，公中（仲）易（賜）庶貝十朋＝，庶用乍（作）寶隮（尊）彝。

集成06510.2　庶觶：乙丑，公中（仲）易（賜）庶貝十朋＝，庶用乍（作）寶隮（尊）彝。

集成02505.1　圉鼎：休朕公君匽（燕）矦易（賜）圉貝，用乍（作）寶隮（尊）彝。

集成02505.2　圉鼎：休朕公君匽（燕）矦易（賜）圉貝，用乍（作）寶隮（尊）彝。

集成03824　圉簋：王桒于成周，王易（賜）圉貝，用乍（作）寶隮（尊）彝。

集成03825.1　圉簋：王桒于成周，王易（賜）圉貝，用乍（作）寶隮（尊）彝。

集成03825.2　圉簋：白（伯）魚乍（作）寶隮（尊）彝。

集成00935　圉甗：王桒于成周，王易（賜）圉貝，用乍（作）寶隮（尊）彝。

集成05374.1　圉卣：王桒于成周，王易（賜）圉貝，用乍（作）寶隮（尊）彝。

集成05374.2　圉卣：王桒于成周，王易（賜）圉貝，用乍（作）寶隮（尊）彝。

集成02168　伯魚鼎：白（伯）魚乍（作）寶隮（尊）彝。

集成07543　魚爵：魚。

集成03534　伯魚簋：白（伯）魚乍（作）寶隫（尊）彝。

集成03535.1　伯魚簋：白（伯）魚乍（作）寶隫（尊）彝。

集成03535.2　伯魚簋：白（伯）魚乍（作）寶隫（尊）彝。

銘圖04308　伯魚簋：白（伯）魚乍（作）寶隫（尊）彝。

銘圖04311　伯魚簋：白（伯）魚乍（作）寶隫（尊）彝。

集成05234.1　伯魚卣：白（伯）魚乍（作）寶隫（尊）彝。

集成05234.2　伯魚卣：白（伯）魚乍（作）寶隫（尊）彝。

集成02166　𢿢史鼎：𢿢史乍（作）考隫（尊）鼎。

集成03626　𢾊簋：𢾊乍（作）文且（祖）寶隫（尊）彝。

集成03627　𢾊簋：𢾊乍（作）文且（祖）寶隫（尊）彝。

集成00689.1　伯矩鬲：

才（在）戊辰，匽（燕）矦易（賜）白（伯）𢎩（矩—巨）貝，用乍（作）父戊隫（尊）彝。

集成00689.2　伯矩鬲：

才（在）戊辰，匽（燕）侯易（賜）白（伯）𢀜（矩—巨）貝，用乍（作）父戊障（尊）彝。

集成00892　伯矩甗：白（伯）矩乍（作）寶障（尊）彝。

集成00893　伯矩甗：白（伯）矩乍（作）寶障（尊）彝。

集成03532　伯矩簋：白（伯）矩乍（作）寶障（尊）彝。

集成03533　伯矩簋：白（伯）矩乍（作）寶障（尊）彝。

集成02456　伯矩鼎：白（伯）矩乍（作）寶彝，用言（歆）王出內（入）事（使）人。

集成02170　伯矩鼎：白（伯）矩乍（作）寶障（尊）彝。

周金4.19.1　矩盤：矩作寶障（尊）彝。

集成05818（或即周金4.19.1）　矩尊：矩乍（作）寶障（尊）彝。

集成10073　伯矩盤：乂（規）白（伯）矩乍（作）寶障（尊）彝。

銘圖12173　伯矩壺（蓋）：白（伯）矩乍（作）寶障（尊）彝。

銘圖12173　伯矩壺：白（伯）矩乍（作）寶障（尊）彝。

集成09568　伯矩壺：白（伯）矩乍（作）寶𨼍（尊）彝。

集成05228.1　伯矩卣：白（伯）矩乍（作）寶𨼍（尊）彝。

集成05228.2　伯矩卣：白（伯）矩乍（作）寶𨼍（尊）彝。

西清16.4　周伯矩卣（蓋）：白（伯）矩乍（作）寶𨼍（尊）彝。

西清16.4　周伯矩卣：白（伯）矩乍（作）寶𨼍（尊）彝。（或以爲即集成5228）

集成05229　伯矩卣蓋：白（伯）矩乍（作）寶𨼍（尊）彝。

集成05230　伯矩卣蓋：白（伯）矩乍（作）寶𨼍（尊）彝。

集成09412　伯矩盉：白（伯）矩乍（作）寶𨼍（尊）彝。

集成03906.1　攸簋：

矦賫（賞）攸貝三朋=，攸用乍（作）父戊寶𨼍（尊）彝，啓（肇）乍（作）綨（絣）。

集成03906.2　攸簋：

矦賫（賞）攸貝三朋=，攸用乍（作）父戊寶𨼍（尊）彝，啓（肇）乍（作）綨（絣）。

集成03538　伯考庚簋：白（伯）丂（考）庚乍（作）寶彝。

集成03539 伯考庚簋：白（伯）丂（考）庚乍（作）寶彝。
銘圖01381 作寶尊彝鼎：【弔（叔）】乍（作）寶隮（尊）彝。
集成02053 叔鼎：弔（叔）乍（作）寶隮（尊）彝。
新收1356 叔鼎：弔（叔）乍（作）寶隮（尊）彝。
集成03370 央作寶簋：央作寶毀（簋）。
集成00490 麥鬲：麥乍（作）彝。
集成06489 其史觶：其史乍（作）且（祖）己寶隮（尊）彝。
銘圖01069 春鼎：春乍（作）彝。
新收1361 員鼎：員乍（作）寶彝。
集成05861 員父尊：員父乍（作）寶隮（尊）彝。
銘圖01043 作尊彝鼎：作隮（尊）彝。
集成03556 季孱簋：季孱乍（作）寶隮（尊）彝。
集成05711 作寶彝尊：乍（作）寶彝。

集成05035.1　作寶彝卣：乍（作）寶彝。

集成05035.2　作寶彝卣：乍（作）寶彝。

集成03614　匽侯簋：匽（燕）矦乍（作）姬丞隮（尊）彝。

銘續0322　匽侯簋：匽（燕）矦乍（作）姬。

集成10303.1　匽侯盂：匽（燕）矦乍（作）旅盂。

集成10303.2　匽侯盂：匽（燕）矦乍（作）旅盂。

集成10304.1　匽侯盂：匽（燕）矦乍（作）旅盂。

集成10304.2　匽侯盂：匽（燕）矦乍（作）旅盂。

集成10305　匽侯盂：匽（燕）矦乍（作）餴（饙）盂。

集成02035　亞曩矣鼎：亞曩=矣（疑）乍（作）彝。

集成05078.1　亞曩父己卣：亞曩=父己。

集成05078.2　亞曩父己卣：亞曩=父己。

集成05742　亞曩父己尊：亞曩=父己。

集成07125　亞父己觚：亞㠱=父己。
銘圖08394　亞㠱父己爵：亞㠱=父己。
銘圖10545　亞㠱父己觶：亞㠱=父己。
集成10045　亞吴妃盤：亞吴（疑）=妃（妃）。
集成02374　圉鼎：圉（夲）乍（作）比（妣）辛障（尊）彝。亞㠱=吴（疑）。
集成02702　嬰鼎（內壁）：
丁亥，𡚬商（賞）又（有）正嬰貝，才（在）穆，朋二百=。嬰展（揚）𡚬商（賞），用乍（作）母己障（尊）。鬻（餗）。
集成02702　嬰鼎（內底）：㠱矦亞吴。
集成09439　亞盉（蓋）：
亞㠱矦=吴（疑），匽（燕）矦易（賜）亞貝，乍（作）父乙寶障（尊）彝。
集成09439　亞盉：亞㠱矦=吴（疑）。匽（燕）吴易（賜）亞貝，乍（作）父乙寶障（尊）彝。
集成07290　亞觚：亞乍（作）父乙寶障（尊）彝。

集成07291　亞觚：【亞】乍（作）父乙寶隫（尊）彝。

集成02248　亞盉鼎：亞盉=乍（作）父乙隫（尊）彝。

集成09371.1　亞盉父乙盉：亞盉=父乙。

集成09371.2　亞盉父乙盉：亞盉=父乙。

集成00885　何娕𠩺甗：戍娕𠩺（𡝗）乍（作）寶彝。

雜器

新收1369　匽矦舞銅泡：匽（燕）矦舞昜（錫）。

新收1370　匽矦舞銅泡：匽（燕）矦舞昜（錫）。

銘圖18487　匽矦舞銅泡：匽（燕）矦舞昜（錫）。

集成11861　匽侯銅泡：匽（燕）矦舞昜（錫）。

集成11854　匽侯銅泡：匽（燕）矦。

新收1360　諆子銅泡：諆子。

集成11860　匽侯銅泡：匽（燕）矦舞昜（錫）。

新收1358　匽侯舞銅泡：匽（燕）侯舞昜（鍚）。

二、西周中晚期

禮　器

銘圖13136　肇卣：肇（肇）乍（作）且（祖）寶隣（尊）彝。

銘續0087　匽伯鼎：匽（燕）白（伯）乍（作）齊（齋）鼎。

集成01978　由作旅鼎：由乍（作）旅貞（鼎）。

集成10201　匽伯聖匜：匽（燕）白（伯）聖（聖）乍（作）上它（匜），永用。

集成9413　伯鏞盉：白（伯）鏞自乍（作）用鐈（盉）。

三、春秋

禮　器

集成10229　匽公匜：匽（燕）公乍（作）爲姜棄（乘）般（盤）宧（匜），萬年永寶用。

雜器

集成 12018　西年車書：西年。

四、戰國早期

禮器

集成 10583　匽侯載器：

郾（燕）侯載思天恖（愛）人，戠（箴）教印䙷（嬰）。祗敬禥（郊）祀，休台（以）爲齋（粢）城（盛）。民柴，瀝（滿）賓允浧（盈），鑄金壴（鼓），永台（以）爲民，司雍（乘）宷，禾（穌）民無戠（爭）。

西清 29.42　郾侯載豆：

【郾（燕）】侯載乍（作）鐔（鐓—敦）。事封君，祗辛（新）立（位），都周相，爲亯（享）。事封君。

集成 00420.1　外卒鐸：□外卒鐸。

集成00420.2　外卒鐸：鍾（鐘）君（尹）。

集成09499　左冶壺蓋：左屖（遲—冶）。

銘圖12228　西宮壺（蓋口沿）：右屖（遲—冶）君（尹）。

銘圖12228　西宮壺（口沿）：右屖（遲—冶）君（尹）。

銘圖12228　西宮壺（左肩）：西宮。

銘圖12228　西宮壺（右肩）：匽（燕）。

集成09563.1　右冶尹壺（蓋沿）：右屖（遲—冶）君（尹）。

集成09563.2　右冶尹壺（口沿）：右屖（遲—冶）君（尹）。

集成09563.3　右冶尹壺：西宮。

集成09989.1　楚高缶：右屖（遲—冶）君（尹）。

集成09989.2　楚高缶：右屖（遲—冶）君（尹）。

集成09989.3　楚高缶：楚高。

集成09989.4　楚高缶：楚高。

集成09990.1　楚高缶：【右】屖（遲—治）君（尹）。

集成09990.2　楚高缶：右屖（遲—治）君（尹）。

集成09990.3　楚高缶：楚高。

五、戰國或戰國中期

禮　器

銘圖12406　燕王職壺：

唯郾（燕）王職蹕（踐）𤰈（阼—祚）弃（丞—承）祀，宅（庶）幾三十=（卅），東𢧵（𢧵—討）叓（患）𢦔（或—國），畣（冰）日任（壬）午，悳（克）邦墮（踐）城，滅齎（齊）之穫（獲）。

周金6.143.2　郾王殘器：郾王……

銘圖02040　大子鼎蓋：武。六。工帀（師）=取。

銘圖02040　大子鼎：大（太）子左桯（枝）室。大（太）子左桯（枝）室，工帀（師）=取。

集成05697　右𢉖君象尊：右𢉖（府）君（尹）。

集成09607　永用析涅壺：永用休涅（盈），受六享（觳）四叟（掬）。

集成09617　重金扁壺：百四十=八，里（紳）金錍（甀），受一吉（觳）六叟（掬）。

集成09606.1　繖愙君扁壺：纕愙君丌（其）鈚（甀），弍（二）享（觳）。

集成09606.2　繖愙君扁壺：亩（廩）。

集成09606.3　繖愙君扁壺：樂。

集成09975.3　陳璋鑐：二十=（廿）二，里（紳）金𦁡（佑）壺，受一吉（觳）五叟（掬）。

雜器

集成10414　從睘小器：從睘（縣）。

集成10415　□睘小器：□睘（縣）。

集成10416　辛[illegible]睘小器：辛栢睘（縣）。

集成10417　辛[illegible]睘小器：辛栢睘（縣）。

集成10418　辛[illegible]睘小器：辛栢睘（縣）。

集成10419　辛[illegible]瞏小器：辛柘瞏（縣）。

集成10420　□氏瞏小器：敓氏瞏（縣）。

集成10421　□氏瞏小器：敓氏瞏（縣）。

集成10422　牙丘瞏小器：牙丘瞏（縣）。

集成10423　方[illegible]瞏小器：方城瞏（縣）。

集成10424　[illegible]□瞏小器：馮[illegible]瞏（縣）。

集成10425　平陰瞏小器：坪（平）陰（陰）瞏（縣）。

集成10426　林單瞏小器：沐單瞏（縣）。

集成10427　武[illegible]瞏小器：武鄿（垣）瞏（縣）。

集成10428　[illegible][illegible]瞏小器：茁（菿）陰（陰）瞏（縣）。

集成10429　□□瞏小器：[illegible]少[illegible]瞏（縣）。

集成10430　□□瞏小器：[illegible][illegible]瞏（縣）。

集成10431　□□瞏小器：[illegible]少[illegible]瞏（縣）。

集成10432　少□睘小器：[illegible]少[illegible]睘（縣）。
集成10433　豊王□睘小器：豊[illegible]睘（縣）。
集成10434　北尙城睘小器：北尙城睘（縣）。
集成10435　東□睘小器：東尙城睘（縣）。
集成10436　□□睘小器：[illegible]舌睘（縣）。
集成10437　林單睘小器：沐單睘（縣）。
集成10461　泃城都小器：泃城都。
集成10452　右佐箴錐形器：右佐𥮾（箴）。
集成10466　左鍾君銅器：左鍾君（尹）。
燕下都·圖四八七11　帶孔龜形器：左层（遅—治）。
燕下都·圖四八三　錯金銀銅車構件：[illegible]金。
燕下都·圖四二九11　左佐𥮾（箴）。
集成11784　右廩鐵斧範：右亩（廩）。

集成11784 右廩鐵斧範：𡰥（遲—治）。

集成11802 右廩鐵鑿範：右亩（廩）。右亩（廩）。

集成11826 𡰥尹鐮：𡰥（遲—治）君（尹）。

集成11827 右廩鐵鐮範：右亩（廩）。右亩（廩）。

集成11832 右廩鐵鑊範：右亩（廩）。

集成11833 右廩鐵鑊範：右亩（廩）。

集成12013 左宮車軎：左宮。

集成12014 左宮車軎：左宮。

銅兵4.6 左庫車軎：左宮之二

集成12091 騎傳馬節：騎遵（傳）比矣（鄢）。

集成12103 雁節：遵（傳）遽（遽），……乍（作），有□，【不】句（拘）畱（留）。

集成12104 雁節：

遵（傳）虡（虡—遽），帚戊矣（鄢）舟（潮—鑄），【有】丯（契），不【句（拘）畱（留）】。

集成 12105　鷹節：

𨓚（傳）虡（虡—遽），帚戊吴（郵）舟（潮—鑄），有丰（契），不句（拘）酓（留）。

集成 12106　鷹節：

𨓚（傳）虡（虡—遽），帚戊吴（郵）舟（潮—鑄），有丰（契），不句（拘）酓（留）。

六、戰國晚期

禮器

古研 15.97　武平鐘：八年，大夫貣，十三月，武坪（平）君子鮮冶哭（器）。

銘圖 02013　王后左和室鼎蓋：王后左杞（枝）室。

銘圖 02014　陽鼎（西部 12.192 王后左相室鼎）：

王后左杞（枝）室，九𠭯（掬）。昜（陽）大哭（器），受九𠭯（掬）。

銘圖 02043　王太后鼎：王大（太）句（后），大（太）子左杞（枝）室，一壴（㱿），室，五。

集成 02097　王后鼎：王后右杞（枝）室。

集成02360.1 王后左相室鼎（蓋）：王后左桓（枝）室。

集成02360.2 王后左相室鼎：王后左桓（枝）室，九叡（掬）反（半）。

新收1629 王后鼎：王后之御器。

銘圖01950 右府戝鼎蓋1a：右中戝。

銘圖01950 右府戝鼎蓋1b：右中戝。

銘圖01950 右府戝鼎蓋2：入所爲賜。

銘圖01950 右府戝鼎：右中戝。

銘圖02241 王大后鼎（耳）：王大（太）后右桓（枝）室。

銘圖02241 王大后鼎（蓋）：王大（太）后右桓（枝）室，一吉（觳）。

銘圖02241 王大后鼎（口沿）：王大（太）后右桓（枝）室。

銘圖02241 王大后鼎（邊框）：一吉（觳）。

銘圖03326 郭大夫甗（陝西1642富春大夫甑）：

𩫖（郭）大夫=。𩫖（郭）大夫=丌（其）家鈷（𥁑—𥁑）也。

集成04633.1　右治君敦：右屖（遲—治）君（尹）。

集成04633.2　右治君敦：右屖（遲—治）君（尹）。

集成04633.3　右治君敦：右屖（遲—治）君（尹）。

集成04633.4　右治君敦：右屖（遲—治）君（尹）。

西清19.03　丙辰方壺：

十年，大夫＝兖（乘），八月丙晨（辰），尹壵矦悅丌（其）窃（甈）也。王后右亩（廩），

十壴（縠）七叡（掬）。

西部12.191　雒鼎：一壴（縠）

西部12.197　二壴盆：二壴　六十刀　左

集成09477.1　勝壺：勝。

集成09477.2　勝壺：勝。

雜　器

集成12015　下宮車軎：下宮。

集成12068　左宮馬銜：左宮之三。

集成12069　左宮馬銜：左宮之二十=（廿）。

集成11902　廿四年銅梃（集成10453廿四年錐形器）：

二十=（廿）四年，鎣昌伐（楔），左佐[竹+糹+戈]（箴）。

兵器

說明：

一、器物按照西周早期、春秋時期、戰國早期、戰國中期、戰國晚期的時代順序排列。戰國時期的器物按照先燕侯（王）兵器、後非燕侯（王）兵器的順序排列。

二、釋文一般盡量給出嚴格隸定字形。一些常見文字及一些已有定論的文字隸定則較爲寬泛，個別不確定的文字以「（？）」括注出其可能爲某字。異體字一般先出隸定字形，再以「（）」括註出本字；通假字一般先出本字，再以「（）」括註出通假字；異體且通假者，在「（）」內以「—」將二者間隔。本字、通假字盡量寫作後世通用字形。

三、不識字以電腦處理過的字形或摹本字形替代。殘缺字可據格式、文意補者，以「【】」補注；殘缺字數不明者，以「……」表示；殘缺字數明確者，以「□」對應殘缺之字。重文、合文用「=」標識。

四、重複著錄的銘文，一般衹錄一次。有必要指明重複的銘文，在著錄編號後以「（）」括註重見著錄及編號。疑似僞刻的銘文，在釋文後以「（）」括註。

一、西周早期

新收1357　父辛戈：父辛。

新收1354　◇僕戈：鳥僕戈。

新收1366　戈：。

新收1363　匽矦舞戟：匽（燕）矦舞戈。

集成10887.1　匽侯戈：匽（燕）。

集成10887.2　匽侯戈：矦。

集成11011　匽侯戟：匽（燕）矦舞戈。

集成10953　匽侯戟：匽（燕）矦舞戈。

二、春秋

集成11503　右湔州還矛：右泪（泉）州還（縣）。

集成10899　疋鄱戈：疋（胥）鄱，芟用。（或以爲後二字僞刻）

三、戰國早期

集成 11185　郾侯載戈：【郾（燕）】矦載乍（作）鍨（戣）鉘六。

集成 11186　郾侯載戈：郾（燕）矦載乍（作）萃鋸（瞿—戵）。

集成 11218　郾侯載戈：郾（燕）矦載乍（作）左宮鋸（瞿—戵）。

集成 11219　郾侯載戈：郾（燕）矦載乍（作）虫萃鉘。

集成 11220　郾侯載戈：郾（燕）矦載乍（作）右軍鉘。

集成 11383.1　郾侯載作戎戈：郾（燕）矦載乍（作）戎戒（械），蝨（蟨）生（甥）不

集成 11383.2　郾侯載作戎戈：自洹逨（來），大伕（側）欽（？）祗逌（攸）巸（熙）。

銘圖 16982　郾矦載戈：郾（燕）矦載乍（作）萃鋸（瞿—戵）。

銅兵 1.5（銘續 1204）　郾矦載戈：郾（燕）矦載乍（作）虫萃鋸（瞿—戵）。

集成 11513　郾侯載矛：郾（燕）矦載乍（作）左軍。

集成 11184　郾侯脮戈：【郾（燕）】矦脮乍（作）□萃鍨（戣）鉘。

集成 11272　郾侯脮戈：郾（燕）矦脮乍（作）虫萃鍨（戣）鉘。

集成 10980 亞行還戈：𣶒（淵）行還（縣）。

四、戰國或戰國中期

銘圖 17038 郾王噲戟：郾（燕）矦𨗴（噲）乍（作）虫萃鋸（瞿—戵）。

集成 11057 郾矦右宮戈：郾（燕）矦……右宮……

集成 11221 郾矦職戈：郾（燕）矦職恖（鑄）虫萃鋸（瞿—戵）。

集成 11222 郾王職戈：郾（燕）矦職恖（鑄）虫萃鋸（瞿—戵）。

集成 11223 郾王職戈：郾（燕）矦職乍（作）虫萃鋸（瞿—戵）。

集成 11003 職作戈：【郾（燕）□】職乍（作）□□鋸（瞿—戵）。

集成 11110 郾王職戈：【郾（燕）】王職乍（作）□萃鋸（瞿—戵）。

集成 11187 郾王職戈：郾（燕）王職乍（作）王萃。

集成 11188 郾王職戈：郾（燕）王職乍（作）攼（捶）鋸（瞿—戵）。

集成 11189 郾王職戈：郾（燕）王職乍（作）攼（捶）鋸（瞿—戵）。

集成 11190 郾王職戈：郾（燕）王職乍（作）王萃。

集成 11191 郾王職戈：郾（燕）王職乍（作）王萃。

集成 11217 郾侯戈：郾（燕）矦□（《銘圖》認爲是「職」）乍（作）攼（捶）萃鋸（瞿—戵）。

集成 11224 郾王職戈：郾（燕）王職乍（作）雲萃鋸（瞿—戵）。

集成 11225 郾王職戈：郾（燕）王職乍（作）虫萃鋸（瞿—戵）。

集成 11226 郾王職戈：郾（燕）王職乍（作）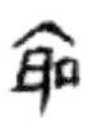萃鋸（瞿—戵）。

集成 11227 郾王職戈：郾（燕）王職乍（作）雲萃鋸（瞿—戵）。

集成 11228 郾王職戈：郾（燕）王職乍（作）雲萃鋸（瞿—戵）。

集成 11229 郾王職戈：郾（燕）王職乍（作）雲萃鋸（瞿—戵）。

集成 11230 郾王職戈：郾（燕）王職乍（作）巨攼（捶）鋸（瞿—戵）。

集成 11231 郾王職戈：郾（燕）王職乍（作）巨攼（捶）鋸（瞿—戵）。

集成 11232 郾王職戈：郾（燕）王職乍（作）巨攼（捶）鋸（瞿—戵）。

集成 11233 郾王職戈：郾（燕）王職乍（作）巨攼（捶）鋸（瞿—戵）。

集成11234　郾王職戈：郾（燕）王職乍（作）巨攼（捶）鋸（瞿—戵）。

集成11235　郾王職戈：郾（燕）王職乍（作）巨攼（捶）鋸（瞿—戵）。

集成11236　郾王職戈：郾（燕）王職乍（作）御司馬。

集成11304.1　郾王職戈：郾（燕）王職乍（作）雲萃鋸（瞿—戵）。

集成11304.2　郾王職戈：泪（泉）坐（州）都鼓。

新收1040　郾王職戈：郾（燕）王職乍（作）巨攼（捶）鋸（瞿—戵）。

新收1152　郾王職戈：郾（燕）王職乍（作）黃（廣）卒（萃）鍨（戣）。

新收1286　郾王職戈：郾（燕）王職乍（作）黃（廣）卒（萃）鋸（瞿—戵）。

新收1153　郾矦職矛：郾（燕）矦職。

集成11480　郾王職矛：郾（燕）王職乍（作）攼（捶）鈦。

集成11483　郾王職矛：郾（燕）王職……

集成11514　郾王職矛：郾（燕）王職乍（作）攼（捶）鈦。

集成11515　郾王職矛：郾（燕）王職乍（作）攼（捶）鈦。

集成 11516　郾王職矛：郾（燕）王職乍（作）攼（捶）鈦。

集成 11517　郾王職矛：郾（燕）王職乍（作）黃（廣）衣（卒—萃）鈦。

集成 11518　郾王職矛：郾（燕）王職乍（作）廣衣（卒—萃）鈦。

集成 11519　郾王職矛：郾（燕）王職乍（作）攼（捶）鈦。

集成 11520　郾王職矛：郾（燕）王職乍（作）攼（捶）鈦。

集成 11521　郾王職矛：郾（燕）王職乍（作）攼（捶）鈦。

集成 11525　郾王職矛：郾（燕）王職陸（踐）齍（齊）之秡（穫—獲），台（以）爲雲萃鈦。

集成 11526　郾王職矛：郾（燕）王職乍（作）巨攼（捶）鈦。

集成 11527　郾王職矛：郾（燕）王職乍（作）巨攼（捶）鈦。

銅兵 3.2　郾王職矛：郾（燕）王職乍（作）……

銅兵 3.4　郾王職矛：郾（燕）王職乍（作）巨攼（捶）鈦。

銅兵 3.8　郾王職矛：郾（燕）王職乍（作）攼（捶）鈦。

銅兵 3.13　郾王職矛：郾（燕）王職乍（作）攼（捶）鈦。

銘三 1564　燕王職矛：郾（燕）王職乍（作）雲萃鋸。

集成 11634　郾王職劍：郾（燕）王職恖（鑄）武無者鐱（劍）。

集成 11643　郾王職劍：郾（燕）王職乍（作）武無鍺鐱（劍），右攻（工）

新收 1170　郾王職劍：郾（燕）王職乍（作）武無鍺鐱（劍）。

燕下都・圖四七六 7　郾王職劍：郾（燕）王職乍（作）……

燕下都・圖四七六 8　郾王職劍：郾（燕）王職乍（作）武……

燕下都・圖四七六 9　郾王職劍：【郾（燕）□】職乍（作）武無者鐱（劍）。

集成 10942　郾王戈：郾（燕）王……

集成 11109　郾王右庫戈：郾（燕）王右庫戈。（或疑僞刻）

集成 11481　郾王右矛：郾（燕）王右□鈦。

集成 11093　雍王戈：隹（雖）王丌（其）所爲。

銅兵 3.1　郾王矛：郾（燕）王……

銅兵 3.3　郾王矛：郾（燕）王……

銅兵3.7　郾王矛：郾（燕）王……

集成11107　作用戈：乍（作）用于昌。

集成11108　□□御戈……御戈二百。

集成11286　不降戈：不降拜郐（餘）子之賀金，右軍。

古研7.137　圖4莫戈：莫

銅兵1.13.1　君戈：君戈。

銅兵1.13.2　君戈：君戈。

集成11495　攺陸睘矛：攺陸睘（縣）。

集成11455　右宮矛：右宮。

集成11470　不降矛：不隆（隆—降）。

集成11541　不降矛：不隆（隆—降）拜余（餘）子之賀金。

集成11477　睘矛：𩲡睘（縣）。

集成11491　行議鍨矛：行議（儀）鍨（戣）。

銅兵3.12　□壴睘矛：不誨受命，祇乍（作）戎，戠（箴）弜（強）□，鄰壴睘（縣）

集成11484　郾右軍矛：郾（燕）右軍。

銅兵2.10　右攻尹鈹：右攻（工）君（尹）。

集成11905　梁鐓：梁。

集成11908　右內鐓：右內譱。

集成11909　庚都司馬鐓：庚都司馬。

集成11910　大司馬鐓：柸（範）湩都大飼（司）馬。

集成11914　聑七府距末：聑（聖）七反（半）。

集成11917　上距末：

攻（工）君（尹），都瑫（韜）君（尹）遫（傳），亓（其）少，亓（其）眾。

治卒辭（司）攻（空），治攻（工）。

集成11919　右攻君弩牙：右攻（工）君（尹）。

集成11920　右攻君弩牙：右攻（工）君（尹）。

集成11921　右攻君弩牙：右攻（工）君（尹）。

集成11922　右攻君弩牙：右攻（工）君（尹）。

集成11923　左攻君弩牙：左攻（工）君（尹）。

集成11924　左攻君弩牙：左士攻（工）君（尹）。

集成11925　左周弩牙：左周宫。

集成11926　左周弩牙：左周宫。

集成11927　左周弩牙：左周八。

集成11928　左周弩牙：左周宫。

集成11929　右昜攻君弩牙：右昜攻（工）君（尹）。

集成11930　右昜宮弩牙：右昜宮攻（工）君（尹）。

銅兵5.1　右攻尹弩機：右攻（工）君（尹）。

銅兵5.2　右昜攻尹弩機：右昜（陽）攻（工）君（尹）。□眀（朝）末。七㣇（肆）。七。

銅兵5.3　左士攻尹弩機：左士攻（工）君（尹）。三。

銅兵5.4　右大君弩機：右大廊（廄）。工。七。工。

銅兵5.5　左大君弩機：左大節（廄）。二。三。

銅兵5.6　□周弩機：周。。賹。

銅兵5.7　六八弩機：六。八。

銅兵5.8　七弩機：七。七。

銅兵5.9　二弩機：二。二。

銅兵5.10　右士攻尹弩機：右士攻（工）君（尹）。

集成11987　不降鏃：不隆（隆—降）。

集成11988.1　北鏃：大夫=北。

集成11988.2　北鏃：大夫=北。

集成11989　北鏃：大夫=北。

集成11990　北鏃：大夫=北。

集成11991　北鏃：大夫=北。

集成11992 北鏃：大夫＝北。

集成11993 北鏃：大夫＝北。

銘續1357 北鏃：大夫＝北。

五、戰國晚期

集成11192 郾王戎人戈：郾（燕）王戎人乍（作）鈠（捶）鋸（瞿—戵）。

集成11237 郾王戎人戈：郾（燕）王戎人乍（作）鈠（捶）鋸（瞿—戵）。

集成11238 郾王戎人戈：郾（燕）王戎人乍（作）鈠（捶）鋸（瞿—戵）。

集成11239 郾王戎人戈：郾（燕）王戎人乍（作）鈠（捶）鋸（瞿—戵）。

集成11273 郾王戎人戈：郾（燕）王戎人乍（作）雲萃鋸（瞿—戵）。

集成11274 郾王戎人戈：郾（燕）王戎人乍（作）雲萃鋸（瞿—戵）。

集成11275 郾王戎人戈：郾（燕）王戎人乍（作）雲萃鋸（瞿—戵）。

集成11276 郾王戎人戈：郾（燕）王戎人乍（作）巨鈠（捶）鋸（瞿—戵）。

集成11479　郾王矛：郾（燕）王戎……鈢。
集成11498　郾王戎人矛：郾（燕）王戎人……
集成11531　郾王戎人矛：郾（燕）王戎人乍（作）攼（捶）鈢。
集成11536　郾王戎人矛：郾（燕）王戎人乍（作）巨攼（捶）鈢。
集成11537　郾王戎人矛：郾（燕）王戎人乍（作）巨攼（捶）鈢。
集成11538　郾王戎人矛：郾（燕）王戎人乍（作）王萃鈢。
集成11539　郾王戎人矛：郾（燕）王戎人乍（作）巨攼（捶）鈢。
集成11543　郾王戎人矛：郾（燕）王戎人乍（作）自夳達鈢。
新收1989　郾王戎人戈：郾（燕）王戎人乍（作）王萃。
銘三1568　郾王戎人矛：郾（燕）王戎人乍（作）雲萃鈢。
銅兵3.10　郾王戎人矛：郾（燕）王戎人乍（作）翏（翏—戮）鈢。
集成11193　郾王詈戈：郾（燕）王詈（讙）乍（作）攼（捶）鋸（瞿—戵）。
集成11194　郾王詈戈：郾（燕）王詈（讙）悥（鑄）攼（捶）鋸（瞿—戵）。

集成 11240　郾王詈戈：郾（燕）王詈（讙）悤（鑄）巨攷（捶）鋸（瞿—戵）。

集成 11245　郾王詈戈：郾（燕）王詈（讙）乍（作）巨攷（捶）鋸（瞿—戵）。

集成 11241　郾王詈戈：郾（燕）王詈（讙）悤（鑄）雲萃鋸（瞿—戵）。

集成 11242　郾王詈戈：郾（燕）王詈（讙）悤（鑄）雲萃鋸（瞿—戵）。

集成 11243.1　郾王詈戈：郾（燕）王詈（讙）悤（鑄）行議（儀）鍨（戣）。

集成 11243.2　郾王詈戈：右攻（工）君（尹）□，丌（其）攻（工）眔。

集成 11244.1　郾王詈戈：郾（燕）王詈（讙）悤（鑄）行議（儀）鍨（戣）。

集成 11244.2　郾王詈戈：右攻（工）君（尹），丌（其）攻（工）眔。

集成 11305　郾王詈戈：郾（燕）王詈（讙）悤（鑄）行義（儀）自卒司馬鍸。

集成 11350.1　郾王詈戈（銘三 1509）：郾（燕）王詈（讙）悤（鑄）行議（儀）鍨（戣）。

集成 11350.2　郾王詈戈（銘三 1509）：右攻（工）君（尹）青，丌（其）攻（工）豎（豎）。

攈古 2.1.86　郾戈：

郾（燕）王詈（讙）壴（鑄）行議（儀）鍨（戣），右攻（工）君（尹）[illegible]，丌（其）攻

（工）眾。

文物春秋 2021.3 封2　八年郾王詈戈：

八年，郾（燕）王詈（讙）恳（鑄）行議（儀）鍨（戣）。右御攻（工）君（尹），左[illegible]宿中。

銅兵1.1　十年郾王詈戈：

十年，郾（燕）王詈（讙）恳（鑄）行議（儀）鍨（戣）。右御攻（工）君（尹）臣，丌（其）攻（工）中。

銅兵1.2　郾王詈戈：郾（燕）王詈（讙）恳（鑄）行議（儀）鍨（戣）。

銅兵1.3　郾王詈戈：郾（燕）王詈（讙）恳（鑄）巨敀（捶）鋸（瞿—戵）。

銅兵1.4　郾王詈戈：郾（燕）王詈（讙）恳（鑄）行議（儀）自㚔鉟。

集成11497　郾王詈矛：郾（燕）王詈（讙）恳（鑄）。

集成11524　郾王詈矛：郾（燕）王詈（讙）恳（鑄）敀（捶）鈦。

集成11530　郾王詈矛：郾（燕）王詈（讙）恳（鑄）雲萃鈦。

集成11540　郾王詈矛：郾（燕）王詈（讙）乍（作）巨敀（捶）鋻（鎦—劉）。

新收 1831　郾王詈戈：郾（燕）王詈（讙）⿱⿸尸口心（鑄）御司馬鍨（戣）。

銅兵 3.9　郾王洹矛：郾（燕）王洹（⿺走亘—讙）。

文物春秋 2021.3 封 3　八年郾王詈矛：八年，郾（燕）王詈（讙）⿱⿸尸口心（鑄）行議（儀）。

集成 11004　郾王喜戈：郾（燕）王喜⿱⿸尸口心（鑄）……

集成 11005　郾王喜戈：郾（燕）王喜……

集成 11195　郾王喜戈：郾（燕）王喜⿱⿸尸口心（鑄）攺（捶）鋸（瞿—戵）。

集成 11246　郾王喜戈：郾（燕）王喜⿱⿸尸口心（鑄）巨攺（捶）鋸（瞿—戵）。

集成 11247　郾王喜戈：郾（燕）王喜⿱⿸尸口心（鑄）巨攺（捶）鋸（瞿—戵）。

集成 11248　郾王喜戈：郾（燕）王喜⿱⿸尸口心（鑄）桀倈戈

集成 11249　郾王喜戈：郾（燕）王喜⿱⿸尸口心（鑄）巨攺（捶）鋸（瞿—戵）。

集成 11277　郾王喜戈：郾（燕）王喜⿱⿸尸口心（鑄）雲萃鋸（瞿—戵）。

集成 11278　郾王喜戈：郾（燕）王喜⿱⿸尸口心（鑄）御司馬鍨（戣）。

新收 1986　郾王喜戈：郾（燕）王喜⿱⿸尸口心（鑄）御司馬鍨（戣）。

新收1985　郾王喜戈：郾（燕）王喜恳（鑄）桀俫戈。
銅兵1.6　郾王喜戈：郾（燕）王喜恳（鑄）御司馬鍨（戣）。
銅兵1.7　郾王喜戈：郾（燕）王喜恳（鑄）御司馬鍨（戣）。
銅兵1.9（銘續1194）　郾王喜戈：郾（燕）王喜恳（鑄）巨攺（捶）鋸（瞿—戵）。
熠熠185　郾王喜戈：郾（燕）王喜恳（鑄）御司馬鍨（戣）。
集成11482　郾王喜矛：郾（燕）王喜……
集成11522　郾王喜矛：郾（燕）王喜恳（鑄）雲。
集成11523　郾王喜矛：郾（燕）王喜恳（鑄）權。
集成11528　郾王喜矛：郾（燕）王喜恳（鑄）仝（全）鋹（長）利。
集成11529　郾王喜矛：郾（燕）王喜恳（鑄）仝（全）鋹（長）利。
集拓3　郾王喜矛：郾（燕）王喜恳（鑄）□□□。
新收1308　郾王喜矛：郾（燕）王喜恳（鑄）□矛。
銅兵3.5　郾王喜矛：郾（燕）王喜……

銅兵3.6 郾王喜矛：郾（燕）王喜𢘍（鑄）……

銅兵3.11 郾王喜矛：郾（燕）王喜𢘍（鑄）□槀□。

銘圖17645 郾王喜矛：郾（燕）王喜𢘍（鑄）……

銘續1282 郾王喜矛：郾（燕）王喜𢘍（鑄）□□□。

熠熠185 郾王喜矛：郾（燕）王喜𢘍（鑄）翏（鏐）車鈠（殳—杸）。

集成11583 郾王喜劍：郾（燕）王喜𢘍（鑄）……

集成11584 郾王喜劍：郾（燕）王喜𢘍（鑄）……

集成11585 郾王喜鈹：郾（燕）王喜𢘍（鑄）……

集成11606 郾王喜劍：郾（燕）王喜𢘍（鑄）無者鈦。

集成11607 郾王喜劍：郾（燕）王喜𢘍（鑄）無……鈦。

集成11612 郾王喜劍：郾（燕）王喜𢘍（鑄）無者鈦。

集成11613 郾王喜劍：郾（燕）王喜𢘍（鑄）無者鈦。

集成11614 郾王喜劍：郾（燕）王喜𢘍（鑄）無者鈦。

集成11615　郾王喜劍：郾（燕）王喜恖（鑄）無者鈦。
集成11616　郾王喜劍：郾（燕）王喜恖（鑄）無者鈦。
集成11617　郾王喜劍：郾（燕）王喜恖（鑄）無者鈦。
集拓5　郾王喜劍：郾（燕）王喜恖（鑄）無者鈦。
新收1987　郾王喜劍：郾（燕）王【喜恖（鑄）】無者鈦。
銅兵2.15　郾王喜劍：郾（燕）王喜恖（鑄）無者鈦。
銅兵2.16　郾王喜劍：郾（燕）王喜恖（鑄）無者鈦。
銘續1303　郾王喜鈹：郾（燕）王喜恖（鑄）無者鈦。
新收1984　司馬俫戈：司馬俫戈。
集成10943　守陽戈：守昜（陽）。
集成11059　作御司馬戈：乍（作）御司馬。
集成11061　車大夫長畫戈：車大夫＝镸（長—張）畫。
銘圖16743　張畫戈：車大夫＝镸（長—張）畫。

集成 11111　左行議率戈：左行議（儀）逹戈。

集成 11292　二年右貫府戈：二年，右具廥（府）御戢，宿㕣。

銘圖 17115　㕣貫府戈：二年，右具廥（府）御□□㕣。

集成 11325　九年將軍戈：九年，牆（將）軍張，二月，剸（斷）宮戊丌（其）膚（獻）。

集成 11326　九年將軍戈：九年，牆（將）軍張，二月，剸（斷）宮戊丌（其）膚（獻）。

集成 11339　十三年戈：十三年正月，豫仝（全）窕（乘）爲大夫=子姭（御）賀。

集成 11402.1　枺里瘟戈：左軍之攼（捶）僕，大夫=皷之卒，公孳里脽之。

集成 11402.2　枺里瘟戈：內巨枺里瘟之攼（捶）戈。

銅兵 1.8　六年右御工尹戈：六年，右御攻（工）君（尹）□，大夫=青，丌（其）窖（廏）中。

集成 11113　犢共叟戟：䇂（犢）共畋氏戟。

集成 11916　二十年距末：

二十=（廿）年，𡏳張窕（乘）丌（其）伐，㴔（韜）攻（工）書。

集成 11931　八年五大夫弩機：

八年，右御攻（工）君（尹）五，大夫＝青，丌（其）攻（工）涅。

文研 24.60　高城冶叔戈：高城冶弔（叔）。

銘三 1643　八十七弩機：八十七。

國別文字編

燕文字編

四

張振謙　編著

文物出版社

貨幣

說明：

一、材料來源主要取自《貨系》《聚珍》，少量取自《集拓》《古幣》等，釋文即按這些著錄書順序、序號排序編錄。考古發掘的貨幣銘文雖屢見文刊，但幣文多爲重複，且拓摹不精，文符難辨，茲不錄。

二、釋文一般盡量給出嚴格隸定字形。一些常見文字及一些已有定論的文字隸定則較爲寬泛。異體字一般先出隸定字形，再以「（）」括註出本字；通假字一般先出本字，再以「（）」括註出通假字；異體且通假者，在「（）」內以「—」將二者間隔。本字、通假字盡量寫作後世通用字形。

三、銘文中的不識之字，在釋文中以電腦處理過的字形或摹本字形替代。重文、合文用「=」標識。

四、幣範不論材質，依銘文類別，放置於此。

貨系

貨系 2290　方足小布：安昜（陽）

貨系 2291　方足小布：安昜（陽）

貨系 2292　方足小布：安昜（陽）

貨系 2293　方足小布：安昜（陽）

貨系 2294　方足小布：安昜（陽）

貨系 2295　方足小布：安昜（陽）

貨系 2296　方足小布：安昜（陽）

貨系 2296　方足小布背文：右

貨系 2297　方足小布：安昜（陽）

貨系 2297　方足小布背文：右

貨系 2298　方足小布：安昜（陽）

貨系 2298　方足小布背文：右

貨系 2299　方足小布：安昜（陽）

貨系 2299　方足小布背文：右

貨系 2300　方足小布：安昜（陽）

貨系 2300　方足小布背文：右

貨系 2301　方足小布：安昜（陽）

貨系 2301　方足小布背文：右

貨系 2302　方足小布：安昜（陽）

貨系 2302　方足小布背文：右

貨系 2303　方足小布：安昜（陽）

貨系 2303　方足小布背文：右

貨系 2304　方足小布：安昜（陽）

貨系 2304　方足小布背文：右

貨系 2305　方足小布：安昜（陽）

貨系2305　方足小布背文：右

貨系2306　方足小布：安昜（陽）

貨系2306　方足小布背文：右

貨系2307　方足小布：安昜（陽）

貨系2307　方足小布背文：右

貨系2308　方足小布：安昜（陽）

貨系2308　方足小布背文：左

貨系2309　方足小布：安昜（陽）

貨系2309　方足小布背文：左

貨系2310　方足小布：安昜（陽）

貨系2310　方足小布背文：左

貨系2311　方足小布：安昜（陽）

貨系2311　方足小布背文：左

貨系2312　方足小布：安昜（陽）

貨系2312　方足小布背文：左

貨系2313　方足小布：安昜（陽）

貨系2313　方足小布背文：左

貨系2314　方足小布：安昜（陽）

貨系2314　方足小布背文：左

貨系2315　方足小布：安昜（陽）

貨系2315　方足小布背文：左

貨系2316　方足小布：安昜（陽）

貨系2316　方足小布背文：左

貨系2317　方足小布：纕（襄）坪（平）

貨系2318　方足小布：纕（襄）坪（平）

貨系2319　方足小布：纕（襄）坪（平）

貨系2320　方足小布：纕（襄）坪（平）
貨系2321　方足小布：纕（襄）坪（平）
貨系2322　方足小布：纕（襄）坪（平）
貨系2323　方足小布：纕（襄）坪（平）
貨系2324　方足小布：纕（襄）坪（平）
貨系2324　方足小布背文：左
貨系2325　方足小布：纕（襄）坪（平）
貨系2325　方足小布背文：左
貨系2326　方足小布：纕（襄）坪（平）
貨系2327　方足小布：坪（平）隂（陰）
貨系2328　方足小布：坪（平）隂（陰）
貨系2329　方足小布：坪（平）隂（陰）
貨系2330　方足小布：坪（平）隂（陰）
貨系2331　方足小布：坪（平）隂（陰）
貨系2332　方足小布：坪（平）隂（陰）
貨系2333　方足小布：坪（平）隂（陰）
貨系2334　方足小布：怳（廣）昌
貨系2335　方足小布：怳（廣）昌
貨系2336　方足小布：怳（廣）昌
貨系2337　方足小布：怳（廣）昌
貨系2338　方足小布：怳（廣）昌
貨系2339　方足小布：怳（廣）昌
貨系2340　方足小布：旀刀（寒號）
貨系2341　方足小布：旀刀（寒號）
貨系2342　方足小布：
右明辝（司）弖（強—鏹）

貨系2343 方足小布：右明辝（司）弜（強—鏹）

貨系2344 方足小布：右明辝（司）弜（強—鏹）

貨系2664 尖首刀：丌

貨系2665 尖首刀：王

貨系2666 尖首刀：王

貨系2667 尖首刀：王

貨系2668 尖首刀：王

貨系2669 尖首刀：王

貨系2670 尖首刀：丯

貨系2671 尖首刀：丯

貨系2672 尖首刀：生

貨系2673 尖首刀：牛

貨系2674 尖首刀：

貨系2675 尖首刀：勹

貨系2676 尖首刀：勹

貨系2677 尖首刀：勹

貨系2678 尖首刀：勹

貨系2679 尖首刀：勹

貨系2680 尖首刀：勹

貨系2681 尖首刀：豆

貨系2682 尖首刀：豆

貨系2683 尖首刀：豆

貨系2684 尖首刀：豆

貨系2685 尖首刀：三

貨系2686　尖首刀：六

貨系2687　尖首刀：六

貨系2688　尖首刀：六

貨系2689　尖首刀：六

貨系2690　尖首刀：六

貨系2691　尖首刀：六

貨系2692　尖首刀：八

貨系2693　尖首刀：八

貨系2694　尖首刀：八

貨系2695　尖首刀：八

貨系2696　尖首刀：八

貨系2697　尖首刀：力

貨系2698　尖首刀：八十

貨系2699　尖首刀：力

貨系2700　尖首刀：乙

貨系2701　尖首刀：

貨系2702　尖首刀：

貨系2703　尖首刀：十六

貨系2704　尖首刀：十六

貨系2705　尖首刀：十六

貨系2706　尖首刀：丂

貨系2707　尖首刀：丂

貨系2708　尖首刀：十一

貨系2709　尖首刀：丂

貨系2710　尖首刀：

貨系2711　尖首刀：丂

貨系2712　尖首刀：丂
貨系2713　尖首刀：己
貨系2714　尖首刀：己
貨系2715　尖首刀：己
貨系2716　尖首刀：己
貨系2717　尖首刀：己
貨系2718　尖首刀：己
貨系2719　尖首刀：申
貨系2720　尖首刀：丏（万—萬）
貨系2721　尖首刀：丏（万—萬）
貨系2722　尖首刀：卜
貨系2723　尖首刀：丏（万—萬）
貨系2724　尖首刀：
貨系2725　尖首刀：用
貨系2726　尖首刀：行
貨系2727　尖首刀：行
貨系2728　尖首刀：行
貨系2729　尖首刀：行
貨系2730　尖首刀：行
貨系2731　尖首刀：北
貨系2732　尖首刀：千
貨系2733　尖首刀：刀
貨系2734　尖首刀：刀
貨系2735　尖首刀：刀
貨系2736　尖首刀：刀
貨系2737　尖首刀：刀

貨系 2738　尖首刀：

貨系 2739　尖首刀：非

貨系 2740　尖首刀：非

貨系 2741　尖首刀：非

貨系 2742　尖首刀：非

貨系 2743　尖首刀：非

貨系 2744　尖首刀：非

貨系 2745　尖首刀：

貨系 2746　尖首刀：

貨系 2747　尖首刀：

貨系 2748　尖首刀：

貨系 2749　尖首刀：

貨系 2750　尖首刀：

貨系 2751　尖首刀：

貨系 2752　尖首刀：

貨系 2753　尖首刀：

貨系 2754　尖首刀：

貨系 2755　尖首刀：

貨系 2756　尖首刀：卜

貨系 2757　尖首刀：卜

貨系 2758　尖首刀：卜

貨系 2759　尖首刀：卜

貨系 2760　尖首刀：卜

貨系 2761　尖首刀：卜

貨系 2762　尖首刀：大

貨系 2763　尖首刀：大

貨系2764　尖首刀：大

貨系2765　尖首刀：大

貨系2766　尖首刀：大

貨系2767　尖首刀：上

貨系2768　尖首刀：上

貨系2769　尖首刀：

貨系2770　尖首刀：中（仲）

貨系2771　尖首刀：工

貨系2772　尖首刀：

貨系2773　尖首刀：士

貨系2774　尖首刀：于

貨系2775　尖首刀：三十=（卅）

貨系2776　尖首刀：

貨系2777　尖首刀：

貨系2778　尖首刀：

貨系2779　尖首刀：大

貨系2780　尖首刀：

貨系2781　尖首刀：

貨系2782　尖首刀：日

貨系2783　尖首刀：日

貨系2784　尖首刀：日

貨系2785　尖首刀：日

貨系2786　尖首刀：

貨系2787　尖首刀：口

貨系2788　尖首刀：口

貨系2789　尖首刀：甘

貨系2790　尖首刀：吉
貨系2791　尖首刀：文
貨系2792　尖首刀：文
貨系2793　尖首刀：閔（藺）
貨系2794　尖首刀：閔（藺）
貨系2795　尖首刀：
貨系2796　尖首刀：
貨系2797　尖首刀：
貨系2798　尖首刀：
貨系2799　尖首刀：
貨系2800　尖首刀：
貨系2802　剪首刀：非
貨系2803　剪首刀：文

貨系2804　針首刀：五
貨系2805　針首刀：五
貨系2806　針首刀：五
貨系2807　針首刀：五
貨系2808　針首刀：五
貨系2809　針首刀：六
貨系2810　針首刀：六
貨系2811　針首刀：六
貨系2812　針首刀：六
貨系2813　針首刀：八
貨系2814　針首刀：八
貨系2815　針首刀：北
貨系2816　針首刀：北

貨系2817　針首刀：北
貨系2818　針首刀：七
貨系2819　針首刀：卜
貨系2820　針首刀：
貨系2821　針首刀：
貨系2822　針首刀：己
貨系2823　針首刀：己
貨系2824　針首刀：行
貨系2825　針首刀：行
貨系2826　針首刀：行
貨系2827　針首刀：行
貨系2828　針首刀：行
貨系2829　針首刀：非
貨系2830　針首刀：北
貨系2831　針首刀：
貨系2832　針首刀：
貨系2833　針首刀：
貨系2834　針首刀：
貨系2835　針首刀：中
貨系2836　針首刀：中六
貨系2837　針首刀：中
貨系2838　針首刀：
貨系2839　針首刀：
貨系2840　針首刀：M
貨系2841　針首刀：大
貨系2842　針首刀：

貨系2843 針首刀：
貨系2844 針首刀：
貨系2845 針首刀：文
貨系2846 針首刀：文
貨系2847 針首刀：
貨系2848 針首刀：
貨系2849 針首刀：
貨系2850 針首刀：
貨系2851 針首刀：
貨系2852 針首刀：
貨系2853 針首刀：工
貨系2854 針首刀：
貨系2855 針首刀：

貨系2856 針首刀：
貨系2857 針首刀：日
貨系2858 針首刀：日封
貨系2859 針首刀：
貨系2860 針首刀：羊
貨系2861 針首刀：羊
貨系2862 針首刀：刀
貨系2863 針首刀：其
貨系2864 針首刀：
貨系2865 針首刀：
貨系2866 針首刀：
貨系2867 針首刀：
貨系2868 針首刀：

貨系2869 針首刀：
貨系2870 針首刀：
貨系2871 針首刀：
貨系2872 針首刀：
貨系2873 燕明刀：明
貨系2874 燕明刀：明
貨系2875 燕明刀：明
貨系2875 燕明刀背文：一
貨系2876 燕明刀：明
貨系2877 燕明刀：明
貨系2877 燕明刀背文：二
貨系2878 燕明刀：明
貨系2878 燕明刀背文：二
貨系2879 燕明刀：明
貨系2879 燕明刀背文：六
貨系2880 燕明刀：明
貨系2880 燕明刀背文：五
貨系2881 燕明刀：明
貨系2881 燕明刀背文：六
貨系2882 燕明刀：明
貨系2883 燕明刀背文：終
貨系2884 燕明刀：明
貨系2884 燕明刀背文：七
貨系2885 燕明刀：明
貨系2885 燕明刀背文：七
貨系2886 燕明刀：明

貨系 2886 燕明刀背文：八
貨系 2887 燕明刀背文：八
貨系 2888 燕明刀背文：八
貨系 2889 燕明刀：明
貨系 2889 燕明刀背文：八
貨系 2890 燕明刀：明
貨系 2890 燕明刀背文：八
貨系 2891 燕明刀：明
貨系 2891 燕明刀背文：八
貨系 2892 燕明刀：明
貨系 2892 燕明刀背文：八
貨系 2893 燕明刀：明
貨系 2893 燕明刀背文：八

貨系 2894 燕明刀：明
貨系 2894 燕明刀背文：八
貨系 2895 燕明刀：明
貨系 2895 燕明刀背文：八
貨系 2896 燕明刀：明
貨系 2896 燕明刀背文：十
貨系 2897 燕明刀：明
貨系 2897 燕明刀背文：十
貨系 2898 燕明刀：明
貨系 2898 燕明刀背文：卜
貨系 2899 燕明刀：明
貨系 2899 燕明刀背文：卜
貨系 2900 燕明刀：明

貨系 2900　燕明刀背文：卜
貨系 2901　燕明刀：明
貨系 2901　燕明刀背文：乇
貨系 2902　燕明刀：明
貨系 2902　燕明刀背文：一八
貨系 2903　燕明刀：明
貨系 2903　燕明刀背文：厶（私）
貨系 2904　燕明刀：明
貨系 2904　燕明刀背文：千
貨系 2905　燕明刀背文：千
貨系 2906　燕明刀：明
貨系 2906　燕明刀背文：丏（万—萬）
貨系 2907　燕明刀：明
貨系 2907　燕明刀背文：丏（万—萬）
貨系 2908　燕明刀：明
貨系 2908　燕明刀背文：八丏（万）＝
貨系 2909　燕明刀：明
貨系 2909　燕明刀背文：八丏（万）＝
貨系 2910　燕明刀：明
貨系 2910　燕明刀背文：乙
貨系 2911　燕明刀：明
貨系 2911　燕明刀背文：乙
貨系 2912　燕明刀：明
貨系 2912　燕明刀背文：乙
貨系 2913　燕明刀：明
貨系 2913　燕明刀背文：乙

貨系 2915 燕明刀：明
貨系 2915 燕明刀背文：上
貨系 2916 燕明刀：明
貨系 2916 燕明刀背文：上
貨系 2917 燕明刀：明
貨系 2917 燕明刀背文：土
貨系 2918 燕明刀：明
貨系 2918 燕明刀背文：于
貨系 2919 燕明刀：明
貨系 2919 燕明刀背文：于
貨系 2920 燕明刀：明
貨系 2920 燕明刀背文：匕
貨系 2921 燕明刀：明
貨系 2921 燕明刀背文：刀
貨系 2922 燕明刀：明
貨系 2922 燕明刀背文：厶
貨系 2923 燕明刀：明
貨系 2923 燕明刀背文：日
貨系 2924 燕明刀：明
貨系 2924 燕明刀背文：巳
貨系 2925 燕明刀：明
貨系 2925 燕明刀背文：
貨系 2926 燕明刀背文：三
貨系 2927 燕明刀：明
貨系 2927 燕明刀背文：六
貨系 2928 燕明刀背文：五二

貨系2929　燕明刀背文：千丏（万—萬）

貨系2930　燕明刀背文：匀

貨系2931　燕明刀背文：刀

貨系2932　燕明刀：明

貨系2932　燕明刀背文：刀

貨系2933　燕明刀背文：

貨系2934　燕明刀背文：貝

貨系2935　燕明刀背文：工

貨系2936　燕明刀背文：北

貨系2937　燕明刀背文：內

貨系2938　燕明刀背文：內厶（私）

貨系2939　燕明刀背文：百

貨系2940　燕明刀背文：

貨系2941　燕明刀背文：

貨系2942　燕明刀：明

貨系2943　燕明刀背文：又

貨系2944　燕明刀：明

貨系2944　燕明刀背文：

貨系2945　燕明刀：明

貨系2945　燕明刀背文：吉十一

貨系2946　燕明刀：明

貨系2946　燕明刀背文：

貨系2947　燕明刀背文：于

貨系2948　燕明刀背文：匕

貨系2949　燕明刀背文：刀

貨系2950　燕明刀：明

貨系2950 燕明刀背文：

貨系2951 燕明刀背文：工

貨系2952 燕明刀背文：工

貨系2953 燕明刀：明

貨系2953 燕明刀背文：工

貨系2954 燕明刀：明

貨系2954 燕明刀背文：一工

貨系2955 燕明刀背文：二十（廿）一=工

貨系2956 燕明刀：明

貨系2956 燕明刀背文：二

貨系2957 燕明刀：明

貨系2957 燕明刀背文：二

貨系2958 燕明刀背文：邑

貨系2959 燕明刀背文：吉

貨系2960 燕明刀：明

貨系2960 燕明刀背文：中其三

貨系2961 燕明刀：明

貨系2961 燕明刀背文：工行

貨系2962 燕明刀：明

貨系2962 燕明刀背文：

貨系2963 燕明刀背文：工行

貨系2964 燕明刀：明

貨系2964 燕明刀背文：

貨系2965 燕明刀：明

貨系2965 燕明刀背文：左

貨系2966 燕明刀：明

貨系2966 燕明刀背文：行

貨系2967 燕明刀背文：行

貨系2968 燕明刀：明

貨系2968 燕明刀背文：行

貨系2969 燕明刀：明

貨系2969 燕明刀背文：行

貨系2970 燕明刀：明

貨系2970 燕明刀背文：行

貨系2971 燕明刀：明

貨系2971 燕明刀背文：行

貨系2972 燕明刀背文：行

貨系2973 燕明刀背文：行

貨系2974 燕明刀：明

貨系2974 燕明刀背文：行

貨系2975 燕明刀：明

貨系2975 燕明刀背文：行

貨系2976 燕明刀：明

貨系2976 燕明刀背文：行

貨系2977 燕明刀：明

貨系2977 燕明刀背文：行

貨系2978 燕明刀背文：一行

貨系2979 燕明刀：明

貨系2979 燕明刀背文：一行

貨系2980 燕明刀：明

貨系2980 燕明刀背文：一行

貨系2981 燕明刀背文：工行

貨系 2982　燕明刀背文：巳行
貨系 2983　燕明刀：明
貨系 2983　燕明刀背文：十六＝行
貨系 2984　燕明刀背文：十一＝行
貨系 2985　燕明刀：明
貨系 2985　燕明刀背文：
貨系 2986　燕明刀背文：
貨系 2987　燕明刀背文：
貨系 2988　燕明刀背文：
貨系 2989　燕明刀背文：行
貨系 2990　燕明刀：明
貨系 2990　燕明刀背文：文
貨系 2991　燕明刀：明

貨系 2991　燕明刀背文：
貨系 2992　燕明刀：明
貨系 2992　燕明刀背文：文爻
貨系 2993　燕明刀背文：中行＝
貨系 2994　燕明刀背文：中行＝
貨系 2995　燕明刀背文：中行＝
貨系 2996　燕明刀背文：中行＝
貨系 2997　燕明刀背文：中行＝
貨系 2998　燕明刀背文：中行＝
貨系 2999　燕明刀背文：中行二＝
貨系 3000　燕明刀背文：者
貨系 3001　燕明刀：明
貨系 3001　燕明刀背文：宸

貨系 3002　燕明刀：明

貨系 3002　燕明刀背文：宬千

貨系 3003　燕明刀：明

貨系 3003　燕明刀背文：宬二

貨系 3004　燕明刀：明

貨系 3004　燕明刀背文：中行=

貨系 3005　燕明刀：明

貨系 3005　燕明刀背文：中行=

貨系 3006　燕明刀：明

貨系 3006　燕明刀背文：⿸虍金（鑪）

貨系 3007　燕明刀：明

貨系 3007　燕明刀背文：⿸虍金（鑪）

貨系 3008　燕明刀：明

貨系 3008　燕明刀背文：⿸虍金（鑪）

貨系 3009　燕明刀背文：外⿸虍金（鑪）

貨系 3010　燕明刀背文：外⿸虍金（鑪）

貨系 3011　燕明刀背文：外⿸虍金（鑪）

貨系 3012　燕明刀背文：外⿸虍金（鑪）

貨系 3013　燕明刀背文：外⿸虍金（鑪）

貨系 3014　燕明刀背文：外⿸虍金（鑪）

貨系 3015　燕明刀背文：外⿸虍金（鑪）

貨系 3016　燕明刀背文：外⿸虍金（鑪）

貨系 3017　燕明刀背文：外⿸虍金（鑪）

貨系 3018　燕明刀背文：外⿸虍金（鑪）

貨系 3019　燕明刀背文：外⿸虍金（鑪）

貨系 3020　燕明刀背文：外⿸虍金（鑪）

貨系3021　燕明刀背文：外盧（鑪）
貨系3022　燕明刀：明
貨系3022　燕明刀背文：外盧（鑪）
貨系3023　燕明刀：明
貨系3023　燕明刀背文：外盧（鑪）
貨系3024　燕明刀：明
貨系3024　燕明刀背文：外盧（鑪）
貨系3025　燕明刀：明
貨系3025　燕明刀背文：外盧（鑪）
貨系3026　燕明刀：明
貨系3026　燕明刀背文：外盧（鑪）
貨系3027　燕明刀：明
貨系3027　燕明刀背文：外盧（鑪）

貨系3028　燕明刀：明
貨系3028　燕明刀背文：外盧（鑪）
貨系3029　燕明刀：明
貨系3029　燕明刀背文：外盧（鑪）
貨系3030　燕明刀：明
貨系3030　燕明刀背文：外盧（鑪）
貨系3031　燕明刀：明
貨系3031　燕明刀背文：外盧（鑪）
貨系3032　燕明刀：明
貨系3032　燕明刀背文：外盧（鑪）
貨系3033　燕明刀：明
貨系3033　燕明刀背文：外盧（鑪）
貨系3034　燕明刀：明

貨系3034 燕明刀背文：外虗（鑪）

貨系3035 燕明刀：明

貨系3035 燕明刀背文：外虗（鑪）

貨系3036 燕明刀：明

貨系3036 燕明刀背文：中

貨系3037 燕明刀：明

貨系3037 燕明刀背文：中

貨系3038 燕明刀背文：中

貨系3039 燕明刀背文：中

貨系3040 燕明刀：明

貨系3040 燕明刀背文：中

貨系3041 燕明刀：明

貨系3041 燕明刀背文：中

貨系3042 燕明刀背文：中

貨系3043 燕明刀背文：中

貨系3044 燕明刀背文：中

貨系3045 燕明刀背文：中

貨系3046 燕明刀背文：中

貨系3047 燕明刀背文：中

貨系3048 燕明刀背文：中

貨系3049 燕明刀：明

貨系3049 燕明刀背文：中

貨系3050 燕明刀：明

貨系3050 燕明刀背文：中

貨系3051 燕明刀：明

貨系3051 燕明刀背文：中

貨系 3052　燕明刀：明
貨系 3052　燕明刀背文：中
貨系 3053　燕明刀：明
貨系 3053　燕明刀背文：中
貨系 3054　燕明刀：明
貨系 3054　燕明刀背文：中
貨系 3055　燕明刀：明
貨系 3055　燕明刀背文：中
貨系 3056　燕明刀：明
貨系 3056　燕明刀背文：中
貨系 3057　燕明刀：明
貨系 3057　燕明刀背文：中
貨系 3058　燕明刀：明
貨系 3058　燕明刀背文：中[illegible]
貨系 3059　燕明刀：明
貨系 3059　燕明刀背文：中七
貨系 3060　燕明刀：明
貨系 3060　燕明刀背文：中一
貨系 3061　燕明刀：明
貨系 3061　燕明刀背文：中一
貨系 3062　燕明刀背文：中一
貨系 3063　燕明刀背文：中一
貨系 3064　燕明刀背文：中一
貨系 3065　燕明刀背文：中一
貨系 3066　燕明刀背文：中一
貨系 3067　燕明刀：明

貨系3067　燕明刀背文：中一
貨系3068　燕明刀：明
貨系3068　燕明刀背文：中一
貨系3069　燕明刀背文：中二
貨系3070　燕明刀背文：中二
貨系3071　燕明刀：明
貨系3071　燕明刀背文：中二
貨系3072　燕明刀：明
貨系3072　燕明刀背文：中二
貨系3073　燕明刀：明
貨系3073　燕明刀背文：中三
貨系3074　燕明刀背文：中三
貨系3075　燕明刀背文：中三

貨系3076　燕明刀：明
貨系3076　燕明刀背文：中三
貨系3077　燕明刀背文：中四
貨系3078　燕明刀背文：中中（仲）
貨系3079　燕明刀：明
貨系3079　燕明刀背文：中四
貨系3080　燕明刀背文：中五
貨系3081　燕明刀背文：中五
貨系3082　燕明刀：明
貨系3082　燕明刀背文：中五
貨系3083　燕明刀：明
貨系3083　燕明刀背文：中五
貨系3084　燕明刀背文：中六

貨系 3085　燕明刀背文：中丌
貨系 3086　燕明刀：明
貨系 3086　燕明刀背文：中六
貨系 3087　燕明刀：明
貨系 3087　燕明刀背文：中六
貨系 3088　燕明刀背文：中七
貨系 3089　燕明刀背文：中七
貨系 3090　燕明刀背文：中七
貨系 3091　燕明刀背文：中七
貨系 3092　燕明刀：明
貨系 3092　燕明刀背文：中七
貨系 3093　燕明刀：明
貨系 3093　燕明刀背文：中七

貨系 3094　燕明刀：明
貨系 3094　燕明刀背文：中七
貨系 3095　燕明刀：明
貨系 3095　燕明刀背文：中中
貨系 3096　燕明刀背文：中八
貨系 3097　燕明刀背文：中八
貨系 3098　燕明刀背文：中八
貨系 3099　燕明刀：明
貨系 3099　燕明刀背文：中八
貨系 3100　燕明刀背文：中八
貨系 3101　燕明刀背文：中九
貨系 3102　燕明刀：明
貨系 3102　燕明刀背文：中九

貨系3103 燕明刀背文：中十
貨系3104 燕明刀背文：中十
貨系3105 燕明刀：明
貨系3105 燕明刀背文：中十
貨系3106 燕明刀背文：中一七
貨系3107 燕明刀：明
貨系3107 燕明刀背文：中一八
貨系3108 燕明刀背文：中二十=（廿）
貨系3109 燕明刀背文：中二十=（廿）
貨系3110 燕明刀背文：中二十=（廿）
貨系3111 燕明刀：明
貨系3111 燕明刀背文：中二十=（廿）
貨系3112 燕明刀：明

貨系3112 燕明刀背文：中
貨系3113 燕明刀：明
貨系3113 燕明刀背文：夬
貨系3114 燕明刀背文：中三十=（卅）
貨系3115 燕明刀背文：中三十=（卅）
貨系3116 燕明刀：明
貨系3116 燕明刀背文：中四一
貨系3117 燕明刀：明
貨系3117 燕明刀背文：中厶（私）
貨系3118 燕明刀背文：中厶（私）
貨系3119 燕明刀背文：中厶（私）
貨系3120 燕明刀：明
貨系3120 燕明刀背文：中厶（私）

貨系3121　燕明刀：明

貨系3121　燕明刀背文：中厶（私）

貨系3122　燕明刀背文：中厶（私）乙

貨系3123　燕明刀：明

貨系3123　燕明刀背文：中千

貨系3124　燕明刀背文：中千

貨系3125　燕明刀背文：中千

貨系3126　燕明刀背文：中千

貨系3127　燕明刀：明

貨系3127　燕明刀背文：中千

貨系3128　燕明刀：明

貨系3128　燕明刀背文：中千

貨系3129　燕明刀：明

貨系3129　燕明刀背文：中千

貨系3130　燕明刀背文：中丏（万—萬）

貨系3131　燕明刀背文：中丏（万—萬）

貨系3132　燕明刀背文：中丏（万—萬）

貨系3133　燕明刀：明

貨系3133　燕明刀背文：中丏（万—萬）

貨系3134　燕明刀：明

貨系3134　燕明刀背文：中丏（万—萬）

貨系3135　燕明刀：明

貨系3135　燕明刀背文：中丏（万—萬）

貨系3136　燕明刀背文：中斤

貨系3137　燕明刀背文：中斤

貨系3138　燕明刀：明

貨系 3138 燕明刀背文：中斤

貨系 3139 燕明刀：明

貨系 3139 燕明刀背文：中斤

貨系 3140 燕明刀：明

貨系 3140 燕明刀背文：中斤

貨系 3141 燕明刀：明

貨系 3141 燕明刀背文：中乙

貨系 3142 燕明刀背文：中乙

貨系 3143 燕明刀背文：中乙

貨系 3144 燕明刀：明

貨系 3144 燕明刀背文：中乙

貨系 3145 燕明刀背文：中人

貨系 3146 燕明刀背文：中人

貨系 3147 燕明刀背文：中人

貨系 3148 燕明刀：明

貨系 3148 燕明刀背文：中人

貨系 3149 燕明刀：明

貨系 3149 燕明刀背文：中人

貨系 3150 燕明刀：明

貨系 3150 燕明刀背文：中人

貨系 3151 燕明刀背文：中刀

貨系 3152 燕明刀背文：中刀

貨系 3153 燕明刀背文：中

貨系 3154 燕明刀背文：中刀

貨系 3155 燕明刀背文：中

貨系 3156 燕明刀背文：中貝

貨系3157　燕明刀：明
貨系3157　燕明刀背文：中
貨系3158　燕明刀：明
貨系3158　燕明刀背文：中
貨系3159　燕明刀背文：中
貨系3160　燕明刀背文：中𠂇（左）
貨系3161　燕明刀背文：中又
貨系3162　燕明刀：明
貨系3162　燕明刀背文：中又
貨系3163　燕明刀：明
貨系3163　燕明刀背文：中𠂇（左）
貨系3164　燕明刀背文：中后
貨系3165　燕明刀：明

貨系3165　燕明刀背文：中后
貨系3166　燕明刀：明
貨系3166　燕明刀背文：中后
貨系3167　燕明刀：明
貨系3167　燕明刀背文：中后
貨系3168　燕明刀背文：中工
貨系3169　燕明刀背文：中工
貨系3170　燕明刀：明
貨系3170　燕明刀背文：中工
貨系3171　燕明刀：明
貨系3171　燕明刀背文：中宔（士）
貨系3172　燕明刀背文：中士
貨系3173　燕明刀背文：中士

貨系3174　燕明刀背文：中士

貨系3175　燕明刀：明

貨系3175　燕明刀背文：中士

貨系3176　燕明刀背文：中二千=

貨系3177　燕明刀背文：中二千=

貨系3178　燕明刀背文：中壬

貨系3179　燕明刀：明

貨系3179　燕明刀背文：中

貨系3180　燕明刀：明

貨系3180　燕明刀背文：中二千=

貨系3181　燕明刀背文：中壬

貨系3182　燕明刀背文：中壬

貨系3183　燕明刀背文：中壬

貨系3184　燕明刀背文：中壬

貨系3185　燕明刀：明

貨系3185　燕明刀背文：中壬

貨系3186　燕明刀背文：中上

貨系3187　燕明刀背文：中上

貨系3188　燕明刀背文：中上

貨系3189　燕明刀背文：中上

貨系3190　燕明刀背文：中上

貨系3191　燕明刀背文：中下

貨系3192　燕明刀背文：中下

貨系3193　燕明刀背文：中下

貨系3194　燕明刀背文：中下

貨系3195　燕明刀背文：中

貨系3196 燕明刀背文：中丌

貨系3197 燕明刀背文：中它

貨系3198 燕明刀背文：中內

貨系3199 燕明刀：明

貨系3199 燕明刀背文：中丌

貨系3200 燕明刀背文：中下

貨系3201 燕明刀背文：中丌

貨系3202 燕明刀背文：中內

貨系3203 燕明刀：明

貨系3203 燕明刀背文：中下

貨系3204 燕明刀：明

貨系3204 燕明刀背文：中下

貨系3205 燕明刀：明

貨系3205 燕明刀背文：中內

貨系3206 燕明刀背文：中文十

貨系3207 燕明刀背文：中文

貨系3208 燕明刀：明

貨系3208 燕明刀背文：中文

貨系3209 燕明刀：明

貨系3209 燕明刀背文：中文

貨系3210 燕明刀：明

貨系3210 燕明刀背文：中內

貨系3211 燕明刀：明

貨系3211 燕明刀背文：中文八

貨系3212 燕明刀：明

貨系3212 燕明刀背文：中文四

貨系 3213 燕明刀：明

貨系 3213 燕明刀背文：中 

貨系 3214 燕明刀：明

貨系 3214 燕明刀背文：中 

貨系 3215 燕明刀：明

貨系 3215 燕明刀背文：中貝

貨系 3216 燕明刀背文：中 

貨系 3217 燕明刀：明

貨系 3217 燕明刀背文：中貝

貨系 3218 燕明刀：明

貨系 3218 燕明刀背文：中四

貨系 3219 燕明刀背文：中 

貨系 3220 燕明刀背文：中  十

貨系 3221 燕明刀背文：中 

貨系 3222 燕明刀背文：中昌

貨系 3223 燕明刀背文：中昌

貨系 3224 燕明刀背文：中昌

貨系 3225 燕明刀背文：中昌

貨系 3226 燕明刀背文：中昌

貨系 3227 燕明刀：明

貨系 3227 燕明刀背文：中昌

貨系 3228 燕明刀：明

貨系 3228 燕明刀背文：中昌

貨系 3229 燕明刀：明

貨系 3229 燕明刀背文：中昌

貨系 3230 燕明刀：明

貨系3230　燕明刀背文：中昌

貨系3231　燕明刀：明

貨系3231　燕明刀背文：中昌

貨系3232　燕明刀：明

貨系3232　燕明刀背文：中昌

貨系3233　燕明刀：明

貨系3233　燕明刀背文：中昌

貨系3234　燕明刀：明

貨系3234　燕明刀背文：中昌

貨系3235　燕明刀：明

貨系3235　燕明刀背文：中昌

貨系3236　燕明刀：明

貨系3236　燕明刀背文：中昌

貨系3237　燕明刀背文：中昌一

貨系3238　燕明刀背文：中昌一

貨系3239　燕明刀背文：中昌一

貨系3240　燕明刀背文：中昌一

貨系3241　燕明刀背文：中昌一

貨系3242　燕明刀背文：中昌一

貨系3243　燕明刀：明

貨系3243　燕明刀背文：中昌一

貨系3244　燕明刀：明

貨系3244　燕明刀背文：中昌一＝

貨系3245　燕明刀：明

貨系3245　燕明刀背文：中昌一

貨系3246　燕明刀：明

貨系 3246　燕明刀背文：中昌一
貨系 3247　燕明刀背文：中昌二
貨系 3248　燕明刀：明
貨系 3248　燕明刀背文：中昌二
貨系 3249　燕明刀背文：中昌三
貨系 3250　燕明刀背文：中昌三
貨系 3251　燕明刀背文：中昌三
貨系 3252　燕明刀背文：中昌九
貨系 3253　燕明刀背文：中昌十
貨系 3254　燕明刀背文：中昌十
貨系 3255　燕明刀：明
貨系 3255　燕明刀背文：中昌十
貨系 3256　燕明刀背文：中昌乙
貨系 3257　燕明刀：明
貨系 3257　燕明刀背文：中昌乙
貨系 3258　燕明刀：明
貨系 3258　燕明刀背文：中昌一
貨系 3259　燕明刀：明
貨系 3259　燕明刀背文：中昌
貨系 3260　燕明刀背文：中昌生
貨系 3261　燕明刀背文：中昌內
貨系 3262　燕明刀背文：中古
貨系 3263　燕明刀：明
貨系 3263　燕明刀背文：中吉
貨系 3264　燕明刀背文：中吉
貨系 3265　燕明刀背文：中行

貨系3266 燕明刀：明
貨系3266 燕明刀背文：中行
貨系3267 燕明刀：明
貨系3267 燕明刀背文：中
貨系3268 燕明刀背文：中中（仲）
貨系3269 燕明刀背文：中乇
貨系3270 燕明刀：明
貨系3270 燕明刀背文：左
貨系3271 燕明刀：明
貨系3271 燕明刀背文：左一
貨系3272 燕明刀：明
貨系3272 燕明刀背文：左一
貨系3273 燕明刀：明
貨系3273 燕明刀背文：左一
貨系3274 燕明刀背文：左一
貨系3275 燕明刀：明
貨系3275 燕明刀背文：左一
貨系3276 燕明刀：明
貨系3276 燕明刀背文：左一
貨系3277 燕明刀：明
貨系3277 燕明刀背文：左二
貨系3278 燕明刀：明
貨系3278 燕明刀背文：左二
貨系3279 燕明刀：明
貨系3279 燕明刀背文：左二
貨系3280 燕明刀背文：左二

貨系 3281　燕明刀背文：左二

貨系 3282　燕明刀：明

貨系 3282　燕明刀背文：左二

貨系 3283　燕明刀背文：左三

貨系 3284　燕明刀：明

貨系 3284　燕明刀背文：左三

貨系 3285　燕明刀：明

貨系 3285　燕明刀背文：左乇

貨系 3286　燕明刀：明

貨系 3286　燕明刀背文：左乇

貨系 3287　燕明刀背文：左七

貨系 3288　燕明刀：明

貨系 3288　燕明刀背文：左乇

貨系 3289　燕明刀：明

貨系 3289　燕明刀背文：左乇

貨系 3290　燕明刀：明

貨系 3290　燕明刀背文：左乇

貨系 3291　燕明刀：明

貨系 3291　燕明刀背文：左七

貨系 3292　燕明刀：明

貨系 3292　燕明刀背文：左七

貨系 3293　燕明刀：明

貨系 3293　燕明刀背文：左八

貨系 3294　燕明刀：明

貨系 3294　燕明刀背文：左八

貨系 3295　燕明刀背文：左八

貨系3296　燕明刀：明
貨系3296　燕明刀背文：左八
貨系3297　燕明刀：明
貨系3297　燕明刀背文：左九
貨系3298　燕明刀：明
貨系3298　燕明刀背文：左九
貨系3299　燕明刀：明
貨系3299　燕明刀背文：左十
貨系3300　燕明刀：明
貨系3300　燕明刀背文：左十
貨系3301　燕明刀背文：左十
貨系3302　燕明刀背文：左十
貨系3303　燕明刀：明
貨系3303　燕明刀背文：左十
貨系3304　燕明刀：明
貨系3304　燕明刀背文：左十一＝
貨系3305　燕明刀背文：左十一＝
貨系3306　燕明刀背文：左卜
貨系3307　燕明刀背文：左卜
貨系3308　燕明刀背文：左卜
貨系3309　燕明刀背文：左卜
貨系3310　燕明刀：明
貨系3310　燕明刀背文：左十一＝
貨系3311　燕明刀：明
貨系3311　燕明刀背文：左卜
貨系3312　燕明刀：明

貨系 3312　燕明刀背文：左卜
貨系 3313　燕明刀：明
貨系 3313　燕明刀背文：左卜
貨系 3314　燕明刀背文：左丌
貨系 3315　燕明刀：明
貨系 3315　燕明刀背文：左丌
貨系 3316　燕明刀背文：左二十=（廿）
貨系 3317　燕明刀背文：左二十=（廿）
貨系 3318　燕明刀：明
貨系 3318　燕明刀背文：左二十=（廿）
貨系 3319　燕明刀背文：左丌
貨系 3320　燕明刀：明
貨系 3320　燕明刀背文：左丌

貨系 3321　燕明刀背文：左八十
貨系 3322　燕明刀：明
貨系 3322　燕明刀背文：左三十=（卅）
貨系 3323　燕明刀：明
貨系 3323　燕明刀背文：左厶（私）
貨系 3324　燕明刀背文：左厶（私）
貨系 3325　燕明刀背文：左厶（私）
貨系 3326　燕明刀：明
貨系 3326　燕明刀背文：左厶（私）
貨系 3327　燕明刀：明
貨系 3327　燕明刀背文：左厶（私）
貨系 3328　燕明刀：明
貨系 3328　燕明刀背文：左厶（私）

貨系3329　燕明刀：明

貨系3329　燕明刀背文：左千

貨系3330　燕明刀：明

貨系3330　燕明刀背文：左千

貨系3331　燕明刀背文：左千

貨系3332　燕明刀背文：左千

貨系3333　燕明刀：明

貨系3333　燕明刀背文：左千

貨系3334　燕明刀：明

貨系3334　燕明刀背文：左千

貨系3335　燕明刀：明

貨系3335　燕明刀背文：左千

貨系3336　燕明刀：明

貨系3336　燕明刀背文：左千

貨系3337　燕明刀：明

貨系3337　燕明刀背文：左千

貨系3338　燕明刀：明

貨系3338　燕明刀背文：左丏（万—萬）

貨系3339　燕明刀背文：左丏（万—萬）

貨系3340　燕明刀背文：左丏（万—萬）

貨系3341　燕明刀：明

貨系3341　燕明刀背文：左丏（万—萬）

貨系3342　燕明刀：明

貨系3342　燕明刀背文：左丏（万—萬）

貨系3343　燕明刀背文：左乙

貨系3344　燕明刀背文：左一乙

貨系3345　燕明刀背文：左乙
貨系3346　燕明刀背文：左乙
貨系3347　燕明刀：明
貨系3347　燕明刀背文：左乙
貨系3348　燕明刀：明
貨系3348　燕明刀背文：左乙
貨系3349　燕明刀：明
貨系3349　燕明刀背文：左申
貨系3350　燕明刀：明
貨系3350　燕明刀背文：左申
貨系3351　燕明刀背文：左申
貨系3352　燕明刀背文：左乙
貨系3353　燕明刀：明

貨系3353　燕明刀背文：左乙
貨系3354　燕明刀：明
貨系3354　燕明刀背文：左
貨系3355　燕明刀背文：左刀
貨系3356　燕明刀：明
貨系3356　燕明刀背文：左刀
貨系3357　燕明刀：明
貨系3357　燕明刀背文：左刀
貨系3358　燕明刀：明
貨系3358　燕明刀背文：左刀
貨系3359　燕明刀：明
貨系3359　燕明刀背文：左刀
貨系3360　燕明刀：明

貨系3360 燕明刀背文：左刀
貨系3361 燕明刀：明
貨系3361 燕明刀背文：左刀
貨系3362 燕明刀：明
貨系3362 燕明刀背文：左刀
貨系3363 燕明刀：明
貨系3363 燕明刀背文：左刀
貨系3364 燕明刀：明
貨系3364 燕明刀背文：左
貨系3365 燕明刀：明
貨系3365 燕明刀背文：左上
貨系3366 燕明刀：明
貨系3366 燕明刀背文：左上

貨系3367 燕明刀背文：左十一=
貨系3368 燕明刀：明
貨系3368 燕明刀背文：左十一=
貨系3369 燕明刀：明
貨系3369 燕明刀背文：左下
貨系3370 燕明刀背文：左內
貨系3371 燕明刀背文：左內
貨系3372 燕明刀：明
貨系3372 燕明刀背文：左內
貨系3373 燕明刀：明
貨系3373 燕明刀背文：左內
貨系3374 燕明刀：明
貨系3374 燕明刀背文：左內三

貨系3375　燕明刀：明

貨系3375　燕明刀背文：左日

貨系3376　燕明刀背文：左日

貨系3377　燕明刀：明

貨系3377　燕明刀背文：左日

貨系3378　燕明刀：明

貨系3378　燕明刀背文：左日

貨系3379　燕明刀背文：左口

貨系3380　燕明刀：明

貨系3380　燕明刀背文：左口

貨系3381　燕明刀：明

貨系3381　燕明刀背文：左也

貨系3382　燕明刀：明

貨系3382　燕明刀背文：左

貨系3383　燕明刀背文：左貝

貨系3384　燕明刀背文：左貝

貨系3385　燕明刀：明

貨系3385　燕明刀背文：左丩

貨系3386　燕明刀背文：左中

貨系3387　燕明刀背文：左四

貨系3388　燕明刀背文：左止

貨系3389　燕明刀：明

貨系3389　燕明刀背文：左中

貨系3390　燕明刀：明

貨系3390　燕明刀背文：左

貨系3391　燕明刀：明

貨系 3391　燕明刀背文：左

貨系 3392　燕明刀：明

貨系 3392　燕明刀背文：左

貨系 3393　燕明刀背文：左火

貨系 3394　燕明刀背文：左土

貨系 3395　燕明刀背文：左士

貨系 3396　燕明刀：明

貨系 3396　燕明刀背文：左二千=

貨系 3397　燕明刀背文：左工

貨系 3398　燕明刀背文：左工

貨系 3399　燕明刀背文：左昌

貨系 3400　燕明刀：明

貨系 3400　燕明刀背文：左邑

貨系 3401　燕明刀背文：左

貨系 3402　燕明刀：明

貨系 3402　燕明刀背文：左

貨系 3403　燕明刀：明

貨系 3403　燕明刀背文：左

貨系 3404　燕明刀背文：左

貨系 3405　燕明刀背文：左

貨系 3406　燕明刀：明

貨系 3406　燕明刀背文：左

貨系 3407　燕明刀：明

貨系 3407　燕明刀背文：左

貨系 3408　燕明刀：明

貨系 3408　燕明刀背文：左

貨系3409　燕明刀：明
貨系3409　燕明刀背文：左
貨系3410　燕明刀：明
貨系3410　燕明刀背文：左
貨系3411　燕明刀：明
貨系3411　燕明刀背文：左
貨系3412　燕明刀：明
貨系3412　燕明刀背文：左
貨系3413　燕明刀：明
貨系3413　燕明刀背文：左
貨系3414　燕明刀：明
貨系3414　燕明刀背文：左一
貨系3415　燕明刀背文：左一
貨系3416　燕明刀：明
貨系3416　燕明刀背文：左一
貨系3417　燕明刀：明
貨系3417　燕明刀背文：左一
貨系3418　燕明刀：明
貨系3418　燕明刀背文：左一
貨系3419　燕明刀背文：左三
貨系3420　燕明刀：明
貨系3420　燕明刀背文：左四
貨系3421　燕明刀背文：左五
貨系3422　燕明刀背文：左五
貨系3423　燕明刀：明
貨系3423　燕明刀背文：左五

貨系3424　燕明刀背文：左六

貨系3425　燕明刀背文：左六

貨系3426　燕明刀背文：左六

貨系3427　燕明刀背文：左六

貨系3428　燕明刀背文：左六

貨系3429　燕明刀背文：左六

貨系3430　燕明刀背文：左六

貨系3431　燕明刀：明

貨系3431　燕明刀背文：左六

貨系3432　燕明刀：明

貨系3432　燕明刀背文：左六

貨系3433　燕明刀：明

貨系3433　燕明刀背文：左六

貨系3434　燕明刀：明

貨系3434　燕明刀背文：左六

貨系3435　燕明刀：明

貨系3435　燕明刀背文：左十

貨系3436　燕明刀背文：左二十=（廿）

貨系3437　燕明刀：明

貨系3437　燕明刀背文：左二十=（廿）

貨系3438　燕明刀背文：左丏（万—萬）

貨系3439　燕明刀背文：左乙

貨系3440　燕明刀：明

貨系3440　燕明刀背文：左乙

貨系3441　燕明刀背文：左乙

貨系3442　燕明刀背文：左干

貨系 3443 燕明刀背文：左刀
貨系 3444 燕明刀：明
貨系 3444 燕明刀背文：左刀
貨系 3445 燕明刀背文：左上
貨系 3446 燕明刀背文：左下
貨系 3447 燕明刀背文：左內
貨系 3448 燕明刀背文：左內
貨系 3449 燕明刀：明
貨系 3449 燕明刀背文：左內
貨系 3450 燕明刀：明
貨系 3450 燕明刀背文：左內
貨系 3451 燕明刀背文：左內一
貨系 3452 燕明刀背文：左內一
貨系 3453 燕明刀：明
貨系 3453 燕明刀背文：左內一
貨系 3454 燕明刀背文：左內三
貨系 3455 燕明刀：明
貨系 3455 燕明刀背文：左內工
貨系 3456 燕明刀背文：左內工
貨系 3457 燕明刀背文：左內工
貨系 3458 燕明刀：明
貨系 3458 燕明刀背文：左內工
貨系 3459 燕明刀背文：左壬
貨系 3460 燕明刀背文：左壬
貨系 3461 燕明刀背文：左一壬
貨系 3462 燕明刀背文：左工

貨系 3463　燕明刀：明

貨系 3463　燕明刀背文：左壬

貨系 3464　燕明刀：明

貨系 3464　燕明刀背文：左年

貨系 3465　燕明刀背文：左中

貨系 3466　燕明刀背文：左中一

貨系 3467　燕明刀背文：左中一

貨系 3468　燕明刀：明

貨系 3468　燕明刀背文：左中一

貨系 3469　燕明刀：明

貨系 3469　燕明刀背文：左中下

貨系 3470　燕明刀背文：左中丂

貨系 3471　燕明刀背文：左中于

貨系 3472　燕明刀背文：左中乙

貨系 3473　燕明刀背文：左中乙

貨系 3474　燕明刀背文：內左

貨系 3475　燕明刀：明

貨系 3475　燕明刀背文：內左

貨系 3476　燕明刀背文：左乙

貨系 3477　燕明刀背文：左

貨系 3478　燕明刀：明

貨系 3478　燕明刀背文：右

貨系 3479　燕明刀：明

貨系 3479　燕明刀背文：右

貨系 3480　燕明刀：明

貨系 3480　燕明刀背文：右

貨系 3481　燕明刀背文：右
貨系 3482　燕明刀背文：右
貨系 3483　燕明刀：明
貨系 3483　燕明刀背文：右一
貨系 3484　燕明刀：明
貨系 3484　燕明刀背文：右一
貨系 3485　燕明刀背文：右一
貨系 3486　燕明刀：明
貨系 3486　燕明刀背文：右一
貨系 3487　燕明刀：明
貨系 3487　燕明刀背文：右一
貨系 3488　燕明刀背文：右一
貨系 3489　燕明刀：明

貨系 3489　燕明刀背文：右一
貨系 3490　燕明刀：明
貨系 3490　燕明刀背文：右一
貨系 3491　燕明刀：明
貨系 3491　燕明刀背文：右一
貨系 3492　燕明刀：明
貨系 3492　燕明刀背文：右一
貨系 3493　燕明刀：明
貨系 3493　燕明刀背文：右一
貨系 3494　燕明刀：明
貨系 3494　燕明刀背文：右二
貨系 3495　燕明刀背文：右二
貨系 3496　燕明刀：明

貨系3496　燕明刀背文：右二=
貨系3497　燕明刀背文：右三
貨系3498　燕明刀：明
貨系3498　燕明刀背文：右四
貨系3499　燕明刀：明
貨系3499　燕明刀背文：右四
貨系3500　燕明刀：明
貨系3500　燕明刀背文：右五
貨系3501　燕明刀背文：右五
貨系3502　燕明刀背文：右五
貨系3503　燕明刀背文：右五
貨系3504　燕明刀：明
貨系3504　燕明刀背文：右五

貨系3505　燕明刀：明
貨系3505　燕明刀背文：右五
貨系3506　燕明刀：明
貨系3506　燕明刀背文：右六
貨系3507　燕明刀：明
貨系3507　燕明刀背文：右六
貨系3508　燕明刀：明
貨系3508　燕明刀背文：右六
貨系3509　燕明刀背文：右六
貨系3510　燕明刀背文：右六
貨系3511　燕明刀背文：右六
貨系3512　燕明刀：明
貨系3512　燕明刀背文：右六

貨系3513　燕明刀：明

貨系3513　燕明刀背文：右十

貨系3514　燕明刀背文：右十

貨系3515　燕明刀：明

貨系3515　燕明刀背文：右七

貨系3516　燕明刀：明

貨系3516　燕明刀背文：右十

貨系3517　燕明刀背文：右十

貨系3518　燕明刀背文：右七

貨系3519　燕明刀背文：右十

貨系3520　燕明刀：明

貨系3520　燕明刀背文：右十

貨系3521　燕明刀背文：右八

貨系3522　燕明刀背文：右八

貨系3523　燕明刀背文：右八

貨系3524　燕明刀：明

貨系3524　燕明刀背文：右八

貨系3525　燕明刀：明

貨系3525　燕明刀背文：右八

貨系3526　燕明刀：明

貨系3526　燕明刀背文：右九

貨系3527　燕明刀背文：右九

貨系3528　燕明刀背文：右九

貨系3529　燕明刀背文：右九

貨系3530　燕明刀背文：右九

貨系3531　燕明刀：明

貨系 3531　燕明刀背文：右九

貨系 3532　燕明刀：明

貨系 3532　燕明刀背文：右九

貨系 3533　燕明刀背文：右十

貨系 3534　燕明刀：明

貨系 3534　燕明刀背文：右十

貨系 3535　燕明刀：明

貨系 3535　燕明刀背文：右十一=

貨系 3536　燕明刀背文：右十一=

貨系 3537　燕明刀背文：右卜

貨系 3538　燕明刀：明

貨系 3538　燕明刀背文：右卜

貨系 3539　燕明刀背文：右十二

貨系 3540　燕明刀背文：右十二=

貨系 3541　燕明刀：明

貨系 3541　燕明刀背文：右十二=

貨系 3542　燕明刀：明

貨系 3542　燕明刀背文：右十二=

貨系 3543　燕明刀：明

貨系 3543　燕明刀背文：右十四

貨系 3544　燕明刀：明

貨系 3544　燕明刀背文：右十四

貨系 3545　燕明刀背文：右二十=（廿）

貨系 3546　燕明刀背文：右二十=（廿）

貨系 3547　燕明刀背文：右二十=（廿）

貨系 3548　燕明刀背文：右

貨系 3549 燕明刀背文：右干

貨系 3550 燕明刀：明

貨系 3550 燕明刀背文：右二十＝（廿）

貨系 3551 燕明刀：明

貨系 3551 燕明刀背文：右二十＝（廿）

貨系 3552 燕明刀背文：右二十＝（廿）二

貨系 3553 燕明刀背文：右四十二

貨系 3554 燕明刀：明

貨系 3554 燕明刀背文：右五五

貨系 3555 燕明刀背文：右卜二

貨系 3556 燕明刀：明

貨系 3556 燕明刀背文：右厶（私）

貨系 3557 燕明刀背文：右厶（私）

貨系 3558 燕明刀背文：右厶（私）

貨系 3559 燕明刀背文：右厶（私）

貨系 3560 燕明刀背文：右厶（私）

貨系 3561 燕明刀：明

貨系 3561 燕明刀背文：右厶（私）

貨系 3562 燕明刀背文：右二厶（私）

貨系 3563 燕明刀背文：右乙厶（私）

貨系 3564 燕明刀：明

貨系 3564 燕明刀背文：右一厶（私）

貨系 3565 燕明刀背文：右厶（私）一

貨系 3566 燕明刀背文：右三厶（私）

貨系 3567 燕明刀背文：右五厶（私）

貨系 3568 燕明刀：明

貨系3568　燕明刀背文：右五厶（私）

貨系3569　燕明刀背文：右六厶（私）

貨系3570　燕明刀背文：右六厶（私）

貨系3571　燕明刀背文：右六厶（私）

貨系3572　燕明刀背文：右六厶（私）

貨系3573　燕明刀背文：右七厶（私）

貨系3574　燕明刀背文：右十厶（私）

貨系3575　燕明刀背文：右八厶（私）

貨系3576　燕明刀背文：右十七厶（私）

貨系3577　燕明刀背文：右二十=（廿）厶（私）

貨系3578　燕明刀背文：右二十=（廿）厶（私）

貨系3579　燕明刀背文：右千

貨系3580　燕明刀背文：右千厶（私）

貨系3581　燕明刀：明

貨系3581　燕明刀背文：右丏（万—萬）

貨系3582　燕明刀背文：右丏（万—萬）

貨系3583　燕明刀背文：右丏（万—萬）

貨系3584　燕明刀背文：右丏（万—萬）

貨系3585　燕明刀背文：右丏（万—萬）

貨系3586　燕明刀背文：右丏（万—萬）

貨系3587　燕明刀：明

貨系3587　燕明刀背文：右丏（万—萬）

貨系3588　燕明刀：明

貨系3588　燕明刀背文：右丏（万—萬）

貨系3589　燕明刀背文：右日

貨系3590　燕明刀背文：右日

貨系3591 燕明刀：明

貨系3591 燕明刀背文：右日

貨系3592 燕明刀：明

貨系3592 燕明刀背文：右日

貨系3593 燕明刀：明

貨系3593 燕明刀背文：右日

貨系3594 燕明刀背文：右

貨系3595 燕明刀：明

貨系3595 燕明刀背文：右乙

貨系3596 燕明刀：明

貨系3596 燕明刀背文：右乙

貨系3597 燕明刀：明

貨系3597 燕明刀背文：右乙

貨系3598 燕明刀背文：右乙

貨系3599 燕明刀背文：右乙

貨系3600 燕明刀：明

貨系3600 燕明刀背文：右乙

貨系3601 燕明刀：明

貨系3601 燕明刀背文：右乙

貨系3602 燕明刀背文：右壬

貨系3603 燕明刀背文：右壬

貨系3604 燕明刀背文：右壬

貨系3605 燕明刀背文：右子

貨系3606 燕明刀背文：右

貨系3607 燕明刀：明

貨系3607 燕明刀背文：右子

貨系3608　燕明刀：明

貨系3608　燕明刀背文：右子

貨系3609　燕明刀背文：右丑

貨系3610　燕明刀背文：右

貨系3611　燕明刀背文：右丑

貨系3612　燕明刀：明

貨系3612　燕明刀背文：右丑

貨系3613　燕明刀：明

貨系3613　燕明刀背文：右丑

貨系3614　燕明刀背文：右卯

貨系3615　燕明刀背文：右

貨系3616　燕明刀背文：右申

貨系3617　燕明刀：明

貨系3617　燕明刀背文：右申

貨系3618　燕明刀背文：右工

貨系3619　燕明刀：明

貨系3619　燕明刀背文：右工

貨系3620　燕明刀：明

貨系3620　燕明刀背文：右工

貨系3621　燕明刀：明

貨系3621　燕明刀背文：右土

貨系3622　燕明刀：明

貨系3622　燕明刀背文：右乇

貨系3623　燕明刀：明

貨系3623　燕明刀背文：右土

貨系3624　燕明刀：明

貨系3624　燕明刀背文：右土
貨系3625　燕明刀背文：右于
貨系3626　燕明刀背文：右
貨系3627　燕明刀背文：右上
貨系3628　燕明刀：明
貨系3628　燕明刀背文：右上
貨系3629　燕明刀：明
貨系3629　燕明刀背文：右上
貨系3630　燕明刀背文：右下
貨系3631　燕明刀：明
貨系3631　燕明刀背文：右丏（万—萬）
貨系3632　燕明刀：明
貨系3632　燕明刀背文：右丏（万—萬）

貨系3633　燕明刀背文：右內
貨系3634　燕明刀背文：右內
貨系3635　燕明刀背文：右內
貨系3636　燕明刀：明
貨系3636　燕明刀背文：右內=
貨系3637　燕明刀：明
貨系3637　燕明刀背文：右刀
貨系3638　燕明刀背文：右刀
貨系3639　燕明刀背文：右刀
貨系3640　燕明刀背文：右刀
貨系3641　燕明刀：明
貨系3641　燕明刀背文：右刀
貨系3642　燕明刀：明

貨系3642　燕明刀背文：右刀
貨系3643　燕明刀：明
貨系3643　燕明刀背文：右刀
貨系3644　燕明刀：明
貨系3644　燕明刀背文：右
貨系3645　燕明刀背文：右北
貨系3646　燕明刀背文：右𢆉
貨系3647　燕明刀：明
貨系3647　燕明刀背文：右𢆉
貨系3648　燕明刀：明
貨系3648　燕明刀背文：右𢆉
貨系3649　燕明刀：明
貨系3649　燕明刀背文：右一𢆉
貨系3650　燕明刀：明
貨系3650　燕明刀背文：右乙
貨系3651　燕明刀：明
貨系3651　燕明刀背文：右
貨系3652　燕明刀：明
貨系3652　燕明刀背文：右
貨系3653　燕明刀：明
貨系3653　燕明刀背文：右人
貨系3654　燕明刀：明
貨系3654　燕明刀背文：右人
貨系3655　燕明刀：明
貨系3655　燕明刀背文：右人
貨系3656　燕明刀：明

貨系3656　燕明刀背文：右乚
貨系3657　燕明刀：明
貨系3657　燕明刀背文：右乚
貨系3658　燕明刀：明
貨系3658　燕明刀背文：右人
貨系3659　燕明刀：明
貨系3659　燕明刀背文：右乙
貨系3660　燕明刀：明
貨系3660　燕明刀背文：右乙
貨系3661　燕明刀背文：右行
貨系3662　燕明刀背文：右行
貨系3663　燕明刀：明
貨系3663　燕明刀背文：右行
貨系3664　燕明刀：明
貨系3664　燕明刀背文：右行
貨系3665　燕明刀背文：右兆
貨系3666　燕明刀背文：右文
貨系3667　燕明刀：明
貨系3667　燕明刀背文：右一文
貨系3668　燕明刀：明
貨系3668　燕明刀背文：右邑
貨系3669　燕明刀：明
貨系3669　燕明刀背文：右邑
貨系3670　燕明刀：明
貨系3670　燕明刀背文：右
貨系3671　燕明刀背文：右豆

貨系3672　燕明刀：明

貨系3672　燕明刀背文：右豆

貨系3673　燕明刀：明

貨系3673　燕明刀背文：右白

貨系3674　燕明刀：明

貨系3674　燕明刀背文：右

貨系3675　燕明刀背文：右

貨系3676　燕明刀背文：右亼

貨系3677　燕明刀背文：右可

貨系3678　燕明刀：明

貨系3678　燕明刀背文：右可

貨系3679　燕明刀：明

貨系3679　燕明刀背文：右凡

貨系3680　燕明刀：明

貨系3680　燕明刀背文：右方

貨系3681　燕明刀背文：右

貨系3682　燕明刀：明

貨系3682　燕明刀背文：右

貨系3683　燕明刀背文：右

貨系3684　燕明刀：明

貨系3684　燕明刀背文：右同

貨系3685　燕明刀背文：右同

貨系3686　燕明刀背文：右□

貨系3687　燕明刀背文：右糸

貨系3688　燕明刀背文：右

貨系3689　燕明刀背文：右立

貨系 3690　燕明刀：明

貨系 3690　燕明刀背文：右

貨系 3691　燕明刀：明

貨系 3691　燕明刀背文：右

貨系 3692　燕明刀：明

貨系 3692　燕明刀背文：右

貨系 3693　燕明刀：明

貨系 3693　燕明刀背文：右

貨系 3694　燕明刀：明

貨系 3694　燕明刀背文：右

貨系 3695　燕明刀：明

貨系 3695　燕明刀背文：右

貨系 3696　燕明刀：明

貨系 3696　燕明刀背文：右

貨系 3697　燕明刀：明

貨系 3697　燕明刀背文：右

貨系 3698　燕明刀：明

貨系 3698　燕明刀背文：右一

貨系 3699　燕明刀背文：右一

貨系 3700　燕明刀：明

貨系 3700　燕明刀背文：右一

貨系 3701　燕明刀：明

貨系 3701　燕明刀背文：右一

貨系 3702　燕明刀：明

貨系 3702　燕明刀背文：右一

貨系 3703　燕明刀背文：右二

貨系3704　燕明刀：明
貨系3704　燕明刀背文：右二
貨系3705　燕明刀：明
貨系3705　燕明刀背文：右二
貨系3706　燕明刀：明
貨系3706　燕明刀背文：右二
貨系3707　燕明刀背文：右三
貨系3708　燕明刀背文：右四
貨系3709　燕明刀：明
貨系3709　燕明刀背文：右四
貨系3710　燕明刀：明
貨系3710　燕明刀背文：右五
貨系3711　燕明刀背文：右六

貨系3712　燕明刀：明
貨系3712　燕明刀背文：右
貨系3713　燕明刀：明
貨系3713　燕明刀背文：右六
貨系3714　燕明刀：明
貨系3714　燕明刀背文：右六
貨系3715　燕明刀：明
貨系3715　燕明刀背文：右六
貨系3716　燕明刀：明
貨系3716　燕明刀背文：右乇
貨系3717　燕明刀：明
貨系3717　燕明刀背文：右又
貨系3718　燕明刀：明

貨系3718　燕明刀背文：右又

貨系3719　燕明刀：明

貨系3719　燕明刀背文：右七

貨系3720　燕明刀：明

貨系3720　燕明刀背文：右七

貨系3721　燕明刀：明

貨系3721　燕明刀背文：右十

貨系3722　燕明刀：明

貨系3722　燕明刀背文：右十

貨系3723　燕明刀：明

貨系3723　燕明刀背文：右二十=（廿）

貨系3724　燕明刀：明

貨系3724　燕明刀背文：右厶（私）

貨系3725　燕明刀：明

貨系3725　燕明刀背文：右八厶（私）

貨系3726　燕明刀：明

貨系3726　燕明刀背文：右古

貨系3727　燕明刀：明

貨系3727　燕明刀背文：右古

貨系3728　燕明刀背文：右七一厶（私）

貨系3729　燕明刀背文：右吉

貨系3730　燕明刀：明

貨系3730　燕明刀背文：右吉

貨系3731　燕明刀：明

貨系3731　燕明刀背文：右十四厶（私）

貨系3732　燕明刀：明

貨系3732　燕明刀背文：右丏（万—萬）

貨系3733　燕明刀：明

貨系3733　燕明刀背文：右丏（万—萬）厶（私）

貨系3734　燕明刀背文：右丏（万—萬）厶（私）

貨系3735　燕明刀背文：右乙

貨系3736　燕明刀：明

貨系3736　燕明刀背文：右乙

貨系3737　燕明刀：明

貨系3737　燕明刀背文：右乙

貨系3738　燕明刀：明

貨系3738　燕明刀背文：右壬

貨系3739　燕明刀：明

貨系3739　燕明刀背文：右土

貨系3740　燕明刀：明

貨系3740　燕明刀背文：右百

貨系3741　燕明刀：明

貨系3741　燕明刀背文：右百

貨系3742　燕明刀：明

貨系3742　燕明刀背文：右下

貨系3743　燕明刀：明

貨系3743　燕明刀背文：右午

貨系3744　燕明刀：明

貨系3744　燕明刀背文：右午

貨系3745　燕明刀：明

貨系 3745 燕明刀背文：右內
貨系 3746 燕明刀背文：右內一
貨系 3747 燕明刀背文：右內一
貨系 3748 燕明刀：明
貨系 3748 燕明刀背文：右內一
貨系 3749 燕明刀：明
貨系 3749 燕明刀背文：右內二
貨系 3750 燕明刀背文：右內二
貨系 3751 燕明刀：明
貨系 3751 燕明刀背文：右內二
貨系 3752 燕明刀背文：右內三
貨系 3753 燕明刀：明
貨系 3753 燕明刀背文：右內工
貨系 3754 燕明刀：明
貨系 3754 燕明刀背文：右內工
貨系 3755 燕明刀背文：右內工
貨系 3756 燕明刀：明
貨系 3756 燕明刀背文：右內工
貨系 3757 燕明刀：明
貨系 3757 燕明刀背文：右內工
貨系 3758 燕明刀背文：右內厶（私）
貨系 3759 燕明刀背文：右內厶（私）
貨系 3760 燕明刀背文：
右丏（万—萬）厶（私）一
貨系 3761 燕明刀背文：右卸（御）
貨系 3762 燕明刀：明

貨系3762 燕明刀背文：右丏（万—萬）四

貨系3763 燕明刀：明

貨系3763 燕明刀背文：右邑

貨系3764 燕明刀背文：右邑

貨系3765 燕明刀背文：右邑

貨系3766 燕明刀：明

貨系3766 燕明刀背文：𠂇（左）邑二

貨系3767 燕明刀背文：右中

貨系3768 燕明刀背文：右中

貨系3769 燕明刀背文：右中

貨系3770 燕明刀：明

貨系3770 燕明刀背文：右中

貨系3771 燕明刀背文：右中三

貨系3772 燕明刀背文：右中三

貨系3773 燕明刀：明

貨系3773 燕明刀背文：右中六

貨系3774 燕明刀背文：右中七

貨系3775 燕明刀背文：右中十

貨系3776 燕明刀背文：右中千

貨系3777 燕明刀背文：右中丏（万—萬）

貨系3778 燕明刀：明

貨系3778 燕明刀背文：右中中

貨系3779 燕明刀：明

貨系3779 燕明刀背文：右中四

貨系3780 燕明刀：明

貨系3780 燕明刀背文：內右

貨系 3781 燕明刀背文：內右

貨系 3782 燕明刀背文：內右

貨系 3783 燕明刀：明

貨系 3783 燕明刀背文：內右

貨系 4114 圓錢：一刀

貨系 4115 圓錢：一刀

貨系 4116 圓錢：一刀

貨系 4117 圓錢：一刀

貨系 4118 圓錢：一刀

貨系 4119 圓錢：一刀

貨系 4120 圓錢：一刀

貨系 4120 圓錢背文：吉

貨系 4121 圓錢：明刀

貨系 4122 圓錢：明刀

貨系 4123 圓錢：明刀

貨系 4124 圓錢：明刀

貨系 4125 圓錢：明刀

貨系 4126 圓錢：一刀

貨系 4127 圓錢：明

貨系 4128 圓錢：明

聚珍

聚珍 005.1 尖首刀：

聚珍 005.2 尖首刀：十

聚珍 006.1 尖首刀：

聚珍 006.2 尖首刀：

聚珍 006.3 尖首刀：

聚珍 006.4 尖首刀：

聚珍 006.5 尖首刀：

聚珍 006.6 尖首刀：

聚珍 007.1 尖首刀：

聚珍 007.2 尖首刀：

聚珍 007.3 尖首刀：

聚珍 007.4 尖首刀：人

聚珍 007.5 尖首刀：人

聚珍 007.6 尖首刀：

聚珍 009.1 尖首刀：卜

聚珍 009.2 尖首刀：卜

聚珍 009.3 尖首刀：

聚珍 009.4 尖首刀：

聚珍 009.5 尖首刀：

聚珍 009.6 尖首刀：

聚珍 010.1 尖首刀：卜

聚珍 010.2 尖首刀：卜

聚珍 010.3 尖首刀：

聚珍 010.4 尖首刀：

聚珍 010.5 尖首刀：乇

聚珍 010.6 尖首刀：丰

聚珍 011.2 尖首刀：一

聚珍 011.3 尖首刀：五

聚珍 011.4 尖首刀：六

聚珍 011.5 尖首刀：六

聚珍011.6 尖首刀：八
聚珍012.1 尖首刀：八
聚珍012.2 尖首刀：九
聚珍012.3 尖首刀：中
聚珍012.3 尖首刀：十
聚珍012.4 尖首刀：丏（万—萬）
聚珍012.5 尖首刀：丂
聚珍012.6 尖首刀：丂
聚珍013.1 尖首刀：丂
聚珍013.2 尖首刀：干
聚珍013.3 尖首刀：大
聚珍013.4 尖首刀：大
聚珍013.5 尖首刀：己
聚珍013.6 尖首刀：己
聚珍014.1 尖首刀：北
聚珍014.2 尖首刀：北
聚珍014.3 尖首刀：非
聚珍014.4 尖首刀：非
聚珍014.5 尖首刀：非
聚珍014.6 尖首刀：工
聚珍015.1 尖首刀：行
聚珍015.2 尖首刀：上
聚珍016.1 尖首刀：十
聚珍016.2 尖首刀：卜
聚珍016.3 尖首刀：中
聚珍016.4 尖首刀：中

聚珍 016.5　尖首刀：中

聚珍 016.6　尖首刀：中

聚珍 017.1　尖首刀：中

聚珍 017.2　尖首刀：中

聚珍 017.3　尖首刀：

聚珍 017.4　尖首刀：

聚珍 017.5　尖首刀：

聚珍 017.6　尖首刀：

聚珍 019.1　尖首刀：

聚珍 019.2　尖首刀：人

聚珍 019.3　尖首刀：人

聚珍 019.4　尖首刀：千

聚珍 019.5　尖首刀：人

聚珍 019.6　尖首刀：人

聚珍 020.1　尖首刀：

聚珍 020.2　尖首刀：

聚珍 020.3　尖首刀：

聚珍 020.4　尖首刀：

聚珍 020.5　尖首刀：

聚珍 020.6　尖首刀：

聚珍 021.1　尖首刀：中

聚珍 021.2　尖首刀：匕

聚珍 021.3　尖首刀：匕

聚珍 021.4　尖首刀：卜

聚珍 021.5　尖首刀：

聚珍 021.6　尖首刀：

聚珍 022.1 尖首刀：

聚珍 022.2 尖首刀：

聚珍 022.3 尖首刀：

聚珍 022.4 尖首刀：

聚珍 022.5 尖首刀：

聚珍 022.6 尖首刀：

聚珍 023.1 尖首刀：

聚珍 023.2 尖首刀：

聚珍 023.3 尖首刀：

聚珍 023.4 尖首刀：

聚珍 023.5 尖首刀：

聚珍 023.6 尖首刀：

聚珍 024.1 尖首刀：

聚珍 024.2 尖首刀：

聚珍 024.3 尖首刀：

聚珍 024.4 尖首刀：

聚珍 024.5 尖首刀：

聚珍 024.6 尖首刀：刀

聚珍 025.1 尖首刀：一

聚珍 025.2 尖首刀：六

聚珍 026.1 尖首刀：五

聚珍 026.2 尖首刀：六

聚珍 026.3 尖首刀：六

聚珍 026.4 尖首刀：七

聚珍 026.5 尖首刀：八

聚珍 026.6 尖首刀：八

聚珍027.1　尖首刀：八
聚珍027.2　尖首刀：九
聚珍027.3　尖首刀：九
聚珍027.4　尖首刀：九
聚珍027.5　尖首刀：十
聚珍027.6　尖首刀：十
聚珍028.1　尖首刀：十一＝
聚珍028.2　尖首刀：人
聚珍028.3　尖首刀：千
聚珍028.4　尖首刀：千
聚珍028.5　尖首刀：千
聚珍028.6　尖首刀：千
聚珍029.1　尖首刀：千
聚珍029.2　尖首刀：千
聚珍029.3　尖首刀：丏（万—萬）
聚珍029.4　尖首刀：丏（万—萬）
聚珍029.5　尖首刀：丏（万—萬）
聚珍029.6　尖首刀：丏（万—萬）
聚珍030.1　尖首刀：丏（万—萬）
聚珍030.2　尖首刀：丏（万—萬）
聚珍030.3　尖首刀：
聚珍030.4　尖首刀：
聚珍030.5　尖首刀：
聚珍030.6　尖首刀：
聚珍031.1　尖首刀：
聚珍031.2　尖首刀：辛

聚珍 032.1　尖首刀：

聚珍 032.2　尖首刀：

聚珍 032.3　尖首刀：

聚珍 032.4　尖首刀：

聚珍 032.5　尖首刀：

聚珍 032.6　尖首刀：

聚珍 033.1　尖首刀：

聚珍 033.2　尖首刀：

聚珍 033.3　尖首刀：辛

聚珍 033.4　尖首刀：亢

聚珍 033.5　尖首刀：干

聚珍 033.6　尖首刀：工

聚珍 035.1　尖首刀：工

聚珍 035.2　尖首刀：工

聚珍 035.3　尖首刀：工

聚珍 035.4　尖首刀：工

聚珍 035.5　尖首刀：丂

聚珍 035.6　尖首刀：丂

聚珍 036.1　尖首刀：于

聚珍 036.2　尖首刀：于

聚珍 036.3　尖首刀：于

聚珍 036.4　尖首刀：于

聚珍 036.5　尖首刀：于

聚珍 036.6　尖首刀：于

聚珍 037.1　尖首刀：王

聚珍 037.2　尖首刀：王

聚珍 037.3　尖首刀：王

聚珍 037.4　尖首刀：王

聚珍 037.5　尖首刀：王

聚珍 037.6　尖首刀：王

聚珍 038.1　尖首刀：王

聚珍 038.2　尖首刀：吉

聚珍 038.3　尖首刀：吉

聚珍 038.4　尖首刀：吉

聚珍 038.5　尖首刀：丌

聚珍 038.6　尖首刀：丌

聚珍 039.1　尖首刀：一中

聚珍 039.2　尖首刀：人

聚珍 039.3　尖首刀：上

聚珍 039.4　尖首刀：上

聚珍 039.5　尖首刀：上

聚珍 039.6　尖首刀：上

聚珍 040.1　尖首刀：上

聚珍 040.2　尖首刀：下

聚珍 040.3　尖首刀：卜

聚珍 040.4　尖首刀：卜

聚珍 040.5　尖首刀：三十=（卅）

聚珍 040.6　尖首刀：三十=（卅）

聚珍 041.1　尖首刀：口

聚珍 041.2　尖首刀：日

聚珍 041.3　尖首刀：日

聚珍 041.4　尖首刀：日

聚珍041.5 尖首刀：日
聚珍041.6 尖首刀：日
聚珍042.1 尖首刀：午
聚珍042.2 尖首刀：午
聚珍042.3 尖首刀：午
聚珍042.4 尖首刀：午
聚珍042.5 尖首刀：午
聚珍042.6 尖首刀：
聚珍043.1 尖首刀：千
聚珍043.2 尖首刀：行
聚珍043.3 尖首刀：行
聚珍043.4 尖首刀：行
聚珍043.5 尖首刀：
聚珍043.6 尖首刀：
聚珍044.1 尖首刀：
聚珍044.2 尖首刀：
聚珍044.3 尖首刀：
聚珍044.4 尖首刀：多
聚珍044.5 尖首刀：丘
聚珍044.6 尖首刀：中
聚珍046.1 尖首刀：
聚珍046.2 尖首刀：叉
聚珍046.3 尖首刀：乙
聚珍046.4 尖首刀：乙
聚珍046.5 尖首刀：乙
聚珍046.6 尖首刀：乙

聚珍 047.1　尖首刀：乙
聚珍 047.2　尖首刀：乙
聚珍 047.3　尖首刀：己
聚珍 047.4　尖首刀：己
聚珍 047.5　尖首刀：匕
聚珍 047.6　尖首刀：匕
聚珍 048.1　尖首刀：匕
聚珍 048.2　尖首刀：匕
聚珍 048.3　尖首刀：刀
聚珍 048.4　尖首刀：刀
聚珍 048.5　尖首刀：刀
聚珍 048.6　尖首刀：刀
聚珍 049.1　尖首刀：非

聚珍 049.2　尖首刀：非
聚珍 049.3　尖首刀：非
聚珍 049.4　尖首刀：非
聚珍 049.5　尖首刀：非
聚珍 049.6　尖首刀：北
聚珍 050.1　尖首刀：北
聚珍 050.2　尖首刀：北
聚珍 050.3　尖首刀：干
聚珍 050.4　尖首刀：干
聚珍 050.5　尖首刀：干
聚珍 050.6　尖首刀：大
聚珍 051.1　尖首刀：大
聚珍 051.2　尖首刀：大

聚珍 051.3　尖首刀：大
聚珍 051.4　尖首刀：大
聚珍 051.5　尖首刀：大
聚珍 051.6　尖首刀：大
聚珍 052.1　尖首刀：大
聚珍 052.2　尖首刀：大
聚珍 052.3　尖首刀：大
聚珍 052.4　尖首刀：干
聚珍 052.5　尖首刀：干
聚珍 052.6　尖首刀：大
聚珍 053.1　尖首刀：
聚珍 053.2　尖首刀：大
聚珍 053.3　尖首刀：丌
聚珍 053.4　尖首刀：下
聚珍 053.5　尖首刀：㕣
聚珍 053.6　尖首刀：六
聚珍 054.1　尖首刀：六
聚珍 054.2　尖首刀：十一‖
聚珍 055.1　尖首刀：丏（万—萬）
聚珍 055.2　尖首刀：乙
聚珍 056.1　尖首刀：刀
聚珍 056.2　尖首刀：上
聚珍 058.1　燕明刀：明
聚珍 058.2　燕明刀：明
聚珍 058.2　燕明刀背文：六
聚珍 059.1　燕明刀：明

聚珍059.1 燕明刀背文：刀

聚珍059.2 燕明刀：明

聚珍059.2 燕明刀背文：七

聚珍060.1 燕明刀：明

聚珍060.1 燕明刀背文：乙

聚珍060.2 燕明刀：明

聚珍060.2 燕明刀背文：

聚珍061.1 燕明刀：明

聚珍061.2 燕明刀：明

聚珍061.2 燕明刀背文：八

聚珍062.1 燕明刀：明

聚珍062.1 燕明刀背文：八

聚珍062.2 燕明刀：明

聚珍062.2 燕明刀背文：十

聚珍063.1 燕明刀：明

聚珍063.1 燕明刀背文：八

聚珍063.2 燕明刀：明

聚珍063.2 燕明刀背文：卜

聚珍063.3 燕明刀：明

聚珍063.3 燕明刀背文：乙

聚珍063.4 燕明刀：明

聚珍063.4 燕明刀背文：巳

聚珍063.5 燕明刀：明

聚珍063.5 燕明刀背文：大

聚珍063.6 燕明刀：明

聚珍063.6 燕明刀背文：巳

聚珍064.1 燕明刀：明

聚珍064.1 燕明刀背文：六

聚珍064.2 燕明刀：明

聚珍064.2 燕明刀背文：厶（私）

聚珍065.1 燕明刀：明

聚珍065.2 燕明刀：明

聚珍065.2 燕明刀背文：十

聚珍065.3 燕明刀：明

聚珍065.3 燕明刀背文：一丏（万—萬）

聚珍065.4 燕明刀：明

聚珍065.4 燕明刀背文：刀

聚珍065.5 燕明刀：明

聚珍065.5 燕明刀背文：十

聚珍065.6 燕明刀：明

聚珍065.6 燕明刀背文：乇

聚珍066.1 燕明刀：明

聚珍066.1 燕明刀背文：丂

聚珍066.2 燕明刀：明

聚珍066.2 燕明刀背文：乇

聚珍066.3 燕明刀：明

聚珍066.3 燕明刀背文：丌

聚珍066.4 燕明刀：明

聚珍066.4 燕明刀背文：刀

聚珍066.5 燕明刀：明

聚珍066.5 燕明刀背文：乙

聚珍066.6 燕明刀：明

聚珍 066.6　燕明刀背文：下
聚珍 067.1　燕明刀：明
聚珍 067.1　燕明刀背文：右人
聚珍 067.2　燕明刀：明
聚珍 067.2　燕明刀背文：右六
聚珍 068.1　燕明刀：明
聚珍 068.1　燕明刀背文：左七
聚珍 068.2　燕明刀：明
聚珍 068.2　燕明刀背文：左十
聚珍 069.1　燕明刀：明
聚珍 069.1　燕明刀背文：右
聚珍 069.2　燕明刀：明
聚珍 069.2　燕明刀背文：右一
聚珍 069.3　燕明刀：明
聚珍 069.3　燕明刀背文：右一
聚珍 069.4　燕明刀：明
聚珍 069.4　燕明刀背文：右二
聚珍 069.5　燕明刀：明
聚珍 069.5　燕明刀背文：右四
聚珍 069.6　燕明刀：明
聚珍 069.6　燕明刀背文：右五
聚珍 070.1　燕明刀：明
聚珍 070.1　燕明刀背文：右六
聚珍 070.2　燕明刀：明
聚珍 070.2　燕明刀背文：右七
聚珍 070.3　燕明刀：明

聚珍070.3　燕明刀背文：右八
聚珍070.4　燕明刀：明
聚珍070.4　燕明刀背文：右九
聚珍070.5　燕明刀：明
聚珍070.5　燕明刀背文：右九
聚珍070.6　燕明刀：明
聚珍070.6　燕明刀背文：右九
聚珍072.1　燕明刀：明
聚珍072.1　燕明刀背文：右十
聚珍072.2　燕明刀：明
聚珍072.2　燕明刀背文：右十
聚珍072.3　燕明刀：明
聚珍072.3　燕明刀背文：右十二＝

聚珍072.4　燕明刀：明
聚珍072.4　燕明刀背文：右十二＝
聚珍072.5　燕明刀：明
聚珍072.5　燕明刀背文：右六
聚珍072.6　燕明刀：明
聚珍072.6　燕明刀背文：右厶（私）
聚珍073.1　燕明刀：明
聚珍073.1　燕明刀背文：右千
聚珍073.2　燕明刀：明
聚珍073.2　燕明刀背文：右千
聚珍073.3　燕明刀：明
聚珍073.3　燕明刀背文：右丏（万—萬）
聚珍073.4　燕明刀：明

聚珍073.4　燕明刀背文：右丏（万—萬）
聚珍073.5　燕明刀：明
聚珍073.5　燕明刀背文：右丏（万—萬）
聚珍073.6　燕明刀：明
聚珍073.6　燕明刀背文：右丏（万—萬）
聚珍074.1　燕明刀：明
聚珍074.1　燕明刀背文：右上
聚珍074.2　燕明刀：明
聚珍074.2　燕明刀背文：右六
聚珍074.3　燕明刀：明
聚珍074.3　燕明刀背文：右工
聚珍074.4　燕明刀：明
聚珍074.4　燕明刀背文：右文
聚珍074.5　燕明刀：明
聚珍074.5　燕明刀背文：右工
聚珍074.6　燕明刀：明
聚珍074.6　燕明刀背文：右刀
聚珍075.1　燕明刀：明
聚珍075.1　燕明刀背文：右日
聚珍075.2　燕明刀：明
聚珍075.2　燕明刀背文：右日
聚珍075.3　燕明刀：明
聚珍075.3　燕明刀背文：右千
聚珍075.4　燕明刀：明
聚珍075.4　燕明刀背文：右缶（陶）
聚珍075.5　燕明刀：明

聚珍 075.5 燕明刀背文：右缶（陶）

聚珍 075.6 燕明刀：明

聚珍 075.6 燕明刀背文：右同

聚珍 076.1 燕明刀：明

聚珍 076.1 燕明刀背文：右丌

聚珍 076.2 燕明刀：明

聚珍 076.2 燕明刀背文：右甲

聚珍 076.3 燕明刀：明

聚珍 076.3 燕明刀背文：右工丂

聚珍 076.4 燕明刀：明

聚珍 076.4 燕明刀背文：右卜

聚珍 076.5 燕明刀：明

聚珍 076.5 燕明刀背文：右刀

聚珍 076.6 燕明刀：明

聚珍 076.6 燕明刀背文：右刀

聚珍 077.1 燕明刀：明

聚珍 077.1 燕明刀背文：右刀

聚珍 077.2 燕明刀：明

聚珍 077.2 燕明刀背文：右上

聚珍 077.3 燕明刀：明

聚珍 077.3 燕明刀背文：右卜

聚珍 077.4 燕明刀：明

聚珍 077.4 燕明刀背文：右內

聚珍 077.5 燕明刀：明

聚珍 077.5 燕明刀背文：右

聚珍 077.6 燕明刀：明

聚珍077.6　燕明刀背文：右六

聚珍078.1　燕明刀：明

聚珍078.1　燕明刀背文：右

聚珍078.2　燕明刀：明

聚珍078.2　燕明刀背文：右一中

聚珍078.3　燕明刀：明

聚珍078.3　燕明刀背文：右乇

聚珍078.4　燕明刀：明

聚珍078.4　燕明刀背文：右千

聚珍078.5　燕明刀：明

聚珍078.5　燕明刀背文：右刀

聚珍078.6　燕明刀：明

聚珍078.6　燕明刀背文：右刀

聚珍079.1　燕明刀：明

聚珍079.1　燕明刀背文：右一

聚珍079.2　燕明刀：明

聚珍079.2　燕明刀背文：右一

聚珍079.3　燕明刀：明

聚珍079.3　燕明刀背文：右一

聚珍079.4　燕明刀：明

聚珍079.4　燕明刀背文：右

聚珍079.5　燕明刀：明

聚珍079.5　燕明刀背文：右

聚珍079.6　燕明刀：明

聚珍079.6　燕明刀背文：右

聚珍080.1　燕明刀：明

聚珍080.1　燕明刀背文：右
聚珍080.2　燕明刀：明
聚珍080.2　燕明刀背文：右人
聚珍080.3　燕明刀：明
聚珍080.3　燕明刀背文：右人
聚珍080.4　燕明刀：明
聚珍080.4　燕明刀背文：右人
聚珍080.5　燕明刀：明
聚珍080.5　燕明刀背文：右人
聚珍080.6　燕明刀：明
聚珍080.6　燕明刀背文：右乇
聚珍082.1　燕明刀：明
聚珍082.1　燕明刀背文：右一
聚珍082.2　燕明刀：明
聚珍082.2　燕明刀背文：右乙
聚珍082.3　燕明刀：明
聚珍082.3　燕明刀背文：右
聚珍082.4　燕明刀：明
聚珍082.4　燕明刀背文：右月
聚珍082.5　燕明刀：明
聚珍082.5　燕明刀背文：右中
聚珍082.6　燕明刀：明
聚珍082.6　燕明刀背文：右𠂇（左）
聚珍083.1　燕明刀：明
聚珍083.1　燕明刀背文：左
聚珍083.2　燕明刀：明

聚珍083.2　燕明刀背文：左一
聚珍083.3　燕明刀：明
聚珍083.3　燕明刀背文：左二
聚珍083.4　燕明刀：明
聚珍083.4　燕明刀背文：左五
聚珍083.5　燕明刀：明
聚珍083.5　燕明刀背文：左七
聚珍083.6　燕明刀：明
聚珍083.6　燕明刀背文：左七
聚珍084.1　燕明刀：明
聚珍084.1　燕明刀背文：左八
聚珍084.2　燕明刀：明
聚珍084.2　燕明刀背文：左十

聚珍084.3　燕明刀：明
聚珍084.3　燕明刀背文：左十一＝
聚珍084.4　燕明刀：明
聚珍084.4　燕明刀背文：左十一＝
聚珍084.5　燕明刀：明
聚珍084.5　燕明刀背文：左八
聚珍084.6　燕明刀：明
聚珍084.6　燕明刀背文：左一八
聚珍085.1　燕明刀：明
聚珍085.1　燕明刀背文：左二八
聚珍085.2　燕明刀：明
聚珍085.2　燕明刀背文：左三十＝（卅）
聚珍085.3　燕明刀：明

聚珍085.3 燕明刀背文：左三十=（卅）
聚珍085.4 燕明刀：明
聚珍085.4 燕明刀背文：左厶（私）
聚珍085.5 燕明刀：明
聚珍085.5 燕明刀背文：左千
聚珍085.6 燕明刀：明
聚珍085.6 燕明刀背文：左千
聚珍086.1 燕明刀：明
聚珍086.1 燕明刀背文：左二千=
聚珍086.2 燕明刀：明
聚珍086.2 燕明刀背文：左丏（万—萬）
聚珍086.3 燕明刀：明
聚珍086.3 燕明刀背文：左丏（万—萬）

聚珍086.4 燕明刀：明
聚珍086.4 燕明刀背文：左八一
聚珍086.5 燕明刀：明
聚珍086.5 燕明刀背文：左乙
聚珍086.6 燕明刀：明
聚珍086.6 燕明刀背文：左內
聚珍087.1 燕明刀：明
聚珍087.1 燕明刀背文：左大
聚珍087.2 燕明刀：明
聚珍087.2 燕明刀背文：左上
聚珍087.3 燕明刀：明
聚珍087.3 燕明刀背文：左上
聚珍087.4 燕明刀：明

聚珍 087.4　燕明刀背文：左下
聚珍 087.5　燕明刀：明
聚珍 087.5　燕明刀背文：左工
聚珍 087.6　燕明刀：明
聚珍 087.6　燕明刀背文：左口
聚珍 088.1　燕明刀：明
聚珍 088.1　燕明刀背文：左日
聚珍 088.2　燕明刀：明
聚珍 088.2　燕明刀背文：左乇
聚珍 088.3　燕明刀：明
聚珍 088.3　燕明刀背文：左止
聚珍 088.4　燕明刀：明
聚珍 088.4　燕明刀背文：左止

聚珍 088.5　燕明刀：明
聚珍 088.5　燕明刀背文：左安
聚珍 088.6　燕明刀：明
聚珍 088.6　燕明刀背文：左十
聚珍 089.1　燕明刀：明
聚珍 089.1　燕明刀背文：左十
聚珍 089.2　燕明刀：明
聚珍 089.2　燕明刀背文：左乚
聚珍 089.3　燕明刀：明
聚珍 089.3　燕明刀背文：左乙
聚珍 089.4　燕明刀：明
聚珍 089.4　燕明刀背文：左乙
聚珍 089.5　燕明刀：明

聚珍 089.5　燕明刀背文：左乙
聚珍 089.6　燕明刀：明
聚珍 089.6　燕明刀背文：左乙
聚珍 091.1　燕明刀：明
聚珍 091.1　燕明刀背文：左乙
聚珍 091.2　燕明刀：明
聚珍 091.2　燕明刀背文：左人
聚珍 091.3　燕明刀：明
聚珍 091.3　燕明刀背文：左人
聚珍 091.4　燕明刀：明
聚珍 091.4　燕明刀背文：左乙
聚珍 091.5　燕明刀：明
聚珍 091.5　燕明刀背文：左乙
聚珍 091.6　燕明刀：明
聚珍 091.6　燕明刀背文：左巳
聚珍 092.1　燕明刀：明
聚珍 092.1　燕明刀背文：左貝
聚珍 092.2　燕明刀：明
聚珍 092.2　燕明刀背文：左人
聚珍 092.3　燕明刀：明
聚珍 092.3　燕明刀背文：左巳
聚珍 092.4　燕明刀：明
聚珍 092.4　燕明刀背文：左刀
聚珍 092.5　燕明刀：明
聚珍 092.5　燕明刀背文：左刀
聚珍 092.6　燕明刀：明

聚珍 092.6　燕明刀背文：左刀

聚珍 093.1　燕明刀：明

聚珍 093.1　燕明刀背文：左刀

聚珍 093.2　燕明刀：明

聚珍 093.2　燕明刀背文：左刀

聚珍 093.3　燕明刀：明

聚珍 093.3　燕明刀背文：左刀

聚珍 093.4　燕明刀：明

聚珍 093.4　燕明刀背文：左

聚珍 093.5　燕明刀：明

聚珍 093.5　燕明刀背文：左

聚珍 093.6　燕明刀：明

聚珍 093.6　燕明刀背文：左

聚珍 094.1　燕明刀：明

聚珍 094.1　燕明刀背文：左丩

聚珍 094.2　燕明刀：明

聚珍 094.2　燕明刀背文：左卜

聚珍 094.3　燕明刀：明

聚珍 094.3　燕明刀背文：左一十

聚珍 094.4　燕明刀：明

聚珍 094.4　燕明刀背文：左一人=

聚珍 094.5　燕明刀：明

聚珍 094.5　燕明刀背文：左

聚珍 094.6　燕明刀：明

聚珍 094.6　燕明刀背文：左

聚珍 095.1　燕明刀：明

聚珍 095.1 燕明刀背文：右

聚珍 095.2 燕明刀：明

聚珍 095.2 燕明刀背文：右

聚珍 096.1 燕明刀：明

聚珍 096.1 燕明刀背文：左

聚珍 096.2 燕明刀：明

聚珍 096.2 燕明刀背文：中

聚珍 097.1 燕明刀：明

聚珍 097.1 燕明刀背文：中

聚珍 097.2 燕明刀：明

聚珍 097.2 燕明刀背文：中

聚珍 098.1 燕明刀：明

聚珍 098.1 燕明刀背文：左一

聚珍 098.2 燕明刀：明

聚珍 098.2 燕明刀背文：中

聚珍 099.1 燕明刀：明

聚珍 099.1 燕明刀背文：右

聚珍 099.2 燕明刀：明

聚珍 099.2 燕明刀背文：右

聚珍 099.3 燕明刀：明

聚珍 099.3 燕明刀背文：右

聚珍 099.4 燕明刀：明

聚珍 099.4 燕明刀背文：右一

聚珍 099.5 燕明刀：明

聚珍 099.5 燕明刀背文：右一

聚珍 099.6 燕明刀：明

聚珍 099.6　燕明刀背文：右二
聚珍 100.1　燕明刀：明
聚珍 100.1　燕明刀背文：右二
聚珍 100.2　燕明刀：明
聚珍 100.2　燕明刀背文：右二
聚珍 100.3　燕明刀：明
聚珍 100.3　燕明刀背文：右四
聚珍 100.4　燕明刀：明
聚珍 100.4　燕明刀背文：右四
聚珍 100.5　燕明刀：明
聚珍 100.5　燕明刀背文：右五
聚珍 100.6　燕明刀：明
聚珍 100.6　燕明刀背文：右六

聚珍 101.1　燕明刀：明
聚珍 101.1　燕明刀背文：右六
聚珍 101.2　燕明刀：明
聚珍 101.2　燕明刀背文：右七
聚珍 101.3　燕明刀：明
聚珍 101.3　燕明刀背文：右八
聚珍 101.4　燕明刀：明
聚珍 101.4　燕明刀背文：右八
聚珍 101.5　燕明刀：明
聚珍 101.5　燕明刀背文：右九
聚珍 101.6　燕明刀：明
聚珍 101.6　燕明刀背文：右九
聚珍 102.1　燕明刀：明

聚珍 102.1　燕明刀背文：右

聚珍 102.2　燕明刀：明

聚珍 102.2　燕明刀背文：右

聚珍 102.3　燕明刀：明

聚珍 102.3　燕明刀背文：右十一=

聚珍 102.4　燕明刀：明

聚珍 102.4　燕明刀背文：右十乙

聚珍 102.5　燕明刀：明

聚珍 102.5　燕明刀背文：右二十=（廿）

聚珍 102.6　燕明刀：明

聚珍 102.6　燕明刀背文：右八

聚珍 103.1　燕明刀：明

聚珍 103.1　燕明刀背文：右二十=（廿）

聚珍 103.2　燕明刀：明

聚珍 103.2　燕明刀背文：右二十=（廿）

聚珍 103.3　燕明刀：明

聚珍 103.3　燕明刀背文：右三十=（卅）

聚珍 103.4　燕明刀：明

聚珍 103.4　燕明刀背文：右厶（私）

聚珍 103.5　燕明刀：明

聚珍 103.5　燕明刀背文：右一厶（私）

聚珍 103.6　燕明刀：明

聚珍 103.6　燕明刀背文：右二厶（私）

聚珍 104.1　燕明刀：明

聚珍 104.1　燕明刀背文：右六厶（私）

聚珍 104.2　燕明刀：明

聚珍104.2　燕明刀背文：右七厶（私）
聚珍104.3　燕明刀：明
聚珍104.3　燕明刀背文：
右三十=（卅）厶（私）
聚珍104.4　燕明刀：明
聚珍104.4　燕明刀背文：右千
聚珍104.5　燕明刀：明
聚珍104.5　燕明刀背文：右千
聚珍104.6　燕明刀：明
聚珍104.6　燕明刀背文：右千厶（私）
聚珍105.1　燕明刀：明
聚珍105.1　燕明刀背文：右丏（万—萬）
聚珍105.2　燕明刀：明

聚珍105.2　燕明刀背文：右丏（万—萬）
聚珍105.3　燕明刀：明
聚珍105.3　燕明刀背文：右乙
聚珍105.4　燕明刀：明
聚珍105.4　燕明刀背文：右乙
聚珍105.5　燕明刀：明
聚珍105.5　燕明刀背文：右乙
聚珍105.6　燕明刀：明
聚珍105.6　燕明刀背文：右乙
聚珍107.1　燕明刀：明
聚珍107.1　燕明刀背文：右乙
聚珍107.2　燕明刀：明
聚珍107.2　燕明刀背文：右乙

聚珍107.3　燕明刀：明
聚珍107.3　燕明刀背文：右于
聚珍107.4　燕明刀：明
聚珍107.4　燕明刀背文：右平
聚珍107.5　燕明刀：明
聚珍107.5　燕明刀背文：右土
聚珍107.6　燕明刀：明
聚珍107.6　燕明刀背文：右工
聚珍108.1　燕明刀：明
聚珍108.1　燕明刀背文：右工
聚珍108.2　燕明刀：明
聚珍108.2　燕明刀背文：右上
聚珍108.3　燕明刀：明

聚珍108.3　燕明刀背文：右厶（私）
聚珍108.4　燕明刀：明
聚珍108.4　燕明刀背文：右日
聚珍108.5　燕明刀：明
聚珍108.5　燕明刀背文：右文
聚珍108.6　燕明刀：明
聚珍108.6　燕明刀背文：右午
聚珍109.1　燕明刀：明
聚珍109.1　燕明刀背文：右日
聚珍109.2　燕明刀：明
聚珍109.2　燕明刀背文：右內
聚珍109.3　燕明刀：明
聚珍109.3　燕明刀背文：右

聚珍109.4 燕明刀：明

聚珍109.4 燕明刀背文：右非

聚珍109.5 燕明刀：明

聚珍109.5 燕明刀背文：右非

聚珍109.6 燕明刀：明

聚珍109.6 燕明刀背文：右吉

聚珍110.1 燕明刀：明

聚珍110.1 燕明刀背文：右缶（陶）

聚珍110.2 燕明刀：明

聚珍110.2 燕明刀背文：右同

聚珍110.3 燕明刀：明

聚珍110.3 燕明刀背文：右同

聚珍110.4 燕明刀：明

聚珍110.4 燕明刀背文：右中

聚珍110.5 燕明刀：明

聚珍110.5 燕明刀背文：右豆

聚珍110.6 燕明刀：明

聚珍110.6 燕明刀背文：右缶（陶）

聚珍111.1 燕明刀：明

聚珍111.1 燕明刀背文：右行

聚珍111.2 燕明刀：明

聚珍111.2 燕明刀背文：右行

聚珍111.3 燕明刀：明

聚珍111.3 燕明刀背文：右宔（士）

聚珍111.4 燕明刀：明

聚珍111.4 燕明刀背文：右馬

聚珍111.5　燕明刀：明
聚珍111.5　燕明刀背文：右
聚珍111.6　燕明刀：明
聚珍111.6　燕明刀背文：右
聚珍112.1　燕明刀：明
聚珍112.1　燕明刀背文：右甲
聚珍112.2　燕明刀：明
聚珍112.2　燕明刀背文：右內
聚珍112.3　燕明刀：明
聚珍112.3　燕明刀背文：右內二
聚珍112.4　燕明刀：明
聚珍112.4　燕明刀背文：右內二
聚珍112.5　燕明刀：明
聚珍112.5　燕明刀背文：右內二
聚珍112.6　燕明刀：明
聚珍112.6　燕明刀背文：右內三
聚珍113.1　燕明刀：明
聚珍113.1　燕明刀背文：右內工
聚珍113.2　燕明刀：明
聚珍113.2　燕明刀背文：右內工
聚珍113.3　燕明刀：明
聚珍113.3　燕明刀背文：右邑
聚珍113.4　燕明刀：明
聚珍113.4　燕明刀背文：右中
聚珍113.5　燕明刀：明
聚珍113.5　燕明刀背文：右中六

聚珍 113.6　燕明刀：明

聚珍 113.6　燕明刀背文：右午

聚珍 114.1　燕明刀：明

聚珍 114.1　燕明刀背文：右午厶（私）

聚珍 114.2　燕明刀：明

聚珍 114.2　燕明刀背文：右中一月

聚珍 114.3　燕明刀：明

聚珍 114.3　燕明刀背文：右厶（私）行

聚珍 114.4　燕明刀：明

聚珍 114.4　燕明刀背文：右一

聚珍 114.5　燕明刀：明

聚珍 114.5　燕明刀背文：右一

聚珍 114.6　燕明刀：明

聚珍 114.6　燕明刀背文：右一

聚珍 115.1　燕明刀：明

聚珍 115.1　燕明刀背文：右一

聚珍 115.2　燕明刀：明

聚珍 115.2　燕明刀背文：右刀

聚珍 115.3　燕明刀：明

聚珍 115.3　燕明刀背文：右

聚珍 115.4　燕明刀：明

聚珍 115.4　燕明刀背文：右

聚珍 115.5　燕明刀：明

聚珍 115.5　燕明刀背文：右

聚珍 115.6　燕明刀：明

聚珍 115.6　燕明刀背文：右

聚珍 117.1　燕明刀：明

聚珍 117.1　燕明刀背文：右人

聚珍 117.2　燕明刀：明

聚珍 117.2　燕明刀背文：右人

聚珍 117.3　燕明刀：明

聚珍 117.3　燕明刀背文：右人

聚珍 117.4　燕明刀：明

聚珍 117.4　燕明刀背文：右人

聚珍 117.5　燕明刀：明

聚珍 117.5　燕明刀背文：右人

聚珍 117.6　燕明刀：明

聚珍 117.6　燕明刀背文：右人

聚珍 118.1　燕明刀：明

聚珍 118.1　燕明刀背文：右人

聚珍 118.2　燕明刀：明

聚珍 118.2　燕明刀背文：右人

聚珍 118.3　燕明刀：明

聚珍 118.3　燕明刀背文：右刀

聚珍 118.4　燕明刀：明

聚珍 118.4　燕明刀背文：右匕

聚珍 118.5　燕明刀：明

聚珍 118.5　燕明刀背文：右刀

聚珍 118.6　燕明刀：明

聚珍 118.6　燕明刀背文：右乙

聚珍 119.1　燕明刀：明

聚珍 119.1　燕明刀背文：右巳

聚珍 119.2　燕明刀：明

聚珍 119.2　燕明刀背文：右巳

聚珍 119.3　燕明刀：明

聚珍 119.3　燕明刀背文：右一人＝

聚珍 119.4　燕明刀：明

聚珍 119.4　燕明刀背文：右乙

聚珍 119.5　燕明刀：明

聚珍 119.5　燕明刀背文：右乙

聚珍 119.6　燕明刀：明

聚珍 119.6　燕明刀背文：右刀

聚珍 120.1　燕明刀：明

聚珍 120.1　燕明刀背文：右刀

聚珍 120.2　燕明刀：明

聚珍 120.2　燕明刀背文：右刀

聚珍 120.3　燕明刀：明

聚珍 120.3　燕明刀背文：右刀

聚珍 120.4　燕明刀：明

聚珍 120.4　燕明刀背文：右刀

聚珍 120.5　燕明刀：明

聚珍 120.5　燕明刀背文：右刀

聚珍 120.6　燕明刀：明

聚珍 120.6　燕明刀背文：右

聚珍 121.1　燕明刀：明

聚珍 121.1　燕明刀背文：右貝

聚珍 121.2　燕明刀：明

聚珍 121.2　燕明刀背文：右

聚珍121.3　燕明刀：明

聚珍121.3　燕明刀背文：右

聚珍121.4　燕明刀：明

聚珍121.4　燕明刀背文：右內

聚珍121.5　燕明刀：明

聚珍121.5　燕明刀背文：右

聚珍121.6　燕明刀：明

聚珍121.6　燕明刀背文：右丂

聚珍122.1　燕明刀：明

聚珍122.1　燕明刀背文：右丂

聚珍122.2　燕明刀：明

聚珍122.2　燕明刀背文：右丂

聚珍122.3　燕明刀：明

聚珍122.3　燕明刀背文：右一十

聚珍122.4　燕明刀：明

聚珍122.4　燕明刀背文：右丂

聚珍122.5　燕明刀：明

聚珍122.5　燕明刀背文：右六

聚珍122.6　燕明刀：明

聚珍122.6　燕明刀背文：右又

聚珍123.1　燕明刀：明

聚珍123.1　燕明刀背文：右

聚珍123.2　燕明刀：明

聚珍123.2　燕明刀背文：右中中（仲）

聚珍123.3　燕明刀：明

聚珍123.4　燕明刀：明

聚珍 123.4　燕明刀背文：左一
聚珍 123.5　燕明刀：明
聚珍 123.5　燕明刀背文：左一
聚珍 123.6　燕明刀：明
聚珍 123.6　燕明刀背文：左二
聚珍 124.1　燕明刀：明
聚珍 124.1　燕明刀背文：左二
聚珍 124.2　燕明刀：明
聚珍 124.2　燕明刀背文：左二
聚珍 124.3　燕明刀：明
聚珍 124.3　燕明刀背文：左三
聚珍 124.4　燕明刀：明
聚珍 124.4　燕明刀背文：左五
聚珍 124.5　燕明刀：明
聚珍 124.5　燕明刀背文：左六
聚珍 124.6　燕明刀：明
聚珍 124.6　燕明刀背文：左六
聚珍 126.1　燕明刀：明
聚珍 126.1　燕明刀背文：左丌
聚珍 126.2　燕明刀：明
聚珍 126.2　燕明刀背文：左八
聚珍 126.3　燕明刀：明
聚珍 126.3　燕明刀背文：左九
聚珍 126.4　燕明刀：明
聚珍 126.4　燕明刀背文：左十
聚珍 126.5　燕明刀：明

聚珍 126.5　燕明刀背文：左十一＝
聚珍 126.6　燕明刀：明
聚珍 126.6　燕明刀背文：左十一＝
聚珍 127.1　燕明刀：明
聚珍 127.1　燕明刀背文：左十一＝
聚珍 127.2　燕明刀：明
聚珍 127.2　燕明刀背文：左十一＝
聚珍 127.3　燕明刀：明
聚珍 127.3　燕明刀背文：左丌
聚珍 127.4　燕明刀：明
聚珍 127.4　燕明刀背文：左二十＝（廿）
聚珍 127.5　燕明刀：明
聚珍 127.5　燕明刀背文：左厶（私）
聚珍 127.6　燕明刀：明
聚珍 127.6　燕明刀背文：左厶（私）
聚珍 128.1　燕明刀：明
聚珍 128.1　燕明刀背文：左厶（私）
聚珍 128.2　燕明刀：明
聚珍 128.2　燕明刀背文：左厶（私）
聚珍 128.3　燕明刀：明
聚珍 128.3　燕明刀背文：左千
聚珍 128.4　燕明刀：明
聚珍 128.4　燕明刀背文：左千
聚珍 128.5　燕明刀：明
聚珍 128.5　燕明刀背文：左丏（万—萬）
聚珍 128.6　燕明刀：明

聚珍 128.6　燕明刀背文：左丏（万—萬）

聚珍 129.1　燕明刀：明

聚珍 129.1　燕明刀背文：左乙

聚珍 129.2　燕明刀：明

聚珍 129.2　燕明刀背文：左乙

聚珍 129.3　燕明刀：明

聚珍 129.3　燕明刀背文：左工

聚珍 129.4　燕明刀：明

聚珍 129.4　燕明刀背文：左上

聚珍 129.5　燕明刀：明

聚珍 129.5　燕明刀背文：左上

聚珍 129.6　燕明刀：明

聚珍 129.6　燕明刀背文：左內

聚珍 130.1　燕明刀：明

聚珍 130.1　燕明刀背文：左內

聚珍 130.2　燕明刀：明

聚珍 130.2　燕明刀背文：左內

聚珍 130.3　燕明刀：明

聚珍 130.3　燕明刀背文：左二十=（廿）

聚珍 130.4　燕明刀：明

聚珍 130.4　燕明刀背文：左日

聚珍 130.5　燕明刀：明

聚珍 130.5　燕明刀背文：左內

聚珍 130.6　燕明刀：明

聚珍 130.6　燕明刀背文：左邑

聚珍 131.1　燕明刀：明

聚珍131.1　燕明刀背文：左中

聚珍131.2　燕明刀：明

聚珍131.2　燕明刀背文：左干

聚珍131.3　燕明刀：明

聚珍131.3　燕明刀背文：左它

聚珍131.4　燕明刀：明

聚珍131.4　燕明刀背文：左十

聚珍131.5　燕明刀：明

聚珍131.5　燕明刀背文：左

聚珍131.6　燕明刀：明

聚珍131.6　燕明刀背文：左乙

聚珍132.1　燕明刀：明

聚珍132.1　燕明刀背文：左人

聚珍132.2　燕明刀：明

聚珍132.2　燕明刀背文：左

聚珍132.3　燕明刀：明

聚珍132.3　燕明刀背文：左乙

聚珍132.4　燕明刀：明

聚珍132.4　燕明刀背文：左阜

聚珍132.5　燕明刀：明

聚珍132.5　燕明刀背文：左丩

聚珍132.6　燕明刀：明

聚珍132.6　燕明刀背文：左丩

聚珍133.1　燕明刀：明

聚珍133.1　燕明刀背文：左丂

聚珍133.2　燕明刀：明

聚珍 133.2 燕明刀背文：左

聚珍 133.3 燕明刀：明

聚珍 133.3 燕明刀背文：左刀

聚珍 133.4 燕明刀：明

聚珍 133.4 燕明刀背文：左刀

聚珍 133.5 燕明刀：明

聚珍 133.5 燕明刀背文：左刀

聚珍 133.6 燕明刀：明

聚珍 133.6 燕明刀背文：左乇

聚珍 135.1 燕明刀：明

聚珍 135.1 燕明刀背文：左刀

聚珍 135.2 燕明刀：明

聚珍 135.2 燕明刀背文：左刀

聚珍 135.3 燕明刀：明

聚珍 135.3 燕明刀背文：左內

聚珍 135.4 燕明刀：明

聚珍 135.4 燕明刀背文：左午

聚珍 135.5 燕明刀：明

聚珍 135.5 燕明刀背文：左午

聚珍 135.6 燕明刀：明

聚珍 135.6 燕明刀背文：左午

聚珍 136.1 燕明刀：明

聚珍 136.1 燕明刀背文：左

聚珍 136.2 燕明刀：明

聚珍 136.2 燕明刀背文：左

聚珍 136.3 燕明刀：明

聚珍 136.3　燕明刀背文：左內工
聚珍 136.4　燕明刀：明
聚珍 136.4　燕明刀背文：左內工
聚珍 136.5　燕明刀：明
聚珍 136.5　燕明刀背文：中
聚珍 136.6　燕明刀：明
聚珍 136.6　燕明刀背文：中
聚珍 137.1　燕明刀：明
聚珍 137.1　燕明刀背文：中
聚珍 137.2　燕明刀：明
聚珍 137.2　燕明刀背文：中一
聚珍 137.3　燕明刀：明
聚珍 137.3　燕明刀背文：中一
聚珍 137.4　燕明刀：明
聚珍 137.4　燕明刀背文：中二
聚珍 137.5　燕明刀：明
聚珍 137.5　燕明刀背文：中一
聚珍 137.6　燕明刀：明
聚珍 137.6　燕明刀背文：中一
聚珍 138.1　燕明刀：明
聚珍 138.1　燕明刀背文：中一
聚珍 138.2　燕明刀：明
聚珍 138.2　燕明刀背文：中二
聚珍 138.3　燕明刀：明
聚珍 138.3　燕明刀背文：中二
聚珍 138.4　燕明刀：明

聚珍138.4　燕明刀背文：中三

聚珍138.5　燕明刀：明

聚珍138.5　燕明刀背文：中四

聚珍138.6　燕明刀：明

聚珍138.6　燕明刀背文：中五

聚珍139.1　燕明刀：明

聚珍139.1　燕明刀背文：中六

聚珍139.2　燕明刀：明

聚珍139.2　燕明刀背文：中七

聚珍139.3　燕明刀：明

聚珍139.3　燕明刀背文：中八

聚珍139.4　燕明刀：明

聚珍139.4　燕明刀背文：中九

聚珍139.5　燕明刀：明

聚珍139.4　燕明刀背文：中十

聚珍139.6　燕明刀：明

聚珍139.6　燕明刀背文：中十

聚珍140.1　燕明刀：明

聚珍140.1　燕明刀背文：中二十=（廿）

聚珍140.2　燕明刀：明

聚珍140.2　燕明刀背文：中二十=（廿）

聚珍140.3　燕明刀：明

聚珍140.3　燕明刀背文：中三十=（卅）

聚珍140.4　燕明刀：明

聚珍140.4　燕明刀背文：中三十=（卅）

聚珍140.5　燕明刀：明

聚珍 140.5 燕明刀背文：中六十

聚珍 140.6 燕明刀：明

聚珍 140.6 燕明刀背文：中厶（私）

聚珍 141.1 燕明刀：明

聚珍 141.1 燕明刀背文：中古

聚珍 141.2 燕明刀：明

聚珍 141.2 燕明刀背文：中二十=（廿）厶（私）

聚珍 141.3 燕明刀：明

聚珍 141.3 燕明刀背文：中二千=

聚珍 141.4 燕明刀：明

聚珍 141.4 燕明刀背文：中千

聚珍 141.5 燕明刀：明

聚珍 141.5 燕明刀背文：中千

聚珍 141.6 燕明刀：明

聚珍 141.6 燕明刀背文：中二千=

聚珍 142.1 燕明刀：明

聚珍 142.1 燕明刀背文：中丏（万—萬）

聚珍 142.2 燕明刀：明

聚珍 142.2 燕明刀背文：中丏（万—萬）

聚珍 142.3 燕明刀：明

聚珍 142.3 燕明刀背文：中丏（万—萬）

聚珍 142.4 燕明刀：明

聚珍 142.4 燕明刀背文：中丏（万—萬）

聚珍 142.5 燕明刀：明

聚珍 142.5 燕明刀背文：中丏（万—萬）

聚珍142.6　燕明刀：明
聚珍142.6　燕明刀背文：中內
聚珍143.1　燕明刀：明
聚珍143.1　燕明刀背文：中口
聚珍143.2　燕明刀：明
聚珍143.2　燕明刀背文：中日
聚珍143.3　燕明刀：明
聚珍143.3　燕明刀背文：中日
聚珍143.4　燕明刀：明
聚珍143.4　燕明刀背文：中王
聚珍143.5　燕明刀：明
聚珍143.5　燕明刀背文：中文
聚珍143.6　燕明刀：明
聚珍143.6　燕明刀背文：中文
聚珍145.1　燕明刀：明
聚珍145.1　燕明刀背文：中文十
聚珍145.2　燕明刀：明
聚珍145.2　燕明刀背文：中右
聚珍145.3　燕明刀：明
聚珍145.3　燕明刀背文：中行
聚珍145.4　燕明刀：明
聚珍145.4　燕明刀背文：中行
聚珍145.5　燕明刀：明
聚珍145.5　燕明刀背文：中行
聚珍145.6　燕明刀：明
聚珍145.6　燕明刀背文：中行

聚珍 146.1　燕明刀：明
聚珍 146.1　燕明刀背文：中
聚珍 146.2　燕明刀：明
聚珍 146.2　燕明刀背文：中后
聚珍 146.3　燕明刀：明
聚珍 146.3　燕明刀背文：中后
聚珍 146.4　燕明刀：明
聚珍 146.4　燕明刀背文：中昌
聚珍 146.5　燕明刀：明
聚珍 146.5　燕明刀背文：中昌
聚珍 146.6　燕明刀：明
聚珍 146.6　燕明刀背文：中昌
聚珍 147.1　燕明刀：明

聚珍 147.1　燕明刀背文：中昌
聚珍 147.2　燕明刀：明
聚珍 147.2　燕明刀背文：中昌
聚珍 147.3　燕明刀：明
聚珍 147.3　燕明刀背文：中昌
聚珍 147.4　燕明刀：明
聚珍 147.4　燕明刀背文：中四
聚珍 147.5　燕明刀：明
聚珍 147.5　燕明刀背文：中昌一
聚珍 147.6　燕明刀：明
聚珍 147.6　燕明刀背文：中昌二
聚珍 148.1　燕明刀：明
聚珍 148.1　燕明刀背文：中昌三

聚珍148.2　燕明刀：明

聚珍148.2　燕明刀背文：中昌四

聚珍148.3　燕明刀：明

聚珍148.3　燕明刀背文：中昌十

聚珍148.4　燕明刀：明

聚珍148.4　燕明刀背文：中昌十

聚珍148.5　燕明刀：明

聚珍148.5　燕明刀背文：中昌十

聚珍148.6　燕明刀：明

聚珍148.6　燕明刀背文：中昌八

聚珍149.1　燕明刀：明

聚珍149.1　燕明刀背文：中昌刀十

聚珍149.2　燕明刀：明

聚珍149.2　燕明刀背文：中丌

聚珍149.3　燕明刀：明

聚珍149.3　燕明刀背文：中丰

聚珍149.4　燕明刀：明

聚珍149.4　燕明刀背文：中日

聚珍149.5　燕明刀：明

聚珍149.5　燕明刀背文：中

聚珍149.6　燕明刀：明

聚珍149.6　燕明刀背文：中二千=一

聚珍150.1　燕明刀：明

聚珍150.1　燕明刀背文：中

聚珍150.2　燕明刀：明

聚珍150.2　燕明刀背文：中

聚珍 150.3　燕明刀：明
聚珍 150.3　燕明刀背文：中
聚珍 150.4　燕明刀：明
聚珍 150.4　燕明刀背文：中上
聚珍 150.5　燕明刀：明
聚珍 150.5　燕明刀背文：中中
聚珍 150.6　燕明刀：明
聚珍 150.6　燕明刀背文：中
聚珍 151.1　燕明刀：明
聚珍 151.1　燕明刀背文：中七一乙
聚珍 151.2　燕明刀：明
聚珍 151.2　燕明刀背文：中十
聚珍 151.3　燕明刀：明

聚珍 151.3　燕明刀背文：中乙
聚珍 151.4　燕明刀：明
聚珍 151.4　燕明刀背文：中乙
聚珍 151.5　燕明刀：明
聚珍 151.5　燕明刀背文：中斤
聚珍 151.6　燕明刀：明
聚珍 151.6　燕明刀背文：中斤
聚珍 152.1　燕明刀：明
聚珍 152.1　燕明刀背文：中斤
聚珍 152.2　燕明刀：明
聚珍 152.2　燕明刀背文：中川
聚珍 152.3　燕明刀：明
聚珍 152.3　燕明刀背文：中人

聚珍152.4 燕明刀：明
聚珍152.4 燕明刀背文：中人
聚珍152.5 燕明刀：明
聚珍152.5 燕明刀背文：中人
聚珍152.6 燕明刀：明
聚珍152.6 燕明刀背文：中人
聚珍153.1 燕明刀：明
聚珍153.1 燕明刀背文：中一人=
聚珍153.2 燕明刀：明
聚珍153.2 燕明刀背文：中
聚珍153.3 燕明刀：明
聚珍153.3 燕明刀背文：中子
聚珍153.4 燕明刀：明

聚珍153.4 燕明刀背文：中
聚珍153.5 燕明刀：明
聚珍153.5 燕明刀背文：中乙
聚珍153.6 燕明刀：明
聚珍153.6 燕明刀背文：中人
聚珍155.1 燕明刀：明
聚珍155.1 燕明刀背文：中十
聚珍155.2 燕明刀：明
聚珍155.2 燕明刀背文：中
聚珍155.3 燕明刀：明
聚珍155.3 燕明刀背文：中
聚珍155.4 燕明刀：明
聚珍155.4 燕明刀背文：中日

聚珍 155.5　燕明刀：明

聚珍 155.5　燕明刀背文：中

聚珍 155.6　燕明刀：明

聚珍 155.6　燕明刀背文：中四十=

聚珍 156.1　燕明刀：明

聚珍 156.1　燕明刀背文：中口

聚珍 156.2　燕明刀：明

聚珍 156.2　燕明刀背文：中八

聚珍 156.3　燕明刀：明

聚珍 156.3　燕明刀背文：中丂

聚珍 156.4　燕明刀：明

聚珍 156.4　燕明刀背文：中刀

聚珍 156.5　燕明刀：明

聚珍 156.5　燕明刀背文：中

聚珍 156.6　燕明刀：明

聚珍 156.6　燕明刀背文：中刀

聚珍 157.1　燕明刀：明

聚珍 157.1　燕明刀背文：中卜

聚珍 157.2　燕明刀：明

聚珍 157.2　燕明刀背文：中卜

聚珍 157.3　燕明刀：明

聚珍 157.3　燕明刀背文：中下

聚珍 157.4　燕明刀：明

聚珍 157.4　燕明刀背文：中丌

聚珍 157.5　燕明刀：明

聚珍 157.5　燕明刀背文：中

聚珍 157.6　燕明刀：明

聚珍 157.6　燕明刀背文：中刀

聚珍 158.1　燕明刀：明

聚珍 158.1　燕明刀背文：中貝

聚珍 158.2　燕明刀：明

聚珍 158.2　燕明刀背文：中又

聚珍 158.3　燕明刀：明

聚珍 158.3　燕明刀背文：中又

聚珍 158.4　燕明刀：明

聚珍 158.4　燕明刀背文：中又

聚珍 158.5　燕明刀：明

聚珍 158.5　燕明刀背文：中

聚珍 158.6　燕明刀：明

聚珍 158.6　燕明刀背文：中乙乙

聚珍 159.1　燕明刀：明

聚珍 159.1　燕明刀背文：中口一

聚珍 159.2　燕明刀：明

聚珍 159.2　燕明刀背文：右

聚珍 159.3　燕明刀：明

聚珍 159.3　燕明刀背文：內右

聚珍 159.4　燕明刀：明

聚珍 159.4　燕明刀背文：內左

聚珍 159.5　燕明刀：明

聚珍 159.5　燕明刀背文：內左

聚珍 159.6　燕明刀：明

聚珍 159.6　燕明刀背文：內左

聚珍 160.1 燕明刀：明
聚珍 160.1 燕明刀背文：宬
聚珍 160.2 燕明刀：明
聚珍 160.2 燕明刀背文：宬
聚珍 160.3 燕明刀：明
聚珍 160.3 燕明刀背文：宬
聚珍 160.4 燕明刀：明
聚珍 160.4 燕明刀背文：外壚（鑪）
聚珍 160.5 燕明刀：明
聚珍 160.5 燕明刀背文：外壚（鑪）
聚珍 160.6 燕明刀：明
聚珍 160.6 燕明刀背文：外壚（鑪）
聚珍 161.1 燕明刀：明
聚珍 161.1 燕明刀背文：外壚（鑪）乙
聚珍 161.2 燕明刀：明
聚珍 161.2 燕明刀背文：外壚（鑪）十
聚珍 161.3 燕明刀：明
聚珍 161.3 燕明刀背文：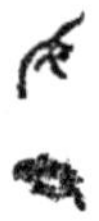
聚珍 161.4 燕明刀：明
聚珍 161.4 燕明刀背文：中二
聚珍 161.5 燕明刀：明
聚珍 161.5 燕明刀背文：昌工
聚珍 161.6 燕明刀：明
聚珍 161.6 燕明刀背文：十二
聚珍 162.1 燕明刀：明
聚珍 162.1 燕明刀背文：行

聚珍 162.2　燕明刀：明

聚珍 162.2　燕明刀背文：行

聚珍 162.3　燕明刀：明

聚珍 162.3　燕明刀背文：行

聚珍 162.4　燕明刀：明

聚珍 162.4　燕明刀背文：行

聚珍 162.5　燕明刀：明

聚珍 162.5　燕明刀背文：工行=

聚珍 162.6　燕明刀：明

聚珍 162.6　燕明刀背文：中行=

聚珍 164.1　燕明刀：明

聚珍 164.1　燕明刀背文：右

聚珍 164.2　燕明刀：明

聚珍 164.2　燕明刀背文：左

聚珍 165.1　燕明刀：明

聚珍 165.1　燕明刀背文：右十

聚珍 165.2　燕明刀：明

聚珍 165.2　燕明刀背文：右十

聚珍 165.3　燕明刀：明

聚珍 165.3　燕明刀背文：右十

聚珍 165.4　燕明刀：明

聚珍 165.4　燕明刀背文：右工

聚珍 165.5　燕明刀：明

聚珍 165.5　燕明刀背文：右工

聚珍 165.6　燕明刀：明

聚珍 165.6　燕明刀背文：右北

聚珍 166.1 燕明刀：明

聚珍 166.1 燕明刀背文：中內人

聚珍 166.2 燕明刀：明

聚珍 166.2 燕明刀背文：左

聚珍 166.3 燕明刀：明

聚珍 166.3 燕明刀背文：左

聚珍 166.4 燕明刀：明

聚珍 166.4 燕明刀背文：左

聚珍 166.5 燕明刀：明

聚珍 166.5 燕明刀背文：左一

聚珍 166.6 燕明刀：明

聚珍 166.6 燕明刀背文：左一

聚珍 167.1 燕明刀：明

聚珍 167.1 燕明刀背文：左二

聚珍 167.2 燕明刀：明

聚珍 167.2 燕明刀背文：中八

聚珍 167.3 燕明刀：明

聚珍 167.3 燕明刀背文：左十

聚珍 167.4 燕明刀：明

聚珍 167.4 燕明刀背文：左八

聚珍 167.5 燕明刀：明

聚珍 167.5 燕明刀背文：左六

聚珍 167.6 燕明刀：明

聚珍 167.6 燕明刀背文：左乙

聚珍 168.1 燕明刀：明

聚珍 168.1 燕明刀背文：中

聚珍 168.2　燕明刀：明

聚珍 168.2　燕明刀背文：中

聚珍 168.3　燕明刀：明

聚珍 168.3　燕明刀背文：中五

聚珍 168.4　燕明刀：明

聚珍 168.4　燕明刀背文：中七

聚珍 168.5　燕明刀：明

聚珍 168.5　燕明刀背文：中中五

聚珍 168.6　燕明刀：明

聚珍 168.6　燕明刀背文：中口十

聚珍 169.1　燕明刀：明

聚珍 169.1　燕明刀背文：中一厶（私）

聚珍 169.2　燕明刀：明

聚珍 169.2　燕明刀背文：中二厶（私）

聚珍 169.3　燕明刀：明

聚珍 169.3　燕明刀背文：中二厶（私）

聚珍 169.4　燕明刀：明

聚珍 169.4　燕明刀背文：中三厶（私）

聚珍 169.5　燕明刀：明

聚珍 169.5　燕明刀背文：中丏（万—萬）

聚珍 169.6　燕明刀：明

聚珍 169.6　燕明刀背文：中工

聚珍 170.1　燕明刀：明

聚珍 170.1　燕明刀背文：中中

聚珍 170.2　燕明刀：明

聚珍 170.2　燕明刀背文：中旦

聚珍 170.3　燕明刀：明

聚珍 170.3　燕明刀背文：中

聚珍 170.4　燕明刀：明

聚珍 170.4　燕明刀背文：中

聚珍 170.5　燕明刀：明

聚珍 170.5　燕明刀背文：中中（仲）

聚珍 170.6　燕明刀：明

聚珍 170.6　燕明刀背文：中巳

聚珍 171.1　燕明刀：明

聚珍 171.1　燕明刀背文：中中（仲）

聚珍 171.2　燕明刀：明

聚珍 171.2　燕明刀背文：中千

聚珍 171.3　燕明刀：明

聚珍 171.3　燕明刀背文：中丌

聚珍 171.4　燕明刀：明

聚珍 171.4　燕明刀背文：中丌

聚珍 171.5　燕明刀：明

聚珍 171.5　燕明刀背文：中己

聚珍 171.6　燕明刀：明

聚珍 171.6　燕明刀背文：中邑

聚珍 173.1　燕明刀：明

聚珍 173.1　燕明刀背文：中口

聚珍 173.2　燕明刀：明

聚珍 173.2　燕明刀背文：一中

聚珍 173.3　燕明刀：明

聚珍 173.3　燕明刀背文：

ナ（左）中二十=（廿）

聚珍 173.4　燕明刀：明

聚珍 173.4　燕明刀背文：工

聚珍 173.5　燕明刀：明

聚珍 173.5　燕明刀背文：外盧（鑪）

聚珍 173.6　燕明刀：明

聚珍 173.6　燕明刀背文：邑

聚珍 174.1　燕明刀：明

聚珍 174.1　燕明刀背文：外盧（鑪）

聚珍 174.2　燕明刀：明

聚珍 174.2　燕明刀背文：行

聚珍 175.1　燕明刀：明

聚珍 175.1　燕明刀背文：邑

聚珍 175.2　燕明刀：明

聚珍 175.2　燕明刀背文：外盧（鑪）一

聚珍 175.3　燕明刀：明

聚珍 175.3　燕明刀背文：中行=

聚珍 175.4　燕明刀：明

聚珍 175.4　燕明刀背文：中行=

聚珍 175.5　燕明刀：明

聚珍 175.5　燕明刀背文：行

聚珍 175.6　燕明刀：明

聚珍 175.6　燕明刀背文：一行

聚珍 176.1　燕明刀：明

聚珍 176.1　燕明刀背文：昌

聚珍 176.2　燕明刀：明

聚珍176.2　燕明刀背文：上
聚珍177.1　燕明刀：明
聚珍177.1　燕明刀背文：大
聚珍177.2　燕明刀：明
聚珍177.2　燕明刀背文：二一
聚珍181.1　方足小布：安昜（陽）
聚珍181.1　方足小布背文：右
聚珍181.2　方足小布：安昜（陽）
聚珍181.2　方足小布背文：右
聚珍181.3　方足小布：安昜（陽）
聚珍181.3　方足小布背文：右
聚珍181.4　方足小布：安昜（陽）
聚珍181.4　方足小布背文：右
聚珍181.5　方足小布：安昜（陽）
聚珍181.5　方足小布背文：右十
聚珍181.6　方足小布：安昜（陽）
聚珍181.6　方足小布背文：右十
聚珍182.1　方足小布：安昜（陽）
聚珍182.1　方足小布背文：右
聚珍182.2　方足小布：安昜（陽）
聚珍182.3　方足小布：安昜（陽）
聚珍182.4　方足小布：安昜（陽）
聚珍182.4　方足小布背文：左
聚珍182.5　方足小布：安昜（陽）
聚珍182.5　方足小布背文：左
聚珍182.6　方足小布：安昜（陽）

聚珍 183.1　方足小布：安昜（陽）

聚珍 183.1　方足小布背文：左

聚珍 183.2　方足小布：安昜（陽）

聚珍 183.2　方足小布背文：左

聚珍 183.3　方足小布：安昜（陽）

聚珍 183.3　方足小布背文：左

聚珍 183.4　方足小布：安昜（陽）

聚珍 183.4　方足小布背文：左十

聚珍 183.5　方足小布：安昜（陽）

聚珍 183.6　圓錢：明刀

聚珍 287　燕明刀陶範背文：昌

聚珍 287　燕明刀陶範背文：行

聚珍 288　燕明刀陶範：明

聚珍 288　燕明刀陶範：明

聚珍 288　燕明刀陶範背文：右

聚珍 288　燕明刀陶範背文：右

聚珍 288　燕明刀陶範：明

聚珍 288　燕明刀陶範：明

聚珍 288　燕明刀陶範背文：右

聚珍 288　燕明刀陶範背文：右

聚珍 289　燕明刀陶範：明

聚珍 289　燕明刀陶範背文：中五

聚珍 303　燕明刀陶範：明

聚珍 303　燕明刀陶範：明

聚珍 303　燕明刀陶範：明

聚珍 303　燕明刀陶範：明

聚珍303 燕明刀陶範：明

聚珍304 燕明刀陶範背文：右厶（私）

聚珍304 燕明刀陶範背文：右厶（私）

聚珍304 燕明刀陶範背文：右厶（私）

聚珍304 燕明刀陶範背文：右厶（私）

聚珍305.1 布範：五十

聚珍305.7 殘範：十三

聚珍305.8 殘範：市

集拓

集拓6 方足小布：右明辝（司）弝（強—鏹）

集拓7 方足小布：安昜（陽），兩。

古幣叢考

古幣50.10 方足小布：宜平

古幣50.11 方足小布：眭（重）坪（平）

燕陶

燕陶595 燕明刀陶範：明 明 明 明 明

璽印

說明：

一、材料來源主要取自《璽彙》《璽考》《古印》《珍戰》《華夏》《燕下都》《圖典》《徙信》等，釋文即按這些著錄書順序、序號排序編錄。

二、釋文一般盡量給出嚴格隸定字形。一些常見文字及一些已有定論的文字隸定則較爲寬泛，個別不確定的文字以「（?）」括注出其可能爲某字。異體字一般先出隸定字形，再以「（）」括註出本字；通假字一般先出本字，再以「（）」括註出通假字；異體且通假者，在「（）」內以「—」將二者間隔。本字、通假字盡量寫作後世通用字形。

三、不識字以電腦處理過的字形或摹本字形替代。殘缺字可據格式、文意補者，以「【】」補注；殘缺字數不明者，以「……」表示；殘缺字數明確者，以「□」對應殘缺之字。重文、合文用「=」標識。

四、重複著録的銘文，一般祇録一次。有必要指明重複的銘文，在著録編號後以「（）」括註重見著録及編號。

五、印章不論材質，依銘文類別，放置於此。

璽彙

璽彙 0003　鋹（長）圩君但室鉨（璽）

璽彙 0010　⿰易阝（易）都司徒

璽彙 0011　⿰阝⿱岡土（⿰阝岡）⿰阝⿱全土（陰）都司徒

璽彙 0012　文安都司徒

璽彙 0013　坪（平）⿰阝⿱全土（陰）都司徒

璽彙 0014　⿱兄心（悦—廣）⿰阝⿱全土（陰）都司徒

璽彙 0015　⿰旦頁（夏）屋都司徒

璽彙 0016　丏城都司徒

璽彙 0017　洵城都司徒

璽彙 0018　沶都司徒

璽彙 0020　左司徒

璽彙 0021　⿺辶畗（逼）都右司徒

璽彙 0022　大司徒長勹（符）叒（瑞）

璽彙 0024　司馬之鉨（璽）

璽彙 0050　⿰立走都左司馬

璽彙 0051　柜昜（陽）都左司馬

璽彙 0052　⿱兄心（悦—廣）⿰阝⿱全土（陰）都左司馬

璽彙 0053　⿰𠦝乀（韓）佑左司馬

璽彙 0054　⿰木㔾（範）湩都左司馬

璽彙 0055　沶都左司馬

璽彙 0058　⿰立走都右司馬

璽彙 0059　庚都右司馬

璽彙 0060　帚易（陽）都右司馬

璽彙 0061　⿰畐阝⿰旦阝都右司馬

璽彙 0082　⿱丰禺（薊）都司工（空）

璽彙0085　坪（平）險（陰）都司工（空）

璽彙0086　鄐郘都司工（空）

璽彙0117　庚都𠙵（⼫—尉）

璽彙0118　徒口都𠙵（⼫—尉）

璽彙0119　洵城都𠙵（⼫—尉）

璽彙0120　鄐郘都𠙵（⼫—尉）

璽彙0121　武尚都𠙵（⼫—尉）

璽彙0126　左軍𠙵（⼫—尉）鍴（瑞）

璽彙0158

帚昜（陽）𣈶（鑄）帀（師）鉨（璽）

璽彙0159　𨜏（易）𣈶（鑄）帀（師）鉨（璽）

璽彙0186　𨑓都𠳋（遽）垍（县—馹）

璽彙0187

坪（平）險（陰）都𠳋（遽）垍（县—馹）

璽彙0188　閔昜（陽）都𠳋（遽）垍（县—馹）

璽彙0189　梠昜（陽）都𠳋（遽）垍（县—馹）

璽彙0190　妐（容）城都杤郯左

璽彙0191　𨻰（隔）險（陰）都𨅅（信）𡍲左

璽彙0192　帚昜（陽）都封人

璽彙0215　𨻰（隔）險（陰）都清左

璽彙0251　渝城𠇃（乘）

璽彙0258　右宮

璽彙0287　梍（範）湩都米粟鉨（璽）

璽彙0292　𨑓都市鋀（豆）

璽彙0293　庚（庚）都萃車馬

璽彙0296　左𠥓（篚）逡（後）

璽彙0297　單佑都市鍴（瑞）
璽彙0308　左軒僑頁壯
璽彙0323　䚻（信）城医
璽彙0329　晭（朝）忍（悅）邦
璽彙0354　左市
璽彙0357　違（逼）都者
璽彙0359　泃城
璽彙0361　單佑都市王勹（符）鍴（瑞）
璽彙0362
東昜（陽）湡（海）澤王勹（符）鍴（瑞）
璽彙0363
涃（湶—泉）夻（水）山金貞（鼎）鍴（瑞）
璽彙0364　昜（陽）文身（信）鍴（瑞）

璽彙0365　外司聖（聲）鍴（瑞）
璽彙0366　毌都鍴（瑞）
璽彙0367　右朱（廚）貞（鼎）鍴（瑞）
璽彙0368　中軍壴（鼓）車
璽彙0369　族剔（傷—陽）都𠆢（户—尉）
璽彙0395　王喜
璽彙0396　王喜
璽彙0409　王旦
璽彙0457　王𤾊（滿）
璽彙0480　王䖶
璽彙0481　王笴
璽彙0493　王衦
璽彙0499　王纕

璽彙0511　王迹
璽彙0512　王㝵（得）
璽彙0519　王陘
璽彙0539　王蒯
璽彙0562　王罰
璽彙0565　王旦（相）女（如）=
璽彙0566　王旦（相）女（如）=
璽彙0596　王𦘒（建）
璽彙0601　王義
璽彙0602　王⿷匚豆
璽彙605　王豈（豎）
璽彙0619　王⿺辶下（下）
璽彙0621　王㝵（得）
璽彙0622　王張
璽彙0626　王濩
璽彙0645　王生（甥）聠（聲）
璽彙0668　長（張）文
璽彙0674　長（張）同
璽彙0693　長（張）忢（悦）
璽彙0697　長（張）內
璽彙0698　長（張）內
璽彙0699　長（張）內
璽彙0710　長（張）章
璽彙0724　長（張）⿱危土（跪）
璽彙0729　長（張）虫
璽彙0732　長（張）犬

璽彙0742　長（張）䡹（乘）

璽彙0745　長（張）寘（㙯）

璽彙0746　長（張）寘（㙯）

璽彙0747　長（張）丙

璽彙0749　長（張）共

璽彙0755　長（張）城

璽彙0756　長（張）加

璽彙0758　長（張）㾊

璽彙0760　長（張）箁

璽彙0765　長（張）

璽彙0766　長（張）㠯（己）

璽彙0774　長（張）絟（紉—縻）

璽彙0798　長（張）瘷

璽彙0823　長（張）譎（訥）

璽彙0824　長（張）詁千臬（秋）

璽彙0830　長（張）墮

璽彙0837　長（張）新

璽彙0846　長（張）鴆（雄）

璽彙0849　長（張）踄（發）

璽彙0850　長（張）逐

璽彙0852　長（張）

璽彙0864　長（張）不䤵（敬）

璽彙0867　長（張）怠

璽彙0868　長（張）𠥌

璽彙0870　長（張）市

璽彙0871　長（張）症

璽彙0872 長（張）弃
璽彙0873 長（張）苙
璽彙0876 長（張）申
璽彙0878 長（張）章
璽彙0880（3568） 長（張）維
璽彙0882 長（張）昌
璽彙0883 長（張）伊
璽彙0885 張瓶
璽彙1140 高帛
璽彙1203 牛垒（跪）
璽彙1217 牛義
璽彙1222 喬臣
璽彙1223 喬齏（齊）
璽彙1224 喬豕
璽彙1225 喬兵
璽彙1226 喬安
璽彙1227 喬瘂
璽彙1228 喬臱（熱）
璽彙1229 喬𡉀
璽彙1230 喬帀（師）
璽彙1231 喬受
璽彙1232 喬倚
璽彙1233 喬瞼（臉）
璽彙1234 喬頊（頸）
璽彙1235 喬 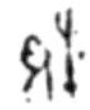
璽彙1236 喬膏

璽彙1237　喬䳑
璽彙1238　喬戒
璽彙1239　喬
璽彙1240　喬帀（師）
璽彙1241　喬
璽彙1242　喬瘠
璽彙1243　喬詁
璽彙1244　喬頊（頙）
璽彙1245　喬黃
璽彙1246　喬貝
璽彙1247　喬⿱亘心（⿱期心）
璽彙1248　喬辛（新）城
璽彙1279　荆（刑）莫
璽彙1280　荆（刑）謨（謹）
璽彙1281　荆（刑）章
璽彙1287　余匧（弦）
璽彙1288　余繯
璽彙1289　余忿
璽彙1290　余遈（得）
璽彙1291　余瘠
璽彙1321　武彝（夷）吳（吾）=
璽彙1334　衛墬（防）
璽彙1335　衛青
璽彙1336　衛齎（臍）
璽彙1337　衛佳
璽彙1338　衛亡（無）ム（私）

璽彙1339 衛生（甥）肖
璽彙1340 衛生（甥）達
璽彙1341 衛生（甥）=㝵（得）
璽彙1348 孟安
璽彙1430 宋巡
璽彙1485 畋弃（棄）
璽彙1486 畋尊
璽彙1500 畋珥（聖）
璽彙1501 畋晉
璽彙1502 畋賏（嬰）
璽彙1504 畋生（甥）駟
璽彙1505 畋腹
璽彙1506 畋瑩
璽彙1507 畋興
璽彙1508 畋售（雖）萃鉩（璽）
璽彙1509 畋生（甥）聅（聲）
璽彙1541 孫陲
璽彙1554 孫兗（乘）
璽彙1576 朱㾝
璽彙1598 齍（齊）涒
璽彙1599 齍（齊）市
璽彙1650 左吳（虞）
璽彙1655 番遠
璽彙1666 土買
璽彙1668 昜諭
璽彙1669 昜㕣

璽彙1670　昜加

璽彙1671　昜𦘷（建）

璽彙1672　昜骨

璽彙1673　昜䡄（乘）

璽彙1675　昜𤞞

璽彙1676　昜上

璽彙1677　昜生（甥）𤴓

璽彙1678　𨜶徲

璽彙1679　𨜶（昜）生（甥）豕

璽彙1688　丁迏

璽彙1886　城湞

璽彙1887　城叵（簋）

璽彙1888　城弜（強）

璽彙1889　城壽

璽彙1924　幷罴（懷）

璽彙1925　幷鼓

璽彙2210　郱居

璽彙2216　郚恖（鑄）

璽彙2222　𤆍堹

璽彙2225　郹（吴）繯

璽彙2237　邱纕

璽彙2240　郹（吴）纕

璽彙2242　𨚗㝵（得）

璽彙2282　薛弜（強）

璽彙2283　䡇（範）疠（病）

璽彙2284　䡇（範）張

璽彙2285　範（範）丑
璽彙2286　範（範）坐
璽彙2287　範（範）獷
璽彙2288　範（範）齒
璽彙2318　陸獻
璽彙2319　碒忌（悁）
璽彙2320　碒縿（紗—縻）
璽彙2321　碒忻
璽彙2322　碒忻
璽彙2323　碒倠
璽彙2325　陛恋
璽彙2326　陸纕
璽彙2402　松瘟
璽彙2407　桶（梢）縿（紗—縻）
璽彙2501　鍕昜
璽彙2502　鍕生（甥）𠥩
璽彙2507　轡肥
璽彙2508　轡涓（泉）
璽彙2509　轡居
璽彙2510　猲倠
璽彙2511　猲厽（參）
璽彙2512　猲騎
璽彙2513　猲販
璽彙2514　猲生（甥）虼
璽彙2515　猲軍
璽彙2516　猲艏（履）

璽彙2517 瘍章
璽彙2520 㹞厽（參）
璽彙2521 㹞章
璽彙2581 攸（肈）胤
璽彙2601 緺臣
璽彙2603 繯珥（聖）
璽彙2606 絔（繰）斫
璽彙2626 迈（伍）生（甥）蹻
璽彙2712 良眾（懷）
璽彙2713 良生（甥）㕣
璽彙2724 頣（夏）賀
璽彙2726 祝佯
璽彙2727 魚艪

璽彙2728 魴豈（豎）
璽彙2746 賡（獻）囂
璽彙2747 賡（獻）留
璽彙2748 賡（獻）佑
璽彙2749 賡（獻）弫（強）
璽彙2750 賡（獻）匠（簠）
璽彙2751 賡（獻）
璽彙2787 君（尹）張
璽彙2788 君（尹）瘨
璽彙2790 君（尹）罰
璽彙2792 鼎賀
璽彙2793 鼎佳
璽彙2794 軏（韓）午

璽彙2795　倝（韓）奇
璽彙2796　倝（韓）午
璽彙2797　倝（韓）耳
璽彙2798　倝（韓）城
璽彙2799　倝（韓）受
璽彙2800　倝（韓）匿
璽彙2801　倝（韓）𠱾
璽彙2802　倝（韓）
璽彙2803　倝（韓）瘢
璽彙2804　倝（韓）痣
璽彙2805　倝（韓）借
璽彙2806　倝（韓）侗
璽彙2807　倝（韓）倠

璽彙2808　倝（韓）諫
璽彙2809　倝（韓）詁
璽彙2810　倝（韓）弫（強）
璽彙2811　倝（韓）張
璽彙2812　倝（韓）疾
璽彙2813　倝（韓）㽙
璽彙2814　倝（韓）歡
璽彙2815　倝（韓）脎
璽彙2816　倝（韓）羿（旗）
璽彙2817　倝（韓）羿（旗）
璽彙2818　倝（韓）五
璽彙2819　倝（韓）達
璽彙2820　倝（韓）佳

璽彙2821 䡅（韓）市

璽彙2822 䡅（韓）豫

璽彙2823 䡅（韓）生（甥）胥

璽彙2824 䡅（韓）生（甥）熲

璽彙2825 䡅（韓）生（甥）返

璽彙2826 䡅（韓）罰

璽彙2827 䡅（韓）鸝

璽彙2828 䡅（韓）生（甥）让（上）

璽彙2829 䡅（韓）生（甥）臍

璽彙2830 䡅（韓）張

璽彙2831 䡅（韓）跂

璽彙2832 䡅（韓）倠

璽彙2833 䡅（韓）逫

璽彙2834 䡅（韓）䙷（得）

璽彙2835 䡅（韓）陘

璽彙2836 䡅（韓）

璽彙2837 䡅（韓）生（甥）土

璽彙2838 義瑩

璽彙2839 羽丩（狗）義

璽彙2840 義敃（好）

璽彙2841 義尭（乘）

璽彙2881 厰（嚴）瞜（嬰）

璽彙2883 㸚遙

璽彙2884 㸚寳

璽彙2885 㸚疾

璽彙2886 㸚

璽彙2887 ⿱文𠈌⿷匸禹（滿）

璽彙2888 ⿱文𠈌行

璽彙3014 賈枯

璽彙3015 賈眂

璽彙3053 ⿱每山（巍—魏）纕

璽彙3057 ⿸虍金（鑪）比

璽彙3094 餠紿

璽彙3113 陣瑩

璽彙3153 ⿱雔火（焦）剸（斷）

璽彙3170 ⿱𠆢山（⿱𠆢厂—尉）晨（辰）

璽彙3172（3539） ⿱𠆢山（⿱𠆢厂—尉）張

璽彙3173 疋（胥）章

璽彙3174 疋（胥）腹

璽彙3175 疋（胥）瘜

璽彙3176 疋（胥）爲

璽彙3177 疋（胥）辻（上）

璽彙3178 疋（胥）生（甥）佸

璽彙3188 售（雝）晨（辰）

璽彙3189 售（雝）留

璽彙3196 ⿱申土（申）糸（榣）

璽彙3197 ⿱申土（申）鄙

璽彙3207 聠（聲）⿺辶耳

璽彙3208 聠（聲）⿸厂昜

璽彙3226 赤⿰区攴（毆—驅）

璽彙3247 丰⿱罒邑（鄭）

璽彙3248 者⿰身言（信）

璽彙3249 𢍏（𦱤）瘡

璽彙3267 蛆張

璽彙3274 北宮＝受

璽彙3279 百

璽彙3294 敢珥（聖）

璽彙3295 奠（奠—鄭）邦

璽彙3306 剢（狄）生（甥）＝角

璽彙3313 趙（朝）朱

璽彙3317 濤忨（悅）

璽彙3319 封脽

璽彙3320 周起

璽彙3322 蛆己

璽彙3325 𦋿弜（強）

璽彙3326 奠（奠—鄭）臣

璽彙3335 館氏𠙴（户—尉）

璽彙3342 峕（聲）奇

璽彙3346 匀蜀金

璽彙3347 夭疌（胥）秦更

璽彙3349 吷（䠶—射）倚

璽彙3351 休猷

璽彙3353 紷（紷）絵（絵）

璽彙3354 臼犴（豻）

璽彙3362 男𢑚（長）

璽彙3367 長（張）聑

璽彙3370 弔（叔）買

璽彙3371 栗市（師）買

璽彙3372　�（弦）罰

璽彙3380　敞僂（僕）

璽彙3384　九單辻（上）

璽彙3389　王瘧

璽彙3403　愉

璽彙3410　栗帀（師）瓥（滿）

璽彙3413　涘（凝—冰）馬𦤎

璽彙3414　羊閔（門）瓥（滿）

璽彙3416　詛生（甥）諫

璽彙3422　宬張

璽彙3423　秦生（甥）

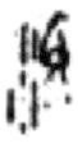

璽彙3424　生（甥）誨

璽彙3425　郯（狄）安

璽彙3440　多閔（門）賀

璽彙3447　𢊁生（甥）慮（慮）

璽彙3452　蝁生（甥）㑥恳（悅）

璽彙3453　安即（次）生（甥）晨（辰）

璽彙3463　忠身（信）

璽彙3466　封遉（道）千梟（秋）

璽彙3477　旃（故）耳

璽彙3478　虜（虜）生（甥）孫

璽彙3484　喻（嚚）

璽彙3485　安行

璽彙3488　刹（狄）生（甥）＝痓

璽彙3489　蚝瘢

璽彙3492　冏（糾）張

璽彙3495 帛生（甥）佸
璽彙3496 宙生（甥）狗
璽彙3497 智生（甥）䖒（春）
璽彙3498 羍（絴—羊）閔（門）齏（齊）
璽彙3500 依思
璽彙3502 岕（萁）宵
璽彙3504 甾（申）生（甥）䝼（嬰）
璽彙3506 宵𧇾（獻）
璽彙3514 羊閔（門）𠥩（滿）
璽彙3515 誨（魏）眲
璽彙3518 砳湯
璽彙3530 嗇（㞢）𨔶（達）
璽彙3537 㕦（笑）眐（聖）

璽彙3539（3172） 㕚（𡰥—尉）張
璽彙3546 諫
璽彙3550 魚瘖
璽彙3580 女倌
璽彙3592 雋（雖）良
璽彙3631 宬良
璽彙3632 單非
璽彙3646 範（範）二申
璽彙3662 婁𢙈（愳）
璽彙3663 女加瑩
璽彙3671 工賞誂
璽彙3683 玄塙（高）厶（私）鈢（璽）
璽彙3688 浗生（甥）異

璽彙3770　司馬思
璽彙3816　司馬＝賀
璽彙3820　司馬茌
璽彙3821　司馬戊
璽彙3822　司馬隼（進）
璽彙3823　司馬鐈（蕎—䔿）
璽彙3838　司寇徒厶（私）
璽彙3841　公孫寅
璽彙3842　公孫章
璽彙3843　公孫昚
璽彙3844　公孫𦘒（建）
璽彙3845　公孫蜚
璽彙3846　公孫隹

璽彙3847　公孫厽（叁）
璽彙3848　公孫登
璽彙3849　公孫山
璽彙3850　公孫＝丁
璽彙3851　公孫午
璽彙3852　公孫文
璽彙3853　公孫奏
璽彙3854　公孫定
璽彙3856　公孫匩
璽彙3857　公孫鄙
璽彙3859　公孫諻（諻）
璽彙3860　公孫㕣
璽彙3861　公孫張

璽彙3862　公孫斂
璽彙3863　公孫⿰𠂤支
璽彙3864　公孫⿰巨支
璽彙3866　公孫駒
璽彙3867　公孫訢
璽彙3868　公孫訢
璽彙3869　公孫⿰登頁
璽彙3870　公孫䋺（帶）
璽彙3871　公孫纕
璽彙3872　公孫刹（殺）
璽彙3873　公孫瘡
璽彙3874　公孫疠（病）
璽彙3876　公孫聲

璽彙3878　公孫倚
璽彙3879　公孫生（甥）聠（聲）
璽彙3880　公孫生（甥）堹
璽彙3882　公孫⿱罒則
璽彙3883　公孫⿱罒則
璽彙3884　公孫壬（挺）让（上）
璽彙3885　公孫生（甥）疠（病）
璽彙3886　公孫生（甥）⿰昌鳥
璽彙3887　公孫⿱罒則千臬（秋）
璽彙3891　公孫⿷匚舌（簋）
璽彙3892　公孫詈（讙）
璽彙3893　公孫爲
璽彙3894　公孫腹

璽彙3895　公孫聖（聲）
璽彙3897　公孫生（甥）昜
璽彙3898　公孫索
璽彙3899　公孫城
璽彙3900　公孫安
璽彙3901　公孫臺（夷）
璽彙3902　公孫赤
璽彙3903　公孫剸（斷）
璽彙3904　公孫弔（叔）
璽彙3905　公孫逻
璽彙3906　公孫瘢
璽彙3908　公孫纕
璽彙3909　公孫藋
璽彙3910　公孫朱
璽彙3913　公孫兖（乘）
璽彙3919　公孫忍（悅）
璽彙3926　公孫生（甥）良
璽彙3929　王孫生（甥）恶（懷）
璽彙3933　䁖（長）孫淂（得）
璽彙3936　臧孫邦
璽彙3941　垕生（甥）
璽彙3942　毛生（甥）奇
璽彙3943　王生（甥）絆
璽彙3944　王生（甥）任
璽彙3945　王生（甥）奞（乘）
璽彙3946　王生（甥）旃（看）

璽彙3947　王生（甥）剎（殺）

璽彙3948　王生（甥）達

璽彙3949　長（張）生（甥）午

璽彙3950　長（張）生（甥）病

璽彙3951　長（張）生（甥）書

璽彙3952　長（張）生（甥）起

璽彙3953　長（張）生（甥）任

璽彙3954　長（張）生（甥）頡（聵）

璽彙3955　長（張）生（甥）⿰占支

璽彙3956　長（張）生（甥）剔

璽彙3957　東方維　維

璽彙3958　東方⿸疒方（病）

璽彙3959　東方貫

璽彙3960　東方⿺辶洛（遴）

璽彙3961　東方生（甥）⿱宀死（乘）

璽彙3962　東方興

璽彙3963　西方冐（肯）

璽彙3964　西方齒

璽彙3965　西方尙

璽彙3966　西方疾

璽彙3988　頣（夏）侯癸

璽彙4091　后闢封　后闢封

璽彙4092　喬石生（甥）兵

璽彙4093（《出土文獻》2021.4.94）

喬生（甥）畋

璽彙4094　喬生（甥）逕

璽彙4095 喬生（甥）式（二）

璽彙4096 喬生（甥）孫

璽彙4098 剈生（甥）譎（訥）

璽彙4099 郾（燕）白（伯）＝甘（邯）單（鄲）

璽彙4100 郾（燕）白（伯）起

璽彙4101 彝（夷）吳（吾）思

璽彙4102 彝（夷）吳（吾）邦

璽彙4103 彝（夷）吳（吾）居性

璽彙4104 彝（夷）吳（吾）禾

璽彙4105 彝（夷）吳（吾）硯

璽彙4106 彝（夷）吳（吾）遫（趣）

璽彙4107 彝（夷）吳（吾）歡

璽彙4108 彝（夷）吳（吾）歡

璽彙4109 彝（夷）吳（吾）㕣

璽彙4110 彝（夷）吳（吾）弖（強）

璽彙4111 彝（夷）吳（吾）躳（信）

璽彙4112 彝（夷）吳（吾）謨（謹）

璽彙4113 彝（夷）吳（吾）汲

璽彙4114 彝（夷）吳（吾）晨（辰）

璽彙4115 彝（夷）吳（吾）眔

璽彙4116 彝（夷）吳（吾）角

璽彙4117 彝（夷）吳（吾）生（甥）非

璽彙4118 彝（夷）吳（吾）生（甥）鵲

璽彙4119 彝（夷）吳（吾）市臣

璽彙4120 彝（夷）吳（吾）＝浘（洟）

璽彙4121　彝（夷）吳（吾）寅
璽彙4122　彝（夷）吳（吾）陞
璽彙4123　彝（夷）吳（吾）大
璽彙4124　彝（夷）吳（吾）刖
璽彙4125　彝（夷）吳（吾）疾
璽彙4126　䍐昌
璽彙4127　䍐椅
璽彙4128　䍐脽
璽彙4129　䍐䝱（嬰）
璽彙4130　肖（趙）上厶（私）句（竘）
璽彙4131　肖（趙）秦
璽彙4132　肖（趙）纕
璽彙4133　肖（趙）竆
璽彙4134　肖（趙）戊
璽彙4135　肖（趙）居
璽彙4136　肖（趙）琌
璽彙4137　肖（趙）佸
璽彙4138　肖（趙）螽
璽彙4139　肖（趙）巡
璽彙4337　得志
璽彙4338　得志
璽彙4392　明上
璽彙4399　明上
璽彙4405　長生
璽彙4406　長生
璽彙4407　長生

璽彙4408 長生

璽彙4467 千丏（万—萬）

璽彙4468 千丏（万—萬）

璽彙4469 千丏（万—萬）

璽彙4472 千丏（万—萬）

璽彙4473 千丏（万—萬）

璽彙4474 千丏（万—萬）

璽彙4475 千丏（万—萬）

璽彙4476 千丏（万—萬）

璽彙4477 千丏（万—萬）

璽彙4478 千丏（万—萬）

璽彙4638 明中

璽彙4727 又明上

璽彙4728 又明上

璽彙4729 又明上

璽彙4735 百千丏（万—萬）

璽彙4738 大吉昌

璽彙4866 大吉昌內

璽彙4867 大吉昌內

璽彙4868 大吉昌內

璽彙4869 大吉昌內

璽彙4870 大吉昌內

璽彙4871 大吉昌內

璽彙4872 大吉昌內

璽彙4873 大吉昌內

璽彙4874 大吉昌內

璽彙4880 尙羌（敬）明昌

璽彙4979 昌

璽彙4985 昌

璽彙4986 昌

璽彙4987 昌

璽彙4988 昌

璽彙4989 昌

璽彙4990 昌

璽彙4991 昌

璽彙4992 昌

璽彙4993 昌

璽彙4994 昌

璽彙4995 昌

璽彙4996 昌

璽彙4997 昌

璽彙5076 明

璽彙5077 明

璽彙5079 明

璽彙5080 明

璽彙5081 明

璽彙5082 明

璽彙5083 明

璽彙5084 明

璽彙5103 ⿱𠂉山（厃—尉）

璽彙5104 ⿱𠂉山（厃—尉）

璽彙5105 ⿱𠂉山（厃—尉）

璽彙5106 𡵂（厃—尉）人=

璽彙5259 城

璽彙5260 城

璽彙5261 城

璽彙5262 城

璽彙5282 詎

璽彙5290 糞

璽彙5297 宑

璽彙5308 各

璽彙5309 各

璽彙5314 樂

璽彙5317 卽（即）

璽彙5318 卽（即）

璽彙5323 羌（敬）

璽彙5327 登

璽彙5334 豊（豎）

璽彙5338 內

璽彙5349 䝂（嬰）

璽彙5350 䝂（嬰）

璽彙5351 中

璽彙5352 中

璽彙5361 趙（朝）

璽彙5373 舛（乘）臼（丘）=

璽彙5386 □堯（乘）

璽彙5403 尒（璽）

璽彙5406 砠

璽彙5427 䛗（信）

璽彙5435 喻（嚣）

璽彙5437 㕣

璽彙5455 㑒（詹）

璽彙5456 㑒（詹）

璽彙5457 㑒（詹）

璽彙5490 䳭

璽彙5498 莫

璽彙5500 舟（舟）

璽彙5501 䔨

璽彙5541 頣（夏）屋都左司馬

璽彙5543 泃城都右司馬

璽彙5545 沐都司工（空）

璽彙5546 頣（夏）屋都㞢（尸—尉）

璽彙5547 中軍㞢（尸—尉）

璽彙5551 泃城都㚖（遽）坥（星—䮤）

璽彙5552 梍（範）湩都㚖（遽）坥（星—䮤）

璽彙5553 𨔛都封人

璽彙5556 坪（平）窨（陰）都鉨（璽）

璽彙5562 中昜（陽）=都吳（虞）王勹（符）

璽彙5566 魯勹

璽彙5570 甘士市

璽彙5571 畾（雷）脸（臉）

璽彙5573 剸（斷）辻（上）

璽彙5574 公孫帶

璽彙5582 齏（齊）勹

璽彙5591 喬公
璽彙5583 彝（夷）吳（吾）旦
璽彙5592 長（張）生（甥）遲（徙）
璽彙5607 長（張）聑
璽彙5611 長（張）即
璽彙5613 長（張）宴（宾）
璽彙5614 長（張）紜
璽彙5630 𩎢（韓）壽
璽彙5635 喬𦙃
璽彙5640 鍾𨒌
璽彙5641 男𠜱（斷）
璽彙5642 昜寅
璽彙5644 畋

璽彙5649 衛旺（聖）
璽彙5652 帛遲（徙）
璽彙5664 俗䝬（嬰）
璽彙5672 𩫏（郭）𡙇（乘）
璽彙5684 王𢗀（慎）明此
璽彙5685 王生（甥）䚻（信）
璽彙5686 王生（甥）罰
璽彙5688 公孫㥶（愬）
璽彙5689 西方瑩
璽彙5690（璽考293） 長（張）生（甥）磊
璽彙5691 司寇脰
璽彙5692 彝（夷）吳（吾）不壬（庭）

璽考

璽考68 會亟（基）鉩（璽）

璽考73 大司馬

璽考74 外司聖（聲）鍴（瑞）

璽考76 㞷（往）都𡵂（仒—尉）

璽考76 𨛭（易）都吳（虞）

璽考77 文安都𣅀（遽）垍（呈—馹）

璽考79 帚昜（陽）都鉩（璽）

璽考81 武城垔（埴）垍（呈—馹）

璽考81 武昜（陽）都𣅀（遽）垍（呈—馹）

璽考84 郲都左司馬

璽考84 趨（逸）都左司馬

璽考85 郉里都𡵂（仒—尉）

璽考86 䢕都右司馬

璽考86 䢕都左司徒鉩（璽）

璽考88 沶都𡵂（仒—尉）

璽考90 良都亩（廩）左

璽考90 武𨛜（垣）都市鍴（瑞）

璽考91 卲泃市之坾（璽）

璽考91 霸昌君

璽考244 宋生（甥）書

璽考252 長（張）狗

璽考253 長（張）山

璽考253 長（張）逜（伍）

璽考265 長（張）共

璽考266 長（張）加

璽考282　長（張）
璽考282　長（張）聑（聖）
璽考282　長（張）耳
璽考283　長（張）[illegible]（嬰）
璽考285　長（張）頣
璽考286　長（張）任
璽考287　長（張）多
璽考289　長（張）又
璽考290　長（張）張
璽考291　長（張）生（甥）書
璽考292　長（張）生（甥）联
璽考292　長（張）生（甥）城
璽考295　辛[illegible]

璽考295　辛[illegible]（武）
璽考295　辛
璽考297　中行軗
璽考302　公孫書
璽考302　公孫生（甥）杙
璽考310　公孫賀
璽考310　公孫纕
璽考310　公孫章
璽考310　公孫忬
璽考310　公孫耳
璽考310　公孫隼
璽考310　公孫[illegible]（建）
璽考310　公孫生（甥）[illegible]

璽考311 公孫壽
璽考311 公孫佳
璽考311 公孫喜
璽考311 公孫复
璽考311 公孫
璽考311 公孫隼（進）
璽考311 公孫謉
璽考312 公孫⿰言禹（訥）
璽考312 公孫幷
璽考312 公孫⿱兄心（悅）千㮚（秋）
璽考313 公孫堙
璽考313 公孫⿺辶㝵（得）
璽考317 訢閔（門）湞

璽考323 ⿱夭舛（乘）臼（丘）＝
璽考324 ⿱夭舛（乘）馬＝生（甥）弜（強）
璽考325 東𩫏（郭）賀
璽考326 東方賜
璽考335 司寇章
璽考336 司馬思
璽考337 司馬戊
璽考338 赤章程
璽考345 大敢衣（依）
璽考346 西宮丁
璽考348 羍（絴—羊）閔（門）聿（建）
璽考349 城公⿰叚頁（嬰）

古印

古印 88 䡅（韓）生（甥）耳

古印 107 壬生（甥）厽（參）

古印 110 䡅（韓）俥

古印 161 諫

古印 150 詈（讙）

吉林

吉林 188 狐生（甥）癥

吉林 189 義敀（好）

考古

考古 1989.4.378 ⿱山犬（笑）言

中原文物

中原文物 2007.1.111 陘（陘）陰（陰）都清左

西泠

西泠 11

（下右）：⿰歹乘（乘）馬=生（甥）弜（強）

珍戰

珍戰 30 公孫腹

珍戰 44 丌（其）腹

珍戰 61 王罰

珍戰 82 魯生（甥）丞（丞）

珍戰 83 衛旦

珍戰92　敼生（甥）佸

珍戰99　喬癓

玉印

玉印54　昌

玉印55　昌

玉印56　昌

華夏

華夏53·處NO.262　馯（韓）忍（幾）

華夏56·銀NO.28　長（張）任

華夏99·處NO.56-2　中貞（鼎）丏勹（符）

華夏100·處NO.54　大司徒丏埱（呈—駬）

華夏100·處NO.55　大司徒鍴（瑞）

華夏98·處NO.60　硷

程璽

程璽3.036　昌

程璽3.047　昌

二十

二十2-SY-0002　戠（篋）生（甥）坣

二十2-SY-0005　帀（師）生（甥）螽（璽）

二十2-SY-0007（考古1983.1046）　喬䰢

燕下都

燕下都・圖四八10　銅印：型鑿（奐）

燕下都・圖四八12　石印：八七一

燕下都・圖四八1　銅印：

燕下都・圖四八2　銅印：囂

燕下都・圖四八3　銅印：城

燕下都・圖四八4　銅印：喬

燕下都・圖四八5　銅印：倝（韓）賔

燕下都・圖四八6　銅印：

燕下都・圖四八7　銅印：

燕下都・圖四八9　銅印：閲市比鍴（瑞）

燕下都・圖四八10　銅印：

燕下都・圖四八九9　骨印：工

歷博

歷博4.37　倝（韓）軍

歷博4.43　喬䠶（躲—射）

歷博4.62　口亡（無）

歷博4.63　昌

歷博4.64　千丏（万—萬）

藝術

藝術59　倝（韓）右車

燕陶

燕陶・圖2.11　銅印：右宮頡

圖典

圖典3831 猲䢐（趣）

圖典3866 薎都□之鉨（璽）

圖典3935 丏（万—萬）上舜（舟—受）

圖典3945 城

圖典3980 中人

圖典4010 王痣

圖典4046 王生（甥）長

圖典4086 訨（信）鉨（璽）

圖典4096 肖（趙）留

圖典4097 肖（趙）莫

圖典4204 昜亦

圖典4224 高共

圖典4248 郾（燕）白（伯）犬

圖典4253 番丑

圖典4276 喬 

圖典4287 猲疾

圖典4314 塱（申）遂（迻—移）

圖典4333 衛臣

圖典4346 售（雔）詁

圖典4347 售（雔）生（甥）城

圖典4356 䡅（韓）辻（上）

圖典4395 齍（齊）娟

圖典4494 羍（絆—羊）閔（門） 

圖典4540 千

圖典4573 昌

圖典4585　吉昌內

圖典4990　長（張）內

圖典8888　長（張）內

圖典8915　王昌

圖典8941　雋（雖）愚

圖典8942　戟（韓）喜

圖典8957　罰

圖典8958　千丏（万—萬）

圖典8962　又明上

圖典8963　苟（敬）事明上

圖典8964　关（笑）顛（頭）

圖典9089　畋譪（訥）

徙信

徙信010　啓（來）馬逌（趣）

徙信122　公孫兗（乘）之

徙信136　喬生（甥）敍

徙信284　浦臧

陶器

說明：

一、材料來源主要取自《陶録》《陶彙》《燕下都》《集拓》《歷博》《燕齊》《步黟》《選編》《新陶》《燕陶》等，釋文即按這些著録書順序、序號排序編録。陶質幣範已依類放到貨幣釋文彙編中，茲不重録。

二、釋文一般盡量給出嚴格隸定字形。一些常見文字及一些已有定論的文字隸定則較爲寬泛。異體字一般先出隸定字形，再以「（）」括註出本字；通假字一般先出本字，再以「（）」括註出通假字；異體且通假者，在「（）」內以「—」將二者間隔。本字、通假字盡量寫作後世通用字形。

三、不識字以電腦處理過的字形或摹本字形替代。殘缺字可據格式、文意補者，以「【】」補注；殘缺字數不明者，以「……」表示；殘缺字數明確者，以「□」對應殘缺之字。重文、合文用「=」標識。

四、重複著錄的銘文，一般祇錄一次。有必要指明重複的銘文，在著錄編號後以「（）」括註重見著錄及編號。

五、燕陶文多爲鈢印而成，故璽、陶文字無論格式還是字形皆無本質差別。本書璽印、陶文並列，一是沿襲故有分類，再是燕陶文仍有部份刻劃文字、符號存在。

陶彙

陶彙 3.778　缶（陶）人珇（聖）

陶録

陶録 3.287.3　鵑

陶録 4.1.1　十六年四月右缶（陶）君（尹），倈敢攴（拍）賀，右缶（陶）攻（工）徒。

陶録 4.2.1　十六年十月左缶（陶）君（尹），倈腟（臙）攴（拍）瑩，左缶（陶）攻（工）剸（斷）。

陶録 4.2.2　十七＝年八月右缶（陶）君（尹），倈旃（看）攴（拍）賀。

陶録 4.3.1　十七＝年十月左缶（陶）君（尹），左缶（陶）倈留攴（拍）瑩。

陶録 4.3.2　十八年十二月右缶（陶）君（尹），倈□攴（拍）賀。

陶録 4.3.3　十九年十二月右缶（陶）君（尹），倈敢攴（拍）賀。

陶録 4.4.1　□二年十一月左缶（陶）君（尹），【左】缶（陶）倈湯攴（拍）叟（或）。

陶録 4.4.2　□七年九月左缶（陶）君（尹），倈留攴（拍）瑩。

陶錄4.4.3　□八年十二月左缶（陶）君（尹），左缶（陶）……

陶錄4.4.4　左缶（陶）……，左缶（陶）……

陶錄4.5.1

二十=（廿）一年八月右缶（陶）君（尹），倈疾敀（拍）賀，右缶（陶）攻（工）湯。

陶錄4.6.1　二十=（廿）一年八月右【缶（陶）君（尹）】，倈疾敀（拍）……

陶錄4.6.2　二十=（廿）一年四月左缶（陶）君（尹），【倈】□敀（拍）叓（或）。

陶錄4.6.3　二十=（廿）一年□【月右缶（陶）君（尹）】，倈疾敀（拍）賀。

陶錄4.6.4　……年十一月左缶（陶）君（尹），【左】缶（陶）倈湯敀（拍）叓（或）。

陶錄4.7.1

二十=（廿）二年正月左缶（陶）君（尹），左缶（陶）倈湯敀（拍）叓（或），左缶（陶）攻（工）敢。

陶錄4.8.1

左缶（陶）君（尹）鐳坌哭（器）鍴（瑞），左缶（陶）倈湯敀（拍）叓（或），左缶（陶）

攻（工）敢。

陶錄4.9.1　二十＝（廿）二年正月左缶（陶）君（尹），左缶（陶）倈湯敀（拍）⿱或又（或）。

陶錄4.9.2　二十＝（廿）二年八月【右缶（陶）君（尹）】，倈疾【敀（拍）】□。

陶錄4.9.3　二十＝（廿）一年十二月左缶（陶）君（尹）……

陶錄4.9.4　十八年十二月右缶（陶）君（尹），倈敢敀（拍）賀。

陶錄4.10.1

二十＝（廿）三年十月右【缶（陶）君（尹）】，倈剸（斷）敀（拍）賀，右【缶（陶）攻（工）】□。

陶錄4.10.2　二十＝（廿）九年六月左缶（陶）君（尹）……

陶錄4.11.1

右缶（陶）君（尹）鑵【⿱⿱夕止哭（器）鍴（瑞）】，倈剸（斷）敀（拍）賀，右缶（陶）攻（工）湯。

陶錄4.11.2

左缶（陶）君（尹）鑵⿱⿱夕止哭（器）鍴（瑞），倈湯敀（拍）⿱或又（或），【左】缶（陶）攻（工）

賬。

陶錄4.12.1

左缶（陶）君（尹）鑇⿱夕止哭（器）鍴（瑞），左缶（陶）倈□敀（拍）⿱或女（或），左缶（陶）攻（工）□。

陶錄4.12.2

左缶（陶）君（尹）舊（鑇）【⿱夕止哭（器）鍴（瑞）】，左缶（陶）……，缶（陶）攻（工）臉（臘）。

陶錄4.12.3　左攻（工）缶（陶）宅

陶錄4.13.1

左缶（陶）君（尹）鑇⿱夕止哭（器）鍴（瑞），左缶（陶）倈湯敀（拍）⿱或女（或），【左】缶（陶）攻（工）臉（臘）。

陶錄4.13.2　左缶（陶）攻（工）旺（聖）

陶錄4.13.3　左缶（陶）君（尹）【鑇⿱夕止哭（器）鍴（瑞）】，左缶（陶）攻（工）敢。

陶錄4.14.1

左缶（陶）君（尹）鑵坌哭（器）鍴（瑞），左缶（陶）倈湯攴（拍）戜（或），【左】缶（陶）攻（工）黑。

陶錄4.14.2　左缶（陶）攻（工）旺（聖）

陶錄4.14.3　左缶（陶）……，倈……

陶錄4.15.1　右缶（陶）攻（工）徒

陶錄4.15.2　右缶（陶）攻（工）湯

陶錄4.15.3　右缶（陶）攻（工）丑

陶錄4.15.4　右缶（陶）攻（工）秦

陶錄4.16.1　左缶（陶）君（尹）鑵坌哭（器）【鍴（瑞）】，【左】缶（陶）攻（工）黑。

陶錄4.16.2　左缶（陶）倈湯攴（拍）戜（或）

陶錄4.16.3

【左缶（陶）君（尹）】鑵坌哭（器）鍴（瑞），【左缶（陶）】倈湯攴（拍）戜（或）。

陶錄4.16.4 左缶（陶）攻（工）敢

陶錄4.17.1 右缶（陶）攻（工）青

陶錄4.17.2 倈剸（斷）【敀（拍）】□，右缶（陶）攻（工）□。

陶錄4.17.3 右缶（陶）攻（工）賀

陶錄4.17.4 右缶（陶）君（尹）【鑈夕止哭（器）鍴（瑞）】，缶（陶）【攻（工）】□。

陶錄4.18.1

左缶（陶）君（尹）鑈夕止哭（器）鍴（瑞），左缶（陶）倈湯敀（拍）戜（或），左缶（陶）攻（工）𠇷。

陶錄4.18.2 左缶（陶）君（尹）鑈【夕止哭（器）鍴（瑞）】，左缶（陶）倈……

陶錄4.18.3 左缶（陶）……，缶（陶）……

陶錄4.19.1

【右缶（陶）君（尹）】鑈夕止哭（器）鍴（瑞），倈剸（斷）敀（拍）賀，右缶（陶）攻（工）湯。

陶錄4.19.2　左缶（陶）……

陶錄4.19.3　右缶（陶）攻（工）湯

陶錄4.19.4　左缶（陶）攻（工）□

陶錄4.20.1　左缶（陶）君（尹）鑴𡕒【哭（器）鍴（瑞）】，缶（陶）攻（工）黑。

陶錄4.20.2　右缶（陶）攻（工）賀

陶錄4.20.3　左缶（陶）君（尹）鑴𡕒哭（器）【鍴（瑞）】

陶錄4.20.4　右缶（陶）攻（工）賀

陶錄4.21.1　余（徐）無都鍴（瑞）

陶錄4.21.2　昜（陽）安都王勹（符）鍴（瑞）

陶錄4.21.3　無审（終）市王勹（符）

陶錄4.22.1　昜（陽）都吳（虞）王勹（符）

陶錄4.22.2　左宮

陶錄4.22.3　右□兼

陶録4.22.4　右宮居頞（願）
陶録4.23.1　左宮癕
陶録4.23.2　左宮癕
陶録4.23.3　左宮敀
陶録4.23.4　【左宮】敀
陶録4.24.1　左宮⿰韋立
陶録4.24.2　左宮⿰韋立
陶録4.24.3　左宮巨隹
陶録4.24.4　左宮巨隹
陶録4.25.1　左宮者坣（州）
陶録4.25.2　左宮者坣（州）
陶録4.25.3　左宮者坣（州）
陶録4.25.4　【左宮】者坣（州）

陶録4.26.1　左宮散（造）
陶録4.26.2　左宮散（造）
陶録4.26.3　左宮散（造）
陶録4.26.4　左宮起
陶録4.27.1　左宮田左
陶録4.27.2　左宮田左
陶録4.27.3　左宮田左
陶録4.27.4　左宮□□
陶録4.28.1　左宮寇
陶録4.28.2　左宮⿰每系
陶録4.28.3　左宮
陶録4.28.4　左宮
陶録4.29.1　右宮郼

陶錄 4.29.2　右宮偏（媥—芊）

陶錄 4.29.3　右宮靑（虩—虓）

陶錄 4.29.4　右宮巨心

陶錄 4.30.1　左宮巨𣦼（發）

陶錄 4.30.2　左宮肸

陶錄 4.30.3　左宮方

陶錄 4.30.4　左宮詻（談）

陶錄 4.31.1　右宮爲義

陶錄 4.31.2　右宮爲義

陶錄 4.31.3　右宮㬅（曼）

陶錄 4.31.4　右宮㬅（曼）

陶錄 4.32.1　右宮豊（豎）

陶錄 4.32.2　右宮駒

陶錄 4.32.3　右宮肩

陶錄 4.32.4　右宮□

陶錄 4.33.1　左宮□

陶錄 4.33.2　左宮

陶錄 4.33.3（4.138.4）　鵑

陶錄 4.33.4

缶（陶）攻（工）乙　缶（陶）攻（工）乙

陶錄 4.34.1　左缶（陶）㚣（鞭）

陶錄 4.34.2　左宮諫

陶錄 4.35.1　缶（陶）攻（工）㚣（鞭）

陶錄 4.35.2　缶（陶）攻（工）㚣（鞭）

陶錄 4.35.3　缶（陶）攻（工）㚣（鞭）

陶錄 4.35.4　缶（陶）攻（工）舌

陶錄4.36.1　缶（陶）攻（工）訢
陶錄4.36.2　缶（陶）攻（工）訢
陶錄4.36.3　缶（陶）攻（工）訢
陶錄4.36.4　缶（陶）攻（工）士
陶錄4.37.1　缶（陶）攻（工）登
陶錄4.37.2　缶（陶）攻（工）登
陶錄4.37.3　缶（陶）攻（工）登
陶錄4.37.4　士缶（陶）攻（工）上
陶錄4.38.1　缶（陶）攻（工）上
陶錄4.38.2　缶（陶）攻（工）上
陶錄4.38.3　缶（陶）攻（工）上
陶錄4.38.4　缶（陶）攻（工）乙
陶錄4.39.1　缶（陶）攻（工）善
陶錄4.39.2　缶（陶）攻（工）善
陶錄4.39.3　缶（陶）攻（工）善
陶錄4.39.4　缶（陶）攻（工）音
陶錄4.40.1　缶（陶）攻（工）誥
陶錄4.40.2　缶（陶）攻（工）誥
陶錄4.40.3　缶（陶）攻（工）
陶錄4.40.4　缶（陶）攻（工）昌
陶錄4.41.1　缶（陶）攻（工）灾（烖）
陶錄4.41.2　缶（陶）攻（工）亙
陶錄4.41.3
缶（陶）攻（工）勹　缶（陶）攻（工）勹
陶錄4.41.4　缶（陶）攻（工）勹
陶錄4.42.1　缶（陶）攻（工）訒

陶錄4.42.2　缶（陶）攻（工）訙

陶錄4.42.3　缶（陶）攻（工）訙

陶錄4.42.4　缶（陶）攻（工）申

陶錄4.43.1　缶（陶）攻（工）謀

陶錄4.43.2　缶（陶）攻（工）諫

陶錄4.43.3　缶（陶）攻（工）諫

陶錄4.43.4　缶（陶）攻（工）斂

陶錄4.44.1　缶（陶）攻（工）兖（乘）

陶錄4.44.2　缶（陶）攻（工）依

陶錄4.44.3　窑（陶）攻（工）趣（趣）

陶錄4.44.4　缶（陶）攻（工）旁

陶錄4.45.1　缶（陶）攻（工）凵

陶錄4.45.2　缶（陶）攻（工）凵

陶錄4.45.3　缶（陶）攻（工）凵

陶錄4.45.4　缶（陶）攻（工）凵

陶錄4.46.1　缶（陶）攻（工）

陶錄4.46.2　缶（陶）攻（工）

陶錄4.46.3　缶（陶）攻（工）

陶錄4.46.4　缶（陶）攻（工）

陶錄4.47.1　缶（陶）攻（工）

陶錄4.47.2　缶（陶）攻（工）

陶錄4.47.3　缶（陶）攻（工）臣（篤）

陶錄4.47.4　缶（陶）攻（工）臣（篤）

陶錄4.48.1　缶（陶）攻（工）退（得）

陶錄4.48.2　缶（陶）攻（工）退（得）

陶錄4.48.3　缶（陶）攻（工）退（得）

陶錄4.48.4　宔（主）缶（陶）顛（頸）

陶錄4.49.1　缶（陶）攻（工）㝵（得）

陶錄4.49.2　缶（陶）攻（工）㝵（得）

陶錄4.49.3　缶（陶）攻（工）㝵（得）

陶錄4.49.4　缶（陶）攻（工）㝵（得）

陶錄4.50.1　缶（陶）工得

陶錄4.50.2　缶（陶）工得

陶錄4.50.3　缶（陶）工得

陶錄4.50.4　【缶（陶）】工得

陶錄4.51.1　缶（陶）工得

陶錄4.51.2　缶（陶）工得

陶錄4.51.3　缶（陶）工得

陶錄4.51.4　缶（陶）工得

陶錄4.52.1　缶（陶）工得

陶錄4.52.2　缶（陶）工得

陶錄4.52.3　缶（陶）工得

陶錄4.52.4　缶（陶）工得

陶錄4.53.1　缶（陶）攻（工）生

陶錄4.53.2　缶（陶）攻（工）甘

陶錄4.53.3　缶（陶）攻（工）牛

陶錄4.53.4　缶（陶）攻（工）干

陶錄4.54.1　缶（陶）攻（工）=呂

陶錄4.54.2　缶（陶）攻（工）=呂

陶錄4.54.3　缶（陶）攻（工）北

陶錄4.54.4　缶（陶）攻（工）

陶錄4.55.1　缶（陶）工𡈼

陶錄4.55.2 缶（陶）工尘
陶錄4.55.3 缶（陶）攻（工）尘
陶錄4.55.4 【缶（陶）】攻（工）尘
陶錄4.56.1 缶（陶）攻（工）丁
陶錄4.56.2 缶（陶）攻（工）丁
陶錄4.56.3 缶（陶）攻（工）山
陶錄4.56.4 缶（陶）攻（工）山
陶錄4.57.1 缶（陶）攻（工）息
陶錄4.57.2 缶（陶）攻（工）息
陶錄4.57.3 缶（陶）攻（工）罰
陶錄4.57.4 缶（陶）攻（工）罰
陶錄4.58.1 缶（陶）攻（工）
陶錄4.58.2 缶（陶）攻（工）
陶錄4.58.3 缶（陶）攻（工）尘
陶錄4.58.4 缶（陶）攻（工）尘
陶錄4.59.1 缶（陶）攻（工）卸（御）
陶錄4.59.2 缶（陶）攻（工）卸（御）
陶錄4.59.3 缶（陶）攻（工）僵
陶錄4.59.4 缶（陶）攻（工）丘
陶錄4.60.1 缶（陶）攻（工）尘
陶錄4.60.2 缶（陶）攻（工）盥（盟）
陶錄4.60.3 缶（陶）攻（工）昌
陶錄4.60.4 缶（陶）攻（工）
陶錄4.61.1 缶（陶）攻（工）生
陶錄4.61.2 □攻（工）湏（得）
陶錄4.61.3 缶（陶）攻（工）昌

陶錄4.61.4 缶（陶）攻（工）

陶錄4.62.1 缶（陶）攻（工）逪（趣）

陶錄4.62.2 缶（陶）攻（工）耳

陶錄4.62.3 缶（陶）攻（工）目

陶錄4.62.4 缶（陶）攻（工）眗

陶錄4.63.1 缶（陶）攻（工）干

陶錄4.63.2 缶（陶）攻（工）臣

陶錄4.63.3 缶（陶）攻（工）士

陶錄4.63.4 缶（陶）攻（工）秦

陶錄4.64.1 缶（陶）攻（工）牛

陶錄4.64.2 缶（陶）攻（工）遈（得）

陶錄4.64.3 缶（陶）攻（工）

陶錄4.64.4 缶（陶）攻（工）□

陶錄4.65.1 缶（陶）攻（工）牛

陶錄4.65.2 缶（陶）攻（工）牛

陶錄4.65.3 缶（陶）攻（工）牛

陶錄4.65.4 缶（陶）攻（工）牛

陶錄4.66.1 缶（陶）攻（工）牛

陶錄4.66.2 缶（陶）攻（工）牛

陶錄4.66.3 缶（陶）攻（工）牛

陶錄4.66.4 缶（陶）攻（工）牛

陶錄4.67.1 缶（陶）攻（工）牛

陶錄4.67.2

缶（陶）攻（工）牛 缶（陶）攻（工）牛

陶錄4.67.3 缶（陶）攻（工）牛

陶錄4.67.4 缶（陶）攻（工）牛

陶錄4.68.1 缶（陶）攻（工）牛
陶錄4.68.2 缶（陶）攻（工）牛
陶錄4.68.3 缶（陶）攻（工）牛
陶錄4.68.4 缶（陶）攻（工）牛
陶錄4.69.1 缶（陶）攻（工）乙
陶錄4.69.2 缶（陶）攻（工）乙
陶錄4.69.3 缶（陶）攻（工）悅
陶錄4.69.4 缶（陶）攻（工）目
陶錄4.70.1 缶（陶）攻（工）㞢（止）
陶錄4.70.2 缶（陶）攻（工）□上
陶錄4.70.3 缶（陶）攻（工）昌
陶錄4.70.4 缶（陶）攻（工）昌
陶錄4.71.1 缶（陶）攻（工）昌
陶錄4.71.2 缶（陶）攻（工）昌
陶錄4.71.3 缶（陶）攻（工）昌
陶錄4.71.4 宙（陶）攻（工）昌
陶錄4.72.1 缶（陶）攻（工）曰
陶錄4.72.2 缶（陶）攻（工）昌
陶錄4.72.3 缶（陶）攻（工）昌
陶錄4.72.4 缶（陶）攻（工）昌
陶錄4.73.1 缶（陶）攻（工）昌
陶錄4.73.2 缶（陶）攻（工）昌
陶錄4.73.3 缶（陶）攻（工）曰
陶錄4.73.4 缶（陶）攻（工）曰
陶錄4.74.1 缶（陶）攻（工）昌
陶錄4.74.2 缶（陶）攻（工）昌

陶錄4.74.3　缶（陶）攻（工）昌

陶錄4.74.4　缶（陶）攻（工）昌

陶錄4.75.1　缶（陶）攻（工）昌

陶錄4.75.2　缶（陶）攻（工）昌

陶錄4.75.3　缶（陶）攻（工）昌

陶錄4.75.4　【缶（陶）】攻（工）昌

陶錄4.76.1　缶（陶）攻（工）昌

陶錄4.76.2　缶（陶）攻（工）昌

陶錄4.76.3　缶（陶）攻（工）昌

陶錄4.76.4　缶（陶）攻（工）昌

陶錄4.77.1　缶（陶）攻（工）昌

陶錄4.77.2　缶（陶）攻（工）昌

陶錄4.77.3　缶（陶）攻（工）昌

陶錄4.77.4　缶（陶）攻（工）昌

陶錄4.78.1　缶（陶）攻（工）昌

陶錄4.78.2　缶（陶）攻（工）昌

陶錄4.78.3　缶（陶）攻（工）昌

陶錄4.78.4　缶（陶）攻（工）昌

陶錄4.79.1　缶（陶）攻（工）昌

陶錄4.79.2　缶（陶）攻（工）午

陶錄4.79.3　缶（陶）攻（工）昌

陶錄4.79.4　缶（陶）攻（工）

陶錄4.80.1　缶（陶）攻（工）午

陶錄4.80.2　缶（陶）攻（工）午

陶錄4.80.3　缶（陶）工午

陶錄4.80.4　缶（陶）攻（工）午

陶錄4.81.1　缶（陶）攻（工）午
陶錄4.81.2　缶（陶）工午
陶錄4.81.3　缶（陶）攻（工）午
陶錄4.81.4　缶（陶）攻（工）午
陶錄4.82.1　缶（陶）午
陶錄4.82.2　缶（陶）工午
陶錄4.82.3　缶（陶）工午　一㖖（轂）反（半）
陶錄4.82.4　缶（陶）攻（工）昌
陶錄4.83.1　缶（陶）攻（工）午
陶錄4.83.2　缶（陶）攻（工）士
陶錄4.83.3　缶（陶）攻（工）士
陶錄4.83.4　缶（陶）攻（工）士
陶錄4.84.1　缶（陶）攻（工）士

陶錄4.84.2　缶（陶）攻（工）士
陶錄4.84.3　缶（陶）攻（工）士
陶錄4.84.4　缶（陶）攻（工）士
陶錄4.85.1　缶（陶）工士
陶錄4.85.2　缶（陶）工士
陶錄4.85.3　缶（陶）工士
陶錄4.85.4　缶（陶）工士
陶錄4.86.1　缶（陶）工士
陶錄4.86.2　缶（陶）工士
陶錄4.86.3　缶（陶）工士
陶錄4.86.4　缶（陶）攻（工）士
陶錄4.87.1　缶（陶）攻（工）乙
陶錄4.87.2　缶（陶）攻（工）乙

陶錄4.87.3　缶（陶）攻（工）乙
陶錄4.87.4　缶（陶）攻（工）乙
陶錄4.88.1　缶（陶）攻（工）乙
陶錄4.88.2　缶（陶）攻（工）乙
陶錄4.88.3　缶（陶）攻（工）乙
陶錄4.88.4　缶（陶）攻（工）乙
陶錄4.89.1　缶（陶）攻（工）乙
陶錄4.89.2　缶（陶）攻（工）乙
陶錄4.89.3　畋阜（草）
陶錄4.90.1　缶（陶）工乙
陶錄4.90.2　士缶（陶）乙
陶錄4.90.3　缶（陶）乙
陶錄4.90.4　缶（陶）工士

陶錄4.91.1　缶（陶）乙
陶錄4.91.2　缶（陶）乙
陶錄4.91.3　缶（陶）乙
陶錄4.91.4　缶（陶）乙
陶錄4.91.5　缶（陶）乙
陶錄4.91.6　缶（陶）乙
陶錄4.92.1　缶（陶）工乙
陶錄4.92.2　缶（陶）工乙
陶錄4.92.3　缶（陶）攻（工）乙
陶錄4.92.4　缶（陶）攻（工）乙
陶錄4.92.5　缶（陶）工乙
陶錄4.92.6　士攻（工）牛
陶錄4.93.1　缶（陶）攻（工）□

陶錄4.93.2 缶（陶）攻（工）

陶錄4.93.3 缶（陶）攻（工）乙

陶錄4.93.4 缶（陶）攻（工）□

陶錄4.93.5 缶（陶）攻（工）生

陶錄4.93.6 缶（陶）攻（工）生

陶錄4.94.1 缶（陶）工士

陶錄4.94.2 缶（陶）工士

陶錄4.94.3 缶（陶）昌

陶錄4.94.4 缶（陶）工坐

陶錄4.94.5 缶（陶）工士

陶錄4.94.6 缶（陶）工士

陶錄4.95.1 缶（陶）乙

陶錄4.95.2 缶（陶）乙

陶錄4.95.3 

陶錄4.95.4 缶（陶）乙

陶錄4.95.5 缶（陶）乙

陶錄4.95.6 □□

陶錄4.96.1 缶（陶）工坐 二言（觳）……

陶錄4.96.2 缶（陶）工坐 ……

陶錄4.96.3 缶（陶）工午

陶錄4.96.4 缶（陶）工午

陶錄4.97.1 缶（陶）午

陶錄4.97.2 缶（陶）午

陶錄4.97.3 缶（陶）午

陶錄4.97.4 缶（陶）于

陶錄4.98.1 士缶（陶）共

陶録4.98.2　缶（陶）兵

陶録4.98.3　士缶（陶）息　……吉（㱿）

陶録4.98.4　二吉（㱿）反（半）

陶録4.99.1　士缶（陶）

陶録4.99.2　缶（陶）……　二吉（㱿）反（半）

陶録4.99.3　⿱宀缶缶（陶）之⿰缶支（陶）昌

陶録4.99.4　豊（豎）

陶録4.100.1　缶（陶）攻（工）

陶録4.100.2　缶（陶）攻（工）

陶録4.100.3　缶（陶）攻（工）

陶録4.100.4　缶（陶）攻（工）

陶録4.101.1　缶（陶）攻（工）士＝

陶録4.101.2　缶（陶）攻（工）

陶録4.101.3　缶（陶）攻（工）

陶録4.101.4　缶（陶）攻（工）

陶録4.102.1　士工眔

陶録4.102.2　士工眔

陶録4.102.3　工市⿰虫昏

陶録4.102.4　缶（陶）攻（工）⿱午女（御）

陶録4.103.1　反（半）四吉（㱿）

陶録4.103.2

缶（陶）工　二吉（㱿）八馭（掬）

陶録4.103.3　缶（陶）乙　二吉（㱿）反（半）

陶録4.103.4　二吉（㱿）　四

陶録4.104.1　左北坪（平）　六吉（㱿）

陶録4.104.2

缶（陶）工尘　二言（瞉）七馭（掬）

陶錄4.104.3　四　六言（瞉）

陶錄4.105.1

缶（陶）攻（工）　二豆（鼓）七言（瞉）

陶錄4.105.2　缶（陶）午　二言（瞉）

陶錄4.105.3　士缶（陶）工

陶錄4.106.1

缶（陶）工　二言（瞉）八馭（掬）

陶錄4.106.2

缶（陶）工　二言（瞉）六馭（掬）

陶錄4.106.3　八言（瞉）

陶錄4.106.4　二言（瞉）

陶錄4.107.1　九享（瞉）

陶錄4.107.2　九享（瞉）

陶錄4.107.3　二言（瞉）

陶錄4.107.4　缶（陶）攻（工）午　□言（瞉）

陶錄4.108.1　……尘　二言（瞉）

陶錄4.108.2

缶（陶）工　二言（瞉）八馭（掬）

陶錄4.108.3

士缶（陶）䡝（乘）　二言（瞉）七馭（掬）

陶錄4.108.4　二言（瞉）

陶錄4.109.1　缶（陶）工午　四言（瞉）

陶錄4.109.2　六言（瞉）

陶錄4.109.3　八言（瞉）

陶錄4.109.4　十言（瞉）

陶錄4.110.1　缶（陶）午　□𠶷（轂）

陶錄4.110.2　二𠶷（轂）

陶錄4.110.3

……攻（工）　二𠶷（轂）七𣪕（掬）

陶錄4.110.4　二𠶷（轂）反（半）

陶錄4.111.1

缶（陶）工午　一𠶷（轂）反（半）

陶錄4.111.2　二𠶷（轂）

陶錄4.111.3　缶（陶）午　三𠶷（轂）反（半）

陶錄4.111.4　三𠶷（轂）

陶錄4.112.1

缶（陶）攻（工）佐　二𠶷（轂）反（半）

陶錄4.112.2　二𠶷（轂）四𣪕（掬）

陶錄4.112.3

缶（陶）攻（工）徒　三𠶷（轂）八𣪕（掬）

陶錄4.112.4　三𠶷（轂）

陶錄4.113.1　缶（陶）⿱夅車（乘）　五𠶷（轂）

陶錄4.113.2　六𠶷（轂）

陶錄4.113.3　缶（陶）⿱夅車（乘）　五𠶷（轂）

陶錄4.113.4　六𠶷（轂）

陶錄4.114.1　二𠶷（轂）反（半）

陶錄4.114.2　六𠶷（轂）

陶錄4.114.3　缶（陶）[illegible]　四𠶷（轂）

陶錄4.114.4　三𠶷（轂）反（半）

陶錄4.115.1　缶（陶）攻（工）昌

陶錄4.115.2　左宮不誨

陶錄4.115.3　二壴（觳）反（半）
陶錄4.115.4　缶（陶）工　二壴（觳）
陶錄4.116.1　右宮頙
陶錄4.116.2　缶（陶）士
陶錄4.116.3　窑（陶）【人】井
陶錄4.116.4　窑（陶）人斂
陶錄4.117.1　缶（陶）癃（乘）
陶錄4.117.2　缶（陶）匿
陶錄4.117.3　缶（陶）牛
陶錄4.117.4　缶（陶）攻（工）士
陶錄4.118.1　缶（陶）工=
陶錄4.118.2　缶（陶）攻（工）乙
陶錄4.118.3　左攻（工）
陶錄4.118.4　悳（克）
陶錄4.119.1　缶（陶）徒
陶錄4.119.2　缶（陶）徒
陶錄4.119.3　缶（陶）進
陶錄4.119.4　缶（陶）甲
陶錄4.120.1　缶（陶）工士
陶錄4.120.2　缶（陶）攻（工）臣
陶錄4.120.3　缶（陶）工乙
陶錄4.120.4　缶（陶）攻（工）□
陶錄4.121.1　右缶（陶）攻（工）□
陶錄4.121.2　缶（陶）工
陶錄4.121.3　缶（陶）旦
陶錄4.121.4　缶（陶）丙

陶錄4.122.1　缶（陶）工

陶錄4.122.2　缶（陶）工

陶錄4.122.3　缶（陶）工

陶錄4.122.4　缶（陶）工

陶錄4.123.1　缶（陶）工乙

陶錄4.123.2　缶（陶）工乙

陶錄4.123.3　缶（陶）工乙

陶錄4.123.4　缶（陶）工乙　缶（陶）工乙

陶錄4.124.1　缶（陶）工

陶錄4.124.2　缶（陶）工

陶錄4.124.3　缶（陶）工

陶錄4.124.4　缶（陶）工

陶錄4.125.1　缶（陶）工

陶錄4.125.2　缶（陶）工

陶錄4.125.3　缶（陶）工

陶錄4.125.4　缶（陶）工

陶錄4.126.1　缶（陶）工

陶錄4.126.2　缶（陶）工

陶錄4.126.3　缶（陶）工

陶錄4.126.4　缶（陶）工

陶錄4.127.1　缶（陶）工

陶錄4.127.2　缶（陶）工

陶錄4.127.3　缶（陶）工

陶錄4.127.4　缶（陶）工

陶錄4.128.1　缶（陶）工

陶錄4.128.2　缶（陶）工

陶錄4.128.3 缶（陶）工

陶錄4.128.4 缶（陶）工

陶錄4.129.1 缶（陶）工＝

陶錄4.129.2 缶（陶）工＝

陶錄4.129.3 缶（陶）工＝

陶錄4.129.4 缶（陶）工＝

陶錄4.130.1 左昌

陶錄4.130.2 缶（陶）攻（工）□

陶錄4.130.3 缶（陶）工

陶錄4.130.4 工齊（臍）

陶錄4.131.1 缶（陶）攻（工）

陶錄4.131.2 士攻（工）隹

陶錄4.131.3 □□

陶錄4.131.4 丘□

陶錄4.132.1 缶（陶）

陶錄4.132.2 二言（觳）

陶錄4.132.3 缶（陶）工坐

陶錄4.132.4 二言（觳）反（半）

陶錄4.133.1 缶（陶）攻（工）乙

陶錄4.133.2 缶（陶）乙

陶錄4.133.3 缶（陶）攻（工）乙

陶錄4.133.4 缶（陶）攻（工）□

陶錄4.134.1 缶（陶）工午

陶錄4.134.2 缶（陶）攻（工）坐

陶錄4.134.3 工

陶錄4.134.4 缶（陶）□

陶錄4.134.5 文

陶錄4.135.1 缶（陶）午

陶錄4.135.2 缶（陶）工乙 缶（陶）工乙

陶錄4.135.3 缶（陶）攻（工）乙

陶錄4.135.4 缶（陶）工

陶錄4.135.5 缶（陶）工

陶錄4.135.6 士乙

陶錄4.136.1

八年=吳，□都王勹（符），缶（陶）人倪。

陶錄4.136.2 都王勹（符）鍴（瑞）

陶錄4.136.3 工丑

陶錄4.136.4 

陶錄4.136.5 昌

陶錄4.137.1 ⿷匚幺（弦）罰

陶錄4.137.2 ⿷匚幺（弦）罰

陶錄4.137.3 ……生（甥）詰

陶錄4.137.4 昌

陶錄4.138.1 匡左

陶錄4.138.2 匡左

陶錄4.138.3 左

陶錄4.138.4（4.33.3） 鵑

陶錄4.139.1 左軍

陶錄4.139.3 后

陶錄4.139.4 冡（家）乙

陶錄4.139.5 日

陶錄4.139.6　奇

陶錄4.140.1　生

陶錄4.140.2　士

陶錄4.140.3　士

陶錄4.140.4　三十=（卅）

陶錄4.140.5　三十=（卅）

陶錄4.140.6　皃

陶錄4.141.1　古

陶錄4.141.2　古

陶錄4.141.3　古

陶錄4.141.4　古

陶錄4.141.5　良

陶錄4.141.6　昜

陶錄4.142.1　乙

陶錄4.142.2　乙

陶錄4.142.3　乙

陶錄4.142.4　乙

陶錄4.142.5　乙

陶錄4.142.6　乙

陶錄4.143.1　乙

陶錄4.143.2　乙

陶錄4.143.3　乙

陶錄4.143.4　乙

陶錄4.143.5　乙

陶錄4.143.6　乙

陶錄4.144.1　乙

陶錄4.144.2　乙
陶錄4.144.3　乙
陶錄4.144.4　乙
陶錄4.144.5　乙
陶錄4.144.6　乙
陶錄4.145.1　上
陶錄4.145.2　上
陶錄4.145.3　上
陶錄4.145.4　上
陶錄4.145.5　上
陶錄4.145.6　上
陶錄4.146.1　上
陶錄4.146.2　上
陶錄4.146.3　上
陶錄4.146.4　上
陶錄4.146.5　巳
陶錄4.146.6　乙
陶錄4.147.1　遈（得）
陶錄4.147.2　遈（得）
陶錄4.147.3　遈（得）
陶錄4.147.4　遈（得）
陶錄4.147.5　遈（得）
陶錄4.147.6　遈（得）
陶錄4.148.1　遈（得）
陶錄4.148.2　遈（得）
陶錄4.148.3　遈（得）

陶錄4.148.4
（得）
（得）

陶錄4.148.5
（得）

陶錄4.148.6
（得）

陶錄4.149.1
（得）

陶錄4.149.2
（得）

陶錄4.149.3
（得）

陶錄4.149.4
（得）

陶錄4.149.5
（得）

陶錄4.149.6
（得）

陶錄4.150.1
（得）

陶錄4.150.2
（得）

陶錄4.150.3
（得）

陶錄4.150.4
（得）

陶錄4.150.5
（得）

陶錄4.150.6
（得）

陶錄4.151.1
（得）

陶錄4.151.2
（得）

陶錄4.151.3
（得）

陶錄4.151.4
（得）

陶錄4.151.5
（得）

陶錄4.151.6
（得）

陶錄4.152.1
（得）

陶錄4.152.2
（得）

陶錄4.152.3
（得）

陶錄4.152.4
（得）

陶錄4.152.5
（得）

陶録4.152.6　退（得）
陶録4.153.1　退（得）
陶録4.153.2　退（得）
陶録4.153.3　退（得）
陶録4.153.4　退（得）
陶録4.153.5　退（得）
陶録4.153.6　退（得）
陶録4.154.1　非
陶録4.154.2　北
陶録4.154.3　宔
陶録4.154.4　乙
陶録4.154.5　生
陶録4.154.6　左

陶録4.155.1　坒
陶録4.155.2　矢
陶録4.155.3　丌
陶録4.155.4　丰
陶録4.155.5　士
陶録4.155.6　坖（基）
陶録4.156.1　攻（工）士
陶録4.156.2　士
陶録4.156.3　士
陶録4.156.4　士
陶録4.156.5　古
陶録4.156.6　坒
陶録4.157.1　反水

陶錄4.157.2 
陶錄4.157.3 千
陶錄4.157.4 丁
陶錄4.157.5 
陶錄4.157.6 二十=（廿）
陶錄4.158.1 蝒生（甥）成
陶錄4.158.2 上
陶錄4.158.3 上
陶錄4.158.4 明上
陶錄4.158.5 
陶錄4.158.6 㞷
陶錄4.159.1 
陶錄4.159.2 罰

陶錄4.159.3 导（得）
陶錄4.159.4 缶（陶）攻（工）午
陶錄4.159.5 
陶錄4.159.6 退（得）
陶錄4.160.1 迌
陶錄4.160.2 士
陶錄4.160.3 含
陶錄4.160.4 【缶（陶）攻（工）】退（得）
陶錄4.160.5 䏓（信）
陶錄4.160.6 昌
陶錄4.161.1 眾
陶錄4.161.2 
陶錄4.161.3 缶（陶）攻（工）善

陶錄4.161.4【缶（陶）】攻（工）【乙】

陶錄4.161.5 缶（陶）……

陶錄4.161.6 丂

陶錄4.162.1 

陶錄4.162.2 

陶錄4.162.3 

陶錄4.162.4 徒

陶錄4.162.5 徒

陶錄4.162.6 丯

陶錄4.163.1 

陶錄4.163.2 

陶錄4.163.3 悗

陶錄4.163.4 非

陶錄4.163.5 受

陶錄4.163.6 

陶錄4.164.1 昌

陶錄4.164.2 昌

陶錄4.164.3 昌

陶錄4.164.4 蛛

陶錄4.164.5 火

陶錄4.164.6 草（草）

陶錄4.165.1 三十=（卅）

陶錄4.165.2 二十=（廿）

陶錄4.165.3 木

陶錄4.165.4 爲

陶錄4.165.5 士

陶錄 4.165.6　士

陶錄 4.166.1　关（羿）

陶錄 4.166.2　关（羿）

陶錄 4.166.3　关（羿）

陶錄 4.166.4　隹（建）

陶錄 4.166.5　

陶錄 4.166.6　眾

陶錄 4.167.1　古

陶錄 4.167.2　𦔻（聖）

陶錄 4.167.3　目

陶錄 4.167.4　

陶錄 4.167.5　

陶錄 4.167.6　疾

陶錄 4.168.1　田

陶錄 4.168.2　

陶錄 4.168.3　𡉚

陶錄 4.168.4　𩕉（嬰）

陶錄 4.168.5　莧

陶錄 4.168.6　車

陶錄 4.169.1　牛

陶錄 4.169.2　

陶錄 4.169.3　保

陶錄 4.169.4　𡉚內生工

陶錄 4.169.5　北

陶錄 4.169.6　𡉚（往）

陶錄 4.170.1　𪓐

陶錄4.170.2　丏
陶錄4.170.3　
陶錄4.170.4　義
陶錄4.170.5　豙
陶錄4.170.6　余
陶錄4.171.1　行
陶錄4.171.2　行
陶錄4.171.3　目
陶錄4.171.4　右
陶錄4.171.5　
陶錄4.171.6　昌
陶錄4.172.1　午
陶錄4.172.2　午
陶錄4.172.3　午
陶錄4.172.4　午
陶錄4.172.5　
陶錄4.172.6　目
陶錄4.173.1　大
陶錄4.173.2　大
陶錄4.173.3　大
陶錄4.173.4　大
陶錄4.173.5　牛
陶錄4.173.6　生
陶錄4.174.1　匠
陶錄4.174.2　匠
陶錄4.174.3　匠

陶錄4.174.4 匠

陶錄4.174.5 

陶錄4.174.6 迎

陶錄4.175.1 士

陶錄4.175.2 士

陶錄4.175.3 士

陶錄4.175.4 士

陶錄4.175.5 士

陶錄4.175.6 士

陶錄4.176.1 士

陶錄4.176.2 三

陶錄4.176.3 三

陶錄4.176.4 三

陶錄4.176.5 士 士

陶錄4.176.6 士

陶錄4.177.1 坪鏍（鏢）

陶錄4.178.1 之室長

陶錄4.179.1 𦐁（翏）枚

陶錄4.179.2 𦐁（翏）枚

陶錄4.180.1 臾止

陶錄4.180.3 絕書

陶錄4.181.1 ……王勹（符）鍴（瑞）

陶錄4.181.2 ……哭（器）……

陶錄4.181.3 齮

陶錄4.181.4 起

陶錄4.182.1 右士

陶錄4.182.2 五

陶錄4.182.3 □

陶錄4.182.4 佗阩

陶錄4.183.1 

陶錄4.183.2 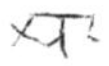

陶錄4.184.1 陸

陶錄4.184.2 漆

陶錄4.184.3 帀（師）

陶錄4.184.4 文

陶錄4.185.1 敢

陶錄4.185.2 敢

陶錄4.185.3 莧

陶錄4.185.4 莧

陶錄4.186.1 賏（嬰）身

陶錄4.186.2 賏（嬰）

陶錄4.186.3 叩眀=

陶錄4.186.4 忎（忏）

陶錄4.187.1 余氏

陶錄4.187.3 

陶錄4.187.4 罰

陶錄4.188.1 禾

陶錄4.188.2 禾

陶錄4.188.3 生

陶錄4.188.4 封

陶錄4.188.5 中

陶錄4.188.6 中

陶錄4.189.1 𢻫
陶錄4.189.2 𢻫
陶錄4.189.3 𢻫
陶錄4.189.4 丑
陶錄4.189.5 午
陶錄4.189.6 止
陶錄4.190.1 
陶錄4.190.2 杝（範）
陶錄4.190.3 冶
陶錄4.190.4 砺□
陶錄4.191.1 丯
陶錄4.191.2 
陶錄4.191.3 
陶錄4.191.4 爻
陶錄4.191.5 
陶錄4.191.6 
陶錄4.192.1 王
陶錄4.192.2 王
陶錄4.192.3 王
陶錄4.192.4 王
陶錄4.192.5 工
陶錄4.192.6 土
陶錄4.193.1 昌
陶錄4.193.2 生
陶錄4.193.3 羊
陶錄4.193.4 公

陶錄4.193.5　宔（士）

陶錄4.193.6　一壴（鼓）

陶錄4.194.1　䙷（得）

陶錄4.194.2　

陶錄4.194.3　立

陶錄4.194.4　

陶錄4.194.5　

陶錄4.194.6　左

陶錄4.195.1　申

陶錄4.195.2　申

陶錄4.195.3　

陶錄4.195.4　八　八

陶錄4.195.5　卜

陶錄4.195.6　中　中

陶錄4.196.1　

陶錄4.196.2　

陶錄4.196.3　中

陶錄4.196.4　中

陶錄4.196.5　中

陶錄4.196.6　中

陶錄4.197.1　艸

陶錄4.197.2　凸

陶錄4.197.3　木

陶錄4.197.4　

陶錄4.197.5　

陶錄4.197.6　

陶錄4.198.1　二
陶錄4.198.2　六
陶錄4.198.3　五
陶錄4.198.4　八千=
陶錄4.198.5　五
陶錄4.198.6　二
陶錄4.199.1　王豆
陶錄4.199.2　十五
陶錄4.199.3　牛
陶錄4.199.4　閔
陶錄4.199.5　四
陶錄4.199.6　
陶錄4.200.1　五
陶錄4.200.2　牛
陶錄4.200.3　七
陶錄4.200.4　五
陶錄4.200.5　五
陶錄4.200.6　士
陶錄4.201.1　工
陶錄4.201.2　牛
陶錄4.201.3　
陶錄4.201.4　虫
陶錄4.201.5　
錄4.201.6　文
陶錄4.202.1　城
陶錄4.202.2　城

陶錄4.202.3 坓（型）缶（陶）之鉨（璽）

陶錄4.202.6 契

陶錄4.203.1 䢔

陶錄4.203.2 䢔

陶錄4.203.3 ……壴（㱿）

陶錄4.203.4 

陶錄4.204.1 比遫

陶錄4.204.2 謹

陶錄4.204.3 告

陶錄4.204.4 

陶錄4.204.5 

陶錄4.205.1 左缶（陶）攻（工）敢

陶錄4.205.2 右缶（陶）攻（工）徒

陶錄4.205.3 缶（陶）攻（工）臣

陶錄4.205.4 缶（陶）攻（工）臣

陶錄4.206.1 右宮母帀（師）

陶錄4.206.2 右宮鶩

陶錄4.206.3 右宮㝵（得）

陶錄4.206.4 右宮

陶錄4.207.1 左宮璈（發）

陶錄4.207.2 遙

陶錄4.207.3 㞢（止）

陶錄4.207.4 宔（士）缶（陶）顛（頭）

陶錄4.208.1 缶（陶）攻（工）士

陶錄4.208.2 缶（陶）攻（工）乙

陶錄4.208.3 缶（陶）攻（工）旦

陶錄4.208.4　缶（陶）攻（工）昌

陶錄4.208.5　缶（陶）攻（工）壴

陶錄4.208.6　缶（陶）……

陶錄4.210.1　二十＝（廿）二年三月右缶（陶）君（尹），倈疾敀（拍）賀。

陶錄4.210.2　二十＝（廿）三年三月左缶（陶）【君（尹）】，左缶（陶）倈湯敀（拍）□。

陶錄4.210.3　十八年十二月右缶（陶）君（尹），倈敢敀（拍）賀。

陶錄4.210.4　大吉昌內

陶錄4.210.5　中

陶錄4.211.1　亩（廩）城都王勹（符）鍴（瑞）

陶錄4.211.2　都吳（虞）王勹（符）鍴（瑞）

陶錄4.211.3　庚（庚）都王勹（符）鍴（瑞）

陶錄9.11.1　十七＝年四月左缶（陶）【君（尹）】，左缶（陶）倈留敀（拍）□。

陶錄9.11.2　二十＝（廿）一年十月左缶（陶）君（尹），左缶（陶）攻（工）□。

陶錄9.11.3　十七＝年十月左缶（陶）【君（尹）】，左缶（陶）倈留攴（拍）□。

陶錄9.11.4　二十＝（廿）三年十月右【缶（陶）君（尹）】，【倈】剸（斷）攴（拍）賀。

陶錄9.11.5　……年四月右缶（陶）君（尹），倈敢攴（拍）賀。

陶錄9.12.1

右缶（陶）君（尹）鑴乑哭（器）【鍴（瑞）】，倈剸（斷）攴（拍）賀，缶（陶）攻（工）悅。

陶錄9.12.2　左缶（陶）攻（工）秦

陶錄9.12.3　右缶（陶）攻（工）徒

陶錄9.12.4　四言（穀）五叡（掬）

陶錄9.12.5　缶（陶）攻（工）遫（趣）

陶錄9.12.6　左軍

陶錄9.12.7　左軍

陶錄10.51.2　嗌

考古

考古 1989.4.378　猈（狗）澤都

陶彙

陶彙 3.752　右北坪（平）=五

陶彙 4.21　【左缶（陶）君（尹）】鑴𠂇𣥂哭（器）鍴（瑞），【左缶（陶）】倈湯攴（拍）㦯（或）。

陶彙 4.24　右缶（陶）攻（工）青

陶彙 4.25　【左】缶（陶）君（尹）鑴【𠂇𣥂哭（器）鍴（瑞）】，左缶（陶）倈湯攴（拍）□。

陶彙 4.66　缶（陶）攻（工）諫

陶彙 4.77　缶（陶）攻（工）士

陶彙 4.101　缶（陶）攻（工）音

陶彙 4.119　缶（陶）工

陶彙 4.151　𨑆都市鋀（豆）

燕下都

燕下都・圖四四7　坒

燕下都・圖五三8　三十＝（卅）

燕下都・圖五三9　

燕下都・圖五七3　十

燕下都・圖六一4　工

燕下都・圖七三3　三十＝（卅）

燕下都・圖七三4　六亯（穀）

燕下都・圖七三6　五

燕下都・圖七三7　五

燕下都・圖七三8　五

燕下都・圖七三9　二十＝（廿）

燕下都・圖七三10　

燕下都・圖七三11　于

燕下都・圖七三12　

燕下都・圖七三13　公

燕下都・圖七四1　士

燕下都・圖七四2　文

燕下都・圖七四3　丁

燕下都・圖七四4　丁

燕下都・圖七四11　五

燕下都・圖七四12　缶（陶）工＝

燕下都・圖七五4　缶（陶）乙

燕下都・圖七五7　四

燕下都・圖七五8　

燕下都・圖七七1　布幣陶範：五

燕下都・圖七七7　布幣陶範：十三

燕下都・圖八五2　十

燕下都・圖八五4　三

燕下都・圖八五5　五

燕下都・圖八五6　五

燕下都・圖八五7　

燕下都・圖八五8　六

燕下都・圖八五9　八

燕下都・圖八五10　工

燕下都・圖一三五2　十

燕下都・圖一三五3　十

燕下都・圖一三五4　下

燕下都・圖一三五5　中

燕下都・圖一三五7　

燕下都・圖一三五10　八

燕下都・圖一三五13　丁

燕下都・圖一三五14　丁

燕下都・圖一三八1　王

燕下都・圖一三八7　

燕下都・圖一三八8　十

燕下都・圖一三八9　五

燕下都・圖一五八2　丁

燕下都・圖一五八4　五

燕下都・圖一五八5　十

燕下都・圖一五八6　木

燕下都・圖一五八7　文

燕下都・圖一五八8 三

燕下都・圖一五八9 中

燕下都・圖一五八10 木

燕下都・圖一五八11 六

燕下都・圖一五九5 丙（万—萬）

燕下都・圖一五九7 工

燕下都・圖一五九9 ■

燕下都・圖一五九10 ■

燕下都・圖一六〇1 丁

燕下都・圖一六〇2 丁

燕下都・圖一六〇3 丁

燕下都・圖一六〇4 丁

燕下都・圖一六〇5 丁

燕下都・圖一六〇6 丁

燕下都・圖一六〇7 十

燕下都・圖一六〇8 十

燕下都・圖一六〇9 二十=（廿）

燕下都・圖一六〇10 五

燕下都・圖一六〇11 三十=（卅）

燕下都・圖一六〇13 二

燕下都・圖一六〇14 二

燕下都・圖二〇八1 厶（私）

燕下都・圖二〇八4 二十=（廿）

燕下都・圖二〇八7 □□

燕下都・圖二〇八10 丁

燕下都・圖二〇八11 丁

燕下都·圖二〇八12 丁

燕下都·圖二一〇1 

燕下都·圖二一〇2 

燕下都·圖二一〇3 

燕下都·圖二一〇4 

燕下都·圖二一〇5 

燕下都·圖二一〇6 

燕下都·圖二一〇7 

燕下都·圖二一〇8 井

燕下都·圖二一〇9 

燕下都·圖二一〇10 方

燕下都·圖二一〇11 

燕下都·圖二一〇12 三十=（卅）

燕下都·圖二一〇13 

燕下都·圖二一〇14 丰

燕下都·圖二一〇15 丰

燕下都·圖二一〇16 工

燕下都·圖二一〇17 其

燕下都·圖二一〇18 過

燕下都·圖二一一1 厶（私）

燕下都·圖二一一2 厶（私）

燕下都·圖二一一3 五

燕下都·圖二一一4 十

燕下都·圖二一一5 工

燕下都·圖二一一6 五

燕下都·圖二一一7 五

燕下都・圖二一一8　又

燕下都・圖二一一9　二十=（廿）

燕下都・圖二一一10　井

燕下都・圖二一一11　二十=（廿）

燕下都・圖二一一12　二十=（廿）

燕下都・圖二一一13　五

燕下都・圖二一一14　五

燕下都・圖二一一15　十

燕下都・圖二一一16　五

燕下都・圖二一一17　七

燕下都・圖二一一18　丂

燕下都・圖二一一19　丁

燕下都・圖二一一20　三十=（卅）

燕下都・圖二一二1　十

燕下都・圖二一二2　十

燕下都・圖二一二3　十

燕下都・圖二一二4　五

燕下都・圖二一二5　五

燕下都・圖二一二6　五

燕下都・圖二一二7　三

燕下都・圖二一二8　五

燕下都・圖二一二9　化

燕下都・圖二一二10　囟

燕下都・圖二一二11　六

燕下都・圖二一二12　依

燕下都・圖二一二13　六

燕下都·圖二一二14　旦

燕下都·圖二一二15　旦

燕下都·圖二一三1　丁

燕下都·圖二一三2　丁

燕下都·圖二一三3　丁

燕下都·圖二一三4　丁

燕下都·圖二一三5　丁

燕下都·圖二一三6　丁

燕下都·圖二一三7　丁

燕下都·圖二一三8　丁

燕下都·圖二一三9　丁

燕下都·圖二一三10　丁

燕下都·圖二一三11　丁

燕下都·圖二一三12　丁

燕下都·圖二一三13　丁

燕下都·圖二一三14　丁

燕下都·圖二一三15　丁

燕下都·圖二一三16　丁

燕下都·圖二一三17　丁

燕下都·圖二一三18　丁

燕下都·圖二一三19　

燕下都·圖二一三20　巳

燕下都·圖二一三21　巳

燕下都·圖二一三22　丁

燕下都·圖二一三23　丁

燕下都·圖二一三24　丁

燕下都·圖二一三25　工

燕下都·圖二二七1　王　王

燕下都·圖二二七2　三

燕下都·圖二二七9　七

燕下都·圖二三〇1　二

燕下都·圖二三〇2　丁

燕下都·圖二三二2　丁

燕下都·圖二三二3　丁

燕下都·圖二三二4　丁

燕下都·圖二三二5　一

燕下都·圖二三二6　二

燕下都·圖二三二7　五

燕下都·圖二三二8　五

燕下都·圖二三二9　木

燕下都·圖二三二10　五

燕下都·圖二三二11　木

燕下都·圖二三二12　

燕下都·圖二三二13　

燕下都·圖二三二14　士　二言（殼）

燕下都·圖二三二15　二十=（廿）

燕下都·圖二三二16　六

燕下都·圖二三二17　六

燕下都·圖二三二18　

燕下都·圖二三二19　七

燕下都·圖二三二20　

燕下都·圖二三二21　

燕下都·圖二三二22 

燕下都·圖二三二23 大

燕下都·圖二三五5 缶（陶）

燕下都·圖二三六11 □□□

燕下都·圖二三八1 一

燕下都·圖二三八2 三

燕下都·圖二三八3 七

燕下都·圖二三八4 七

燕下都·圖二三八5 五

燕下都·圖二三八6 五

燕下都·圖二三八6 五

燕下都·圖二三八7 

燕下都·圖二三八8 

燕下都·圖二三八9 二

燕下都·圖二三八10 

燕下都·圖二三八11 

燕下都·圖二三八12 

燕下都·圖二三九3 缶（陶）攻（工）巳

燕下都·圖二三九4 缶（陶）攻（工）乙

燕下都·圖二三九5 缶（陶）攻（工）乙

燕下都·圖二三九9 缶（陶）攻（工）午

燕下都·圖二四五2 五

燕下都·圖二七八7 田

燕下都·圖二八三5 亓

燕下都·圖二八八20 五

燕下都·圖二八八21 工

燕下都·圖二八八22 恭
燕下都·圖二八八26 五
燕下都·圖二九六16 終
燕下都·圖二九七5 七
燕下都·圖三〇二1 十
燕下都·圖三〇二2 五
燕下都·圖三〇二3 厶（私）
燕下都·圖三〇二4 
燕下都·圖三〇二5 工
燕下都·圖三〇二6 工
燕下都·圖三〇二7 五
燕下都·圖三〇二8 五
燕下都·圖三〇二9 七
燕下都·圖三〇二10 工
燕下都·圖三〇二11 三十=（卅）
燕下都·圖三〇二12 工
燕下都·圖三〇二13 工
燕下都·圖三〇二14 工
燕下都·圖三〇二15 
燕下都·圖三〇四5 七
燕下都·圖三〇六4 八
燕下都·圖三〇六5 三十=（卅）
燕下都·圖三四六2 厶（私）
燕下都·圖三四六4 三
燕下都·圖三四六6 一
燕下都·圖三四六7 八

燕下都·圖三四六8 

燕下都·圖三四六9 八

燕下都·圖三五八1 五

燕下都·圖三五八2 工

燕下都·圖三五八3 十

燕下都·圖三五八4 六

燕下都·圖三五八5 五

燕下都·圖四〇八3 三

燕下都·圖四六二5 貝

燕下都·圖四六二7 丁

燕下都·圖四六二8 缶（陶）工

燕下都·圖四六二10 缶（陶）攻（工）昌

燕下都·圖四六二11 缶（陶）攻（工）昌

燕下都·圖四六二12 缶（陶）攻（工）□

燕下都·圖四六二13 缶（陶）攻（工）

燕下都·圖四六二14 缶（陶）攻（工）□

燕下都·圖四六三1 五

燕下都·圖四六三4 缶（陶）攻（工）牛

燕下都·圖四六三6 缶（陶）攻（工）牛

燕下都·圖四六三8 奇

燕下都·圖四六三9 公 

燕下都·圖四六四2 五

燕下都·圖四六五1 二十=（廿）

集拓

集拓8（文雅堂2.1） 河補（浦）五魚鉨（璽）

集拓9

二十=（廿）七年右缶（陶）君（尹）㐱【哭（器）鍴（瑞）】，倈剸（斷）敀（拍）□，右缶（陶）攻（工）丑。

集拓10

……右缶（陶）君（尹）鑴㐱哭（器）鍴（瑞），倈剸（斷）敀（拍）賀，右缶（陶）攻（工）湯。

集拓11　十八年五月……倈留敀（拍）戜（或）。

集拓12　□年十二月右缶（陶）君（尹）……

集拓13　左缶（陶）攻（工）邦

集拓14　左宮余瘛

集拓15　左宮敨（造）　左宮敨（造）

集拓16　右宮母帀（師）

集拓17（選編0046）　右宮衦

集拓18　右宮衦
集拓19（選編0048）　右宮富
集拓20　右宮鱉
集拓21　右宮屖（遲）
集拓22　缶（陶）攻（工）文　二壴
集拓23　缶（陶）攻（工）文
集拓24　缶（陶）攻（工）昌
集拓25　缶（陶）攻（工）昌
集拓26　缶（陶）攻（工）昌
集拓27　缶（陶）攻（工）昌
集拓28　缶（陶）攻（工）昌
集拓29　缶（陶）攻（工）
集拓30　缶（陶）攻（工）

集拓31　缶（陶）攻（工）坐
集拓32　鈘（陶）攻（工）僉
集拓33
缶（陶）攻（工）　缶（陶）攻（工）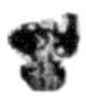
集拓34　缶（陶）攻（工）丁
集拓35　缶（陶）攻（工）逦（趣）
集拓36　缶（陶）攻（工）凵
集拓37　缶（陶）攻（工）息
集拓38　缶（陶）攻（工）士
集拓39　缶（陶）攻（工）士
集拓40　缶（陶）攻（工）士
集拓41　缶（陶）攻（工）乙
集拓42　缶（陶）攻（工）乙

集拓43 缶（陶）攻（工）士

集拓44 缶（陶）攻（工）北

集拓45 缶（陶）攻（工）□

集拓46 缶（陶）工

集拓47 谷（廄）屖（遲）

集拓48 五㐭（廩）

集拓49 十㐭（廩）

集拓50 千丏（万—萬）

集拓51（選編0054） 心亡（無）厶（私）

集拓52 叩眀（朝）=

集拓53 思

集拓54 𠨧

集拓55 子蝨（蠶）

集拓56 孫

集拓57 上

集拓58 土

集拓59 缶（陶）工=

集拓60 缶（陶）攻（工）逅（趣）

集拓61 缶（陶）……

集拓62 缶（陶）攻（工）士=

文雅堂

文雅堂2.3

十六年九月右缶（陶）君（尹），俫旓（看）

敀（拍）賀，右缶（陶）攻（工）刑徒戒。

歷博

歷博3燕1　十六言（瞉）……　十六言（瞉）

歷博3燕2　十六年十一月左缶（陶）……，倈脸（臘）敀（拍）□，左缶（陶）攻（工）□。

歷博3燕3　十七=年十月左缶（陶）君（尹），左缶（陶）倈留敀（拍）[illegible]。

歷博3燕4　二十=（廿）三年十月右……【倈】剸（斷）敀（拍）賀。

歷博3燕5

二十=（廿）三年三月左缶（陶）君（尹），左缶（陶）倈湯敀（拍）[illegible]（或），左缶（陶）攻（工）敢。

歷博3燕6　二十=（廿）三年十月左缶（陶）君（尹），左缶（陶）倈湯敀（拍）[illegible]（或）。

歷博3燕7　左缶（陶）倈湯敀（拍）□，缶（陶）……

歷博3燕8　□年七月左缶（陶）君（尹）。

歷博3燕9

右缶（陶）君（尹）鐯夃哭（器）鍴（瑞），倈剸（斷）敀（拍）賀，缶（陶）攻（工）依。

歷博3燕10

【右缶（陶）】君（尹）鑄夅哭（器）鍴（瑞），【俫】剸（斷）敀（拍）賀，【右缶（陶）攻（工）】湯。

歷博3燕11 左缶（陶）攻（工）恭

歷博3燕12 左缶（陶）攻（工）恭

歷博3燕13 左缶（陶）攻（工）秦

歷博3燕14 右缶（陶）攻（工）丑

歷博3燕15

右缶（陶）君（尹）鑄夅哭（器）鍴（瑞），俫剸（斷）敀（拍）賀，缶（陶）攻（工）悦。

歷博3燕16 士缶（陶）乙

歷博3燕17 缶（陶）午 二言（彀）反（半）

歷博3燕18 缶（陶）工□ 三亭（彀）

歷博3燕19 缶（陶）工坐 二言（彀）七【㲃（掬）】。

歷博3燕20　缶（陶）工坌　二壴（瞉）

歷博3燕21　缶（陶）工士

歷博3燕22　三𡥉（穀—瞉）

歷博3燕23　四壴（瞉）五反（半）

歷博3燕24　二壴（瞉）七𠭯（掬）

歷博3燕25　缶（陶）　二壴（瞉）

歷博3燕26　左宮者坣（州）

歷博3燕27　左宮田左

歷博3燕28　左宮田左

歷博3燕29　左宮㟽（薈）

歷博3燕30　左宮㟽（薈）

歷博3燕31　右宮旻（曼）

歷博3燕32　右宮旻（曼）

歷博3燕33　右宮居頵（願）

歷博3燕34　右宮居頵（願）

歷博3燕35　右宮居頵（願）

歷博3燕36　右宮爲人

歷博3燕37　右宮壳（競—兢）

歷博3燕38　右宮壳（競—兢）

歷博3燕39　右宮乙

歷博3燕40　右宮者坣（州）

歷博3燕41　缶（陶）攻（工）䢐（趣）

歷博3燕42　缶（陶）攻（工）䢐（趣）

歷博3燕43　缶（陶）工午　二壴（瞉）

歷博3燕44　缶（陶）工午

歷博3燕45　缶（陶）工午

歷博3燕46　缶（陶）工尘

歷博3燕47　缶（陶）攻（工）壽

歷博3燕48　缶（陶）攻（工）尘

歷博3燕49　缶（陶）攻（工）

歷博3燕50　缶（陶）攻（工）

歷博3燕51　缶（陶）攻（工）

歷博3燕52　缶（陶）攻（工）⿺辶㝵（得）

歷博3燕53　缶（陶）攻（工）⿺辶㝵（得）

歷博3燕54　缶（陶）攻（工）⿺辶㝵（得）

歷博3燕55　缶（陶）工得

歷博3燕56　缶（陶）攻（工）昌

歷博3燕57　缶（陶）攻（工）昌

歷博3燕58　缶（陶）攻（工）昌

歷博3燕59　缶（陶）攻（工）昌

歷博3燕60　缶（陶）攻（工）昌

歷博3燕61　缶（陶）攻（工）昌

歷博3燕62　缶（陶）攻（工）昌

歷博3燕63　缶（陶）攻（工）昌

歷博3燕64　缶（陶）攻（工）昌

歷博3燕65

缶（陶）攻（工）昌　缶（陶）攻（工）昌

歷博3燕66　缶（陶）攻（工）午

歷博3燕67　缶（陶）攻（工）牛

歷博3燕68　缶（陶）攻（工）牛

歷博3燕69　缶（陶）攻（工）午

歷博3燕70　缶（陶）攻（工）乙

歷博3燕71　缶（陶）攻（工）乙
歷博3燕72　缶（陶）攻（工）乙
歷博3燕73　缶（陶）攻（工）乙
歷博3燕74
缶（陶）攻（工）尙　二壴（穀）七叡（掬）
歷博3燕75　缶（陶）攻（工）音
歷博3燕76　缶（陶）攻（工）角
歷博3燕77
缶（陶）攻（工）秦　缶（陶）攻（工）秦
歷博3燕78　缶（陶）攻（工）文
歷博3燕79　缶（陶）攻（工）山
歷博3燕80　缶（陶）攻（工）訃
歷博3燕81　缶（陶）攻（工）士

歷博3燕82　缶（陶）攻（工）士
歷博3燕83　缶（陶）午
歷博3燕84　缶（陶）午
歷博3燕85　缶（陶）午
歷博3燕86　缶（陶）尘
歷博3燕87　缶（陶）乙
歷博3燕88　缶（陶）辻（上）
歷博3燕89　缶（陶）眔
歷博3燕90　缶（陶）工
歷博3燕91　缶（陶）工
歷博3燕92　缶（陶）工＝
歷博3燕93　缶（陶）工＝
歷博3燕94　缶（陶）工

歷博3燕95 缶（陶）工
歷博3燕96 缶（陶）工
歷博3燕97 缶（陶）工
歷博3燕98 缶（陶）工
歷博3燕99 缶（陶）工
歷博3燕100 缶（陶）攻（工）
歷博3燕101 缶（陶）攻（工）□
歷博3燕102 缶（陶）攻（工）=呂
歷博3燕103 缶（陶）攻（工）昌
歷博3燕104 缶（陶）攻（工）
歷博3燕105 哉
歷博3燕106 取
歷博3燕107 奇
歷博3燕108 陸
歷博3燕109 女（安）
歷博3燕110 讙（膺）
歷博3燕111 訩（謳）
歷博3燕112 莧
歷博3燕113 昌
歷博3燕114 莧
歷博3燕115 
歷博3燕116 㝵（得）
歷博3燕117 臾心
歷博3燕118 該子
歷博3燕119 甚惡（㥛）
歷博3燕120 翌（⿱翏立）

歷博3燕121　君（尹）君

歷博3燕122　一　一　二　二　三　四　五　六　七　八　九　十　十三

燕齊

燕齊001　二十=（廿）三年四月左……，左缶（陶）倈湯敀（拍）戜（或）。

燕齊002　十七年十二月右缶（陶）君（尹），倈敢敀（拍）賀，右缶（陶）攻（工）賀。

燕齊003　□年八月右缶（陶）君（尹），右缶（陶）攻（工）湯。

燕齊004

二十=（廿）七年右缶（陶）君（尹）⿱厶正……，倈剸（斷）敀（拍）□，缶（陶）攻（工）悅。

燕齊005　缶（陶）攻（工）賬

燕齊006　……無……

燕齊007　右宮……

燕齊008　右宮者⿱屮土（州）

燕齊009　右宮丌宔（士）

燕齊010　左……右……

燕齊011　右宮……

燕齊012　坣竒

燕齊013　右□人昌

燕齊014　王高

燕齊015　缶（陶）書

燕齊016　缶（陶）坣

燕齊017　士缶（陶）㞷（御）

燕齊018　士午

燕齊019　缶（陶）攻（工）

燕齊020　缶（陶）工

燕齊021　缶（陶）攻（工）士

燕齊022　缶（陶）攻（工）

燕齊023　缶（陶）工

燕齊024　【缶（陶）攻（工）】訢

燕齊025　【缶（陶）攻（工）】訕

燕齊026　缶（陶）攻（工）□

燕齊027　缶（陶）工士

燕齊028　缶（陶）攻（工）徒

燕齊029　缶（陶）攻（工）多

燕齊030　【缶（陶）】攻（工）丁

燕齊031　缶（陶）攻（工）牛

燕齊032　缶（陶）攻（工）牛

燕齊033　缶（陶）攻（工）昌

燕齊034　缶（陶）攻（工）昌

燕齊035　缶（陶）攻（工）昌

燕齊036　缶（陶）……

燕齊037　缶（陶）攻（工）昌

燕齊038　缶（陶）攻（工）善

燕齊039　缶（陶）攻（工）定

燕齊040　缶（陶）攻（工）卸（御）

燕齊041　缶（陶）工尘

燕齊042　缶（陶）攻（工）昌

燕齊043　缶（陶）攻（工）昌

燕齊044　缶（陶）攻（工）憂

燕齊045　缶（陶）攻（工）上

燕齊046　缶（陶）攻（工）士

燕齊047　缶（陶）攻（工）士

燕齊048　缶（陶）攻（工）文

燕齊049　缶（陶）攻（工）徒

燕齊050　缶（陶）攻（工）生

燕齊051　缶（陶）攻（工）盄（盟）

燕齊052　缶（陶）攻（工）灾（烖）

燕齊053　缶（陶）攻（工）乙

燕齊054　缶（陶）攻（工）昌

燕齊055　缶（陶）攻（工）

燕齊056　缶（陶）攻（工）士

燕齊057　缶（陶）攻（工）

燕齊058　缶（陶）攻（工）凵

燕齊059　缶（陶）攻（工）凵

燕齊060　缶（陶）工得

燕齊061 士缶（陶）逦（趣）

燕齊062 士缶（陶）逦（趣）

燕齊063 士攻（工）隹

燕齊064 缶（陶）攻（工） 缶（陶）攻（工）

燕齊065 缶（陶）攻（工）尭（乘） 二𠷎（穀）

燕齊066 缶（陶）工午 四𠷎（穀）

燕齊067 缶（陶）工尘 缶（陶）【工尘】

燕齊068 缶（陶）攻（工）乙 □𠷎（穀）反（半）

燕齊069 缶（陶）攻（工）午 二壴（鼓）

燕齊070 □缶（陶）工 十𠷎（穀）

燕齊071 缶（陶）工士 二𠷎（穀）

燕齊072 □𠷎（穀）

燕齊073 二𠷎（穀）七叡（掬）

燕齊102　饕

燕齊103　乙

燕齊104　

燕齊105　利

燕齊106　𣥠（止）

燕齊107　𢔶（得）

燕齊108　悳（克）

燕齊109　枧

燕齊110　子𧖴（𧖴）

燕齊111　鵑

蘭城

蘭城1　缶（陶）攻（工）□

蘭城2　……缶（陶）昌

蘭城3　攻（工）人受

蘭城4　攻（工）……

蘭城5　攻（工）……

蘭城6　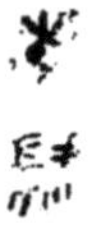

蘭城7　二十=（廿）七年……生（甥）高。

蘭城8　

蘭城9

二十=（廿）一年，酒（將）軍臣（簠），吳都，吳都王勹（符）鍴（瑞）。行。

蘭城10　二十=（廿）五年吳侂……

朝陽

朝陽174 亩（廩）城都王勹（符）鍴（瑞）

朝陽211.2 亩（廩）城都王勹（符）鍴（瑞）

朝陽211.5 昜（陽）安都王勹（符）鍴（瑞）

書超網

書超網1

左缶（陶）君（尹）鑴……，左缶（陶）倈……

書超網2 缶（陶）工㞷 二𧮫（榖）七𣪊（掬）

書超網3  四𧮫（榖）七𣪊（掬）

書超網4 缶（陶）攻（工）牛

書超網5 鶡

書超網6 二𧮫（榖）反（半）……

書超網7 敢

書超網8 盟

書超網9 缶（陶）工㞷 二𦎫（榖）

書超網10 謨（謹）

書超網11 或

書超網12 缶（陶）攻（工）士

書超網13 三𧮫（榖）

書超網14 缶（陶）攻（工）興 九𧮫（榖）

書超網15 莧

書超網16 缶（陶）攻（工）昌

書超網17 缶（陶）攻（工）士

書超網18 缶（陶）攻（工）上

書超網19 孫

書超網20 缶（陶）工耳

書超網21 坪（平）
書超網22 缶（陶）工上 二壴（鼓）
書超網23 恖（⿰忄曳）
書超網24 
書超網25 缶（陶）攻（工）訨
書超網26 嗌

步黟

步黟168
二十=（廿）一年十二月右缶（陶）君（尹），倈疾攴（拍）賀，右缶（陶）攻（工）湯。

步黟169
二十=（廿）七年右缶（陶）君（尹）⿱夕止哭（器）鍴（瑞），倈剸（斷）【攴（拍）】賀，右缶（陶）攻（工）賀。

步黟171

二十=（廿）三年十二月右缶（陶）君（尹），俫剸（斷）敀（拍）賀，缶（陶）攻（工）依。

步黟173　十六年八月右缶（陶）君（尹），俫旓（看）敀（拍）賀，右缶（陶）攻（工）□。

步黟174、175　十八年三月右缶（陶）君（尹），俫敢敀（拍）賀，右缶（陶）攻（工）□。

步黟177

十八年八月左【缶（陶）君（尹）】，俫留敀（拍）叜（或），缶（陶）攻（工）兖（乘）。

步黟178　十九年三月右缶（陶）君（尹），俫敢敀（拍）賀。

步黟179　左缶（陶）君（尹）鍇【㐱哭（器）鍴（瑞）】，左缶（陶）俫湯敀（拍）叜（或）。

步黟180　右缶（陶）君（尹）鍇㐱哭（器）鍴（瑞），俫剸（斷）敀（拍）賀。

步黟181　左缶（陶）君（尹）鍇㐱哭（器）鍴（瑞），【左】缶（陶）俫湯敀（拍）叜（或）。

步黟182　二十=（廿）三年四月左缶（陶）君（尹），左缶（陶）俫湯敀（拍）□，缶（陶）攻（工）□。

步黟183　缶（陶）攻（工）㚣（鞭）

步黟184　缶（陶）攻（工）尘

步黟185 左宮

步黟187 左宮罰

步黟188 左宮母帀（師）

步黟189 缶（陶）…… 二壴（觳）反（半）

步黟191 缶（陶）攻（工）尘 二壴（觳）七反（半）

步黟192 缶（陶）攻（工） ……壴（觳）

步黟193 缶（陶）攻（工）凵 二壴（觳）

步黟194 二壴（觳）反（半）

步黟195 二壴（觳）反（半）

步黟196 缶（陶）…… 二壴（觳）

步黟197 缶（陶）工乙 二壴（觳）反（半）

步黟199 矢医市王勹（符）

步黟200 缶（陶）攻（工）善

步黟201 缶（陶）攻（工）士

步黟203 缶（陶）攻（工）武

步黟204 缶（陶）攻（工）昌

步黟205 缶（陶）攻（工）牛

步黟206 缶（陶）攻（工）午

步黟207 缶（陶）攻（工）士

步黟208 缶（陶）工坣

步黟209 缶（陶）攻（工）䢔（得）

步黟210 缶（陶）攻（工）士

步黟211 缶（陶）攻（工）昌

步黟212

缶（陶）攻（工）乙 【缶（陶）】攻（工）

乙

步黟213 缶（陶）攻（工）斂

步黟214 缶（陶）攻（工）諫

步黟215 缶（陶）攻（工）朐

步黟216 士缶（陶）午

步黟217 【缶（陶）】攻（工）坣

步黟218

缶（陶）攻（工）士 缶（陶）攻（工）士

步黟219 左攻（工）和

步黟220 左缶（陶）攻（工）邦

步黟221 訢

步黟222 牛

步黟223 坣

步黟224 城

選編

選編 0016 缶（陶）工

選編 0017 缶（陶）工午

選編 0018 缶（陶）工坠

選編 0019 缶（陶）工坠 二……

選編 0020 缶（陶）工

選編 0021 缶（陶）攻（工）昌

選編 0022 缶（陶）攻（工）昌

選編 0023 缶（陶）攻（工）㝵（得）

選編 0024 缶（陶）攻（工）牛

選編 0025 缶（陶）攻（工）牛

選編 0026 缶（陶）攻（工）士，……

選編 0027 缶（陶）攻（工）坠

選編 0028 【缶（陶）】攻（工）

選編 0029 缶（陶）攻（工）武

選編 0030 【士】缶（陶）䢐（趣）

選編 0031 缶（陶）攻（工）□

選編 0032 缶（陶）攻（工）□

選編 0033 缶（陶）攻（工）善

選編 0034 缶（陶）攻（工）□

選編 0035 缶（陶）攻（工）□

選編 0036 缶（陶）攻（工）□

選編 0037

缶（陶）攻（工）□ 缶（陶）攻（工）□

選編 0038 缶（陶）□

選編 0039 文

選編 0040 文

選編0041 午

選編0042 午

選編0043 行

選編0044 右宮浔（得）

選編0045 右宮喜（兢—兢）

選編0046（集拓17） 右宮衦

選編0047 右宮䆮

選編0048（集拓19） 右宮䆮

選編0049 ……之妐

選編0050 區

選編0051 朱

選編0052 缶（陶）工=

選編0053 䅗

選編0054（集拓51） 心亡（無）厶（私）

選編0055 

選編0056 吉

選編0057 坣

選編0058 四十=

選編0059 

選編0060 化

選編0061 叩眀（朝）=

新陶

新陶·燕002

二十=（廿）二年三月右缶（陶）君（尹），

倈疾敀（拍）賀，缶（陶）攻（工）徒。

新陶·燕003

二十＝（廿）二年正月左缶（陶）君（尹），左缶（陶）俫湯敀（拍）叓（或），缶（陶）攻（工）敢。

新陶·燕004

二十＝（廿）一年十二月右缶（陶）君（尹），俫疾敀（拍）賀，右缶（陶）攻（工）湯。

新陶·燕006　二十＝（廿）一年三月右缶（陶）君（尹），俫疾敀（拍）賀。

新陶·燕007　二十＝（廿）一年八月右缶（陶）君（尹）。

新陶·燕008　二十＝（廿）一年三月右缶（陶）君（尹），俫疾敀（拍）賀。

新陶·燕009　二十＝（廿）二年三月左缶（陶）君（尹），【左缶（陶）】俫……

新陶·燕012　□年正月右缶（陶）君（尹），俫疾敀（拍）賀，右缶（陶）攻（工）湯。

新陶·燕031　十七年八月右缶（陶）君（尹），俫旓（看）【敀（拍）】□。

新陶·燕032　□年十月右缶（陶）君（尹），【俫】敢敀（拍）賀。

新陶·燕033　俫剸（斷）【敀（拍）】□，右缶（陶）攻（工）丑。

新陶·燕034

二十=（廿）□年十二月右缶（陶）君（尹）鑴乑哭（器）鍴（瑞），倈豎（豎）敀（拍）賀，右缶（陶）攻（工）訢。

新陶·燕035　……鑴乑哭（器）鍴（瑞），倈……

新陶·燕036　……【年】二月左缶（陶）君（尹），倈湯敀（拍）叜（或）。

新陶·燕037+040

十六年十二月左缶（陶）君（尹），倈膾（膷）敀（拍）甇，左缶（陶）攻（工）佳。（楊爍綴合）

新陶·燕038　右缶（陶）攻（工）徒

新陶·燕039　右缶（陶）攻（工）訢

新陶·燕045（陶錄4.211.3）　曩（庚）都王勹（符）鍴（瑞）

新陶·燕047　……王勹（符）鍴（瑞）

新陶·燕076　缶（陶）工坣　二誩（觳）七反（半）

新陶·燕077　缶（陶）午　二壴（觳）反（半）

新陶·燕078　缶（陶）工□　七壴（觳）

新陶·燕079

缶（陶）攻（工）乙　二壴（觳）反（半）

新陶·燕080　二壴（觳）七叡（掬）

新陶·燕081　二壴（觳）反（半）

新陶·燕082

缶（陶）攻（工）　缶（陶）攻（工）

新陶·燕083　四壴（觳）

新陶·燕084　八壴（觳）

新陶·燕085　□壴（觳）反（半）

新陶·燕086　缶（陶）工　二壴（觳）

新陶·燕093　左宮□□

新陶·燕103　右宮青

新陶·燕108　左缶（陶）攻（工）

新陶·燕113　缶（陶）攻（工）䢽（趣）

新陶·燕114　缶（陶）攻（工）依

新陶·燕115　缶（陶）攻（工）乙

新陶·燕116　缶（陶）攻（工）善

新陶·燕117　缶（陶）攻（工）賬

新陶·燕118　缶（陶）攻（工）牛

新陶·燕119　缶（陶）攻（工）牛

新陶·燕120　缶（陶）攻（工）牛

新陶·燕121　缶（陶）攻（工）牛

新陶·燕122　缶（陶）攻（工）丁

新陶·燕123　缶（陶）攻（工）士

新陶・燕124　缶（陶）攻（工）

新陶・燕125　【缶（陶）】攻（工）耳

新陶・燕126　缶（陶）攻（工）罰

新陶・燕127　缶（陶）攻（工）旁

新陶・燕128　缶（陶）攻（工）

新陶・燕129　缶（陶）攻（工）㘴

新陶・燕130　缶（陶）攻（工）㘴

新陶・燕131　缶（陶）攻（工）士

新陶・燕132　缶（陶）攻（工）士

新陶・燕133　缶（陶）攻（工）昌

新陶・燕134　缶（陶）攻（工）昌

新陶・燕135　缶（陶）攻（工）昌

新陶・燕137　缶（陶）攻（工）昌

新陶・燕138　缶（陶）攻（工）昌

新陶・燕139　缶（陶）攻（工）昌

新陶・燕140　缶（陶）攻（工）昌

新陶・燕141　缶（陶）攻（工）昌

新陶・燕142　士工昌

新陶・燕143　缶（陶）攻（工）昌

新陶・燕144　缶（陶）攻（工）士

新陶・燕145　缶（陶）攻（工）㘴

新陶・燕146　缶（陶）攻（工）□

新陶・燕147　□攻（工）上

新陶・燕148
缶（陶）攻（工）乙　缶（陶）攻（工）乙

新陶・燕149　缶（陶）攻（工）=呂

新陶·燕150 缶（陶）攻（工）□

新陶·燕151 缶（陶）攻（工）□

新陶·燕152 缶（陶）攻（工）

新陶·燕159 缶（陶）攻（工）遈（得）

新陶·燕163 缶（陶）攻（工）昌

新陶·燕177 缶（陶）攻（工）牛

新陶·燕191 缶（陶）攻（工）士=

新陶·燕192 缶（陶）攻（工）士

新陶·燕193 缶（陶）攻（工）士=

新陶·燕206 缶（陶）攻（工）

新陶·燕207 缶（陶）攻（工）乙

新陶·燕208 缶（陶）攻（工）士

新陶·燕209 缶（陶）攻（工）士=

新陶·燕213 缶（陶）工士

新陶·燕214 缶（陶）工=

新陶·燕215 缶（陶）工

新陶·燕216 缶（陶）工

新陶·燕217 缶（陶）工=

新陶·燕218 缶（陶）工=

新陶·燕228 缶（陶）乙

新陶·燕229 缶（陶）乙

新陶·燕230 缶（陶）乙

新陶·燕231 【宔（士）】缶（陶）頣（頸）

新陶·燕242 𡈼玗

新陶·燕248 

新陶·燕249 千丏（万—萬）

新陶・燕250　文
新陶・燕251　匠
新陶・燕252　公
新陶・燕253　士
新陶・燕254　士
新陶・燕255　士
新陶・燕256　士
新陶・燕257　士
新陶・燕258　士　士
新陶・燕259　士
新陶・燕260　士
新陶・燕261　士
新陶・燕262　士

新陶・燕263　士　士
新陶・燕264　士
新陶・燕265　士
新陶・燕266　士
新陶・燕267　上
新陶・燕268　上
新陶・燕269　七
新陶・燕270　求
新陶・燕271　嗌
新陶・燕272　坐
新陶・燕273　【缶（陶）攻（工）】固（簠）
新陶・燕274　午
新陶・燕275　己

新陶·燕276　吉

新陶·燕297　莧

新陶·燕301　悦……

新陶·燕302　岳

新陶·燕303　左宫田左

新陶·燕304　缶（陶）攻（工）上

學報

學報8.97.1　左市攻（工）䏍（建）

學報8.97.2　缶（陶）攻（工）庢

學報8.98.3　㪯

學報8.98.4　缶（陶）工遯（趣）

學報8.99.5　士攻（工）隹

學報8.99.7　青

學報8.100.8　

學報8.100.9　名

學報8.101.10　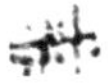

戰研

戰研1.174　缶（陶）人任

戰研1.175　缶（陶）人

戰研1.176　𥏫脸（臙）

戰研1.176　葸（司）……

戰研1.177　左葸（司）鍴（瑞）　𩍐（韓）䪢

戰研2.103

……吳瘟（瘟）皃臍，□都王勹（符）。

戰研 2.104 隂（陰）市王勹（符）

戰研 2.105 百

書法

書法 2019.6 左缶（陶）攻（工）秦

書法 2019.6 府（府）

書法 2019.7 缶（陶）攻（工）午

書法 2019.7 韌（韓）文

書法 2019.12 缶（陶）攻（工）亶

書法 2019.12 怠

步存

步存・燕 01

十六年十二月右缶（陶）君（尹），倈旃（看）畋（拍）賀，右缶（陶）攻（工）賀。

步存·燕03　十七=年六月右缶（陶）君（尹），倈旃（看）畋（拍）賀，右缶（陶）攻（工）賀。

步存·燕04　十八年四月右缶（陶）君（尹），倈敢畋（拍）賀，右缶（陶）【攻（工）】□。

步存·燕05　十八年八月右缶（陶）君（尹），倈敢畋（拍）賀，右缶（陶）攻（工）徒。

步存·燕09　二十=（廿）二年正月右缶（陶）君（尹），倈疾畋（拍）賀，右缶（陶）攻（工）湯。

步存·燕12　二十=（廿）九年

步存·燕13　二十=（廿）九年

步存·燕14　右缶（陶）君（尹）鑵乏哭（器）鍴（瑞），倈剸（斷）畋（拍）賀，缶（陶）攻（工）悅。

步存·燕16　右宮郫

步存·燕17　右宮旻（曼）

步存·燕18 右宮肩

步存·燕19 右宮者坐（州）

步存·燕22 左宮【少】啓

步存·燕23 左宮

步存·燕24

缶（陶）攻（工）斂 二壴（觳）七反（半）

步存·燕26（步黟189）

缶（陶）…… 二壴（觳）反（半）

步存·燕27 右缶（陶）

步存·燕28 士缶（陶）共

步存·燕29 左缶（陶）攻（工）瑩

步存·燕30 寚（陶）人井

步存·燕37 缶（陶）工午

步存·燕38 缶（陶）工遬（趣）

步存·燕40 缶（陶）攻（工）謀

步存·燕41 缶（陶）攻（工）昌

步存·燕43 缶（陶）攻（工）文

步存·燕44 缶（陶）攻（工）

步存·燕46 缶（陶）攻（工）訆

步存·燕47

缶（陶）工 二壴（觳）六反（半）

步存·燕50 左市攻（工）部

步存·燕51 左市 酓□

步存·燕54 䍐 䍐

步存·燕56 䓁

步存·燕57 猵

步存·燕61　㲋（翏）枚

燕陶

燕陶001　十六年八月右【缶（陶）君（尹）】。

燕陶002

十六年八月右缶（陶）君（尹），倈旓（看）【敀（拍）】□，右缶（陶）攻（工）䚗。

燕陶005（戰研4.102）

十六年十三月右缶（陶）君（尹），【倈】旓（看）敀（拍）賀，右缶（陶）攻（工）賀。

燕陶006　十七年正月右缶（陶）君（尹），倈旓（看）敀（拍）賀，右缶（陶）攻（工）䚗。

燕陶007　十七年二月右缶（陶）君（尹），倈旓（看）敀（拍）賀，右缶（陶）攻（工）徒。

燕陶009　十七年八月右缶（陶）君（尹），倈旓（看）敀（拍）賀，右缶（陶）攻（工）䚗。

燕陶010

十七年八月右缶（陶）君（尹），倈旓（看）敀（拍）賀，右缶（陶）攻（工）敀（拍）賀。

燕陶011　十七年八月右缶（陶）君（尹），倈旃（看）敀（拍）賀。

燕陶012　十七年十二月右【缶（陶）君（尹）】，倈敢敀（拍）賀。

燕陶013　十八年三月右缶（陶）君（尹），倈敢敀（拍）賀。

燕陶015　十八年五月，倈留敀（拍）叜（或）。

燕陶016　十八年八月右缶（陶）君（尹），倈敢敀（拍）賀，右缶（陶）攻（工）丑。

燕陶018　十八年八月右缶（陶）君（尹），倈敢敀（拍）賀，右【缶（陶）攻（工）】□。

燕陶019　十八年十二月右缶（陶）君（尹），【倈】□敀（拍）賀。

燕陶020　十九年八月右缶（陶）君（尹），倈敢敀（拍）賀，右缶（陶）【攻（工）】□。

燕陶021　十九年十一月左缶（陶）君（尹），左缶（陶）倈湯敀（拍）叜（或）。

燕陶022　二十＝（廿）年六月左缶（陶）【君（尹）】，左缶（陶）【攻（工）】□。

燕陶023

二十＝（廿）年十一月【右缶（陶）君（尹）】，倈豎（豎）敀（拍）□，右缶（陶）【攻（工）】□。

燕陶024　二十＝（廿）一年二月右缶（陶）君（尹），倈疾敀（拍）賀，缶（陶）攻（工）涒。

燕陶027　二十=（廿）二年六月右缶（陶）君（尹），倈疾敀（拍）賀，右缶（陶）攻（工）□。

燕陶028　二十=（廿）二……，左缶（陶）攻（工）秦。

燕陶029　二十=（廿）三年三月左缶（陶）君（尹），左缶（陶）倈湯敀（拍）戜（或）。

燕陶031　二十=（廿）三年八月右缶（陶）君（尹），倈剸（斷）敀（拍）賀。

燕陶032　二十=（廿）三年十二月左缶（陶）【君（尹）】，左缶（陶）攻（工）秦。

燕陶033　二十=（廿）三年十二月右缶（陶）君（尹），【右缶（陶）攻（工）】賀。

燕陶035

二十=（廿）七年右缶（陶）君（尹）𠙵哭（器）鍴（瑞），倈剸（斷）敀（拍）賀，缶（陶）攻（工）悅。

燕陶036　二十=（廿）七年右缶（陶）君（尹）𠙵哭（器）鍴（瑞），倈剸（斷）敀（拍）賀。

燕陶037

二十=（廿）七【年右缶（陶）君（尹）】。二十=（廿）七年右缶（陶）君（尹），倈剸（斷）敀（拍）□，右缶（陶）攻（工）□。

燕陶039　……月左缶（陶）君（尹），【倈】□攺（拍）瑩，【左】缶（陶）攻（工）秦。

燕陶040　……年六月左缶（陶）君（尹）。

燕陶043　右缶（陶）君（尹）𨮒𡕒哭（器）鍴（瑞），倈剸（斷）攺（拍）賀。

燕陶045

右缶（陶）君（尹）𨮒𡕒哭（器）鍴（瑞），倈剸（斷）攺（拍）賀，缶（陶）攻（工）㔷（滿）。

燕陶046　右缶（陶）君（尹）𨮒𡕒【哭（器）鍴（瑞）】，倈……

燕陶047

左缶（陶）君（尹）𨮒𡕒哭（器）鍴（瑞），左缶（陶）倈湯攺（拍）叜（或），缶（陶）攻（工）兖（乘）。

燕陶048

左缶（陶）君（尹）𨮒𡕒【哭（器）鍴（瑞）】，左缶（陶）倈湯攺（拍）叜（或），左缶（陶）攻（工）敢。

燕陶049

左缶（陶）君（尹）鑵⿱夂正哭（器）鍴（瑞），左缶（陶）倈湯敀（拍）⿱亘又（或），左缶（陶）攻（工）敢。

燕陶 050　左缶（陶）倈湯【敀（拍）】□。

燕陶 051　倈剸（斷）敀（拍）賀。

燕陶 052　【倈】旃（看）敀（拍）賀

燕陶 053　【倈】臉（臙）敀（拍）

燕陶 054　右缶（陶）攻（工）珥（聖）。

燕陶 055　右缶（陶）攻（工）賀。

燕陶 056　右缶（陶）攻（工）丑。

燕陶 057　……攻（工）剸（斷）

燕陶 058　左缶（陶）倈湯敀（拍）⿱亘又（或），左缶（陶）攻（工）敢。

燕陶 059　左缶（陶）倈湯敀（拍）⿱亘又（或），缶（陶）攻（工）剸（斷）。

燕陶 061　左缶（陶）攻（工）秦。

燕陶062　左缶（陶）攻（工）敢。

燕陶063　缶（陶）攻（工）黑。

燕陶064

……九年吳瘦（瘦）兒臍，缶（陶）……

燕陶067　䣅市王勹（符）

燕陶068　䣅都……

燕陶070　右蒠（司）□　右蒠（司）□

燕陶074　左市

燕陶075　左市

燕陶076　左市

燕陶077

二十=（廿）九年，蒠（司）鍴（瑞），喬貴，

士缶（陶）共。

燕陶079　右宮得

燕陶082　右宮壳（兢—兢）

燕陶085　右宮駒

燕陶086　右宮乙

燕陶088　右宮旻（曼）

燕陶089　右宮依

燕陶090　右宮衦

燕陶092　右宮郙

燕陶093　右宮青

燕陶094　右宮僞（嬀—芊）

燕陶095　右宮吉

燕陶096　右宮達

燕陶097　右宮顯

燕陶098　右宮顯
燕陶101　右宮頤
燕陶104　右宮
燕陶105　右宮
燕陶106　右宮軌（韓）魚
陶錄10.38.3　右宮軌（韓）魚
燕陶107　右宮軌（韓）魚
燕陶108　右宮巨心
燕陶112　右宮者州
燕陶113　左宮畋
燕陶114　左宮隱（隔—塙—高）
燕陶116　左宮癰
燕陶117　左宮散（造）
燕陶118　左宮散（造）
燕陶120　左宮散（造）
燕陶121　左宮胗
燕陶124　左宮慰
燕陶125　左宮田左
燕陶126　左宮少啓
燕陶127　左宮少啓
燕陶130　左宮無墜（地）
燕陶131　左宮巨歨（發）
燕陶132　千丏（万）
燕陶133　千丏（万）
燕陶134　千丏（万）
燕陶137　長生

燕陶138　長生
燕陶140　畋佸
燕陶142　余
燕陶143　右女（安）
燕陶144　右女（安）
燕陶146　公孫生（甥）恭
燕陶147　皇（舡）辛（新）城
燕陶148　無蠶
燕陶151　左癸
燕陶153　鼻嚊（擤）
燕陶154　鼻嚊（擤）
燕陶158　十……午……
燕陶161　上医
燕陶162　匋（爲）長，□□
燕陶163　𠦝（韓）生（甥）閔
燕陶165　刅（翏）枚
燕陶166　長（張）工己，二
燕陶167　禾甫
燕陶169　猶虞（鑪）
燕陶170　豊（豎）
燕陶175　左市攻（工）
燕陶177　左市弁
燕陶180　□攻（工）文
燕陶181　右工賁
燕陶182　右工賁
燕陶183　缶（陶）城

燕陶184　右缶（陶）張
燕陶185　右缶（陶）張
燕陶187　左缶（陶）弜（強）
燕陶188　士缶（陶）共　司馬□
燕陶190　宔（士）缶（陶）頣（頤）
燕陶191　宔（士）缶（陶）頣（頤）
燕陶192　宔（士）缶（陶）頣（頤）
燕陶193　士缶（陶）⿱午止（御）
燕陶194　士缶（陶）坐
燕陶195　缶（陶）士攻（工）叏（御）
燕陶196　缶（陶）士攻（工）叏（御）
燕陶199　士午
燕陶200　缶（陶）丙

燕陶201　缶（陶）昌
燕陶202　缶（陶）牛
燕陶206　缶（陶）攻（工）昌
燕陶211　缶（陶）攻（工）昌
燕陶212　缶（陶）攻（工）昌
燕陶213　缶（陶）攻（工）昌
燕陶214　缶（陶）攻（工）昌
燕陶215　缶（陶）攻（工）昌
燕陶216　缶（陶）攻（工）昌
燕陶217　缶（陶）攻（工）昌
燕陶218　缶（陶）攻（工）昌
燕陶219　缶（陶）攻（工）昌
燕陶223　缶（陶）攻（工）昌

燕陶224 缶（陶）攻（工）昌

燕陶225 缶（陶）攻（工）昌

燕陶226 缶（陶）攻（工）昌

燕陶227 缶（陶）攻（工）兵

燕陶228 缶（陶）攻（工）勹

燕陶229 缶（陶）攻（工）勹

燕陶233 缶（陶）攻（工）⿺辶㝵（得）

燕陶234 缶（陶）攻（工）得

燕陶235 缶（陶）攻（工）丁

燕陶236 缶（陶）攻（工）丁

燕陶238 缶（陶）攻（工）丁

燕陶239 缶（陶）攻（工）士

燕陶242 【缶（陶）】攻（工）⿷匚多

燕陶243 缶（陶）攻（工）⿱罒司

燕陶248 缶（陶）攻（工）

燕陶249 缶（陶）攻（工）

燕陶250 缶（陶）攻（工）

燕陶256 缶（陶）攻（工）諫

燕陶261 缶（陶）攻（工）⿷匚壴

燕陶263 缶（陶）攻（工）⿷匚壴

燕陶268 缶（陶）攻（工）牛

燕陶269 缶（陶）攻（工）牛

燕陶270 缶（陶）攻（工）牛

燕陶271 缶（陶）攻（工）凵

燕陶276 缶（陶）攻（工）⿺辶取（趣）

燕陶277 缶（陶）攻（工）山

燕陶278 缶（陶）攻（工）善
燕陶279 缶（陶）攻（工）善
燕陶280 缶（陶）攻（工）善
燕陶281 缶（陶）攻（工）壽
燕陶282 【缶（陶）】攻（工）壽
燕陶283 缶（陶）攻（工）申
燕陶285 【缶（陶）】攻（工）武
燕陶287 缶（陶）攻（工）訆
燕陶288 缶（陶）攻（工）音
燕陶293 缶（陶）攻（工）息
燕陶295 缶（陶）攻（工）息
燕陶296 缶（陶）攻（工）訢
燕陶297 缶（陶）攻（工）訢

燕陶298 缶（陶）攻（工）卸（御）
燕陶299 缶（陶）攻（工）卸（御）
燕陶300 缶（陶）攻（工）卸（御）
燕陶302 缶（陶）工
燕陶303 缶（陶）攻（工）綷（萃）
燕陶305 缶（陶）攻（工）士
燕陶307 缶（陶）工士
燕陶310 缶（陶）攻（工）士
燕陶313 缶（陶）攻（工）士=
燕陶314 缶（陶）攻（工）士=
燕陶315 缶（陶）攻（工）士=
燕陶317 缶（陶）攻（工）舌
燕陶318 缶（陶）攻（工）舌

燕陶320　缶（陶）工午

燕陶322　缶（陶）工午

燕陶323　缶（陶）工午

燕陶324　缶（陶）攻（工）⿱午止（御）

燕陶325　缶（陶）攻（工）

燕陶330　缶（陶）攻（工）昌

燕陶333

缶（陶）攻（工）北　缶（陶）【攻（工）北】

燕陶334　缶（陶）工

燕陶335

缶（陶）攻（工）　缶（陶）攻（工）

燕陶336　缶（陶）攻（工）乙

燕陶337　缶（陶）攻（工）□

燕陶338　缶（陶）攻（工）□

燕陶339　缶（陶）攻（工）□

燕陶340　缶（陶）攻（工）□

燕陶341　缶（陶）工

燕陶349　缶（陶）工

燕陶351　缶（陶）工＝

燕陶352　缶（陶）攻（工）乙　二吉（彀）

燕陶354　缶（陶）攻（工）尘　二吉（彀）

燕陶356

缶（陶）攻（工）癸　吉（彀）　吉（彀）

燕陶357　……⿱⿰夕圭車（乘）　二吉（彀）

燕陶360　缶（陶）工　二吉（彀）八叡（掬）

燕陶361

缶（陶）攻（工）斂　四亯（觳）　三亯（觳）
九叡（掬）
燕陶362
缶（陶）攻（工）斂　二亯（觳）反（半）
燕陶363
缶（陶）攻（工）㞢（止）　二亯（觳）六叡（掬）
燕陶364
【缶（陶）攻（工）】㞢（止）　二亯（觳）六叡（掬）
燕陶365　缶（陶）䢐（趣）　三亯（觳）
燕陶366　□亯（觳）　工□
燕陶367　二亯（觳）　四
燕陶368　二亯（觳）　四
燕陶369
缶（陶）攻（工）□　二亭（觳）　二亯（觳）
燕陶371　二亯（觳）二叡（掬）
燕陶372　四亯（觳）五反（半）
燕陶373　八亯（觳）
燕陶374　八亯（觳）
燕陶375　二亯（觳）反（半）
燕陶376　二亯（觳）反（半）
燕陶377　三亯（觳）
燕陶378　二亯（觳）
燕陶379　二亯（觳）
燕陶380　三亯（觳）

燕陶381 七𡉉（殼）

燕陶382 二𡉉（殼）

燕陶386 二𡉉（殼）反（半）

燕陶387 四𡉉（殼）

燕陶391 □𡉉（殼）

燕陶393 缶（陶）攻（工）□ 二壴（鼓）

燕陶394 三壴（鼓）

燕陶395 缶（陶）攻（工）乙 二壴（鼓）

燕陶397 缶（陶）攻（工）文 二壴（鼓）

燕陶398 缶（陶）攻（工）文 二壴（鼓）

燕陶399 悫（克）

燕陶400 悫（克）

燕陶401 悫（克）

燕陶403 盟

燕陶405 鵑

燕陶406 鵑

燕陶407 士

燕陶410 士

燕陶413 橐

燕陶414 公

燕陶415 公

燕陶416 禾

燕陶417 禾

燕陶419 禾

燕陶420 城

燕陶421 城

燕陶422 中

燕陶423 中

燕陶426 午

燕陶427 罰

燕陶428 罰

燕陶431 㞢（止）

燕陶435 嗌

燕陶436 嗌

燕陶437 受 受

燕陶439 百

燕陶442 生

燕陶447 依

燕陶449 幾（凸）

燕陶450 厽（參）

燕陶451 纕

燕陶452 适

燕陶453 ⿸厂⿰有刂（庖）酉（酒）=

燕陶454 

燕陶455 珥（聖）

燕陶456 珥（聖）

燕陶457 ⿱几土

燕陶458 長

燕陶461 息

燕陶462 虑（慮）

燕陶463 

燕陶465 荆

燕陶466　吉
燕陶467　吉
燕陶468　吉
燕陶472　甘
燕陶474　右
燕陶475　弍（武）
燕陶476　市□
燕陶478　坪（平）
燕陶479　倉
燕陶482　壽
燕陶483　矢
燕陶485　頴（願）
燕陶486　三十=（卅）
燕陶487　黑
燕陶491　宵
燕陶492　䚱（信）
燕陶493　言
燕陶494　兵（丘）
燕陶495　坵（丘）
燕陶496　窻
燕陶497　黃
燕陶500　莧
燕陶501　謀　謀
燕陶504　翌（翏）
燕陶509　弫（強）
燕陶510　

燕陶512 
燕陶513 夆（封）
燕陶514 逕（趣）
燕陶515 申
燕陶516 歬（前）
燕陶523 
燕陶524 幷
燕陶525 析
燕陶527 徒
燕陶528 昌
燕陶529 昌
燕陶530 工
燕陶531 木 

燕陶543 
燕陶544 再
燕陶546 和
燕陶547 弔
燕陶548 啚
燕陶549 女（安）
燕陶550 馺
燕陶551 明
燕陶552 得
燕陶553 生
燕陶554 求
燕陶555 
燕陶556 魚□

燕陶557 尐玗

燕陶558 䀀

燕陶559 瞖（䁫）

燕陶560 北

燕陶561 起

燕陶562 起

燕陶563 匠

燕陶564 依

燕陶565 㥁（㥁）

燕陶566 善

燕陶567 左宮䛁（狗）

燕陶568 右宮𦧺

燕陶569 右宮𦧺

燕陶570 左宮㱿

燕陶571 左宮㱿

燕陶572 左宮𤼲（發）

燕陶573 左宮𢼸（造）

燕陶574 右宮𧌘（競—兢）

燕陶575 右宮𧩍

燕陶576 右宮顯

燕陶577 右宮𣄃（期）

燕陶578

二十=（廿）三年十二月右缶（陶）君（尹），倈剸（斷）攸（拍）賀，右缶（陶）攻（工）丑。

燕陶579 

燕陶580　二言（觳）　四

燕陶581　缶（陶）攻（工）士　三亭（觳）

燕陶582　缶（陶）攻（工）斂　三言（觳）

燕陶583　井畏

燕陶584　⿷匚多

燕陶585　斂

燕陶586　達

燕陶587　士乙

燕陶588　⿺辶刀

燕陶589　

燕陶590　盟

燕陶591　弁

燕陶592　丈

燕陶593　……剸（斷）

燕陶594　二壴（鼓）

燕陶596　⿰糸匽（移—縻）

燕陶597　下宮

燕陶598　亓

燕陶599　猴

燕陶600　黃

燕陶601　⿰亶立

燕陶602　皮

燕陶603　莧

燕陶604　班

燕陶605　豫

石器

說明：

一、目前發現的燕國石器文字材料主要有三件：太保玉戈、郾侯脮磬、夾迵刻石。除此以外，還有三件玉印及一件石印，分别是：玉印54、55、56，及燕下都·圖四八12，這四件印章已依類放到璽印釋文彙編中，茲不重錄。

二、釋文一般盡量給出嚴格隸定字形。一些常見文字及一些已有定論的文字隸定則較爲寬泛。異體字一般先出隸定字形，再以「（）」括註出本字；通假字一般先出本字，再以「（）」括註出通假字；異體且通假者，在「（）」内以「—」將二者間隔。本字、通假字盡量寫作後世通用字形。

出土14.61（考古與文物1993.3.73、74）　太保玉戈：

六月丙寅，王才（在）豐。令大（太）僳（寶—保）省南或（國），帥漢，延（延）廏（殷）南。令隞（濮）侯辟，用黿（酬），走百人。

文物2020.10.61　郾侯脮磬：

唯郾（燕）侯脮乍（作）硜（磬）。山巤（臘）永，思甬（勇）恳（愍—賢），克（克）左（佐）氒（厥）身。朕刺（烈）吝（文）武台（以）祀，皇考命=（靈命）□□，子孫永保大申（神）。

書畫2018.10　夾逬刻石：

夭遷。郛大夫臭，郛首睘輚。夭遷

骨器

說明：

一、目前發現的燕國骨器文字材料主要有兩件，其一爲骨距末，再爲一方骨印，分別見於考古1965.11.568及燕下都·圖四八九9。後者已依類放到璽印釋文彙編中，茲不重錄。

二、釋文一般盡量給出嚴格隸定字形。一些常見文字及一些已有定論的文字隸定則較爲寬泛。異體字一般先出隸定字形，再以「（）」括註出本字。本字、通假字盡量寫作後世通用字形。

考古1965.11.568　骨距末：銖賡（續）用，左攻（工）冶。

參考文獻

一、著　作

B

北京市文物研究所　《琉璃河西周燕國墓地（1973-1977）》[M]　北京：文物出版社，1995年。

C

曹錦炎　《古璽通論》[M]　上海：上海書畫出版社，1995年。

曹錦炎　《古代璽印》[M]　北京：文物出版社，2002年。

陳漢平　《屠龍絕緒》[M]　哈爾濱：黑龍江教育出版社，1989年。

陳　平　《燕史紀事編年會按》[M]　北京：北京大學出版社，1995年。

陳　平　《燕文化》[M]　北京：文物出版社，2006年。

陳　光　《燕文化研究論文集》[C]　北京：中國社會科學出版社，1995年。

陳光田　《戰國璽印分域研究》[M]　長沙：嶽麓書社，2010年。

D

丁佛言　《説文古籀補補》[M]　北京：中華書局，1988年。

董蓮池　《金文編校補》[M]　長春：東北師範大學出版社，1995年。

董蓮池　《説文部首形義通釋》[M]　長春：東北師範大學出版社，2000年。

董蓮池　《説文解字考正》[M]　北京：作家出版社，2005年。

董蓮池　《説文部首形義新證》[M]　北京：作家出版社，2007年。

董蓮池　《新金文編》[M]　北京：作家出版社，2011年。

G

高　明、葛英會　《古陶文字徵》[M]　北京：中華書局，1991年。

故宮博物院編　《唐蘭先生金文論集》[G]　北京：紫禁城出版社，1995年。

顧廷龍　《古匋文孴録》[M]　北京：國立北平研究院石印本，1936年。

郭沫若　《郭沫若全集》（考古編）[M]　北京：科學出版社，2002年。

H

韓嘉穀　《天津古史尋繹》[M]　天津：天津古籍出版社，2006年。

何琳儀　《戰國古文字典》[M]　北京：中華書局，1998年。

何琳儀　《戰國文字通論（訂補）》[M]　南京：江蘇教育出版社，2003年。

何琳儀　《安徽大學漢語言文字研究叢書·何琳儀卷》[G]　合肥：安徽大學出版社，2013年。

黄德寬　《漢字理論叢稿》[M]　北京：商務印書館，2006年。

黄德寬　《古文字譜系疏證》[M]　北京：商務印書館，2007年。

黄德寬　《開啓中華文明的管鑰——漢字的釋讀與探索》[M]　北京：北京師範大學出版社，2011年。

黄德寬　《古漢字發展論》[M]　北京：中華書局，2014年。

黄錫全　《先秦貨幣研究》[M]　北京：中華書局，2001年。

J

金祥恒　《陶文編》[M]　臺北：藝文印書館，1964年。

李家浩《著名中年語言學家自選集·李家浩卷》[G] 合肥：安徽教育出版社，2002年。

李家浩《安徽大學漢語言文字研究叢書·李家浩卷》[G] 合肥：安徽大學出版社，2013年。

李守奎《楚文字編》[M] 上海：華東師範大學出版社，2003年。

李學勤《東周與秦代文明》[M] 上海：上海人民出版社，2007年。

琉璃河西周燕都遺址博物館《琉璃河遺址與燕文化研究論文集——紀念北京建城3060年》[C] 北京：科學出版社，2015年。

劉雨、盧岩《近出殷周金文集錄》[M] 北京：中華書局，2002年。

劉慶柱、段志洪、馮時《金文文獻集成》[C] 北京：線裝書局，2005年。

劉釗《古文字考釋叢稿》[M] 長沙：岳麓書社，2005年。

劉釗《古文字構形學》[M] 福州：福建人民出版社，2006年。

劉釗、洪颺、張新俊《新甲骨文編》[M] 福州：福建人民出版社，2009年。

羅福頤《古璽文編》[M] 北京：文物出版社，1981年。

羅振玉《三代吉金文存》[M] 北京：中華書局，2001年。

P

彭裕商《西周青銅器年代綜合研究》[M] 成都：巴蜀書社，2003年。

Q

強運開《說文古籀三補》[M] 北京：中華書局，1986年。

裘錫圭《裘錫圭學術文集》[G] 上海：復旦大學出版社，2012年。

R

容庚編著，張振林、馬國權摹補《金文編》[M] 北京：中華書局，1985年。

S

孫詒讓《古籀拾遺·古籀餘論》[M] 北京：中華書局，1989年。

T

唐蘭《古文字學導論》[M] 濟南：齊魯書社，1981年。

唐蘭《中國文字學》[M] 上海：上海古籍出版社，2005年。

湯餘惠　《戰國銘文選》[M]　長春：吉林大學出版社，1993年。

湯餘惠　《戰國文字編》[M]　福州：福建人民出版社，2001年。

湯志彪　《三晉文字編》[M]　北京：作家出版社，2013年。

田　煒　《古璽探研》[M]　上海：華東師範大學出版社，2010年。

W

王恩田　《陶文字典》[M]　濟南：齊魯書社，2007年。

王人聰　《古璽印與古文字論集》[G]　香港：香港中文大學文物館，2000年。

吳大澂　《說文古籀補》[M]　北京：中華書局，1988年。

吳國昇　《春秋文字字形表》[M]　上海：上海古籍出版社，2017年。

吳良寶　《中國東周時期金屬貨幣研究》[M]　北京：社會科學文獻出版社，2005年。

吳良寶　《先秦貨幣文字編》[M]　福州：福建人民出版社，2006年。

吳振武　《〈古璽文編〉校訂》[M]　北京：人民美術出版社，2011年。

X

蕭　毅《古璽文分域研究》[M] 武漢：崇文書局，2018年。
徐谷甫 王延林《古陶字彙》[M] 上海：上海書店出版社，1994年。
徐在國《傳抄古文字編》[M] 北京：綫裝書局，2006年。
徐在國《安徽大學漢語言文字研究叢書·徐在國卷》[G] 合肥：安徽大學出版社，2013年。
徐在國、程　燕、張振謙《戰國文字字形表》[M] 上海：上海古籍出版社，2017年。
徐中舒《甲骨文字典》[M] 成都：四川辭書出版社，2003年。

Y

嚴志斌《四版〈金文編〉校補》[M] 長春：吉林大學出版社，2001年。
楊　寬《戰國史（增訂本）》[M] 上海：上海人民出版社，1998年。
楊樹達《積微居金文說（增訂本）》[M] 北京：中華書局，1997年。
楊樹達《積微居小學金石論叢》[M] 上海：上海古籍出版社，2007年。
葉其峰《古璽印與古璽印鑒定》[M] 北京：文物出版社，1997年。
于省吾《甲骨文字釋林》[M] 北京：中華書局，1979年。

于省吾《甲骨文字詁林》[M] 北京：中華書局，1996年。

于省吾《雙劍誃吉金文選》[M] 北京：中華書局，1998年。

Z

曾憲通 陳偉武主編 《出土戰國文獻字詞集釋》[M] 北京：中華書局，2019年。

張 頷《古幣文編》[M] 北京：中華書局，1986年。

張亞初《殷周金文集成引得》[M] 北京：中華書局，2001年。

張振謙《齊魯文字編》[M] 北京：學苑出版社，2014年。

張振謙《齊系文字研究》[M] 北京：科學出版社，2019年。

張政烺《張政烺文史論集》[G] 北京：中華書局，2004年。

趙平安《金文釋讀與文明探索》[G] 上海：上海古籍出版社，2011年。

中國社會科學院考古研究所 《甲骨文編》[M] 北京：中華書局，1965年。

中國社會科學院考古研究所 《殷周金文集成釋文》[M] 香港：香港中文大學中國文化研究所出版，2001年。

周寶宏　《古陶文形體研究》[M]　北京：社會科學文獻出版社，2002年。

周寶宏　《近出西周金文集釋》[M]　天津：天津古籍出版社，2005年。

周法高　《金文詁林》[M]　香港：香港中文大學出版，1977年。

周　進集藏，周紹良整理，李　零分類考釋　《新編全本季木藏陶》[M]　北京：中華書局，1998年。

周　波　《戰國時代各系文字間的用字差異現象研究》[M]　北京：綫裝書局，2012年。

朱德熙　《朱德熙文集》（第5卷）[G]　北京：商務印書館，1999年。

莊新興　《戰國璽印分域編》[M]　上海：上海書店出版社，2001年。

二、論　文

B

白於藍　《古璽印文字考釋（四篇）》[J]　《考古與文物》，1999年第3期，第85-86頁。

C

曹　斌、康予虎、羅　璇　《匽侯銅器與燕國早期世系》[J]　《江漢考古》，2016年第5期，第70-76頁。

曹錦炎　《戰國古璽考釋（三篇）》[C]　《第二屆國際中國古文字學研討會論文集》，香港：香港中文大學中國語言及文學系出版，1993年，第397-403頁。

陳　劍　《說慎》[C]　《簡帛研究（二〇〇一）》，桂林：廣西師範大學出版社，2001年，第207-213頁。

陳　絜　《燕召諸器銘文與燕召宗族早期歷史中的兩個問題》[C]　《中國社會歷史評論》（第一卷），天津：天津古籍出版社，1999年，第16-25頁。

陳夢家　《西周銅器斷代（二）》[J]　《考古學報》，1955年第2期，第69-142頁。

陳夢家　《西周銅器斷代（三）》[J]　《考古學報》，1956年第1期，第65-114頁。

陳鵬宇　《太保玉戈的出土時地及銘文釋讀》[C]　《出土文獻》（第十四輯），北京：中西書局，2019年，第54-63頁。

陳　平　《克盉、克罍銘文及其有關問題》[J]　《考古》，1991年第9期，第843-854頁。

陳　平　《再論克盉、克罍銘文及其有關問題——兼答張亞初同志》[J]　《考古與文物》，1995年第1期，第49-63頁。

陳斯鵬　讀《上博竹書（五）》小記[J/OL]　簡帛網 2006/04/01 http://www.bsm.org.cn/show_article.php? id=310

陳偉武　《古陶文字征訂補》[J]　《中山大學學報》（社會科學版），1995年第1期，第118-130頁。

程長新　《北京市順義縣牛欄山出土一組周初帶銘青銅器》[J]　《文物》，1983年第11期，第64-67頁。

程　燕　《〈戰國古文字典〉訂補》[C]　《古文字研究》（第二十三輯），北京：中華書局，合肥：安徽大學出版社，2002年，第149-174頁。

D

鄧小娟　《戰國齊、燕、郳、滕四國三地異形調查與研究》[C]　《中國文字研究》（第三輯），南寧：廣西教育出版社，2002年，第97-102頁。

董　珊、陳　劍　《燕王職壺銘文研究》[C]　《北京大學中國古文獻研究中心集刊》（第3輯），北京：北京大學出版社，2002年，第29-54頁。

董　珊　《古璽中燕都薊及其初封問題》[J]　《江漢考古》，1993年第4期，第64-65，74頁。

董　珊　《釋燕系文字中的「無」字》[C]　《于省吾教授百年誕辰紀念文集》，長春：吉林大學出版社，1996年，第208-212頁

董　珊　《新見戰國兵器七種》[C]　《中國古文字研究》（第一輯），長春：吉林大學出版社，1999年，第196-207頁。

董　珊　《新見戰國古璽印一一七方》[C]　《中國古文字研究》（第一輯），長春：吉林大學出版社，1999年，第137-146頁。

董　越　《燕國銘文考釋二則》[J]　《周口師範學院學報》，2017年第3期，第49-50頁。

杜迺松　《論東周燕國青銅器》[J]　《文物春秋》，1994年第2期，第45-49頁。又見杜迺松《論東周燕國青銅器》[C]　《燕文化研究論文集》，北京：中國社會科學出版社，1995年，第231-235頁。

F

馮勝君　《燕國陶文綜述》[J]　《北京文博》，1998年第2期，第29-32頁。

馮勝君　《戰國燕王戈研究》[C]　華學（第三輯），北京：紫禁城出版社，1998年，第239-246頁。

馮勝君　《戰國燕青銅器禮器銘文彙釋》[C]　《中國古文字研究》（第一輯），長春：吉林大學出版社，1999年，第183-195頁。

馮勝君　《戰國燕幣綜述》[J]　《北京文博》，2000年第3期，第79-84頁。

馮勝君　《試說東周文字中部分「嬰」及從「嬰」之字的聲符——兼釋甲骨文中的「瘿」和「頸」》[C]　《出土文獻與傳世典籍的詮釋——紀念譚朴森先生逝世兩週年國際學術研討會論文集》，上海：上海古籍出版社，2010年，第67-80頁。

G

[日]廣川守著　蔡鳳書譯　《遼寧大凌河流域的殷周青銅器》[J]　《遼海文物學刊》，1996年第2期，第186-201頁。

郭永秉　《戰國工官屬吏中的成童——再談三晉銘刻中所見「孺子」的身份》[C]　《嶺南學報》復刊第十輯，上海：上海古籍出版社，2018年12月，第109-128頁。

H

河北省文物管理處　《河北易縣燕下都44號墓發掘報告》[J]　《考古》，1975年第4期，第228-240、243頁。

何家興　《〈燕侯載簋〉考釋二則》[J]　《考古與文物》，2015年第4期，第101-102頁。

何琳儀　《古璽雜釋》[J]　《遼海文物學刊》，1986年第2期，第138-143、10頁。

何琳儀　《古璽雜釋續》[C]　《古文字研究》（第十九輯），北京：中華書局，1992年，第470-489頁。

何琳儀　《古陶雜識》[J]　《考古與文物》，1992年第4期，第83-96頁。

何琳儀　《燕國布幣考》[J]　《中國錢幣》，1992年第2期，第6-12、44頁。又見何琳儀《燕國布幣考》[C]　《燕文化研究論文集》，北京：中國社會科學出版社，1995年，第338-344頁。

何琳儀 《古璽雜釋再續》[C] 《中國文字》（新十七期），臺北：藝文印書館，1993年，第289-300頁。

何琳儀 《釋滑》[J] 《華夏考古》，1995年第4期，第104-109頁。

何琳儀 馮勝君 《燕璽簡述》[J] 《北京文博》，1996年第3期，第14-20頁。

何琳儀 《古兵地名雜識》[J] 《考古與文物》，1996年第6期，第68-73頁。

何琳儀 《戰國兵器銘文選釋》[J] 《考古與文物》，1999年第5期，第83-96頁。

洪 猛、王 箐 《燕山一帶抄道溝類銅器窖藏的文化歸屬及其他》[J] 《華夏考古》，2017年第1期，第85-91頁。

黃德寬 《釋琉璃河太保二器中的「⿱宀弟」字》[C] 《古文字學論稿》，合肥：安徽大學出版社，2008年，第27-30頁。

黃盛璋 《所謂夏屋都三璽與夏都問題》[J] 《河南文博通訊》，1980年第3，第1-3頁。

黃盛璋 《戰國燕國銅器銘刻新考》[J] 《內蒙古師大學報》，1983年第3期，第49-53頁。

黃盛璋 《盱眙新出銅器、金器及相關問題考辨》[J] 《文物》，1984年第10期，第59-64頁。

黃盛璋《跋「車大夫長畫」戈兼談相關問題》[J]《文物》，1987年第1期，第45-47頁。

黃盛璋《燕、齊兵器研究》[C]《古文字研究》（第十九輯），北京：中華書局，1992年，第1-65頁。

黃錫全《燕破齊史料的重要發現——燕王職壺銘文的再研究》[C]《古文字研究》（第二十四輯），北京：中華書局，2002年，第247-252頁。

J

冀小軍《戰國時期燕國貨幣上的「晏」字》[J]《中國人民大學學報》，1996年第3期，第103-107頁。

K

喀左縣文化館　朝陽地區博物館　遼寧省博物館《遼寧喀左縣北洞村出土的殷周青銅器》[J]《考古》，1974年第6期，第364-372頁。

喀左縣文化館　朝陽地區博物館　遼寧省博物館《遼寧省喀左縣山灣子出土殷周青銅器》[J]《文物》，1977年第12期，第23-27，43頁。

L

李廷儉　《熱河淩源縣海島營子村發現的古代青銅器》[J]　《文物參考資料》，1955年第8期，第16-27頁。

李家浩　《盱眙銅壺芻議》[C]　古文字研究（第十二輯），北京：中華書局，1985年，第355-361頁。

李家浩　《先秦文字中的「縣」》[C]　《文史》（第二十八輯），北京：中華書局，1987年，第49-58頁。又見李家浩《先秦文字中的「縣」》[G]　《著名中年語言學家自選集·李家浩卷》，合肥：安徽教育出版社，2002年，第15-34頁。

李家浩　《從曾姬無卹壺銘文談楚滅曾的年代》[J]　《文史》（第三十三輯），北京：中華書局，1990年，第11-18頁。

李家浩　《傳遽鷹節銘文考釋——戰國符節銘文研究之二》[C]　《海上論叢》（二），上海：復旦大學出版社，1998年，第17-33頁。

李家浩　《燕國「洀谷山金鼎瑞」補釋》[C]　《中國文字》（新廿四期），臺北：藝文印書館，1998年，第71-81頁。又見李家浩《燕國「㴻谷山金鼎瑞」補釋》[G]·《著名中年語言學家自選集·李家浩卷》，合肥：安徽教育出版社，2002年，第148-159頁。

李家浩　《戰國官印「尚路璽」考釋》[C]　《揖芬集——張政烺先生九十華誕紀念論文集》，北京：社會科學文獻出版社，2002年，第329-331頁。

李家浩　《戰國文字中的「㝉」字》[C]　《出土文獻與古文字研究》（第六輯），上海：上海古籍出版社，2015年，第59-74頁。

李春桃　《吉林大學藏古璽印釋讀舉隅》[J]　《出土文獻》2021年第4期，第91-96頁。

李　路、白軍鵬　《孤竹與古燕族、燕國關係考論》[J]　《古籍整理研究學刊》，2017年第1期，第71-75頁。

李學勤　《談近年新發現的幾種戰國文字資料》[J]　《文物參考資料》，1956年第1期，第48-49頁。

李學勤　《戰國題銘概述》（上）[J]　《文物》，1959年第7期，第50-54頁。

李學勤　鄭紹宗　《論河北近年出土的戰國有銘青銅器》[C]　《古文字研究》（第七輯），北京：中華書局，1982年，第123-138頁。又見李學勤、鄭紹宗《論河北近年出土的戰國有銘青銅器》[C]　《燕文化研究論文集》，北京：中國社會科學出版社，1995年，第381-389頁。

李學勤　祝敏申　《盱眙壺銘與齊破燕年代》[J]　《文物春秋》，1989年（創刊號Z1），第13-17頁。

李學勤　《燕齊陶文叢論》[C]　《上海博物館集刊》（6），上海：上海古籍出版社，1992年，第170-173頁。

李學勤　《釋東周器名卮及有關文字》[C]　《第四屆國際中國古文字學研討會論文集——新世紀的古文字學與經典詮釋》，香港：香港中文大學中國語言及文學系，2003年，第39-42頁。又見李學勤《釋東周器名卮及有關文字》[G]　《文物中的古文明》，北京：商務印書館，2008年，第330-334頁。

林　澐　《「燕亳」和「燕亳邦」小議》[J]　《史學集刊》，1994年第2期，第56-59頁。

林清源　《戰國燕王戈器銘特徵及其定名辨僞問題》[J]　《中央研究院歷史語言研究所季刊》

第七十本第一分（1999年臺北），1999年，第239-282頁。

劉洪濤　《古璽文字考釋四篇》[C]　《中國文字研究》（第十八輯），上海：上海書店出版社，2013年，第84-91頁。

劉　雨　《燕侯克罍盉考》[C]　《遠望集——陝西省考古研究所華誕四十週年紀念文集》，西安：陝西人民美術出版社，1998年，第302頁。

劉　釗　《古文字中的合文、借筆、借字》[C]　《古文字研究》（第二十一輯），北京：中華書局，2001年，第397-410頁。

劉　釗　《兵器銘文考釋（四則）》[C]　《出土文獻與古文字研究》（第二輯），上海：復旦大學出版社，2008年，第95-109頁。

羅衛東　《金文「萃」及「某萃」補論》[C]　《勵耘語言學刊》（第二十二輯），北京：學苑出版社，2015年，第109-114頁。

羅衛東　《燕國兵器自名「鈦」字考釋》[C]　《文獻語言學》（第六輯），北京：中華書局，2018年，第10-19頁。

N

牛新房　《古璽文字考釋（三則）》[C]　《中國文字研究》（第十三輯），鄭州：大象出版社，2010年，第72-74頁。

Q

丘寶怡　《燕國璽印文字研究》[C]　《問學二集》，香港：香港中文大學中文系，1997年，第35-65頁。

裘錫圭　《戰國貨幣考（十二篇）》[J]　《北京大學學報》（哲學社會科學版），1978年第2期，第69-83頁。又見裘錫圭《戰國貨幣考（十二篇）》[G]　《古文字論集》，北京：中華書局，1992年，第429-453頁。又見裘錫圭《戰國貨幣考（十二篇選三篇）》[G]　《著名中年語言學家自選集·裘錫圭自選集》，鄭州：河南教育出版社，1994年，第84-105頁。又見裘錫圭《戰國貨幣考（十二篇）》[G]　《裘錫圭學術文集》（第三卷），上海：復旦大學出版社，2015年，第205-229頁。

裘錫圭　《戰國文字中的「市」》[J]　《考古學報》，1980年第3期，第285-296頁。又見裘錫圭《戰國文字中的「市」》[G]《古文字論集》，北京：中華書局，1992年，第454-468頁。又見裘錫圭《戰國文字中的「市」》[G]《著名中年語言學家自選集·裘錫圭自選集》，鄭州：河南教育出版社，1994年，第106-128頁。又見裘錫圭《戰國文字中的「市」》[G]《裘錫圭學術文集》（第三卷），上海：復旦大學出版社，2015年，第330-344頁

裘錫圭 《釋「弘」「強」》[G]《古文字論集》，北京：中華書局，1992年，第53-58頁。

S

邵國田 《內蒙古敖漢旗四道灣子燕國「狗澤都」遺址調查》[J]《考古》，1989年第4期，第377-378，381頁。

沈　融 《燕兵器銘文格式、內容及其相關問題》[J]《考古與文物》，1994年第3期，第91-99頁。《考古與文物》，1995年第1期，第95-96頁。又見沈融《燕兵器銘文格式、內容及其相關問題》[C]《燕文化研究論文集》，北京：中國社會科學出版社，1995年，第402-411頁。

史樹青　《從「夏虛都」三璽談夏朝的都城》[N]　《光明日報》，1978年2月10日第3版。

史樹青　《「夏虛都」三璽考釋》[J]　《河南文博通訊》，1978年，第2期，第36-37，31頁。

施謝捷　《河北出土古陶文字零釋》[J]　《文物春秋》，1996年，第2期，第57-61頁。

施謝捷　《古璽印考釋十篇》[J]　《印林》（第98期），1996年，第28-47頁。

施謝捷　《古璽彙編釋文校訂》[C]　《容庚先生百年誕辰紀念文集》，廣州：廣東人民出版社，1998年，第644-651頁。

石永士　《郾王銅兵器研究》[C]　《中國考古學會第四次年會論文集1983》，北京：文物出版社，1985年，第98-107頁。又見石永士《郾王銅兵器研究》[C]　《燕文化研究論文集》，北京：中國社會科學出版社，1995年，第394-401頁。

石永士　《燕王銅戈研究》[J]　《河北學刊》，1984年第4期，第107-112頁。

石永士　王素芳　《燕國貨幣概述》[J]　《文物春秋》，1990年第7期，第46-63頁。

蘇建洲　《論戰國燕系文字中的「梋」》[C]　《中國學術年刊》（第廿二期），臺北：文津出版社，2007年，第95-116頁。

蘇建洲　《利用〈上博竹書〉字形考釋金文二則》[J/OL]　簡帛網.2007/11/03 http://www.bsm.org.cn/show_article.php? id=743

孫　華　《匽侯克器銘文淺見——兼談召公建燕及其相關問題》[J]　《文物春秋》，1992 年第 3 期，第 29-37 頁。

孫敬明　《「車大夫長畫」戈考》[J]　《文物》，1987 年第 1 期，第 43-44、47 頁。

孫　剛、李　瑤　《讀金文劄記三則》[C]　《古文字研究》（第三十輯），北京：中華書局，2014 年，第 262-266 頁。

T

湯餘惠　《略論戰國文字形體研究中的幾個問題》[C]　《古文字研究》（第十五輯），北京：中華書局，1986 年，第 9-100 頁。

湯餘惠　《九年將軍張戈銘文補正》[J]　《史學集刊》，1987 年第 4 期，第 76 頁。

湯餘惠　《淳于大夫釜甑銘文管見》[J]　《文物》，1995 年第 8 期，第 25 頁。

湯志彪　《戰國璽印文字考釋（十二則）》[C]　《中國文字研究》（第十七輯），上海：上海人民出版社，2013年，第50-57頁。

湯志彪　《郾王職壺「宅幾卅」考》[J]　《考古與文物》2005年增刊《古文字論集（三）》，2005年，第141-144頁。

田　煒　《古璽印字詞零釋（八篇）》[C]　《中國文字》（新三十三期），臺北：藝文印書館，2007年，第1-6頁。

W

王愛民　《燕系文字研究綜述》[J]　《大慶師範學院學報》，2011年第4期，第115-118頁。

王保成　《二十世紀出土古璽釋文補正》[J]　《考古與文物》，2016年第5期，第134-138頁。

王瀚章　《燕王職劍考釋》[J]　《考古與文物》，1983年第2期，第19-20頁。

王　蘭　《金文劄記四則》[C]　《古文字研究》（第二十八輯），北京：中華書局，2010年，第256-260頁。

魏成敏　韓偉東　王國坤　《山東臨淄齊故城出土燕侯脮磬及相關問題》[J]　《文物》，2020年第10期，第59-63頁。

魏宜輝、申　憲　《古璽文字考釋（十則）》[J]　《東南文化》，1999年第3期，第96-101頁。

吳良寶　《璽陶文字零釋（三則）》[C]　《中國古文字研究》（第一輯），長春：吉林大學出版社，1999年，第151-156頁。

吳良寶　《燕國安陽布幣考辨》[J]　《北京文博》，2000年第2期，第91-92頁。

吳良寶　《古璽複姓統計及相關問題比較》[J]　《古籍整理研究學刊》，2002年第4期，第40-44頁。

吳良寶　鄧成龍　《燕國「安陽」布幣補說》[J]　《社會科學戰線》，2003年第3期，第264-266頁。

吳良寶　《戰國文字資料中的「同地異名」與「同名異地」現象考察》[C]　《出土文獻》（第五輯），北京：中西書局，2014年，第59-74頁。

吳　蒙　《盱眙南窑銅壺小議》[J]　《文物》，1982年第11期，第13-14頁。

吳振武　《戰國貨幣銘文中的「刀」》[C]　《古文字研究》（第十輯），北京：中華書局，1983年，第305-326頁。

吳振武　《戰國「亩（廩）」字考察》[J]　《考古與文物》，1984年第4期，第83-84頁。
吳振武　《釋「受」並論盱眙南窖銅壺和重金方壺的國別》[C]　《古文字研究》（第十四輯），北京：中華書局，1986年，第51-59頁。
吳振武　《古璽合文考（十八篇）》[C]　《古文字研究》（第十七輯），北京：中華書局，1989年，第268-281頁。
吳振武　《戰國璽印中的「虞」和「衡鹿」》[J]　《江漢考古》，1991年第3期，第85-87頁。
吳振武　《釋雙劍誃舊藏燕「外司聖鍴」璽》[C]　《于省吾教授百年誕辰紀念文集》，長春：吉林大學出版社，1996年，第162-165頁。
吳振武　《燕國璽印中的「身」》[C]　《胡厚宣先生紀念文集》，北京：科學出版社，1998年，第196-199頁。
吳振武　《陳曼瑚「逐」字新證》[C]　《吉林大學古籍整理研究所建所十五週年紀年文集》，長春：吉林大學出版社，1998年，第46-47頁。
吳振武　《燕國銘刻中的「泉」字》[C]　《華學》（第二輯），廣州：中山大學出版社，1998

年，第47-52頁。

吳振武　《戰國璽印中所見的監官》[C]　《中國古文字研究》（第一輯），長春：吉林大學出版社，1999年，第117-121頁。

吳振武　《古文字中的借筆字》[C]　《古文字研究》（第二十輯），北京：中華書局，2000年，第308-337頁。

吳振武　《〈燕國銘刻中的「泉」字〉補說》[C]　《古文字學論稿》，合肥：安徽大學出版社，2008年，第230-235頁。

X

蕭　毅　《古璽文字「𠆤」的地域特征》[J]　《長江學術》，2010年第3期，第143-147頁。

謝明文　《談談青銅酒器中所謂三足爵形器的一種別稱》[J/OL]　復旦大學出土文獻與古文字研究中心網.2015/04/01　http://www.gwz.fudan.edu.cn/Web/Show/2479

熊賢品　《古地名蠡測二則》[J]　《文物春秋》，2019年第5期，第33-37頁。

徐寶貴　《戰國璽印文字考釋七篇》[J]　《考古與文物》，1994年第3期，第103-105頁。

徐　堅　《喀左銅器群再分析：從器物學模式到行爲考古學取向》[J]　《考古與文物》，2010年第4期，第26-31，72頁。

徐錫臺　李自智　《太保玉戈銘補釋》[J]　《考古與文物》，1993年第3期，第73-75頁。

徐在國　《「軒轅不壬」璽跋》[J]　《古籍研究》，合肥：安徽大學出版社，2001年第3期，第25頁。

徐在國　《古陶字彙正文釋文校訂》[C]　《文物研究》（第十三輯），合肥：黄山書社，2001年，第277-288頁。

徐在國　《古陶文字釋叢》[C]　《古文字研究》（第二十三輯），北京：中華書局，合肥：安徽大學出版社，2002年，第108-120頁。

徐在國　《古璽文釋讀九則》[J]　《考古與文物》，2002年第5期，第93-96頁。

徐在國　《燕國文字中的「奐」及從「奐」之字》[C]　《中國文字研究》（第十七輯），上海：上海人民出版社，2013年，第32-35頁。

徐在國　《新出秦・燕陶文補釋》[J]　《北華大學學報》（社會科學版），2018年第4期，第

43-48 頁。

Y

于　軍、楊　爍　《談新見的兩組燕陶文》[C]　《戰國文字研究》（第一輯），合肥：安徽大學出版社，2019 年，第 174-178 頁。

于　軍　《新見燕下都陶文三種》[C]　《戰國文字研究》（第二輯），合肥：安徽大學出版社，2020 年，第 103-106 頁。

于　軍　《新見燕「十六年十三月」陶文簡說》[C]　《戰國文字研究》（第四輯），合肥：安徽大學出版社，2021 年，第 102-106 頁。

晏　琬　《北京、遼寧出土銅器與周初的燕》[J]　《考古》，1975 年第 5 期，第 274-279，270 頁。

楊建華　《燕山南北商周之際青銅器遺存的分群研究》[J]　《考古學報》，2002 年第 2 期，第 157-174 頁。

楊澤生　《古陶文字征字頭、出處、文例、說明等方面存在的問題》[J]　《江漢考古》，1996 年第 4 期，第 79-86 頁。

楊澤生　《燕國文字中的「無」字》[C]　《中國文字》（新廿二期），臺北：藝文印書館，1996年，第185-203頁。

楊澤生　《關於「質」字的構形》[C]　《語言》（第三卷），北京：首都師範大學出版社，2002年，第311-317頁。

楊　爍　《木葉堂藏燕陶文選錄》[C]　《戰國文字研究》（第三輯），合肥：安徽大學出版社，2021年，第121-129頁。

葉其峰　《戰國官璽的國別及有關問題》[J]　《故宮博物院院刊》，1981年第3期，第86-92頁。

殷瑋璋、張長壽、陳公柔、王世民、李學勤、張亞初、劉　雨、杜迺松、劉起釪　《北京琉璃河出土西周有銘銅器座談紀要》[J]　《考古》，1989年第10期，第953-960頁。

殷瑋璋　《新出土的太保銅器及其相關問題》[J]　《考古》，1990年第1期，第66-77頁。

殷瑋璋　曹淑琴　《周初太保器綜合研究》[J]　《考古學報》，1991年第1期，第1-21頁。

Z

張　靜　《古璽考釋六則》[C]　《古文字研究》（第二十三輯），北京：中華書局，合肥：安徽大學出版社，2002年，第138-142頁。

張如元 《戰國璽印文字考釋叢札》[J] 《溫州師專學報》（社會科學版），1986年第3期，第32-40頁。

張亞初 《太保罍、盉銘文的再討論》[J] 《考古》，1993年第1期，第60-67頁。

張亞初 《燕國青銅器銘文研究》[C] 《中國考古學論叢——中國社會科學院考古研究所建所40年紀念》，北京：科學出版社，1993年，第323-330頁。

張振林 《試論青銅器銘文形式上的時代標記》[C] 《古文字研究》（第五輯），北京：中華書局，1981年，第49-88頁。

張振謙 《燕璽複姓「夷吾」考》[C] 《中國文字學報》（第四輯），北京：商務印書館，2012年，第114-120頁。

張振謙 《燕、齊文字考釋兩則》[C] 《古文字研究》（第二十九輯），北京：中華書局，2012年，第457-461頁。

張振謙 《郾王職壺「答日」解——兼說樂毅破齊日期》[J] 《河北大學學報》（哲社版），

2015年第5期，第87-91頁。
張振謙 《説燕系「屮」旁文字》[C] 《中國文字研究》（第二十二輯），上海：上海書店出版社，2015年，第82-88頁。
張振謙 《釋「𡈼」》[C] 《戰國文字研究的回顧與展望》，上海：中西書局，2017年，第61-66頁。
張振謙 《燕趙鼎銘考釋兩則》[C] 《古文字研究》（第三十二輯），北京：中華書局，2018年，第310-313頁。
張振謙 《燕系兵器銘文合證一則》[C] 《出土文獻》（第十四輯），北京：中西書局，2019年，第184-189頁。
張振謙 《燕陶文考釋兩則》[C] 《古文字研究》（第三十三輯），北京：中華書局，2020年，第594-597頁。
張振謙 《燕陶文考釋十則》[C] 《戰國文字研究》（第四輯），合肥：安徽大學出版社，2021年，第91-101頁。

張震澤　《燕王職戈考釋》[J]　《考古》，1973年第4期，第244-246頁。又見張震澤《燕王職戈考釋》[C]　《燕文化研究論文集》，北京：中國社會科學出版社，1995年，第390-393頁。

張正寧　《四川西昌發現戰國「車大夫長畫」銘文戈》[J]　《考古與文物》，1993年第5期，第13-14頁。

趙　超　《鑄師考》[C]　《古文字研究》（第二十一輯），北京：中華書局，2001年，第293-300頁。

趙平安　《論燕國文字中的所謂「都」當爲「鄙」（縣）字》[J]　《語言研究》，2006年第4期，第77-79頁。又見趙平安《論燕國文字中的所謂「都」當爲「鄙」（縣）字》[G]　《金文釋讀與文明探索》，上海：上海古籍出版社，2011年，第228-234頁。

趙平安　《戰國文字中的「宛」及其相關問題研究》[G]　《新出簡帛與古文字古文獻研究》，北京：商務印書館，2009年，第143-154頁。

趙平安　《燕國長豎形陽文璽中的所謂襯字問題》[G]　《金文釋讀與文明探索》，上海：上海古籍出版社，2011年，第235-240頁。

趙平安　《「箴」字補釋》[C]　《青銅器與金文》（第一輯），上海：上海古籍出版社，2017年，第172-175頁。又見趙平安《「箴」字補釋》[G]　《新出簡帛與古文字古文獻研究續集》，北京：商務印書館，2018年。

中國社會科學院考古研究所　北京市文物工作隊　《1981-1983年琉璃河西周燕國墓地發掘簡報》，《考古》，1984年第5期，第405-416頁。

中國社會科學院考古研究所　北京市文物研究所　《北京琉璃河1193號大墓發掘簡報》[J]《考古》，1990年第1期，第20-31頁。

周　波　《試釋燕國銘文中的「伐」》[C]　《中國文字研究》（第二十八輯），上海：上海書店出版社，2018年，第19-23頁。

周　波　《郾王職壺銘文及所涉史實、年代問題補說》[C]　《第四屆許慎文化國際研討會論文彙編》，河南漯河，2018年，第229-240頁。又見周波　《郾王職壺銘文及所涉史實、年代問題補說》[C]　《出土文獻與古文字研究》（第八輯），上海：上海古籍出版社，2019年。

周　翔　《九年將軍戈銘文新釋》[J]　《安徽大學學報》（哲學社會科學版），2017年第2期，第75-82頁。

周　亞　《郾王職壺銘文初釋》[C]　《上海博物館集刊》（第8期），上海：上海書畫出版社，2000年，第144-150頁。

周曉陸　《盱眙所出重金絡 · 陳璋圓壺讀考》[J]　《考古》，1988年第3期，第258-263頁。

朱德熙　《戰國記容銅器刻辭考釋四篇》[C]　《語言學論叢》（第二輯），上海：新知識出版社，1958年，第161-168頁。又見朱德熙《戰國記容銅器刻辭考釋四篇》[G]　《朱德熙文集》（第5卷），北京：商務印書館，1999年，第24-30頁。

朱德熙　裘錫圭　《戰國文字研究（六種）》[J]　《考古學報》，1972年第1期，第73-89頁。又見朱德熙、裘錫圭　《戰國文字研究（六種）》[G]　《朱德熙文集》（第5卷），北京：商務印書館，1999年，第31-53頁。

朱德熙　《古文字考釋四篇》[C]　《古文字研究》（第八輯），北京：中華書局，1983年，第

15-22頁。又見朱德熙《古文字考釋四篇》[G]　《朱德熙文集》（第5卷），北京：商務印書館，1999年，第151-156頁。

朱德熙　《戰國文字中所見有關廄的資料》[G]　《朱德熙文集》（第5卷），北京：商務印書館，1999年，第162-163頁。又見朱德熙《戰國文字中所見有關廄的資料》[C]　《出土文獻研究》，北京：文物出版社，1985年。

朱鳳瀚　《房山琉璃河出土之克器與西周早期的召公家族》[C]　《遠望集——陝西省考古研究所華誕四十週年紀念文集》，西安：陝西人民美術出版社，1998年，第303-308頁。

三、碩博論文

D

董　珊　《戰國題銘與工官制度》[D]　北京：北京大學博士學位論文，2002年。

F

馮勝君　《戰國燕系古文字資料綜述》[D]　長春：吉林大學碩士學位論文，1997年。

H

何家興《戰國文字分域研究》[D] 合肥：安徽大學博士學位論文，2010年。

L

李　瑤《戰國齊、燕、中山通假字考察》[D] 長春：吉林大學碩士學位論文，2011年。

林素清《先秦古璽文字研究》[D] 臺北：臺灣大學中文研究所碩士學位論文，1976年。

M

馬玉霞《戰國燕系璽印整理與研究》[D] 重慶：西南大學碩士學位論文，2019年。

P

彭吉思《戰國燕系文字地域特徵研究》[D] 廣州：華南師範大學碩士學位論文，2007年。

S

蘇建洲《戰國燕系文字研究》[D] 臺北：臺灣師範大學國文研究所碩士學位論文，2001年。

孫合肥《戰國文字形體研究》[D] 合肥：安徽大學博士學位論文，2014年。

W

王愛民 《燕文字編》[D] 長春：吉林大學碩士學位論文，2010年。

王　磊 《戰國文字考釋方法研究》[D] 合肥：安徽大學博士學位論文，2021年。

X

蕭　毅 《古璽文字研究》[D] 廣州：中山大學博士學位論文，2002年。

Z

周素煥 《東周燕系文字疏證》[D] 福州：福建師範大學碩士學位論文，2015年。

朱永剛 《燕文化研究——以遺址、墓葬爲中心的考古學考察》[D] 長春：吉林大學博士學位論文，2011年。

朱曉雪 《陳璋壺及郾王職壺綜合研究》[D] 長春：吉林大學碩士學位論文，2007年。

引書簡稱表

B

步存　唐存才：《步黟堂古陶文集存》[M] 2019年原拓本。

步黟　唐存才：《步黟堂藏戰國陶文遺珍》[M] 上海：上海書畫出版社，2013年。

霸金　陝西省考古研究院、山西大學北方考古研究中心、臨汾市文物局、翼城縣文物旅游局編著：《霸金集粹·山西翼城大河口西周墓地出土青銅器》[M] 上海：上海古籍出版社，2021年。

C

出土　陳鵬宇：《太保玉戈的出土時地及銘文釋讀》，《出土文獻》（第十四輯），上海：中西書局，2019年，第54-63頁。

朝陽　朝陽市博物館、遼寧省文物考古研究所：《朝陽袁臺子》[M] 北京：文物出版社，

2010年。

程璽　程訓義：《中國古印——程訓義古璽印集存》[M] 石家莊：河北美術出版社，2007年。

G

古印　[日]神田喜一郎：《中國古印圖錄》[M] 京都：大穀大學，1962年。

古研　中國古文字研究會編：《古文字研究》（1-32）[C] 北京：中華書局，1979-2018年。

古幣　何琳儀：《古幣叢考》[G] 合肥：安徽大學出版社，2002年。

H

華夏　卓少東：《華夏遺珍（二）古印特展》[M] 深圳古玩城，2005年。

貨系　馬飛海總主編、汪慶正主編：《中國歷代貨幣大系（1）先秦貨幣》[M] 上海：上海人民出版社，1988年。

J

吉林　張英、任萬舉、羅顯清：《吉林出土古代官印》[M] 北京：文物出版社，1992年。

集成　中國社會科學院考古研究所：《殷周金文集成》（修訂增補本）[M]　北京：中華書局，2007年。

集拓　梁章凱：《燕下都新出土文物集拓》（原器拓本）[M]　文雅堂製作，1998年。

聚珍　石永士、石　磊：《燕下都東周貨幣聚珍》[M]　北京：文物出版社，1996年。

攈古　〔清〕吳式芬：《攈古録金文》[M]　光緒二十一年吳氏家刻本，1895年。

L

歷博　史樹青：《中國歷史博物館藏法書大觀》[M]　上海：上海教育出版社，1999年。

蘭城　天津市歷史博物館考古部：《天津市武清縣蘭城遺址的鑽探與試掘》[J]　考古2001年第9期，第35-50頁。

M

銘三　吳鎮烽：《商周青銅器銘文暨圖像集成三編》[M]　上海：上海古籍出版社，2020年。

銘圖　吳鎮烽：《商周青銅器銘文暨圖像集成》[M]　上海：上海古籍出版社，2012年。

銘續　吳鎮烽：《商周青銅器銘文暨圖像集成續編》[M]　上海：上海古籍出版社，2016年。

R

二　十　周曉陸：《二十世紀出土璽印集成》[M]　北京：中華書局，2010年。

S

陝　西　張天恩：《陝西金文集成》[M]　西安：三秦出版社，2016年。

書　法　唐存才：《戰國陶文鑒賞》[J]　《書法》2019年，第1-12頁。

書超網　中國書法超市網 http://www.qyx888.com/thread-286269-1-1.html2013-10-2

書　畫　吳曉懿　胡小龍：《戰國燕系題銘書跡探賾》[J]　《書畫世界》，2018年第10期，第17-19頁。

T

陶　彙　高　明：《古陶文彙編》[M]　北京：中華書局，1990年。

陶　録　王恩田：《陶文圖録》[M]　濟南：齊魯書社，2006年。

圖　典　徐　暢：《古璽印圖典》[M]　天津：天津人民美術出版社，2016年。

銅　兵　徐占勇　傅雲抒：《有銘青銅兵器圖録》[M]　石家莊：河北美術出版社，2016年。

W

文研　蔣魯敬：《新見戰國戈銘與楚簡地名補釋》[C]　《中國文字研究》第二十四輯，上海：上海書店出版社2016年。

文雅堂　文雅堂：《中國古代陶文集拓》（原器拓本）[M]　北京文雅堂製作，1999年。

X

西泠　徐敦德：《西泠印社古銅印選》[M]　杭州：西泠印社，1999年。

西部　韓建武：《幾件戰國秦漢有銘銅器、銀器的考釋》[C]　《西部考古》第12輯，北京：科學出版社，2016年。

西清　[清]梁詩正等編：《西清古鑒》[M]　清乾隆二十年武英殿刻本，1755年。

徙信　河北省稍可軒博物館主編：《諸子徙信·燕趙璽印—吳振文、胡立鵬藏戰國璽印選》[M]　杭州：西泠印社出版社，2020年。

新收　鐘柏生　陳昭容　黃銘崇　袁國華：《新收殷周青銅器銘文暨器影彙編》[M]　臺北：藝文印書館，2006年。

新陶　徐在國：《新出古陶文圖録》[M]　合肥：安徽大學出版社，2018年。

學報　楊爍：《新出燕陶文輯録》[C]　《中國文字學報》（第八輯）．北京：商務印書館，2018年，第96-101頁。

選編　楊廣泰：《新出陶文封泥選編》[M]　文雅堂稿本，2015年。

璽考　施謝捷：《古璽彙考》[D]　合肥：安徽大學博士學位論文，2006年。

璽彙　羅福頤：《古璽彙編》[M]　北京：文物出版社，1981年。

Y

玉印　韓天衡　孫慰祖編著：《古玉印集存》[M]　上海：上海書店出版社，2002年。

熠熠　趙榮、王建武、陳愛蘭、張立方：《熠熠青銅　光耀四方——秦晉豫冀兩周諸侯青銅文化》[M]　西安：陝西旅遊出版社，2016年。

燕下都　河北省文物研究所編：《燕下都》[M]　北京：文物出版社，1996年。

燕陶　楊爍：《燕陶文的整理與研究》[D]　合肥：安徽大學博士學位論文，2021年。

燕齊　文雅堂：《金石文字叢刊戰國燕齊陶文》[M]　文雅堂製作，2001年。

藝術　王人聰、游學華：《中國歷代璽印藝術》[M]　香港：香港中文大學文物館出版，2000年。

Z

周金　鄒安：《周金文存》[M]　廣倉學窘，1921年。

珍戰　蕭春源：《珍秦齋藏印【戰國篇】》[M]　澳門：澳門基金會，2001年。

戰研　徐在國主編：《戰國文字研究》（1-4）[C]　合肥：安徽大學出版社，2019-2021年。

後記

2008年6月底，博士論文「齊系文字研究」通過答辯，我從安徽大學中文系畢業。7月初，到河北大學文學院工作，加入了漢語言文字學教研團隊，成就了一個齊人皖學燕漂的人生經歷。河北大學是有著百年歷史的傳統名校，文科實力尤爲突出，漢語言文字學學科在國內有著重要影響，曾湧現出多位學術大師，具有優良的學術風氣和濃厚的科研氛圍。

河北大學的所在地爲保定市，是曾經的直隸首府、河北省會，有著厚重的歷史積澱和文化底蘊。燕下都遺址坐落在保定市易縣，距河大有百餘里路程。燕系文字資料大多出土於此，其中以兵器、貨幣、璽印、陶文最爲豐富，青銅器特別是青銅雜器種類繁多，燕國瓦當更是精美絕倫，這些出土資料顯示出獨特的燕國文化風韻。

2009年3月，我進入了河北大學漢語言文學博士後科研流動站，師從楊寶忠教授開展科研工作。結合我的學習經歷和工作單位地理優勢，博士後課題順理成章地定爲「燕系文字研究」，這是課題項目的最初緣起。課題結構設計仿博士論文，分爲「研究篇」和「文字編」兩部分。2011年6月，出站報告撰寫完成並順利通過答辯。

2013年2月，在出站報告的研究基礎上，我們以「燕系文字材料的整理與研究」申請課題。5月，課題獲河北省社科基金項目立項。6月，獲國家社科基金項目立項。按照立項申請書的設計，課題分爲「燕系文字研究」和「燕系文字字詞全編」兩個部分。

2014年12月，河北省重點人文社科研究基地「河北大學傳世字書與出土文字研究中心」在河北大學文學院成立，燕、趙、中山等國的出土古文字，是中心研究的一個重要方向，社科項目「燕國文字材料的整理與研究」獲得了中心的大力支持。2020年6月，河北大學燕趙文化高等研究院成立，「燕國出土文獻的整理與燕國史研究」被列爲重大項目，本書也是項目的重要預期成果。

項目雖然進展順利，有了充足的研究成果，但是其結構內容，尤其是字編部分的內容與博士後課題高度重合，不符合結項要求。所以要想結項，只能等待補充大量新材料新成果，而按照學術界慣例，未在書刊網站上正式公佈的新材料又不便納入結項報告，這使得結項日期一再延遲。但這對課題的研究也有有利的一面，就是在客觀上保證了課題有充足的研究時間，使得項目成果水平有了進一步的提升。2017年7月提交結項材料，2018年8月結項。

本書是結項成果之一「燕系文字字詞全編」的省減改編，一方面是省略了字詞的釋義，另一方面，在兼顧字形、辭例、材料類别等方面因素的基礎上，删減了贅餘字例。總體來看，字編篇幅規模有所縮小。

在提交結項申請的同時，書稿也交付了出版社。其後的5年裡，字編修改多次，主要是更换了部分不太清晰的字形圖片，對個别殘字進行了字形描摹，增加了2016年來新公佈的如《圖典》《新陶》《燕陶》及其它新出文字資料，對釋文進行了重新校訂並彙聚成編等。王炘先生編輯團隊爲書稿的一再修改及出版付出了艱辛的勞動，編排目録、頁碼、索引等項工作全部是由編輯團隊編纂完成。

書稿撰寫前後算起來經歷了13年有餘，期間得到了諸多師友的指導、關懷和幫助。楊寶忠老師對我博士後科研站的工作作了細緻的規劃，對出站報告的撰寫給予了悉心的指導。文學院陳雙新教授、歷史學院吳磬軍教授在學術研究、項目研發方面也給予了熱心的指導和幫助。

保定徐占勇先生、易縣一中于軍先生對燕趙兵器銘文、燕國陶文有著長久的關注和深入的研究。安徽大學楊爍博士是學界的後起之秀，對燕陶文研究有著高深的造詣。他們既是項目學術研究的良師益友，又對書稿新材料的搜集梳理提供了巨大幫助。

2012年至2016年，我參與了國家社科基金重大項目「漢字發展通史」（11&ZD126）的研究，承擔項目成果之一古漢字字形表系列的《戰國文字字形表》中齊、燕文字的初步整理編纂工作，博士後出站報告部分成果《燕系文字編》是其初稿編纂的來源之一。這段時間又是本書稿修改定型的重要時期，《戰國文字字形表》的編纂經歷對本書的完成有著重要影響。

本書的編纂雖然參考、吸收了學術界的最新研究成果，但是由於部分文字拓片不清晰、字形構形乖異、圖文難辨等因素的影響，使得一些文字考釋觀點尚存爭議，祗能擇一而從。此外，書稿也採納了我們的部分研究心得，這使得書稿成果的主觀性大大增加，在一定程度上對字頭認定、辭例斷句、字編編排的準確性和公允性產生了影響。書稿的完成歷時較久，前後不一的情況或難避免。基于上述諸多原因，本書還存在著一些不足之處，祈請方家批評指正。

本書是多個項目的研究成果，得到了國家社科基金、河北省社科基金、河北大學傳世字書與出土文字研究中心、河北大學燕趙文化高等研究院的科研經費和學科建設經費的支持和資助。在此，我謹向上述機構單位、諸位師友，以及出版編輯團隊表示誠摯的謝意！

張振謙

二〇二二年五月於河北大學德翰園

部首檢字表

（一）部首

（二）正文

拼音檢字表

（一）音序

（二）正文